ÖSTERREICHISCHE
HANDELSGESCHICHTE

ÖSTERREICHISCHE HANDELSGESCHICHTE

*Von den Anfängen
bis zur Gegenwart*

Herausgegeben von
Österreichische Industriegeschichte GmbH, Linz

*Günther Chaloupek
Johannes Jetschgo
Dionys Lehner
Michael Pammer
Andreas Resch
Roman Sandgruber
Peter Schnedlitz*

styria premium

Inhalt

Inhalt

I. EINFÜHRUNG IN DIE HANDELSGESCHICHTE

Der Handel hat schon immer bewegt: Güter, Wohlstand und Emotionen. Bis zur Industriellen Revolution im vierten Quartal des 18. Jahrhunderts war der Handel in Europa die dominante Quelle für die private Vermögensbildung. In den folgenden zwei Jahrhunderten war die Industrie mit der durch sie möglichen gigantischen Verbesserung der Produktivität und der Gütervielfalt die nächste große Quelle der Vermögensbildung. England hat im 19. Jahrhundert beides dominiert, den Welthandel und die Industrie.

In der habsburgischen Monarchie hat der Handel nie jenen Stellenwert gehabt, welcher der Großmacht gut getan hätte. Sie verpasste die Möglichkeit, durch die dem Handel inhärente Vermögensbildung ihre Finanzkraft zu stärken. Militär, Agrarwirtschaft, Jagd, das produzierende Gewerbe und nicht zuletzt Agenden der Kirche standen im Vordergrund. Die Sektoren Handel und Finanz waren mit einem Hauch von Minderwertigkeit belastet und wurden oft von Minderheiten besetzt. Dies trifft vor allem auf jüdische Talente zu, denen andere Segmente des Wirtschaftslebens aus diskriminatorischen Gründen verschlossen waren. Es entbehrt nicht ganz der Ironie, wenn es heute genau die beiden Fachgebiete Handel und Finanz sind, welche die größte Kraft zur privaten Vermögensbildung in sich tragen.

Diese Lücken in der Gewichtung des Handels, wie sie in der Monarchie vorhanden waren, haben in einem gewissen Maß das wirtschaftliche Denken in Österreich geprägt. Dies blieb auch so, als mit dem Entstehen der Republik nach dem Ersten Weltkrieg die Wirtschaft in mancher Hinsicht für den kleinen Wirtschaftsraum »Österreich in den heutigen Grenzen« neu aufgebaut werden musste. Produktionsdenken und Innovation standen im Vordergrund, nicht aber der Handel. Ähnliches gilt auch für den Neubeginn nach dem Zweiten Weltkrieg. Wiederum lag das Schwergewicht bei der Produktion mit dem vielleicht noch stärker verfolgten Ziel der technischen Perfektionierung. Verkauf und Handel waren wohl wichtig, aber sie standen im Hintergrund des Produktionsziels. In der Phase des Anbietermarktes nach dem Zweiten Weltkrieg war das noch nicht von Nachteil. Als sich aber zu Anfang der 60er-Jahre die Märkte sättigten, wurde die Produktionsbetonung zu einem Wettbewerbsnachteil, der sich deutlich zu verschärfen begann. Normale Verkaufsbemühungen wurden durch das aus den Vereinigten Staaten kommende moderne Marketing auch in Europa abgelöst. Die Methoden im Verkauf und Handel wurden verfeinert und anspruchsvoll. Diese Entwicklung ist in Österreich teilweise verpasst worden, und dies führte unter anderem auch zum Niedergang der technisch erfolgreichen verstaatlichten Industrie.

In der Mitte der 80er-Jahre erfolgte durch Bundeskanzler Franz Vranitzky und seinen Finanzminister Ferdinand Lacina der entscheidende Eingriff. Wesentliche Teile der verstaatlichten Industrie wurden privatisiert, und mit dieser Privatisierungswelle kam auch eine neue Generation von Führungskräften an die Spitze des Entscheidungsprozesses bei den sich neu formierenden Unternehmungen. Neben vielen anderen sind Namen zu nennen wie Claus Raidl, Gerhard Falch, Norbert Zimmermann, Gerhard Roiss, Frank Stronach und als herausragendes Beispiel Dietrich Mateschitz, dessen Red Bull-Konzern rein auf Mar-

Der Verkauf von Frischwaren wie Obst und Gemüse erfolgte in den Städten bis zur Erfindung moderner Kühlsysteme vorwiegend auf Wochen- oder Tagesmärkten. Das Ölgemälde von Johann Matthias Wurzer aus dem Jahr 1820 zeigt zwei Bäuerinnen beim Verkauf von Produkten aus eigenem Anbau.

Vielfältiges Warenangebot: Mit dem Bau der Kleinen Halle im Jahr 1894 durch die beiden Unternehmer Carl Kastner und Hermann Öhler entstand in Graz das erste Warenhaus der k.u.k. Monarchie nach Pariser Vorbild.

ketingkonzepten aufgebaut ist. Diese neue Generation von Managern hat keine Schwellenangst, sich international zu bewegen, und tut von Anfang an das Gleiche wie der moderne Handel, nämlich das Produkt auf die Bedürfnisse des Kunden auszurichten. Der österreichische Wohlstand von heute hat viel mit der Wachablösung und Weichenstellung in der Industrie der 80er- und teilweise 90er-Jahre zu tun.

Auch im Handel zeigte Österreich eine Struktur, die Mühe hatte, sich den modernen Vertriebskonzepten anzupassen. Österreich galt im Handel lange als »Hochmargengebiet«. Handelsunternehmen wie Konsum oder Meinl brauchten diese höheren Margen auch, luden aber dadurch Newcomer wie Billa ein, mit Neugründungen ins große Handelsgeschäft einzusteigen. Doch erst durch das Auftreten der internationalen Handelsketten, vor allem aus Deutschland, hat Österreich den Anschluss an den internationalen Standard im Handel gefunden. Heute scheint von der Handelsrückständigkeit als »Erbmasse« aus der Monarchie nicht mehr viel übrig geblieben zu sein.

Die österreichische Handelslandschaft der Gegenwart ist, wie überall in Europa, durch einen enormen Wettlauf um Marktanteile gekennzeichnet. Dieser grimmige Wettbewerb hat zu immer größeren und gefährlich in die Nähe von Marktdominanz rückenden Handelsunternehmungen geführt. Neben Möbelhandel und Konsumelektronik gilt dies insbesondere auch für die großen Marktsegmente Nahrungsmittel und Textil. Während bei den Nahrungsmitteln durch transportlogistische Probleme und die beschränkte Haltbarkeit ein bedeutender mehr oder weniger lokaler Anteil an der Angebotspalette erhalten geblieben ist, hat der Handel bei Textilien immer radikaler auf den internationalen Einkauf,

vor allem aus Asien, gesetzt. Das Machtverhältnis zwischen Produktion und Handel hat sich hier besonders dramatisch zu Gunsten des Handels verschoben, so dass in Europa in den letzten zwanzig Jahren 70 bis 80 Prozent der textilen Produktionskapazitäten stillgelegt werden mussten.

Der gegenwärtige Machtausbau des Handels kommt aber auch gegenüber dem Konsumenten zum Ausdruck und hier wiederum besonders deutlich im Textilhandel, wo die Margen teilweise exorbitant sind. Die spanische Modegruppe Inditex, zu der auch die Textilhandelsketten Zara und Mango gehören, hat in den ersten drei Quartalen 2011 einen Gewinn von 13 Prozent auf den Umsatz erzielt. Dabei ist es nicht untypisch, dass der Wareneinsatz für die in Asien fertig eingekauften Produkte nur 10 Prozent des Umsatzes ausmacht. Der Handel erwirtschaftet damit für das Verschieben und Verkaufen ein und desselben Produkts einen höheren Gewinn, als die Industrie für die gesamte Herstellung des Produkts erhält, das heißt für: Kosten der Faser, Spinnen, Weben oder Stricken, Färben oder Drucken, Konfektionieren und Verpacken.

Über die historische Linie Greißler, Spezialläden, Warenhäuser, Selbstbedienungsläden, Discounter, Großmärkte, Erlebniseinkaufszentren und Internetvertrieb ist der Handel in die gegenwärtige Struktur großer Vielfalt hineingewachsen. Eine Eigenschaft aber blieb konstant: die große Nähe zum Konsumenten und Verbraucher. Es ist diese Stärke, die den Handel auch in der jetzigen Phase der sich beschleunigenden Globalisierung in seinem wirtschaftlichen Gewicht an Bedeutung gewinnen lässt.

Dionys L. Lehner

II. ZUSAMMENFASSUNG

Aspekte

Die Aspekte beleuchten die 300-jährige Berichtsperiode des Handels nach den relevanten Kriterien. Man kann das vergleichen mit einem Kabarettprogramm, das einem übergeordneten Thema folgt und dieses mit den einzelnen Szenen ausleuchtet.

Der Handel vor dem Ersten Weltkrieg: Im Gegensatz zu Italien, den Niederlanden, Deutschland und vor allem, seit der Beherrschung des Atlantiks, Großbritannien, hat Österreich nie einen prioritären Schwerpunkt auf die Stärkung des Handels gelegt. Die Gründungen von zwei »orientalischen Handelskompanien« 1667 und 1719 sind kläglich gescheitert, die erste wegen korruptiver Verflechtungen und die zweite wegen einer massiven Unterfinanzierung.

Erst nach 1890 fiel der Anteil der selbstversorgenden Landwirtschaft unter 50 Prozent. Entsprechend war die Bedeutung des Handels im 18. und 19. Jahrhundert mit rund 3 Prozent der Beschäftigten gering. Heute beschäftigt der Handel 15 bis 16 Prozent der beruflich aktiven Bevölkerung.

Die frühe merkantilistische Wirtschaftspolitik setzte in ihrer Handelspolitik auf den Glauben, dass sich der Handel fördernd auf Gewerbe und Manufaktur auswirke, was das eigentliche Ziel der Politik war. Protektionistische Maßnahmen zum Schutze der eigenen Produktion spielten dabei immer wieder eine wichtige Rolle.

Wien war durch die Größe der Hauptstadt und den hohen Anteil einer sich nicht selbst versorgenden Bevölkerung für den Handel dominant. Grundlage waren zuerst neben dem Inlandhandel die Handelsrouten nach Venedig und Ungarn. Große und zunehmende Bedeutung hatten auch die Verbindungen nach Deutschland. Die kapitalkräftigen und vom Kaiserhaus privilegierten deutschen Kaufleute prägten das Handelsgeschehen in Wien. Sie waren vermögend und in der Gesellschaft als Großhändler geachtet. Ihre Stellung gewann in Folge der Einrichtung der Handelskammern nach der Revolution von 1848 noch einmal an Bedeutung.

Staatliche Rahmenbedingungen für den Handel: Der Handel teilte die Liebe der Wirtschaftspolitik zur »inländischen Manufaktur« nicht. Die Gründe waren die vergleichsweise geringe Qualität der inländischen Produkte und die Kapitalschwäche der Produzenten. Unter Kaiserin Maria Theresia und Kaiser Joseph II. wurden die protektionistischen Maßnahmen nach außen verstärkt. Gleichzeitig wurde der innerösterreichische Handel durch den Abbau der Binnenzölle und Mauten gefördert.

Der frühe Handel war durch Kleinbetriebe dominiert. Um 1840 gab es in Wien 3 600 Handelsgeschäfte, was einem Betrieb auf hundert Einwohner entsprach. Österreichweit stand im 19. Jahrhundert der Typ der »Gemischtwarenhandlung« im Vordergrund. Die Frage, ob der Handel liberal geregelt werden soll, wurde im Zeitablauf unterschiedlich beantwortet. Die liberale Gewerbeordnung von 1859 wurde 1883 bereits wieder teilweise zurückgenommen. Der Stand der Gewerbefreiheit von 1859 wurde erst im letzten Viertel des 20. Jahrhunderts wieder erreicht.

Die Güter des täglichen Bedarfs wurden in den zwei Weltkriegen rationiert und preislich geregelt. In freiwilliger und stark abge-

Einkaufen als Erlebnis: Das Kaufhaus Gerngross in der Wiener Mariahilfer Straße strahlt seit dem Umbau durch das Grazer Büro »Love Architecture« im Oktober 2010 in neuem Glanz und zeigt eine beeindruckende Architektur.

schwächter Form setzte sich dieses regulierende Modell durch die Gründung der »Paritätischen Kommission« 1957 in die Gegenwart fort. In der Folge wurden die Preiskontrollen aber systematisch zurückgenommen, und mit dem Beitritt zur Europäischen Union wurde die Paritätische Kommission aufgelöst.

Der Weg zur Konsumgesinnung: Während sich der Handel im 18. Jahrhundert auf die Verbesserung des Angebots von Kolonialwaren konzentrierte, kam im 19. Jahrhundert ein rasch wachsendes Angebot von Industrieprodukten hinzu, das im 20. Jahrhundert in seiner Angebotstiefe und Angebotsvielfalt buchstäblich explodierte. Die Industrialisierung vermehrte nicht nur die verfügbaren Einkommen, sondern senkte auch die Kosten der Herstellung und damit die Preise der Produkte.

Synchron mit der Wohlstandsverbesserung entwickelte sich auch die Konsumgesinnung. Der Handel verstärkte diese Entwicklung, indem er die Geschäfte beleuchtete und größer, attraktiver, vielfältiger oder spezialisierter machte. Durch Beratung wurde der Kunde geschult und später durch die Selbstbedienung in der Selbstständigkeit erzogen. Das erste österreichische Selbstbedienungsgeschäft wurde 1950 in Linz eröffnet. Nach einem etwas zögerlichen Start hat das Selbstbedienungskonzept rasch seinen Siegeszug angetreten und alle Branchen erfasst.

Der in den letzten dreihundert Jahren stark gestiegene private Konsum, der zu 60 bis 70 Prozent von Frauen bestimmt wird, ist vom Handel durch eine beeindruckende Strukturanpassung begleitet worden. Aus Kleinstrukturen, die neben der dominanten Selbstversorgung Platz finden mussten, sind immer mehr große angebotsreiche Geschäfte entstanden. Heute heizen eine riesige Produktvielfalt, Mega-Einkaufszentren und der Internethandel die Konsumneigung bis an die Grenze der Verschwendung an.

Vom Greißlerladen zum Diskonter: Durch seine Größe war Wien von der dynamischen

Entwicklung der europäischen Handelslandschaft stark beeinflusst. Die Bevölkerung stieg von 600 000 Einwohnern um 1870 auf 1,6 Millionen etwas nach der Jahrhundertwende des Jahres 1900 an. Die 1862 von Julius Meinl I. gegründete Handelsgruppe verfügte Ende 1945, ohne Geschäfte jenseits der Grenzen in Österreich, alleine über 200 Filialen.

Auch das akademische Umfeld passte sich der Handelsdynamik an. Aus der 1898 gegründeten »K. & K.-Exportakademie« wurde 1916 die »Hochschule für Welthandel« und 1975 die »Wirtschaftsuniversität Wien«.

Durch die Bemühungen, dem Konsumenten das Angebot von Produkten leistungsfähig zu vermitteln, hat der Wettbewerb des Handels unter sich stark zugenommen. Es wird mit der Größe der Geschäfte, der Bedienungsform, den Produktpreisen und der Standortattraktivität gekämpft. Dabei hat sich insbesondere der Kampf um die Preise deutlich verschärft. Im Ringen um Marktanteile hat sich die Form des Diskonters als besonders krisenresistent erwiesen. Heute kämpfen auch Nicht-Diskonter mit diskontähnlichen Einzelaktionen um Marktanteile. Aber auch mit der Größe der Geschäfte wird Wettbewerb gemacht. Während ein Nahversorger-Supermarkt heute über rund 800 m² Verkaufsfläche verfügt, sind es bei den Verbrauchermärkten 3 000 bis 5 000 m² mit einer Sortimentstiefe von rund 30 000 Artikeln. Mit der Zunahme der Internetkäufe scheint in jüngster Zeit neben dem Preis auch der »Einkaufskomfort« einen höheren Stellenwert zu bekommen.

Handelswege, Transport und Lagerwirtschaft: Der Handel hat auch eine stumme, dem Konsumenten oft wenig bewusste Seite. Es sind die komplexen logistischen Aufgaben, die es zu bewältigen gilt.

Ein dramatischer Umbruch war die Verlagerung der Transportwege. Während in der Frühphase des Handels die Produkte in der Regel dort verbraucht wurden, wo die Erzeugung lag, ist dies heute nur noch in Ausnah-

Der aus einem alten Schweizer Geschlecht stammende Johann Graf von Fries (1718–1793) war ein erfolgreicher Bankier und Industrieller, der sich intensiv am Münzhandel in die Levante beteiligte. Im Zeitraum von 1759 bis 1783 leitete er den königlichen Bergwerks-Produkten-Verschleiß. Zeitgenössisches Gemälde von Alexander Roslin.

men der Fall. Sinkende Transportpreise haben die Handelsrouten bis nach Asien, und dort insbesondere nach China, verlagert und heute in der Bedeutung dominant gemacht.

Die Transportmittel sind deutlich effizienter geworden. Mit Schiff, Flugzeug, Eisenbahn und LKW, oder einer Kombination davon, werden große Distanzen, oft mehr als zehntausend Kilometer überwunden. Vor gut dreihundert Jahren lag bei einem Einkauf in Ostindien das Verhältnis von Einkaufspreis und Verkaufspreis bei 1:600. Heute beträgt dieses nur noch 1:8, eine Leistung des globalen Wettbewerbs.

Die teilweise langen Transportwege und der Wunsch, die Zeit zwischen Produkteinkauf und Lieferung an den Konsumenten zu verkürzen, haben das Lagerproblem immer bedeutender werden lassen. Verstärkt wird dieses Problem durch Frischprodukte und deren Verderblichkeit. Besondere Kühltechniken sind notwendig geworden. Die Anstrengungen des Handels in der Logistik im Zusammenhang mit der Produktmanipulation dürften weiter zunehmen.

Werbung, Marketing, Handelspsychologie: Werbung ist wohl das wirksamste Mittel des Handels, um die Kauflust »anzuheizen«. Das betrifft die Werbung zur Produktinformation, zur Steigerung der Produktneugier und die Beeinflussung der unbewussten Kaufbereitschaft beim spontanen Kaufentscheid.

Die erste Werbeagentur im heutigen Sinne wurde 1869 in den USA in Philadelphia gegründet. In Europa fasste das neue Werbe- und Marketingkonzept erst in den 60er-Jahren richtig Fuß, als sich der Anbietermarkt der Nachkriegszeit in einen Nachfragemarkt verwandelte. Um das Jahr 2010 waren in Österreich in der Werbung und Marktforschung knapp 8000 Unternehmen tätig mit rund 24000 Beschäftigten. 2011 überstieg das Werbevolumen der vier größten Agenturen in Österreich jeweils den Betrag von € 100 Mio. Diese waren Demner, Merlicek & Bergmann,

Jung von Matt/Donau, Lowe GGK und die Werbeagentur Wirz.

Um der steigenden Konkurrenz des Handels zu begegnen, entwickelten Hersteller das Konzept der Marken. Sie prägen damit die Produktidentität beim Kunden und sichern den Einfluss auf die Preise in der Distributionslinie. Die wertvollsten Marken wie Apple, Google und IBM haben 2012 einen Wert von rund € 150 Mrd., € 95 Mrd. bzw. € 90 Mrd. Die kostbarste Marke in Österreich ist Red Bull. Ihr Wert wird 2011 von *eurobrand austria* mit € 13,4 Mrd. geschätzt.

Der gläserne Konsument: Das moderne Handelsmarketing, das sich einem immer intensiveren Preisdruck ausgesetzt sieht, hat in der Kundenbindung einen neuen Weg des Wettbewerbsvorteils gefunden. Dazu ist es notwendig geworden, das Kundenverhalten zu erfassen, den Kunden »gläsern« zu machen. Während heute auch Werbeaktionen für die Kundenbindung eingesetzt werden, so ist das dominante Werkzeug doch ganz klar die Kundenkarte, die es mit verschiedenen Ausstattungsmerkmalen gibt. Sie kann der Identifizierung, der Rabattgewährung oder auch der elitären Positionierung mit Clubcharakter dienen. Immer aber verfolgen diese Karten einen Zweck: Sie sollen das Einkaufsverhalten des Kunden gläsern machen, um das Angebot und auch Sonderangebote spezifisch auf seine Wünsche auszurichten.

Internetshopping und E-Commerce: Schon der Titel zeigt, dass es hier um eine moderne Handelsform geht, die aus den USA zu uns gekommen ist. Basis ist das 1969 in den USA gegründete und global ausgelegte Internet. Es hat sich weltweit rasch verbreitet. Während in der zweiten Hälfte der 90er-Jahre rund 10 Prozent der Österreicher das Internet benutzten, waren es 2009 73 Prozent, knapp hinter den USA mit 75 Prozent.

Die Beliebtheit des Internet, die Tatsache, dass es in Österreich fünf Millionen regelmäßige Internetbenutzer gibt, und die Möglichkeiten der Öffnungszeiten rund um die Uhr, haben den E-Commerce für den Handel attraktiv gemacht. 80 Prozent der rund 39 000 Handelsunternehmen verfügen über einen Internetzugang, 50 Prozent über eine eigene Website und 15 Prozent verkaufen Ware über die eigene Website. Das sind 5 700 rot-weiß-rote Online-Shops.

Für den Kunden sind Bücher das häufigste im Internet gekaufte Produkt, Marktführer ist Amazon. An zweiter Stelle der Anzahl der Bestellungen folgen Bekleidung und Textilien, die im Umsatzvolumen allerdings den ersten Platz einnehmen. Insgesamt haben sich die Internetkäufe in Österreich, die im Jahr 2006 € 1,5 Mrd. betrugen, in den vier folgenden Jahren auf ein Volumen von € 4,5 Mrd. verdreifacht. Der deutlich expansive Trend des E-Commerce wird sich weiter fortsetzen.

Konzentrationsprozesse, Kooperations- und Konfliktpotenziale: Traditionell wurde in Österreich der Bekämpfung von Monopolmacht durch Gesetze ein geringer Stellenwert zugemessen. Erst das neue Kartellgesetz von 1988 und die Anpassung 1995 beim Beitritt zur EU führten zu einer Annäherung an den europäischen Standard. Die Anwendung durch die Behörde blieb aber tolerant.

Unterschiedliche Kapitalintensität und unterschiedliche Kosten und Risiken verschiedener Handelsbranchen haben zu einer Vielfalt von Vertriebsstrukturen und Konzentrationsgraden geführt. Besonders ausgeprägt ist die Konzentration bei Nahrungsmitteln, Möbeln, Drogerien und Parfümerien. Die klar umsatzstärkste Branche sind jedoch die Nahrungsmittel. Die größten drei Lebensmitteleinzelhändler REWE, SPAR und Hofer haben ihren Marktanteil von 76 Prozent im Jahr 2005 auf 84 Prozent im Jahr 2011 erhöht. Beschränkt man sich auf den reinen Lebensmittelumsatz, so kommen die fünf größten Händler auf rund 67 Prozent Marktanteil. Der entsprechende Wert liegt in Deutschland bei 63 Prozent und

in Großbritannien bei 53 Prozent. Kleinere Länder tendieren zu einer größeren Konzentration, um die Nachteile des kleinen Markts auszugleichen.

Die Konzentration bewirkt einen Gewinn an Umsatz, aber auch einen Gewinn an Macht. Diese wird gegen die im Zeitablauf oft übernommenen kleinen Konkurrenten, aber auch, leise und unbemerkt, gegen die eigenen Kunden ausgespielt. Am drastischsten und mit Brachialgewalt wird die Handelsmacht aber gegenüber den Lieferanten eingesetzt. Die Druckmittel betreffen Preise, Rabatte, Sonderrabatte für attraktive Regallager, Jahresendboni, Werbekostenzuschüsse und nicht zuletzt die Rücknahmepflicht nicht verkaufter Ware.

Beim Sektor Textil kommt zunehmend eine unerfreuliche Praxis hinzu, die Produkte werden in Europa entwickelt, die Produktion wird dann aber nach Asien vergeben. Diese Verhaltensweise wird, was für die Branche besonders schwerwiegend ist, auch von den ganz großen und finanzstarken Textilhandelsfirmen praktiziert.

Die Hersteller reagieren auf diese Entwicklung gerade im Textilbereich zunehmend mit der Eröffnung eigener Geschäfte. Ein frühes und erfolgreiches Beispiel ist der deutsche Trikotagenhersteller Trigema, der seine Produkte zur Gänze in Deutschland erzeugte und durch die im Vergleich zur Produktion höheren Handelsmargen sein Überleben sicherte. Österreichische Beispiele sind der Luxusdamenstrumpferzeuger Wolford und in jüngster Zeit der Stricker Huber Tricot. Diese Bemühungen der Hersteller mögen zunehmen, sie werden aber in mittelbarer Zukunft nichts an der Machtstellung des Handels ändern. Diese ist einfach zu groß und verfügt über viele Optionen.

Arbeiten im Handel: Der Handel hat sich im 20. Jahrhundert von einem Sektor mit hoher Selbstständigkeit zu einem Sektor mit hoher Unselbstständigkeit entwickelt. Zu Beginn des Jahrhunderts waren noch 45 Prozent der Handelsbeschäftigten selbstständig. Heute sind es noch 10 Prozent. Rund 55 Prozent der Beschäftigten sind oft auch im Teilzeitverhältnis angestellte Frauen.

Die Entlohnung im Handel ist nicht besonders hoch. Sie betrug 2009 im Monat € 1910,– gegenüber € 2600,– in der Güterproduktion. Niedriger als im Handel sind die Verdienstmöglichkeiten in der Gastronomie, in der Hotellerie sowie im Gesundheits- und Sozialwesen. Im Handel sind dagegen eine überproportionale Zahl der Beschäftigten Angestellte. Das Bildungsniveau im Handel wird etwas geringer als in der übrigen Wirtschaft eingestuft. Rund 52 Prozent der Beschäftigten haben einen Lehrabschluss. Große Unternehmen der Branche verfügen über eigene Schulungs- und Kursprogramme zur dreijährigen Lehrlingsausbildung und bieten in der Regel auch Programme zur Weiterbildung an.

Handelsfrauen und Kaufmänner: Das Bild des selbstständigen Kaufmanns schließt etwas Positives und auch etwas Schlaues und Mystisches ein. So hat die Literatur den Kaufmann wie kaum eine andere Berufsgattung immer wieder beschrieben. Große Schriftsteller wie Adalbert Stifter, Johann Nestroy und Franz Kafka haben dem Kaufmann ein literarisches Leben gegeben.

Der Handel weitete sich im 20. Jahrhundert stark aus, die Selbstständigkeit aber ging stark zurück. Waren 1934 bei 250 000 Handelsbeschäftigten noch über 100 000 selbstständig, so sind es im Jahr 2010 bei 615 000 im Handel Tätigen nur noch knapp 65 000 Selbstständige. Heute prägen Großunternehmen und nichtselbstständige Kaufleute das Geschehen im Handel.

Der Wunsch, selbstständiger Kaufmann zu sein, ist zurückgegangen. War der eigene Laden für die Eltern noch attraktiv, so gilt dies für die mit Alternativen verwöhnte Jugend nicht mehr in gleichem Ausmaß. Der moderne Schriftsteller hätte Mühe, im heutigen Handel

den Typ des Kaufmanns des 19. Jahrhunderts noch zu finden.

Branchen

In diesem Buch wird der Handel unter dem Titel »Branchen« in eine Darstellung des »Groß- und Einzelhandels«, acht Branchen für Fertigprodukte und drei Branchen für Rohstoffe aufgeteilt.

Der Handel mit Rohstoffen unterscheidet sich radikal vom Handel mit Fertigprodukten. Während das Fertigprodukt so wie es ist den Konsumenten erreicht, ist der Rohstoffkunde ein Weiterverarbeiter, ein Hersteller. Rohstoffpreise orientieren sich heute zudem stark an internationalen Börsen.

Großhandel und Einzelhandel: Das ursprüngliche Konzept des Großhandels bestand darin, dass er vom Produzenten große Mengen kauft und diese mit einer Marge von gut 10 Prozent an zahlreiche Einzelhändler verkauft, die ihrerseits eine deutlich höhere Marge beim Verkauf an den Kunden beanspruchen. Selbstständige finden sich im Großhandel seltener als im Einzelhandel. Auch die Produktpalette unterscheidet sich markant. Heute macht allein der Rohstoffhandel rund 50 Prozent des Großhandelsumsatzes aus.

Die klare Abgrenzung zwischen den zwei Händlerstufen wird immer mehr durch Mischformen ergänzt. Hersteller liefern gleichzeitig an den Großhändler, den Einzelhändler und sogar an den Endverbraucher. Selbstständige Einzelhändler oder Hersteller schließen sich zusammen, um die Großhandelsstufe selber zu beherrschen. Die Beziehungsnetze sind komplex und innovativ geworden.

Lebensmittelhandel: Der Lebensmittelhandel hat seit dem Zweiten Weltkrieg enorme Strukturanpassungen bewältigen müssen. Der Konsument, der 1950 noch knapp 60 Prozent seiner Ausgaben für Nahrungsmittel einsetz-

Julius Meinl II. führte die Geschäfte seines Vaters, der 1862 am Fleischmarkt die erste Meinl-Filiale eröffnet hatte, erfolgreich fort. Unter seiner Leitung wurde aus einem einfachen Lebensmittelgeschäft eines der führenden Unternehmen der österreichischen Lebensmittelindustrie. Er führte zudem zahlreiche sozialpolitische Neuerungen für seine Mitarbeiter ein.

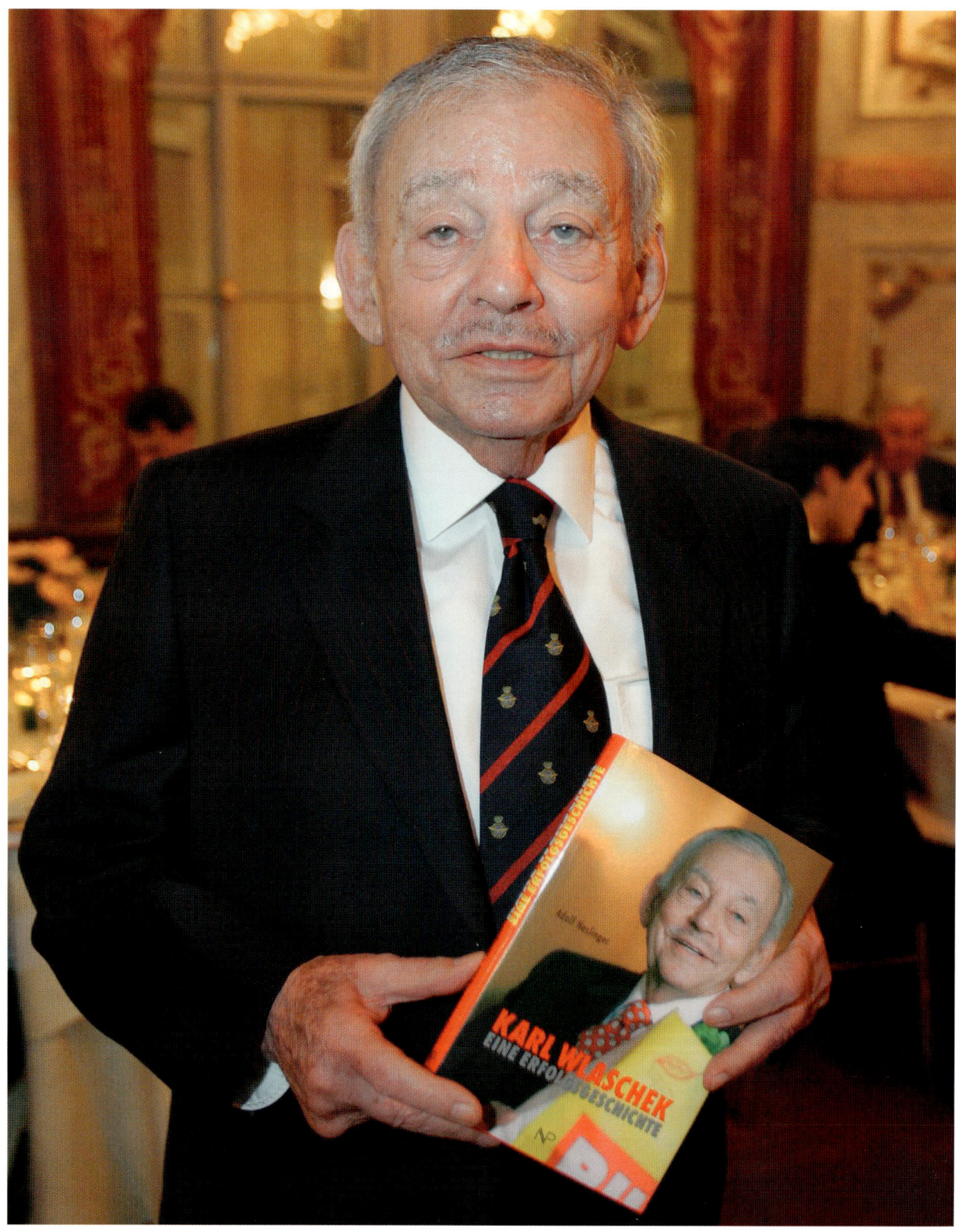

Karl Wlaschek ist der Gründer der österreichischen Handelskette Billa. Er begann im Jahr 1953 mit der Gründung einer Diskont-Parfümerie, übertrug sein Konzept auf den Lebensmittelhandel und nannte seine Filialen ab 1961 »Billa« – Billiger Laden. 1996 verkaufte er die Billa-Gruppe an den deutschen REWE-Konzern und heute ist er im Immobiliengeschäft tätig.

te, gibt heute dafür nur noch 12 Prozent aus. Der Käufer ist wählerisch und preisbewusst geworden und verlangt Vielfalt. Der große Konkurrenzdruck ließ die Zahl der Lebensmittelgeschäfte in den letzten fünfzig Jahren von 25 000 auf nur noch 3 600 im Jahr 2010 zurückgehen.

Die Greißlerei des 19. Jahrhunderts überlebte als Gemischtwarenhandlung für den lokalen Bedarf die wirtschaftlichen und politischen Stürme der ersten Hälfte des 20. Jahrhunderts. Ab den 60er-Jahren bremste aber nichts mehr das rasche Vordringen der großen Handelsunternehmen mit ihrem expansiven Filialwesen. Die Lebensmittelgeschäfte von Konsum Österreich, SPAR, Adeg, Billa, Meinl, Hofer und Lidl prägten die Szene.

Der Wettbewerb brachte aber auch die Großen in Turbulenzen. Der Konsum ging 1995 in Konkurs. Billa ist 1996 und Meinl 1998 an REWE verkauft worden. Heute sind mehr als 60 Prozent des heimischen Lebensmittelhandels in deutscher Hand.

Textilhandel: Als Nahrungsmittel noch vorrangig durch Selbstversorgung konsumiert wurden, war der Handel mit Textilien die bedeutendste Branche des Handels. Was kleinbetrieblich mit Meterware, Unterwäsche und Näh- und Strickbedarf begann, mutierte über angebotsstarke Warenhäuser langsam zu den dominanten Textilverkaufsketten der Gegenwart.

Die vom Wiener Warenhaus und von der Wiener Mode stark beeinflusste textile Handelswelt hatte ihren Höhepunkt um 1900. Jüdisch dominiert, kam die Arisierungsphase im Dritten Reich faktisch einer Zerschlagung dieses Warenhauskonzepts gleich.

Nach den Versorgungsengpässen am Ende des Zweiten Weltkriegs stieg mit dem Wirtschaftswunder Ende der 50er-Jahre die Nachfrage nach Textilien stark an. Zur Bedienung des gestiegenen textilen Kaufrausches prägten immer mehr die Filialen großer Textilketten die Handelsszene. Österreichische Gründungen wie Palmers, Schöps und Kleider Bauer wurden zunehmend durch internationale Ketten ergänzt und abgelöst. Der Bekleidungshandel macht heute in Österreich € 4,5 Mrd. aus und wird zu 73 Prozent von filialisierten Ketten beherrscht. Hennes & Mauritz, C&A und Peek & Cloppenburg führen die Umsatzliste im Textilhandel an.

Automobilhandel: Von zarten Anfängen mit einem PKW- und LKW-Bestand von rund 5 000 Fahrzeugen vor dem Ersten Weltkrieg hat sich der Automobilhandel zu einem Riesengeschäft gewandelt. 2011 gab es in Österreich 6,2 Mio. Kraftfahrzeuge, davon waren 4,5 Mio. PKW. In den letzten zwanzig Jahren wurden jedes Jahr rund 300 000 PKW neu zugelassen. Das Jahr 2010 brachte mit 328 600 PKW-Neukäufen den Rekord. Die Finanzkrise scheint am Lieblingskind Automobil buchstäblich vorbei zu schauen.

Im Gegensatz zum Handel generell, der seine zunehmende Macht gegenüber dem Hersteller immer mehr durchsetzen kann, gibt im Automobilhandel der Erzeuger den Ton an. Die Automobilmarke wird durch den Hersteller positioniert, und der Automobilhandel ist in wesentlichen Teilen eine Vorwärtsintegration des Erzeugers. Die Umsätze sind enorm. Sie betrugen im Jahr 2010 für Kraftfahrzeughandel und -reparatur rund € 27 Mrd. Das Megageschäft wird von der 1974 errichteten Porsche Holding dominiert. 2010 erwirtschafteten ihre 21 000 Mitarbeiter einen Umsatz von € 10,4 Mrd. Entsprechend sind in Österreich die Produkte des Volkswagenkonzerns deutlich marktführend.

Baustoffhandel, Möbelhandel: Der im 19. Jahrhundert entstandene Baustoffhandel geht auf das Bedürfnis nach genormten Qualitäten, Formaten und Gebinden durch die Bauwirtschaft zurück. Die Aufgaben des Baustoffhandels wurden stets erweitert. Er übernimmt heute Funktionen wie Transporte, Zwischenlagerung, Sortimentszusammenstellung, Beratung und Kreditgewährung. Dies trifft insbesondere für den Großhandel zu, der im Jahr 2009 insgesamt € 12,4 Mrd. umsetzte. Im Bereich Kleinhandel, zu dem auch die beliebten Baumärkte mit dem Marktführer BauMax AG gehören, erzielten gut 20 000 Beschäftigte ein Absatzvolumen von € 3,4 Mrd. Der wichtigste Baustoff mit einer aktuellen Österreichproduktion von rund 5 Mio. Tonnen ist unverändert Zement.

Im Gegensatz zum Baustoffhandel ist im Möbelhandel die Großhandelsstufe unbedeutend. Der kraftvolle Einzelhandel beansprucht den Markt von gut € 4 Mrd. mit 29 000 Beschäftigten fast ganz für sich. Rund ein Viertel dieses Absatzvolumens wird in Österreich hergestellt.

Seit den 70er-Jahren hat sich der Wettbewerb im Möbelhandel deutlich verschärft. Preiskämpfe, stark vergrößerte Sortimente und Verkaufsflächenerfordernisse von 10 000 m^2 und mehr, haben an der Existenzbasis von kleineren und mittleren Möbelhändlern gezehrt. Aus dem erbitterten Konzentrationsprozess gingen die XXXLutz-Gruppe und die Kika-Leiner-Gruppe als führende Anbieter hervor, die beide in die Liga der größten europäischen Möbelhändler aufstiegen. Der weltweit größte Möbelhändler IKEA nimmt in Österreich Rang drei ein. Die »Großen Drei« beanspruchen für sich 75 Prozent des österreichischen Möbelgeschäfts. Dabei sticht die Leistung des 1945 gegründeten Marktführers Möbel Lutz auch wegen seiner internationalen Expansion besonders hervor.

Handel mit Elektro- und Elektronikprodukten: Das markante am Elektrohandel ist das unheimliche Tempo der Produktentwicklung. Dies betrifft sowohl die Bereiche Unterhaltung und Haushalt, aber vor allem den Bereich IT (Informationstechnologie). Hier ist es schon so, dass ältere Konsumenten die Komplexität der Produkte oft fast nicht mehr erfassen können, während junge, informierte Kunden dem Berater das Produkt manchmal besser erklären könnten, als der Berater dazu in der Lage ist.

Das erste elektrische Haushaltsgerät, das sich breit durchsetzte, war das Bügeleisen. Es folgte das Radio. Erst durch die Wohlstandsentwicklung in den 60er-Jahren entstand der breite Absatz von großen Haushaltsgeräten wie Kühlschränken, Waschmaschinen und Kochherden. Etwas verzögert, aber nicht minder kräftig, folgten die Unterhaltungselektronik, die Fotografie und die IT-Produkte dem Verkaufsboom der Branche, die heute 7,5 Prozent des gesamten Großhandels und 4,5 Prozent des Einzelhandels in Österreich ausmacht.

Das Produktentwicklungstempo, die stark steigende Vielfalt, der Einstieg der Asiaten als Anbieter, und nicht zuletzt der exakt mögliche Preisvergleich, haben die Handelsteilnehmer in den letzten dreißig Jahren massiv durchgeschüttelt. Es gab zahlreiche Übernahmen und Besitzerwechsel. Mit einem Umsatz von über € 1 Mrd. hat sich die Österreichtochter der deutschen Media-Saturn-Holding zum größten heimischen Elektro-Fachmarkt empor gearbeitet.

Drogerien, Apotheken und Parfümerien: Die Entwicklung in Richtung der heutigen Produktpalette der Drogerien nahm im letzten Drittel des 19. Jahrhunderts ihren Anfang. Damals wurden die gesetzlichen Regulierungen, die den Apotheken im Handel mit »Heil- und Giftpflanzen« Exklusivität gewährten, aufgehoben. Die als Universalsortimenter agierenden Drogerien drangen in den Bereich der Produkte für Gesundheit vor und produzierten diese Produkte teilweise selber.

Ab 1960 entwickelten sich die Drogerien zum Spezialisten für Gesundheit, Ernährung und Schönheit. Gewisse Segmente wurden abgegeben: Farben und Lacke an die Baumärkte, die Fotoausarbeitung an Fotoketten. Es kam gleichzeitig zu einer ausgeprägten Filialisierung. Die großen Ketten in Österreich sind dm, Schlecker (bis zum plötzlichen Niedergang) und BIPA. Im Gegensatz zum hochgeregelten und kleinstrukturigen Bereich der Apotheken, der zu 70 Prozent von gebührenpflichtigen Arzneimitteln lebt, hat sich der Handel mit Parfums auf zwei große Ketten konzentriert: Douglas und Marionnaud. Obwohl kleinflächig und fragmentiert, genießen Apotheken und Parfümerien in der Bevölkerung einen guten Ruf. Sie sind Spezialisten im Handel mit begehrten und als wichtig eingestuften Produkten.

Buchhandel: Durch die Abspaltung der Druckbereiche ist im 18. Jahrhundert die ursprünglich vertikale Einheit »Druck – Verlag – Buchhandel« aufgelöst worden. Im 20. Jahrhundert haben sich in Österreich auch die Verlage und der Handel getrennt. Für beide ist das Leben in der Gegenwart schwierig geworden: bei den Verlagen wegen der Kleinstruktur und im Buchhandel wegen der Internetkonkurrenz. Amazon dominiert diesen Bereich. Das Buchhandelsvolumen in Österreich ist mit rund € 1 Mrd. ein kleines, aber besonders hart umkämpftes Segment.

In den 70er-Jahren begann auch im Buchhandel eine ausgeprägte Filialisierung. Die beiden dominierenden Ketten sind Libro und Thalia, die zusammen ein Drittel des Buchumsatzes bestreiten. Turbulenzen kennzeichnen ihren Weg. Libro hat nach Insolvenz in der Taus-Gruppe und Thalia bei Douglas als Diversifikation zum Parfum den Hafen gefunden. Im ersten Halbjahr 2012 hat die Thalia-Sanierung die Douglas-Gruppe in die roten Zahlen gedrückt. Es scheint, dass das iPad und das Kindle-Download-System von Amazon den Buchhandel zum ersten Opfer der Internetrevolution gemacht haben.

Trafiken: Tabakgeschäfte gibt es überall, Trafiken aber nur in Österreich. Die Trafik ist im Handelsbereich ein Mini, im sozialen Bereich aber ein Maxi. Diese Tradition geht weit zurück. Im auslaufenden 18. Jahrhundert diente die Trafik der Beschäftigung von Militärinvaliden und Soldatenwitwen. Heute besteht eine wirtschaftliche und soziale Doppelzielsetzung. Menschen mit einem Behinderungsgrad von mindestens 50 Prozent soll zu einer selbstständigen Existenz verholfen werden. Die Trafik dient aber auch als kleiner Ort der Kommunikation. Das liegt unter anderem am Warenkorb, der neben Tabak und Zeitungen auch Lose, Fahrscheine, Spielkarten, Briefmarken und nicht zuletzt Artikel für den Schulbedarf umfasst. Anfangs 2010 gab es in Österreich gut 7 000 Trafiken, die den Bürger mit den kleinen Dingen des Alltags versorgen.

Metall- und Goldhandel: In der zweiten Hälfte des 19. Jahrhunderts spielten die Handelsabteilungen der Universalbanken eine wichtige Rolle im Rohstoffhandel. Heute haben sich spezielle Metallhändler in diesem Geschäftsfeld etabliert. Österreich spielt in diesem Bereich mit Ausnahme von Aluminium eine unbedeutende Rolle. Die als Hersteller und Händler von Aluminiumbillets tätige Gruppe Steinacher/Alumet in Bludenz nimmt mit € 9 Mrd. – auch durch Börsenhandel erzielten – Umsatz im Jahr 2011 eine europäische Spitzenstellung ein.

Die etwas breiter gestreute 1978 gegründete VA Intertrading erreichte 2010 einen Umsatz von gut € 1 Mrd. Auf den Stahlrohhandel spezialisiert, setzte die Weyland-Gruppe 2011 gut € 563 Mio. um. Generell nimmt die Bedeutung des Recycling-Geschäfts für die Branche stetig zu.

Wegen der extrem unterschiedlichen Nachfragegruppen hat der Goldhandel eine eigene und unvergleichliche Charaktcristik. Gold dient sehr unterschiedlichen Verwendungszwecken wie Schmuckherstellung, technischen Anwendungen, Geldanlagen und, in neuerer Zeit wieder vermehrt, dem Währungsreserveaufbau von Nationalbanken. In Österreich spielen die der Veranlagung dienende Nationalbanktochter Münze Österreich mit € 2,56 Mrd. Umsatz (im Jahr 2011) und die im Verarbeitungsgeschäft tätige ÖGUSSA mit € 408 Mio. die dominierende Rolle im Goldgeschäft.

Agrarhandel: Die Konstante im Bereich Landwirtschaft und Agrarhandel in den letzten dreihundert Jahren ist die permanente Präsenz staatlicher Regulierung. Die Agrarwirtschaft steht wegen ihrer Bedeutung für die Ernährung der Bevölkerung und die Landschaft traditionell im Fokus der Politik. Die Versorgungssicherheit allerdings schwankte. Bei der Gründung der Republik nach dem Ersten Weltkrieg war die Inlandsproduktion praktisch in allen Bereichen unzureichend. Seit Mitte der 50er-Jahre stehen die Zeiger aber wieder auf Überproduktion.

Die Zahl der Händler reduzierte sich stetig. Gab es um 1900 noch rund 8 000 Getreidemühlen und 3 500 Viehhändler, so sind es hundert Jahre später noch einige hundert, oft spezialisierte Mühlen und rund 500 Viehhändler, zu denen noch 500 Getreide-, Saatgut- und Futtermittelhändler hinzukommen.
Ein Faktum, man könnte auch von einem Übel der Überregulierung sprechen, ist die Subventionstätigkeit in der Landwirtschaft. Ein Beispiel dazu ist der (allerdings mit EU-Beitritt hinfällig gewordene) Milchfonds, der durch seine Preis- und Absatzgebietregulierung bewirkt hat, dass der Wert eines genossenschaftlichen Unternehmens mehr durch sein monopolistisches Absatzgebiet als durch die wirtschaftliche Leistung geprägt war. Für die Landwirtschaft als Ganzes setzte sich das Einkommen der Bauern vor dem EU-Beitritt zu rund 40 Prozent aus Eigenleistung und 60 Prozent aus Subventionen zusammen. Mit dem EU-Beitritt haben sich im Agrarsektor weniger die Inhalte als die Quellen, woher das Geld zum Bauern kommt, geändert. Statt Wien steht jetzt Brüssel im Vordergrund.

Energiehandel: Die erste große Energiequelle war Holz. Die Frühphase der Industrialisierung hatte diese Energiequelle aber bald er-

schöpft und zum Engpass werden lassen. Seit etwa 1950 nahm die Ablösungskette »Holz – Kohle – Erdöl und Gas – elektrische Energie« ihren Lauf. Der Handel hat diesen komplexen Ablösungsprozess wirksam begleitet und sich dabei aber selber permanent restauriert.
Der Handel mit Energie tendiert stark zu oligopolistischen und monopolistischen Strukturen. Die deutlich dominanten Energieträger in Österreich sind Öl, Gas und Elektrizität. Im Ölgeschäft sind die internationalen Marken wie Shell, BP, Esso, Mobil, Agip und Total Ton angebend und Preis bestimmend. Der große lokale Spieler OMV ist international gesehen klein. Bei den 2010 in Österreich installierten rund 2 700 Tankstellen liegt er aber mit 434 Einheiten an erster Stelle.
Bei der Elektrizität prägen die rund 200 EVUs die in Landes-, Gemeinde- oder privatem Besitz sein können, die Produktions- und Handelsszene. Die preisbestimmende Kraft ist einerseits die zu Hochpreis neigende Börse Leipzig und andererseits der Netzbesitz der EVUs, der eine monopolistische Option darstellt. In Österreich hat der Inlandsstromverbrauch 2011 rund 69 000 Gigawattstunden betragen.

Internationaler Vergleich

Im Vergleich zu den USA ist der europäische Markt aufgrund großer kultureller Unterschiede und differenzierter Ess- und Konsumgewohnheiten stark zersplittert. Das europäische Gesamthandelsvolumen 2010 ist mit rund € 2 700 Mrd. aber doch spürbar höher, als jenes der USA mit € 2 000 Mrd. In Europa weisen die Märkte Großbritannien, Deutschland und Frankreich ein Volumen von € 450 bis 500 Mrd. aus, Österreich € 65 Mrd. und die Schweiz € 78 Mrd. Damit hat Österreich ein Handelsvolumen pro Kopf, das knapp 20 Prozent über dem deutschen liegt, aber gut 30 Prozent unter jenem der Schweiz.
Zwei große Tendenzen prägen das gegenwär-

tige Handelsbild in Europa. Die erste zeigt, dass die höhermargigen Non-Food-Segmente der großen Handelsketten schneller wachsen als die Food-Sortimente. Die Nahrungsmittelanteile liegen typischerweise bei über 60 Prozent des Umsatzes mit den Ausnahmen Metro und Marks & Spencer, wo sie 40 Prozent betragen, Die zweite Tendenz ist die sich im Lebensmittelhandel abzeichnende zunehmende Europäisierung. Beide Tendenzen erschließen die Option größerer Beschaffungsvolumen und fördern dadurch Konzentration und Größe der Handelsketten.

Die Bedeutung des Handels in der österreichischen Nationalökonomie

Das große Bild zeigte im 18. und 19. Jahrhundert eine Geringschätzung des Handels durch die Klassiker der Nationalökonomie wie Adam Smith, David Ricardo und Karl Marx. Die Beschäftigung im Handel wurde als »unproduktiv« etwa im Gegensatz zur Güterherstellung empfunden.

Diese Einschätzung entsprach im Wesentlichen auch dem wissenschaftlichen und wirtschaftspolitischen Stimmungsbild in Österreich. Philip Wilhelm von Hörnigk (1640–

1714) bezeichnete den Export von überflüssigen inländischen Gütern durch den Handel als gut, den Import von Gütern als »nichtswürdige, verderbliche und unerträgliche Krämerei«. Ähnliches äußert Joseph von Sonnenfels (1732–1817), der die Kaufmannschaft als »größtes Hindernis der Nationalfabrikanten« beschrieb. Erst durch die Wertlehre der österreichischen Schule der Nationalökonomie, von der Carl Menger (1840–1920) ein wichtiger Vertreter war, erhielt der volkwirtschaftliche Beitrag des Handels den verdienten Stellenwert. Es dauerte aber noch geraume Zeit, bis die Wirtschaftspolitik in Österreich dieser nationalökonomischen Erkenntnis folgte.

Das theoretische Gedankengerüst zum Thema Verkauf und Marketing ist stark von den USA beeinflusst worden. Europa und Österreich haben aber nachgezogen. In der Zwischenkriegszeit ist die Handelsbetriebslehre zur Betriebswirtschaftslehre ausgebaut worden. Nach dem Krieg hat sich die Absatzlehre zusätzlich etabliert. Zwischen 1965 und 1974 rückte die Marketinglehre in den Vordergrund, und in der Folge ist ein eigenständiges Handelsmarketing entwickelt worden. Die komplexen Aufgaben des heutigen Handels haben ihr eigenes modernes akademisches Ausbildungskonzept bekommen.

Das bedeutende Jugendstilfenster aus dem Hause W. Neuber's Enkel, gefertigt von der Glasmalerei Geylings Erben, wurde auf der Pariser Weltausstellung im Jahr 1900 gezeigt. Zentrales Motiv ist die thronende Austria, die von Handel, Gewerbe und Industrie in allegorischer Darstellung umringt wird. Das Fenster mit einem Durchmesser von fünf Meter ist bis heute eine besondere Attraktion im Neuber-Haus in Wien.

1. Der Handel in Österreich vor 1918

Ein heutiger Beobachter würde den Handel der Zeit vor dem Ersten Weltkrieg in jeder Hinsicht als fremd erleben, und in gewisser Weise würde ihm das Geschehen als unbedeutend erscheinen: Es wurden viel weniger Güter gehandelt als heute, viel weniger Menschen arbeiteten im Handel, der Handel produzierte viel weniger. All dies gilt absolut, aber auch relativ: Von den Gütern, die man konsumierte, war ein kleinerer Anteil über einen Ladentisch gegangen als heute; der Anteil des Handels an den Beschäftigten war geringer; und der Anteil des Handels am Volkseinkommen war niedriger.

In diesem Sinn war der Handel also nicht besonders bedeutend. Auf der anderen Seite trat der Handel äußerlich durchaus auffällig in Erscheinung, denn es gab deutlich mehr selbstständige Händler als heute und damit viele Handelsunternehmen. Das heißt, der Handel war im Vergleich zur Gegenwart vor allem von vielen kleinen Betrieben geprägt. Eine Geschäftsstraße um 1900 bot einen anderen Anblick als eine Geschäftsstraße um 2000 – und dies nicht nur wegen der anderen Gestaltung von Schaufenstern und Geschäftsschildern: Während man heute in jedem Marktort die gleichen Geschäftsnamen, Marken und Logos antrifft wie in Wien, Graz oder Linz, bot die typische Hauptstraße des Jahres 1900 eine Aneinanderreihung von kleinen Geschäften, die dem Namen nach einzigartig waren. Verwechselbar waren sie freilich dennoch, denn jeder Dorfgreißler hatte mehr oder weniger das gleiche bescheidene Sortiment, weit entfernt vom Angebot selbst kleiner Filialen der heutigen Lebensmittelketten.

Selbstversorgung statt Handel

Der wichtigste Grund für die untergeordnete Rolle des Handels jener Zeit liegt in der noch großen Bedeutung des Eigenverbrauchs. In der österreichischen Wirtschaft nahm bis weit ins 20. Jahrhundert die Landwirtschaft eine äußerst gewichtige Stellung ein: Bis gegen Ende des 19. Jahrhunderts blieb mehr als die Hälfte der Bevölkerung in der Landwirtschaft beschäftigt. Dazu kamen Personen, die eine Nebenbeschäftigung in der Landwirtschaft ausübten. Alle diese Personen, ob sie Bauern, Dienstboten oder Taglöhner waren, konsumierten normalerweise soweit wie möglich Essen, das auf dem betreffenden Hof erzeugt

Straßenverkäufer fanden häufig in stereotypisierenden Darstellungen ihren künstlerischen Niederschlag: Das Aquarell, das Anton Haala zugeordnet wird, zeigt einen Anschlagzettelkleber und einen Trödeljuden aus einer Darstellungsserie von »Wiener Typen« aus der Zeit um 1840.

Insbesondere das bäuerliche Leben war bis ins 20. Jahrhundert von Eigenproduktion und Eigenverbrauch geprägt. Auf dem Rockensitz (Spinnstube). Feder- und Pinselzeichnung von Alois Greil, 1888.

wurde. Diese Nahrungsmittel wurden also nie gehandelt, sondern unmittelbar im Produktionsbetrieb verbraucht. Den Nahrungsmittelhandel benötigte die Landwirtschaft für den eigenen Bedarf daher nur hinsichtlich der Produkte, die man nicht selbst erzeugen konnte, etwa für Kolonialwaren oder einheimischen Zucker, der erstmals im 19. Jahrhundert in großen und rasch wachsenden Mengen erzeugt und konsumiert wurde.

Eigenproduktion und Eigenverbrauch machten besonders in der Landwirtschaft auch bei anderen Gütern einen mehr oder weniger großen Teil der Gesamtproduktion aus. Dies gilt für Futtermittel und Brennholz, aber auch teilweise für Textilien (etwa Leinwand), für manche Gerätschaften und für Möbel. Anderes wurde zwar nicht selbst produziert, aber direkt vom Erzeuger bezogen: Die Kleidung, einer der wichtigeren Verbrauchsposten, bezog man direkt von Schneider und Schneiderin; über den Kleiderhandel erworbene Konfektionskleidung hatte für den Großteil der Bevölkerung keine Bedeutung. Auch die Müllerei

als wichtiges Nahrungsmittel verarbeitendes Gewerbe produzierte in großen Teilen direkt für die Abnehmer. Selbst Genussmittel wie Kaffee, das heißt in diesem Fall Ersatzkaffee, wurden zum Teil auf dem Land von Kleinproduzenten erzeugt und direkt vermarktet oder in Lohnbrennerei produziert.

Landwirtschaftliche Dienstboten – noch Mitte des 19. Jahrhunderts ungefähr ein Drittel der Bevölkerung – bezogen den weitaus größten Teil ihres Einkommens, nämlich Nahrung, Kleidung und Wohnung, in Form von Naturalien, die der Hof selbst erzeugte oder unmittelbar vom Produzenten erwarb. Nur der verbleibende Rest, wenig mehr als ein besseres Taschengeld, stand für Einkäufe im Handel zur Verfügung. Bauern hatten als Konsumenten mehr mit dem Handel zu tun und setzten je nach Stadtnähe und Einkommen auch beträchtliche Werte in Handelsgeschäften um. Als Erzeuger brachten sie einen großen Teil ihrer Produkte, die sie nicht selbst verbrauchten, in den Vieh- und Produktenhandel. Ein Teil ging freilich direkt an Verbraucher außerhalb des Hauses oder an Industrie und Gewerbe, etwa an die Müllerei. Umgekehrt waren heute wichtige Bereiche des Agrarhandels, in denen die Landwirtschaft als Nachfrager auftritt – wie der Handel mit Futtermitteln, Saatgut, Düngemitteln oder Pestiziden –, im 19. Jahrhundert noch weitgehend bedeutungslos. Jene, die selbst beruflich gar nichts mit der Landwirtschaft zu tun hatten und nicht ab Hof einkaufen konnten oder wollten, waren für ihre Versorgung mit Lebensmitteln und anderen wichtigen Gütern, wie etwa Brennstoffen, auf die gewerblichen Produzenten und den Handel angewiesen. Dies betraf praktisch die gesamte städtische und einen Teil der ländlichen Bevölkerung (wobei zu bedenken ist, dass die Städte noch bis ins 19. Jahrhundert recht klein blieben). Kleine Viktualienhandlungen waren allgegenwärtig, nicht nur in Städten. Bei allen wichtigen Produkten wie Nahrungsmitteln und Bekleidung spielte aber auch für die städtische Bevölkerung der Einkauf direkt beim Produzenten noch eine viel größere Rolle als in späterer Zeit. So blieb auch in der Stadt der Anteil von Konfektionskleidung und fabrikgefertigten Schuhen lange Zeit gering; eine großindustrielle Fertigung und ein damit einhergehender Handel spielten nur in Sonderbereichen wie der Wäscheerzeugung und der Hutmacherei eine größere Rolle.

Dass das Marketing vor dem Ersten Weltkrieg einen weitaus geringeren Stellenwert als in der jüngeren Vergangenheit hatte, liegt nicht nur an den noch unterentwickelten Marketingkenntnissen und -instrumenten, sondern eben auch an der allgemein geringeren Bedeutung des Handels und am geringeren Güterangebot. Wenngleich die Wirtschaft auch schon vor dem Ersten Weltkrieg nicht einfach als Mangelwirtschaft bezeichnet werden kann, war sie doch vom heutigen Überfluss weit entfernt. Bei Produkten wie Nahrungsmitteln bestand daher von vornherein kein Absatzproblem.

Handelsunternehmer, Handelsgesellschaften und Handelspolitik

Der Handel stand in engem Zusammenhang mit der Entwicklung der Städte und der Finanzierung des Staates, weshalb er auch immer politisch reguliert wurde. Fernhandel und Großhandel gingen über die Städte, was auch durch städtische Privilegien der Landesfürsten gefördert und gestärkt wurde. Der enorme Geldbedarf der Kaiser hatte zur Folge, dass im 16. Jahrhundert unter anderem der Außenhandel der Alpenländer unter die Kontrolle der süddeutschen Bank- und Handelshäuser gelangte, die das Kollegium der Wiener Niederleger bildeten. Als Österreich um 1770 zunehmend zum »geschlossenen Handelsstaat« wurde, verließen zahlreiche Niederleger Wien, während Wiener Handelsleute sich als Niederleger einverleiben ließen.

Eines der Mittel, mit denen man die Wirtschaft durch den Handel stärken wollte, war die Gründung von Handelsgesellschaften nach

Kauffahrteischiffe der niederländischen Vereinigten Ostindischen Kompanie. Kolorierter Kupferstich von Wenzel Hollar, 1647.

dem Vorbild der Ostindischen Kompanien in England und den Niederlanden. Nach einem ersten Fehlstart 1667 wurde nach den siegreichen Türkenkriegen 1719 eine »Orientalische Kompanie« gegründet, die sich des Handels mit der Türkei annehmen sollte. Nach westeuropäischen Vorbildern erhielt die Kompanie ein Monopol für den Handel mit der Türkei und verschiedene damit verbundene Privilegien. Die Orientalische Kompanie war eine Aktiengesellschaft, brachte ihr Kapital aber nur unter großen Schwierigkeiten auf, war mit der Bedienung ihrer Schulden überfordert und wurde nach 1736 schrittweise liquidiert. Kurze Zeit hatte Österreich auch eine »Ostindische Kompanie«, gegründet 1722 in Ostende in den damals österreichischen Niederlanden. Die Gesellschaft wurde im Austausch gegen die Anerkennung der Pragmatischen Sanktion durch England und die Niederlande 1731 wieder aufgelöst.

Ein Patent aus 1774 schuf eine neue Rechtsgrundlage für den Großhandel. Die bestehenden Niederlagsrechte wurden anerkannt, konnten aber nicht mehr übertragen werden. An Stelle der alten Niederleger wurde die neue Kategorie der »Großhändler« geschaffen, die in einem eigenen Gremium mit den »Wechslern« und Bankiers zusammengefaßt wurden. Bis zum Ersten Weltkrieg findet man unter den vermögendsten »Großhändlern« hauptsächlich Bankiers und Industrielle. Für die Mitgliedschaft musste ein Fonds von 30 000 Gulden nachgewiesen werden, seit 1803 in Wien 50 000 Gulden, in Prag, Brünn und Lemberg 30 000 Gulden, an den anderen Plätzen 20 000 Gulden.

Die Zahl der Großhändler in Wien wuchs von anfänglich zwölf auf nahezu zweihundert im Jahr 1811 an; der Staatsbankrott dieses Jahres und Zugangsbeschränkungen ließen die Zahl wieder stark absinken. 1848 umfasste das Gremium der Großhändler in Wien 90

Mitglieder. Die bürgerlichen Handelsleute, also die mittelständischen Kaufleute, waren etwa zehnmal so viele. Auch unter diesen Kaufleuten waren Tätigkeiten in Industrie und Finanzsektor nicht ganz ungewöhnlich. Ein Beispiel ist der Textilhändler Anton Dück, Präsident der Wiener Handelskammer von 1853 bis 1861, der sowohl als Verwaltungsrat der Niederösterreichischen Escompte-Gesellschaft als auch in der Westbahn-Gesellschaft in leitender Funktion tätig war.

In den nach der Revolution von 1848 eingerichteten Handelskammern hatten die Großhändler und Handelsleute aufgrund des restriktiven Wahlrechts – nur die bei den Mercantil- und Wechselgerichten protokollierten Fabrikanten und Handelsleute waren wahlberechtigt – eine starke Stellung. So etwa kamen 9 von 21 der 1849 erstmals gewählten Mitglieder der Wiener Handelskammer aus dem Bereich des Handels.

Auffällig ist die hervorgehobene Rolle von Minderheiten im Handel vor dem Ersten Weltkrieg. Der Levantehandel wurde nach dem Ende der Orientalischen Kompanie hauptsächlich von türkischen Untertanen betrieben, die eigene Korporationen bildeten und in Wien sonst keinen Handel treiben durften. Jüdische Handelsleute hatten als kleine Gruppe die Vertreibung des 17. Jahrhunderts überstanden, weil sie sich als Finanziers der Regierung unentbehrlich gemacht hatten. Auch unter den türkischen Handelsleuten befand sich neben Griechen, Türken, Persern, Armeniern, Walachen und Raizen eine starke Gruppe von sephardischen Juden (»Spaniolen«). Eine größere Zuwanderung von Juden nach Wien erfolgte aber erst in der zweiten Hälfte des 19. Jahrhunderts nach der verfassungsmäßigen Gleichstellung aller Bekenntnisse.

Frauen bildeten zwar die Mehrheit der Bevölkerung, unter selbstständigen Unternehmern

Der Hafen von Triest diente den beiden »Orientalischen Kompanien« als Ausgangspunkt für den Seehandel mit der Türkei und mit der Atlantikküste. Fotochrome um 1900.

größere Ausnahme ist die Schneiderei in der zweiten Hälfte des 19. Jahrhunderts). Niedriger war der Frauenanteil im Handel unter den Unselbstständigen, insbesondere unter Arbeitern und Angestellten. Die im Handelsbetrieb mitarbeitenden Familienangehörigen waren dagegen zum größten Teil Frauen.

Der Handel als Güterproduzent

Trotz seiner insgesamt geringen Größe hatte der Handel des 18. und 19. Jahrhunderts in einer ganz bestimmten Hinsicht doch eine beträchtliche Bedeutung für die Gesamtwirtschaft: Er bildete eine der Wurzeln der industriellen Entwicklung.

Teilweise war dies ein Ergebnis der staatlichen Politik: In der Ausdehnung des Handels sah man ein eigenständiges Instrument zur Förderung von Gewerbe und Industrie. Der Kaufmann wurde gleichsam zum Agenten der Stärkung und Verbreiterung der inländischen Gütererzeugung. So wurde die Erteilung von Handelsprivilegien für Unternehmer um 1770 daran gebunden, dass sich der Bewerber »zur Anlegung einer neuen Fabrik, zum Verlag einzelner Fabrikanten oder zu einem angemessenen Beytrag zur Unterstützung von Manufacturisten« bereit erklärte. Auf diese Weise konnten die anfängliche Gegnerschaft der Handelsleute gegenüber der staatlichen Industrialisierungspolitik nach und nach überwunden, die kommerziellen Fähigkeiten und die Kapitalkraft der größeren Handelsunternehmungen für neue industrielle Projekte erschlossen werden. Dauerhafte Impulse für die Wirtschaftsentwicklung Österreichs gingen auch von einigen industriellen Unternehmungen der Orientalischen Kompanie aus (Linzer Wollzeugfabrik, Schwechater Baumwollfabrik), die nach dem Scheitern der Kompanie weiterbestanden.

Die frühe Industrie war vor allem Textilindustrie, und in dieser Branche war es möglich, die Produktion in Heimindustrie, das heißt in

Aufgrund des Friedens von Passarowitz und eines Handelsvertrages mit dem Osmanischen Reich (1718) siedelten sich immer mehr Griechen, Armenier, Perser und Türken als Kaufleute in Wien an. Griechen und Türken in einem Wiener Kaffeehaus. Leopold Theodor Weller, 1824, Öl auf Holz.

jedoch eine Minderheit. Dieser Nachteil war im Handel jedoch weniger ausgeprägt als in Gewerbe und Industrie. Bereits 1837 betrug der Anteil der Frauen unter den Selbstständigen im Warenhandel in Wien 22 Prozent, bis 1910 stieg er auf 39 Prozent. In den Vororten Wiens waren die Werte eher noch höher, im Gebiet der Republik Österreich insgesamt geringfügig niedriger. Im Vergleich dazu hatten Frauen in fast allen Branchen der gewerblichen Güterproduktion einen geringeren Anteil unter den Selbstständigen (die einzige

gewöhnlichen bäuerlichen oder kleinbäuerlichen Haushalten, durchzuführen. Ausweitung der Produktion hieß daher anfänglich nicht eine Erhöhung der Produktivität durch stärkeren Maschineneinsatz, sondern eine Verlängerung der Zeiten, die man an Spinnrad und Webstuhl verbrachte. Heimindustrielle Spinner, Weber und Sticker wären aber nicht in der Lage gewesen, ihre Erzeugnisse selbst zu vermarkten. Diesen Teil, und auch die Versorgung mit den Rohstoffen (Wolle oder Baumwolle), übernahmen Unternehmer, so genannte Verleger. Viele dieser Verleger waren eigentlich zunächst überhaupt nur Händler, die ihr Geschäft durch ein Verlagsunternehmen ausweiteten und so vom Handelsmann zum Industriellen wurden. Fabriksmäßige Unternehmen wie Ganahl & Comp. in Bludenz, Herrburger & Rhomberg in Dornbirn oder Getzner, Mutter & Cie. in Feldkirch waren aus solchen von Händlern betriebenen Verlagsunternehmen hervorgegangen.

Der Anteil des Verlagswesens an der Produktion der Textilindustrie nahm im Lauf des 19. Jahrhunderts deutlich ab, auch der Anteil der Textilindustrie an der gesamten industriellen Produktion ging zurück. Der Handel spielte also in der Industrie des späten 18. und frühen 19. Jahrhunderts eine weitaus größere Rolle als in der folgenden Zeit. Im 20. Jahrhundert sollten sich dann neue Formen der Abhängigkeit der Industrie vom Handel entwickeln.

»Der Tabakpfeifenhändler im Kaffeehaus«. Ferdinand Georg Waldmüller, 1824, Öl auf Holz.

Der Handel in Zahlen

Im Gebiet der Republik Österreich gab es im Jahr 1902 im Warenhandel ungefähr 80 000 Hauptbetriebe mit insgesamt etwa 180 000 Beschäftigten. Diese Zahl entsprach 6 Prozent aller Berufstätigen. Über 80 Prozent von ihnen waren hauptberuflich im Handel tätig, der Rest verteilte sich dem Hauptberuf nach über alle Sektoren und hatte im Handel nur eine Nebenbeschäftigung. Insgesamt stieg in den letzten Jahrzehnten vor dem Ersten Weltkrieg der Anteil des Handels an allen Beschäftigten von etwa 3 Prozent (1869) auf 5 bis 6 Prozent (1910). 2002 lag der entsprechende Wert bei 15 bis 16 Prozent.

Wie kein anderer Wirtschaftszweig war der Handel von selbstständigen Unternehmern geprägt: Um 1900 waren 45 Prozent der Berufstätigen selbstständig. Dies und die große Zahl von Betrieben bedeutet, dass der durch-

Die Allegorie des Handels zeigt die Personifikation des Handels mit dem Kerykeion des Hermes als Szepter inmitten von Waren, Geld und Schiffen. Kupferstich von Johann Ulrich Krauss (1655–1719).

Anton Ritter von Dück war von 1853–1861 Präsident der Wiener Handelskammer.

schnittliche Handelsbetrieb klein war: In gut 40 Prozent der Betriebe arbeitete nur eine (in der Regel selbstständige) Person, das heißt mehr als ein Fünftel aller Handelsbeschäftigten stand alleine im Geschäft. In fast ebenso vielen Betrieben arbeiteten zwei bis fünf Personen; insgesamt entfiel gut die Hälfte aller Handelsbeschäftigten auf diese Kategorie. Unter den ohnehin nicht sonderlich zahlreichen Großbetrieben des Landes mit tausend Beschäftigten oder mehr gehörte kein einziger zum Handel.

Trotz der großen Zahl von Selbstständigen wies der Warenhandel auch im 19. Jahrhundert bereits einen vergleichsweise stattlichen Anteil von Angestellten in Höhe von etwa 10 Prozent auf. Dieser Anteil lag zwar unter den entsprechenden Werten benachbarter Branchen wie Kreditwesen und Transport, aber deutlich höher als im gewerblich-industriellen Sektor. Ungewöhnlich niedrig war mit 37 Prozent der Arbeiteranteil.

Zu alldem kamen noch ungefähr 8 000 Hausierer, Straßenhändler und Marktfieranten. Der Hausierhandel wurde zum weit überwiegenden Teil von Einzelpersonen betrieben, nur jeder Sechste arbeitete in Zwei-Personen-Betrieben. Ebenso bestanden etwa 8 000 Betriebe in den Handelshilfsgewerben, das waren Speditionen, Agenturen und Lagerhäuser. Während die Agenturen großteils Ein-Personen-Unternehmen waren, findet man unter den Speditionen auch große Unternehmen wie Schenker & Co. mit etwa 1 300 Mitarbeitern im Jahr 1913, davon knapp 600 in Wien, der Rest in drei Dutzend Filialen, alle außerhalb des Gebiets der heutigen Republik Österreich gelegen.

Im 19. Jahrhundert ist das Ausmaß des Außenhandels zumindest in den letzten Jahrzehnten vor dem Ersten Weltkrieg für Österreich-Ungarn insgesamt leicht zu bestimmen. Schwierig aufgrund der territorialen Veränderungen ist hingegen ein Vergleich zur Zeit der Republik. Im Verhältnis zum Bruttoinlandsprodukt bewegten sich die Importe im Zeitraum 1876–1890 im Bereich von 8 bis 10 Prozent, die Exporte im Bereich von 10 bis 12 Prozent. Diese Werte sind viel niedriger als die heutigen Außenhandelsraten (Importe und Exporte liegen heute in der Größenordnung von 35 Prozent des Bruttoinlandsprodukts), unter anderem auch deshalb, weil der Handel zwischen dem Gebiet der späteren Republik Österreich und den sonstigen Teilen Österreich-Ungarns nicht enthalten ist.

»Hermes leicht verstimmt«. Franz Zadrazil, ca. 1978, Öl auf Holz, 117 x 127 cm.

Aus einer Serie von Kaufrufdarstellungen von Isa Jechl, 1902–1914.

Tuchverkäuferin. Aquarell, 1902.

Eisenwarenverkäufer. Aquarell, 1903.

Hausierer. Aquarell, 1902.

Besenverkäuferin. Aquarell, 1902.

Blumenverkäuferin. Aquarell, 1902.

Blumenverkäufer. Aquarell, 1904.

Hausierer mit Schwämmen. Aquarell, undatiert.

Frau vor Lottokollektur. Aquarell, 1907.

»Situations-Plan der k. k. Haupt- u. Residenz-Stadt Wien nebst etl. Ansichten der Gewölbe von den vorzüglichsten Handelsleuten«: Wien war um 1835 ein bedeutendes Zentrum des Handels und verfügte über eine Vielzahl an spezialisierten
Geschäften. Kolorierte Federlithografie von Carl Graf von Vasquez.

2. Staatliche Rahmenbedingungen und Regeln für den Handel

Die Abneigung des Handels gegen »inländische Manufacta«

Im 18. Jahrhundert experimentierte die Wirtschaftspolitik in Österreich mit verschiedenen Maßnahmen zur Förderung des Absatzes der neu im Inland produzierten Industriegüter. Die Handelstreibenden fügten sich nicht ohne weiteres in die Intentionen der Wirtschaftspolitik, welche dem Handel die Rolle eines Impulsgebers der Industrialisierung durch Förderung des Absatzes der Inlandsware zuweisen wollten. Die Abneigung des Handels gegen die »inländischen Manufacta« war darin begründet, dass nicht nur die Kaufleute, sondern auch das Publikum die oft geringere Qualität der inländischen Substitute ausländischer Luxusgüter kritisierten. Auch konnten die meist kapitalschwachen inländischen Produzenten den Kaufleuten keine gleich günstigen Lieferkonditionen bieten. Daher wehrte sich der Handel gegen Maßnahmen, die den Import ausländischer Ware erschwerten (Prohibition) oder verteuerten (Zölle). Gegen das traditionelle Grundprinzip des »Verbots der doppelten Nahrung« verstoßend, wurde zunächst den Fabrikanten der Verkauf ihrer Waren in eigenen Niederlassungen und Verkaufsgewölben gestattet. Die Handelsleute wiederum warfen den Fabrikanten vor, auch mit fremder Ware Handel zu treiben. Dies führte in weiterer Folge zu einem Kurswechsel in der Handelspolitik.

Unter Kaiserin Maria Theresia wurden seit der Neuausrichtung der Außenhandelspolitik ab 1764 die Importbeschränkungen erheblich verschärft. Gleichzeitig wurden aber die Verkaufsrechte der Fabrikanten wieder eingeschränkt. Der Handel sollte damit in die Lage versetzt werden, auf die inländischen Produzenten stärkeren Druck auf qualitative Verbesserung und Verbilligung der Waren auszuüben. Eine wichtige Voraussetzung für die Intensivierung der Konkurrenz unter den Produzenten war, neben einer schrittweisen Rücknahme von Monopolen und Privilegien, die Belebung des innerösterreichischen Handels durch den Abbau der zahlreich bestehenden Binnenzölle und Mauten. Von der 1775 endlich erreichten Vereinheitlichung des Wirtschaftsgebietes (allerdings ohne Einbeziehung Ungarns) profitierte vor allem der Wiener Handel.

Unter Joseph II. wurde die protektionistische Außenhandelspolitik neuerlich verschärft. Parallel dazu wurden Maßnahmen zur Intensivierung der Konkurrenz auf dem Binnenmarkt getroffen. Im Streit um die Verkaufs- und Handelsbefugnisse der Fabrikanten wurde schließlich ein dauerhafter Kompromiss gefunden, der nur den großen, sogenannten »landesbefugten« Fabriken den Großhandel mit eigenen Produkten und dafür die Errichtung von Niederlagen in den Hauptstädten der Kronländer gestattete.

Die Durchsetzung des Wettbewerbsprinzips im Handel

Die Dominanz des Kleinbetriebs im Handel zeigt sich darin, dass 1841 in Wien 3 600 Handelsbetriebe bestanden – demnach entfiel ein Handelsbetrieb auf 100 Einwohner. Wie das Handwerk war auch der Handel in Zünften (Innungen) organisiert. Im Unterschied zu den meisten Handwerken, für die als »Polizeigewerbe« engere Zunftbeschränkungen

Die alte Hauptmauth beim Rothen Turm. Kupferstich von Gustav Adolph Schimmer nach Salomon Kleiners Original aus dem Jahr 1725.

galten, unterlagen die Einzelhandelsgewerbe als »Kommerzialgewerbe« nicht der Beschränkung einer Prüfung des Bedarfes bei Neuanmeldung eines Geschäftes. Das Grundprinzip der Zunftorganisation im Handel im 18. Jahrhundert war der »Klassenhandel« bzw. »Fachhandel«: Eine Befugnis zum Betrieb eines Handelsgeschäfts wurde bei Erfüllung der entsprechenden Voraussetzungen (Befähigung, Kapital) für eine bestimmte Handelsklasse, z. B. Eisenwaren, Seidenwaren, Galanteriewaren etc. erteilt und auf diese Waren beschränkt. Traditionell war der Warenhandel ein Privileg der Städte. In Märkten und

Dörfern war er auf Jahr- und Wochenmärkte beschränkt. Die Organisationsform des Klassenhandels war wegen seiner engen Spezialisierung allerdings nur für größere Städte (Hauptstädte der Kronländer) geeignet.

Mit der Ausdehnung der industriell-gewerblichen Produktion entstand auf dem Land der Bedarf nach größeren Warenhandlungen und neuen Formen. Seit 1776 war die Eröffnung von Handelsgeschäften auch außerhalb der Städte möglich. Auch die Behinderungen des Hausierhandels wurden nach und nach gelockert. Zur Förderung des Handels in kleineren Städten und auf dem Land wurde seit dem frühen 19. Jahrhundert der Typ der »Gemischt-warenhandlung« geschaffen, die Waren aller Klassen in freier Auswahl führen durfte. In der Folge nahm der Druck auf eine Lockerung der Beschränkungen im System des Klassenhandels stetig zu, es kam zu einer Fülle von kleinlichen Rechtsstreitigkeiten über die Abgrenzung der Befugnisse, auch zwischen Handels- und gewerblichen Unternehmungen. Trotz aller praktischen Schwierigkeiten wurde das System des Klassenhandels in den Hauptstädten bis zur Erlassung der neuen Gewerbeordnung 1859 beibehalten.

Die Gewerbeordnung von 1859 brachte einen einschneidenden Liberalisierungsschritt für die Handelsgewerbe ebenso wie für die Handwerke. Fortan genügte die bloße Anmeldung eines Handelsgewerbes freier Wahl bei der Bezirksverwaltungsbehörde. An Stelle der bisherigen Zünfte sah die Gewerbeordnung 1859 die Bildung von Gewerbegenossenschaften mit Zwangsmitgliedschaft vor, die als Selbstverwaltungskörper zur Wahrnehmung gemeinsamer gewerblicher Interessen fungierten (z. B. Berufsausbildung, Arbeitsvermittlung, Krankheits- und Altersversorgung).

Von Anfang an war die Einführung der Gewerbefreiheit auf den Widerstand des Handwerks und auch des Handels gestoßen, der in der schweren Wirtschaftskrise nach dem »Großen Krach« von 1873 politischen Auftrieb erhielt. Diese Gegenbewegung in der Gewerbepolitik, die eine Rücknahme der Liberalisierung forderte, führte bereits 1883 dazu, dass für zahlreiche Handwerke der Befähigungsnachweis wieder zur Voraussetzung der Gewerbeausübung gemacht wurde. Die gewerbepolitische »Reaktion« erfasste den Handel mit Verzögerung. Der Handelsstand argumentierte, dass die Einschränkung der Gewerbefreiheit im Handwerk einen verstärkten Zudrang zu den freien Handelsgewerben bewirkt habe. 1907 wurden für bestimmte Einzelhandelsgewerbe (Gemischtwarenhandel, Kolonial- und Materialwarenhandlung) wieder Befähigungsnachweise eingeführt.

Während der von Krisen geprägten Wirtschaftsentwicklung der 1. Republik verstärkte sich der Zudrang zu den Handelsgewerben. Gegenüber 1902 war 1930 die Zahl der Selbstständigen im Handel in Wien um ein Drittel gestiegen. 1933 wurde nach Ausschaltung des Parlaments auf der Grundlage des Kriegswirtschaftlichen Ermächtigungsgesetzes die so genannte »Gewerbesperre« verfügt. Die Errichtung neuer Geschäfte war nur mit Genehmigung des Handelsministeriums zulässig, die nur aus besonders wichtigen Gründen erteilt werden sollte. Im »Untersagungsgesetz« des

Die neue Gewerbeordnung, die im Reichsgesetzblatt vom 27. Dezember 1859 veröffentlicht wurde, bedeutete einen wichtigen Liberalisierungsschritt für das Handelsgewerbe.

Am Mittwoch den 5. November 1913

finden im

Volksgartensaale eine große Kundgebung

für die

vollständige ganzjährige

Sonntagsruhe

statt.

!! Handels- und Industrie-Angestellte und Freunde der Sonntagsruhe !!

erscheint hiezu massenhaft.

Der Gehilfenausschuß
des Handelsgremiums der Landeshauptstadt Linz a. D.

Plakat für eine Kundgebung: Forderung nach vollständiger und ganzjähriger Sonntagsruhe für Linz und Urfahr aus dem Jahr 1913.

Ständestaates aus 1937 wurde in bestimmten Fällen (v. a. Übergang im Erbwege oder durch Rechtsgeschäft) die Genehmigungspflicht wieder aufgehoben, dafür aber die Behörde ermächtigt, gewerbliche Anmeldungen wegen »wirtschaftlich ungesunder Beeinflussung der Wettbewerbsverhältnisse« (z. B. bei »fehlendem Lokalbedarf«) zu untersagen. Die Lockerung dieser Beschränkungen nach dem Zweiten Weltkrieg erfolgte zunächst sehr zögerlich, der Stand der »Gewerbefreiheit« von 1859 wurde erst im letzten Viertel des 20. Jahrhunderts annähernd wieder erreicht. Der Liberalisierung des Außenhandels deutlich nachhinkend, wurde die Gewerbeordnung erstmals 1973 und dann wieder 1994 grundlegend novelliert. Darüber hinaus wurden auch in den letzten Jahren weitere Beschränkungen abgebaut oder gelockert, der Bereich der bloßen Anmeldungsgewerbe wurde stark ausgeweitet.

**Andere Regulierungsbereiche:
Ladenöffnung, Preisregelung,
Ausverkaufsordnung**

Maßnahmen zur gesetzlichen Regelung der für den Handel besonders wichtigen Laden-öffnungszeiten wurde zuerst unter sozialpolitischen Gesichtspunkten erlassen. Generell wurde für die gewerbliche Arbeit 1885 eine Sonntagsruhe eingeführt, unter Ausnahme insbesondere jener Arbeiten, die mit Rücksicht auf die Bedürfnisse der Versorgung der Bevölkerung oder des öffentlichen Verkehrs notwendig sind. Ein Gesetz aus 1895 führte noch zu keiner einheitlichen Regelung der Sonntagsruhe im Handelsgewerbe, vor allem wurde die Festsetzung der Tageszeit, an denen die Ladenöffnung gestattet war, den Landesbehörden übertragen. 1907 wurde das Höchstmaß der Sonntagsöffnung auf vier Stunden begrenzt. Zu größeren Veränderungen kam es erst, als parallel zur Verkürzung der Arbeitszeit (45-Stunden-Woche 1959, 40-Stunden-Woche 1975) in der Zeit nach dem Zweiten Weltkrieg auch die Ladenöffnungszeiten verkürzt wurden. Noch bis weit in die 80er-Jahre galt im Handel eine allgemeine Ladenöffnungszeit von 8 Uhr bis 18 Uhr (6 Uhr bis 18 Uhr 30 im Lebensmittelhandel) an Wochentagen außer Samstag, am Samstag 8 Uhr bis 13 Uhr, wobei die Landeshauptleute abweichende Öffnungszeiten genehmigen konnten. Seit Beginn der 90er-Jahre wurden die Öffnungszeiten schrittweise wieder deutlich ausgeweitet, unter Beibehaltung der allgemeinen Sonntagsruhe.

Konflikte zwischen Gewerkschaft und Arbeitgebern gab es in den 80er- und 90er-Jahren um das Offenhalten der Geschäfte am 8. Dezember. !985 wurde der Salzburger Landeshauptmann Wilfried Haslauer vom Verfassungsgerichtshof verurteilt, weil er entgegen einer Weisung des Sozialministers den Geschäften in seinem Bundesland das Offenhalten an diesem Feiertag gestattet hatte – wegen der »Geringfügigkeit der Rechtsverletzung« allerdings ohne Sanktion.

Die Freiheit der Preisfestsetzung, die sich mit dem Obsoletwerden des Zunftsystems während des 19. Jahrhunderts herausgebildet hatte, wurde spätestens durch die Gewerbeordnung 1859 zum allgemeinen Prinzip

erhoben. Die Gewerbeordnung enthielt eine Ermächtigung für den Handelsminister, beim Kleinverkauf von Artikeln des täglichen Bedarfs, bei Verkehrsgewerben und beim Rauchfangkehrergewerbe Preissatzungen zu erlassen.

Während der beiden Weltkriege wurden zur Verhinderung von Preissteigerungen durch Spekulationskäufe Lebensmittel und andere unentbehrliche Waren des täglichen Bedarfs rationiert und deren Preise amtlich festgesetzt. Die Bewirtschaftung erfolgte in Form

Der »Ausverkauf« war früher genehmigungs- oder zumindest anmeldungspflichtig. Das Bild zeigt das Oppolzersche Haus in Wien, Alserstraße 25 um 1910.

Der Schleichhandel – hier ein Bild vom Wiener Naschmarkt – war in der Zeit der Mangelwirtschaft nach 1945 oft die einzige Möglichkeit, an bestimmte Produkte oder Warengruppen zu kommen. Foto: Franz Blaha, Oktober 1945.

eines Bezugssystems über Lebensmittelmarken, mit dem der Weg der Waren vom Produzenten über den Handel zu den Verbrauchern kontrolliert wurde. Vor allem in den Städten verschlechterte sich die Grundversorgung der Bevölkerung mit der Dauer des Krieges, parallel dazu entwickelte sich ein Schwarzmarkt, auf dem rationierte Waren zu einem Vielfachen des amtlichen Höchstpreises erhältlich waren. In den Jahren nach dem Zweiten Weltkrieg war der Resselpark vor der Wiener Technischen Universität Ort des berühmt-berüchtigten »Schleichhandels«.

Preisregelungen und für einige Jahre auch bestimmte Rationierungen wurden in den Nachkriegsperioden beibehalten. Die amtliche Preisregelung von Gütern des täglichen Bedarfs und von Energiegütern wurde nach Gründung der Paritätischen Kommission

für Preis- und Lohnfragen 1957 schrittweise in die informelle, freiwillige Preiskontrolle durch den Preisunterausschuss übergeführt. Die sozialpartnerschaftliche Preiskontrolle erfasste einzelne Bereiche (wichtige Lebensmittel, Energiegüter, industrielle Grundstoffe und Baumaterialien) von der Produktionsstufe bis zur Großhandelsstufe (z. B. Zement, Mineralöle) bzw. Einzelhandelsstufe (z. B. Brot, Milch, Milchprodukte, Benzine). Bei zunehmendem Import immer größerer Teile des privaten Konsums (Textilien, dauerhafte Konsumgüter) blieben die Handelsspannen stets von einer Preisregelung ausgenommen. Auch die paritätische Preiskontrolle wurde mit der Entwicklung Österreichs zur offenen Volkswirtschaft schrittweise abgebaut und schließlich mit dem Beitritt zur Europäischen Union (1995) eingestellt.

Zum Schutz der kleinen und mittelständischen Unternehmungen erlassene Wettbewerbsbeschränkungen zur Vermeidung von »Preisschleuderei« bzw. zur »Erhaltung der Preisdisziplin« im Handel wurden tendenziell ebenfalls in jüngerer Zeit gelockert oder aufgehoben. Während der sogenannte »Ausverkauf« früher generell genehmigungs- oder zumindest anmeldungspflichtig war, gilt dies seit 1992 nicht mehr für den häufigsten Anwendungsfall der branchenüblichen Saison- und Inventurschlussverkäufe. Ein »Verbot des Verkaufs unter dem Einstandspreis«, also Dumping, ist zwar im geltenden Preisgesetz normiert, in der Praxis aber so gut wie bedeutungslos.

Das Mosaik an der Fassade der Wirtschaftskammer in Innsbruck zeigt eine Allegorie von Handel und Gewerbe, die im Jahr 1906 nach Entwürfen von Alfons Silber umgesetzt wurde.

3. Der Weg zur Konsumgesinnung

Die Güterwelt ist seit dem 18. Jahrhundert, seit dem Einsetzen der Industrialisierung, in einem raschen Wandel begriffen. In mehreren Wellen wurde das Spektrum der Konsumgüter transformiert und ausgeweitet. Das 18. und 19. Jahrhundert brachten den ersten großen Schub an Kolonialwaren: Kaffee, Tee, Schokolade und Rohrzucker, aber auch dauerhafte Konsumgüter, von Textilien über Taschenuhren bis zu Kalendern. Im 19. Jahrhundert kamen Industrieerzeugnisse dazu: Rübenzucker, Tafelschokolade, Lebensmittelkonserven, Blechgeschirr und Pressgläser, Petroleumlampen und Schreibfedern, am Ende des Jahrhunderts Nähmaschinen, Fahrräder, erste Elektrogeräte, erste Automobile. Nach dem Zweiten Weltkrieg explodierte das Güterangebot in mehreren Wellen. Bis 1950 war die Mangelwirtschaft überwunden und konnte die Bewirtschaftung der Waren Schritt für Schritt abgebaut werden.

Die rapide Steigerung der Realeinkommen hat nicht nur die Nachfrage erhöht, sondern auch eine massive Verschiebung der Verbrauchsausgaben in Richtung einkommenselastischerer Produkte nach sich gezogen. Völlig neue Bereiche des Handels konnten sich etablieren. Die Entwicklung des Einzelhandels wird sehr stark von der Verschiebung der privaten Konsumausgaben beeinflusst: in den 50er-Jahren die Ess- und Bekleidungswelle, in den 60er-Jahren die Einrichtungs- und die Motorisierungs-Welle, in den 70er- und 80er-Jahren die Kommunikations- und Freizeitwelle, in den 90er-Jahren die Mikroelektronik. Der Handel erlebte seit dem Zweiten Weltkrieg nicht nur eine Vervielfachung des Umsatzes, sondern auch eine radikale Wandlung der Marktstrukturen. Die Dynamik des Einzelhandels und sein Strukturwandel sind Kennzeichen und Folge des Wandels in eine Massenkonsumgesellschaft. Das Warenangebot des Einzelhandels kam immer mehr auch in Konkurrenz zu alternativen Verwendungsformen, wie Urlaub und Freizeit, Wellness und Gesundheit. Neue Sparten des Handels kamen hinzu: Tankstellen, Sportartikel, Reisebüros, Internet.

Die »Demokratisierung« des Konsums als Konsequenz einer spürbaren Nivellierung der Einkommen veränderte auch die Rolle des Handels. Nicht mehr die Abdeckung der existenziellsten Grundbedürfnisse der breiten Masse und des Luxusbedarfs einer ganz kleinen, exklusiven Oberschicht, sondern die Deckung des Massenbedarfs der Bevölkerungsmehrheit wurde immer mehr zum Hauptinhalt der Handelstätigkeit.

Noch 1950 machten Nahrungs- und Genussmittel mehr als die Hälfte der Ausgaben eines durchschnittlichen österreichischen Haushalts aus. Bis 2010 fiel dieser Wert auf 14,5 Prozent. Der Anteil der Bekleidung halbierte sich von 13,6 auf 5,7 Prozent. Ähnliches geschah mit vielen dauerhaften Konsumgütern. In den nächsten Jahren ist mit einem weiteren Rückgang des einzelhandelsrelevanten Anteils am privaten Verbrauch zu rechnen. Ausgabenerhöhungen für den Gesundheitsbereich, für private Altersvorsorge, Freizeitaktivitäten, Bildung und Außer-Haus-Verzehr gehen bei stagnierendem oder nur geringfügig steigendem privat verfügbarem Einkommen zu Lasten des Einzelhandelsumsatzes. Der Prozentanteil der über den Einzelhandel abgedeckten Konsumausgaben ist rückläufig. Dienstleistungen und nicht über den Handel vermittelte Güter wie Wohnungen, Strom und Gas, Urlaubsreisen, Bildung und Gesundheit nehmen

einen zunehmend größeren Prozentsatz der Ausgaben der Haushalte in Anspruch.

Sozialstruktur und Handelstätigkeit

Die Einführung der Handels- und Gewerbefreiheit und die Loslösung der Handelsberechtigungen von Bürgerrechten und städtisch-ständischen Privilegierungen auf der Angebotsseite und die Beseitigung der den Luxus oder Konsum normierenden gesetzlichen und informellen Ordnungen auf der Konsumentenseite schufen die institutionellen Voraussetzungen der modernen Konsumgesellschaft. Die ständisch-aristokratischen Konsummuster in den traditionellen Oberschichten waren stark am Zwang zur repräsentativ-verschwenderischen Selbstdarstellung orientiert. Die bürgerliche Spargesinnung kapitalistischer Aufsteiger ist die eine

Seite des modernen Wirtschaftswachstums. Auf der anderen Seite steht das Konsumieren als wirkmächtiger Anreiz der modernen Leistungsgesellschaft. Die modernen Mittel der Verbrauchsbeeinflussung, von der Werbung bis zur Mode in allen Schattierungen, waren dafür bestimmend.

Die zunehmende Urbanisierung, aber auch die Veränderungen der Haushaltsgrößen und Haushaltszusammensetzung, der Rückgang autarker Versorgungsstrukturen und die kontinuierliche Ausweitung der regionalen und überregionalen Arbeitsteilung haben die Anforderungen an den Handel stark erweitert. Die Zurückdrängung der Selbstversorgung und der Bedeutungsverlust der häuslichen Vorratswirtschaft machten den wöchentlichen, vielleicht sogar täglichen Einkauf zur Notwendigkeit – eine ohne sesshaften Kleinhandel undenkbare Lebensführung. Inzwischen haben sich durch Kühlgeräte, Kon-

Bereits im 18. Jahrhundert zählten Kolonialwaren wie Kaffee, Tee, Schokolade zu wichtigen Importgütern, die im Handel vertrieben wurden. Künstlerische Werbeformen für diese Produkte entstanden jedoch erst später. Plakatwerbung für Messmer's Hochlandtee. Künstlerbund A. G., ca. 1928.

Plakatwerbung für türkischen Zigarettentabak. Entwurf von Joseph Binder, 1920er- bis 1930er-Jahre.

Hausierer brachten neben diversen Waren auch aktuelle Informationen in die Häuser. Handkoloriertes Glasdiapositiv aus einer Serie von Volkstypendarstellungen von Otto Schmidt, 1878.

Auch Kinder waren als Hausierer tätig: »Kafens Spielelei« lautete der Kaufruf dieser slowakischen Hausierer. Handkoloriertes Glasdiapositiv aus einer Serie von Volkstypendarstellungen von Otto Schmidt, 1873/75.

servierung und bessere Verpackung die Einkaufsintervalle und Einkaufsformen neuerlich geändert. Man kauft in größeren Stückzahlen und Quantitäten.

Da viele Handelsgüter nicht nach dem Bedarf von Einzelpersonen, sondern von Haushalten nachgefragt werden, ist auch die Haushaltsgröße für das Konsum- und Einkaufsverhalten maßgeblich. Die Alleinerzieher, Single-Haushalte und Zweitwohnungsbesitzer sind zu wesentlichen Nachfragefaktoren geworden. Der Haushalt, nicht nur als Verbrauchseinheit und Ort des Konsums, sondern auch als Adressat des Handels, verliert immer mehr an Bedeutung. Die neuen Konsumenten sind nicht mehr nur die Haushalte, sondern die Kinder, die Jugendlichen, die Frauen, die Männer, die Heimwerker, die Sammler, die Touristen ...

Weckung der Konsumgesinnung

Die Weckung von Bedarf ist die wichtigste Grundlage des geschäftlichen Erfolgs: Bis zum Ende des 19. Jahrhunderts waren neben den städtischen Handelshäusern die Hausier- und Wanderhändler die Pioniere der Konsumgesellschaft: Genussmittel, Textilien, Metallwaren, Tabak, Branntwein, populäre Lesestoffe, Kalender, Hinterglasbilder und Öldrucke, aber auch billige Brillen, dubiose Drogen und volksmedizinische Pharmazeutika wurden von wandernden Händlern verbreitet und vertrieben.

Mit einem fast ritualisierten Sprechsingsang wurde von diesen Straßenhändlern und Marktfahrern ihre Ware angepriesen. Solange Schaufenster noch nicht üblich waren, wa-

ren Geschäftsschilder, Aufschriften und die geschnitzten, geschmiedeten oder gemalten Figuren, seien es der rauchende Türke oder die schöne Wienerin, die an der Türe lockten, die wichtigsten Werbeträger. Ein Werbeträger war auch die gewundene Ladenschlange, die im Ladeninneren häufig von der Decke baumelte. Der Blick der Schlange banne die Kunden, insbesondere die weiblichen, heißt es im *Taschenwörterbuch der Volkskunde Österreichs* unter dem Stichwort »Ladenschlange«: Sie verführe die Käufer zum Konsum wie einst Eva im Paradies und sie beschütze das Geschäft. Aber die Ladenschlange, die je nach verfügbarem Raum zwischen drei und acht Meter Länge haben konnte, hatte auch praktische Bedeutung: Sie diente als Halterung für ausgestellte Waren und zur Zurschaustellung

angebotener Artikel. Ein Zusammenhang mit der Schlange des Merkurstabes, des Gottes der Händler, wird wohl auch nicht ganz auszuschließen sein.

Seit dem ausgehenden 19. Jahrhundert nahm die Gestaltung der Geschäftsräume, Portale, Schaufenster, Regale, Kataloge und Werbeträger immer aufwendigere Formen an. Das Warenhaus wurde zum Museum des kleinen Mannes: Die Auslagen wurden größer und heller beleuchtet, die Gestaltung und Dekoration immer aufwendiger. Die Straßen wurden zu Schaufenster-Galerien und die Verkaufsräume zu Ausstellungsräumen. Spiegelscheiben, Emailschilder, Schaufensterpuppen, Plakate und Leuchtschriften schufen eine verführerische Welt der Waren. Das Schaufenster wurde zum Blickpunkt der Sehnsüchte, der

Ladenschlangen dienten zur Warenpräsentation und sollten die Kunden zum Konsum verführen. Alter Kaufmannsladen in Eisenstadt im Burgenland. Aufnahme um 1890.

Beleuchtung war ein wichtiger Faktor für den Geschäftserfolg: Schaufenster der Meinl-Filiale in der Wiener Löwengasse 29. Aufnahme Johann Kerner, 1929.

Schaufensterbummel zur beliebten Freizeitgestaltung. Der sogenannte »Blendzwang«, das Verhängen der Auslagen an Sonn- und Feiertagen, das Herunterlassen der Rollbalken und das Verbot der Beleuchtung von Schaufenstern, um außerhalb der Geschäftszeiten und insbesondere am Sonntag die Ruhe nicht durch den Blick auf die Warenkultur zu stören, war eine der Hauptforderungen in der Sonntags- und Ladenschlussdiskussion um 1900. Kulturkritische und konsumkritische Einstellungen vermischten sich dabei mit religiösen Bedenken. Ähnlich verhielt es sich zwei Generationen später mit der Diskussion um das Fernseh-Werbeverbot an Sonntagen und hohen Feiertagen.

Immer wichtiger wurde für den Geschäftserfolg die Beleuchtung. Das Gaslicht eröffnete erste Gestaltungsmöglichkeiten. Die wahre Revolution aber brachte das elektrische Licht. Erst damit konnte an die Beleuchtung der Schaufenster gedacht werden. Untrennbar miteinander verknüpft sind Neonlicht und Warenkultur. Die Warenhäuser trugen mit ihren großen beleuchteten Schaufenstern, mit Lichtreklame und Nachtbeleuchtung maßgeblich zur Veränderung des Bildes der großen Straßen und Städte bei: »Ein Warenhaus braucht Licht, viel Licht …«, lautete eine Faustregel.

Beleuchtete Schaufenster galten in den 20er-Jahren auch in den Kleinstädten und Landmärkten als neuester Schrei. In den Nachrichtenblättern der oberösterreichischen Elektrizitätsgesellschaften wurde in etwas holprig gereimten Sprüchen geworben: »Gut wirkt ein Firmenschild erst dann, / wenn man auch nachts es sehen kann!«, oder: »Schaufenster müssen, ob groß, ob klein, / wie eine Bühne beleuchtet sein!«

Man fand und findet im Jahres- und Festkalender immer neue Anlässe, um die Konsumneigung zu beeinflussen und das Kaufverhalten zu stimulieren: Weihnachten mit dem Christkind, der Osterhase mit den Ostergeschenken, Nikolaus und Haloween, die Neu-

Einkaufsstraßen im ausgehenden 19. Jahrhundert als Ort des Flanierens und Promenierens. Blick in die Linzer Landstraße mit der Eisenhandlung der Firma Schachermayer in der Höhe des Taubenmarkts. Aufnahme um 1900.

jahrsgeschenke, Muttertag und Vatertag, Valentinstag und Geburtstage, Hochzeitslisten, die Souvenirbranche. Die Anlässe sind kaum enden wollend.

Vergnügen und Weckung von Nachfrage standen immer in einer engen Symbiose: beim bunten Treiben auf den mittelalterlichen Messen und orientalischen Märkten, beim Rummel auf den Jahrmärkten und Volksfesten, beim Schaufensterbummel und beim heute wieder so stark propagierten Erlebniseinkauf: Je schlechter die Zeiten waren, umso belebter wurden die Rummelplätze.

Im 19. Jahrhundert wurden die Geschäftsstraßen immer mehr zu Räumen öffentlichen Zeitvertreibs, mit Promenieren, Auslagen Schauen, Erfrischungen Konsumieren, Grüßen und Plaudern und vielleicht auch Einkaufen. Um die Jahrhundertwende wurden die Warenhäuser zu Ausflugszielen und Vergnügungsstätten, wo es Salons, Imbissecken, repräsentative Brunnen und Stiegenhäuser, elektrische Aufzüge und Rolltreppen und sonstige Attraktionen gab, die zum Verweilen, Promenieren und Probieren einluden. Man konnte hier auch einfach schauen, ohne kaufen zu müssen oder zumindest subjektiv einem Kaufzwang zu unterliegen.

Die großen Warenhäuser boten beides: rasche und effiziente Deckung der Bedürfnisse einerseits, elegante Vergnügungs- und Erholungsmöglichkeiten andererseits, mit vielfältigen Angeboten, von Schauvorführungen bis zu Esslokalen, von verschiedensten Dienstleistungsangeboten bis zu Möglichkeiten der Entspannung. In den Einkaufszentren und Erlebniswelten der Gegenwart setzt sich diese Tendenz fort. Sie suchen alle Bedürfnisse abzudecken, Geschäfte, Esslokale, Frisur und Massage, Kinos, Fitnessstudios, Kinderbetreuung …

Kundenberatung und Selbstbedienung

Handel bedeutet immer auch Beratung und Information. Die Händler haben ja den Marktüberblick und Informationsvorsprung. Die

Gemischtwarenhand-
lung des Vinzenz
Köchl in der Linzer
Altstadt, um 1925.

Einführung der Selbstbedienung förderte beim Kunden das Gefühl der Selbstbestimmung. Selbstbedienung bedeutete, dass ein Großteil der Kompetenz, die bisher der Verkäufer eingebracht hatte, vom Käufer selbst abverlangt wurde. Die Informationen über die einzelnen Waren, ihre Qualität und ihre Eigenschaften, mussten dem Kunden nunmehr über Werbung, Schulung und generelle Konsumentenberatung vermittelt werden. Das Schaffen von Markenartikeln war nur zum kleineren Teil eine Strategie des Handels. Markenpolitik war eine Politik von Produzenten, ihre Absatzmärkte zu sichern, bei Lebensmitteln ebenso wie bei dauerhaften Konsumgütern. Kettenläden und Massenfilialgeschäfte haben diese Strategie aufgegriffen und eigene Marken und ein eigenes Markenimage begründet. Selbstbedienung konnte damit einerseits verkaufsfördernd sein. Doch andererseits wurde es damit auch leichter, ein Geschäft ohne Kaufhandlung wieder zu verlassen.

Der Marshall-Plan stimulierte die in den USA entstandene Selbstbedienungs-Idee in Euro-

pa. Daher war es kein Zufall, dass in der amerikanischen Zone – in Linz – der erste Selbstbedienungsladen Österreichs am 27. Mai 1950 eröffnet wurde. Wie in Deutschland, wo 1949 in einer Hamburger Konsumgenossenschaft der erste Selbstbedienungsladen nach dem Krieg eingerichtet worden war, waren auch in Österreich die Konsumgenossenschaften die Pioniere. »Die Skepsis war groß«, heißt es in einer Erinnerungsschrift. Im Kreis des privaten Handels war man der Meinung, dass die Mentalität der österreichischen Hausfrauen zu persönlichkeitsverbunden sei, um der Selbstbedienung eine Chance zu geben. Auch befürchtete man größere Verluste dadurch, dass Waren unberechtigterweise mitgenommen werden könnten. Die selbstständigen Einzelhändler befürchteten, dass die Einsparungen bei der Bedienung durch neue Kosten mehr als wettgemacht würden und dass Formen, die amerikanischen Lebensverhältnissen entsprechen würden, bei den anders gearteten österreichischen Gegebenheiten keine Akzeptanz finden könnten. Die Erfahrungen

Das erste Selbstbedienungsgeschäft Österreichs war die Konsumfiliale in der Wienerstraße in Linz. Aufnahme 27. Mai 1950.

der ersten Wochen waren jedoch so positiv, dass bereits am 27. Juli 1950 der zweite Linzer Selbstbedienungsladen eröffnet wurde. Aber die Verbreitung ging doch nicht so schnell wie erwartet. So lange ein extremer Verkäufermarkt mit Lebensmittelbewirtschaftung und ein extrem niedriges Lohnniveau herrschten, ergab die Selbstbedienung wenig Sinn. Die Befürworter der Selbstbedienung führten vorerst weniger die Rationalisierungs- und Einsparungsargumente auf Händlerseite an, sondern die hygienischen und ökonomischen Vorteile, die für die Käufer und Konsumenten durch Verpackung, Preisauszeichnung, transparentere Möglichkeit von Preisvergleichen und Verringerung von Wartezeiten entstan-

den, und die Umsatzsteigerungen, die für die Unternehmer durch Impulskäufe zu erwarten waren. Es gab in diesen ersten Selbstbedienungsläden bereits alle Grundelemente, die Selbstbedienungsläden seither kennzeichnen, den getrennten Ein- und Ausgang, den langgestreckten Grundriss, die durchgehende Mittelgondel und die Wandregale auf beiden Längsseiten, das Drehkreuz am Eingang und den Zwang, an allen präsentierten Waren vorbeizugehen.

Die Selbstbedienung, anfangs nur zögernd aufgegriffen, machte erst ab Ende der 50er-Jahre größere Fortschritte. Seither hat sich die SB-Idee auf fast alle Branchen ausgebreitet. Typisch war die Veränderung in den Wa-

Selbstbedienung spart Zeit

renhäusern, die ja für die Selbstbedienung mit der offenen Warenpräsentation, der freien Zugänglichkeit der Artikel und der durchgehenden Preisauszeichnung aller Artikel die Vorarbeit geleistet hatten, auch wenn sie weiter im Bedienungssystem verkauften oder zumindest die Abwicklung des Kassiervorganges dezentral bei den einzelnen Abteilungen oder Warengruppen beließen. Auch im Textilhandel, im Buch- und Zeitschriftenhandel, im Möbelhandel, im Eisenwarenhandel, Bau- und Heimwerkerhandel, bei Tankstellen, selbst in Restaurants, Banken und anderen Dienstleistungseinrichtungen hat die Selbstbedienungs-Idee seither Eingang gefunden.

Tragtasche und Kofferraum

Zum System der Selbstbedienung gehörte von Anfang an die Verführung zu Spontan- und Impulskäufen. Der Anteil der Impuls- und Spontankäufe wurde bereits in den 60er-Jahren mit 50 Prozent beziffert. Der Begriff Konsumrausch wurde geprägt. Dazu war auch eine Hilfe notwendig, um die spontan gekauften Waren aus dem Einkaufswagerl nachhause bringen zu können: die Wegwerf-Tragtasche. 1902 hatte der Wiener Fabrikant Max Schuschny die Tragtasche aus Papier erfunden, die als Ersatz für die Einkaufstasche aus Stoff, Leder oder Flechtwerk dienen und zugleich die ideale Fläche für eine Werbebotschaft darstellen konnte. Seit den 50er-Jahren wurde sie zum Massenprodukt und gleichzeitig immer mehr durch das Sackerl aus Polyethylen verdrängt. Der Siegeszug der Wegwerftasche ist eng verbunden mit dem Siegeszug der Supermärkte, wo man zum Schauen hinkommt und dann doch etwas einkauft. Die Plastiksackerln prägen unsere Zeit. Sie sind das Wegwerfprodukt des Massenkonsums.

Das Einkaufen Gehen wurde vom Einkaufen Fahren verdrängt. Der Kofferraum wurde zum Einkaufskorb. Vom Einkaufswagerl werden die gekauften Waren direkt in den Kofferaum geschlichtet. Für Kaufhäuser wurden ein Parkplatz oder eine Parkgarage existenzbestimmend. Die einzelne Einkaufsmenge konnte signifikant größer werden, die Einkaufshäufigkeit konnte sinken. Besonders die Tankstellen, wo per se ein Parkplatz verfügbar ist, konnten diesen Vorteil nutzen.

Die Motorisierung wurde für den Handel in mehrfacher Hinsicht richtungsweisend, erstens durch die Entwicklung des Kfz-Handels bzw. aller zugehörigen Branchen und die damit verbundene Nachfrage, zweitens durch neue Standortbedingungen, die durch ein Einkaufen per Auto möglich, aber auch notwendig wurden. Die Motorisierung drängte die Geschäfte auf die grüne Wiese. Und drittens auch durch die Auto-Pendler, die häufig nicht mehr am Wohnort, sondern am Arbeitsort einkauften.

Die Zahlungsmodalitäten

Zum Kennzeichen des modernen Einzelhandels sind der sichtbar angeschriebene Festpreis und die genormte Qualität geworden. Damit wurde der Kaufakt zur unpersönlichen Routine. Das Wegfallen des Feilschens erspart Zeit. Wurde vorerst das Anschreiben und Aufschreiben immer mehr von der Barzahlung verdrängt, so sind inzwischen Kredit- und Scheckkarten zu einer modernen und neuen Form des Anschreibens und Verrechnens

geworden. In Edward Bellamys berühmtem, 1887 veröffentlichten Zukunftsroman *Ein Rückblick aus dem Jahr 2000,* in welchem der Amerikaner Julian West nach einem hundertjährigen Tiefschlaf im Jahr 2000 aufwacht, gibt es kein Geld mehr, sondern nur noch Karten, von deren Wert bei jedem Kauf die entsprechende Summe abgezogen wird. Längst ist Bellamys Zukunftsvision alltägliche Realität. Aber neu war bargeldloses Zahlen auch zu Bellamys Zeiten im Jahr 1887 nicht. Es ist sogar sehr alt. Denn in den unsicheren Zeiten, wie sie früher die Regel waren, war es nicht ratsam, Bargeld bei sich zu führen. Auch am Land hat man früher ungern bar bezahlt. Mit dem Müller und Viehhändler wurde in der Regel an dem der Geschäftsabwicklung folgenden Sonntag abgerechnet. Die Landhandwerker wie Schmied, Sattler oder Wagner erhielten ihr Geld für Reparaturarbeiten meist erst zu Jahresende. Auch das städtische Bürgertum war gewöhnt, seine Schulden erst am Ende eines Monats oder Jahres gegenseitig aufzurechnen. Für die Arbeiterschaft war das Anschreiben beim Greißler meist die einzige Form der Kreditgewährung. Die Bezahlung mit Jetons (das altbekannte Trucksystem), die Verwendung von Gutscheinen und die diversen Formen von Notgeld hatten nicht nur die Funktion, dem immer wieder auftretenden Kleingeldmangel abzuhelfen, sondern die Kunden auch an ein Unternehmen oder ein Geschäft zu binden und die Kontrolle über das Konsumverhalten auszuüben. Gutscheine, Rabatt- und Treuemarken, Kundenkarten, Citycards und sonstige Vorteilskarten sind moderne Formen einer alten Vorgehensweise. Auch die neuen, allerdings nicht wirklich einflussreichen Regionalwährungen zielen in diese Richtung. Der Konsument soll zu heimischen Waren und zum Einkaufen im regionalen oder örtlichen Geschäft gezwungen werden.

Einer der Pioniere der Gutscheine und Gutscheinmünzen war Palmers. Die Idee reicht bei Palmers bis in das Jahr 1933 zurück, wo

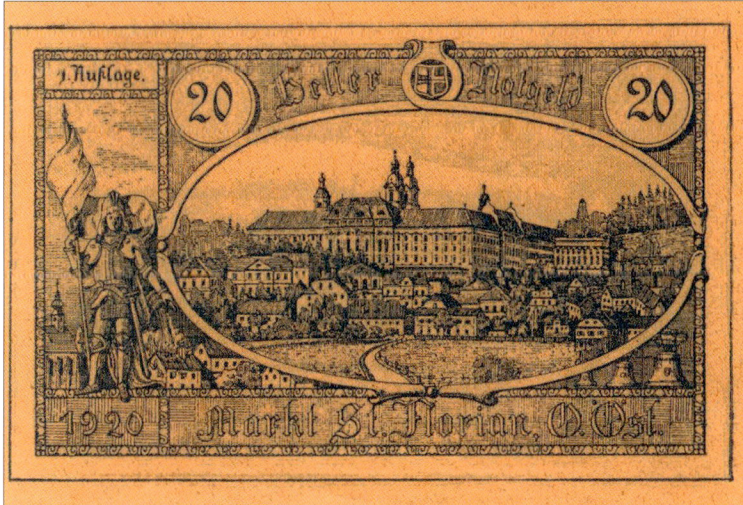

Die Zahlungsmodalitäten waren im 20. Jahrhundert einem tiefgreifenden Wandel unterworfen: Das Jahr 1950 gilt als das Geburtsjahr der modernen Kreditkarte. Als Erfinder wird der Amerikaner Frank McNamara genannt, der, als er beim Mittagessen seinen Geldbeutel vergessen hatte, die Kreditkartenfirma Diner's gründete. Mit dem Besitz einer »Club«-Karte, vielleicht sogar in Gold- oder Platinfarbe, wird Exklusivität signalisiert. Das rasch wachsende Netz von Vertragspartnern ermöglichte eine weltweite Zahlungsfähigkeit und suggerierte im globalen System der Amerikanisierung die Zugehörigkeit zur elitären Schicht der Reichen und Kaufkräftigen. Auch wenn sich die Kreditkarte in Österreich noch immer nicht so stark durchgesetzt hat wie anderswo, gibt es inzwischen fast durchgehend Bankomatkassen in den Geschäften. Das spontane Kaufen ist nur mehr durch die Begrenzung der Kreditrahmen auf den Karten limitiert.

Palmers war einer der Pioniere in der Einführung von Gutscheinen und Geschenkmünzen, einem Prinzip, das später große Popularität erreichte. Entwurf »Palmers Gutschein-Münzen« von Siegfried Krupitz, 1961.

sie jedoch ausschließlich als Papiergutscheine zu besonderen Anlässen wie Weihnachten, Ostern und Muttertag verkauft wurden. 1949 stellte Palmers beim Bundesministerium für Finanzen den Antrag auf Genehmigung von Gutscheinmünzen in Form von Spielmarken. Man erspare sich »mit der Ausgabe dieser Jetons, die jeweils nach wenigen Tagen in die Geschäfte zurückfließen, die kostspieligen Neuauflagen der Gutscheine aus Papier, die für eine mehrmalige Verwendung nicht geeignet seien«. Im Jahre 1950 wurden die ersten Gutscheinmünzen, welche jahrzehntelang eine Besonderheit der Firma Palmers bleiben sollten, ausgegeben. 1979 wurde beschlossen, den Slogan »Schenken leicht gemacht« nicht mehr zu verwenden. Dieser Slogan hatte sehr wohl dazu beigetragen, Palmers Gutscheinmünzen bekannt zu machen, doch hätte er »in der letzten Phase die Geschenkidee eher abgewertet«. Doch die Idee der Geschenkgutscheine ist in zahlreichen Bereichen des Handels übernommen worden.

»Consumption, thy name is woman«

Frauen spielen im Handel nicht nur als Geschäftsinhaberinnen und Verkäuferinnen eine wichtige Rolle, sondern auch als Kundinnen und Konsumentinnen: als Hausfrauen, Köchinnen, Haushälterinnen und »Kuchlmenscher« gingen sie Einkaufen. Adelige Haushalte ließen sich häufig beliefern. In bürgerlichen Haushalten gehörte das Einkaufen zu den Obliegenheiten der Köchinnen oder Dienstmädchen. Bäuerinnen und Arbeiterinnen mangelte es häufig an Zeit, so dass nur der Sonntag für die Deckung der Bedürfnisse blieb.

Das Vorurteil ist weit verbreitet: Konsum sei weiblich, Produktion männlich. Die Akte des Einkaufens und Konsumierens werden in der öffentlichen Meinung sehr viel häufiger dem weiblichen Geschlecht zugeordnet als dem männlichen. Das spiegelt die Werbung vor. Das behaupten die Spruchweisheiten. Und davon gehen auch stillschweigend viele gesellschaftliche Konventionen aus. Der »Herr Familienerhalter« und die »Frau Konsumentin« scheinen in vielerlei Rollen auf: in der Verwaltung des Haushaltsgelds, in der Ausrichtung nach der Mode und in der Anfälligkeit für »unnütze« Ausgaben, für Süßigkeiten, Kaffee und Schokolade, Kleider und Accessoires und für Schmuck aller Art.

Einerseits wurden Frauen als »sparsame Hausfrauen«, andererseits als »verschwenderische Damen« angesehen. Auf jeden Fall wurden sie in eine passive Rolle gedrängt. Sie würden das Geld verbrauchen, das nicht sie, sondern die Männer verdienen. Man weiß, dass die Frauen große Macht bei Kaufentscheidungen ausüben. Je niedriger das Haushaltseinkommen, umso mehr wird es von den Frauen verwaltet. Je höher das Einkommen, umso mehr nimmt der Einfluss der Frauen auf die Verausgabung ab. Das »Matriarchat in Gelddingen« in der Verwaltung des Haushaltsgeldes eröffnete den Frauen aber nur scheinbare Macht. Meist war es eine Verwaltung des Mangels, die den Verzicht erst recht den Frauen auferlegte.

Mit der Zunahme der marktwirtschaftlichen Versorgung änderten sich die Aufgaben der Hausfrau. Während die Haushaltsratgeber bis ins 19. Jahrhundert Anweisungen gaben, wie man Seife macht, Licht zieht, Fleisch einpökelt oder Kleider näht, wurde im späten 19. Jahrhundert das Erkennen guter Ware und der richtige Umgang mit Preisen und Quantitäten immer entscheidender. Neue Kompetenzen waren gefragt: Wie wird man am Markt nicht übervorteilt, weder bei den Mengen noch bei den Preisen? Der richtige Umgang mit Geld musste gelernt werden.

Einkaufen gehen ist auch heute noch immer zum größeren Teil eine Frauensache. Männer mit Einkaufskörben werden aber häufiger, nicht nur weil immer mehr Haushalte zu Singlehaushalten werden und die Berufstätigkeit der Frau zugenommen hat, sondern weil die Diskussion um die Emanzipation zu greifen anfängt und sich beim Einkaufen gehen recht öffentlichkeitswirksam der Abbau von Rollenklischees demonstrieren lässt.

Die über das Einkaufsbudget verfügenden Frauen wurden früh von der Werbung entdeckt. Für die Frauen, die es im 19. Jahrhundert noch kaum wagen konnten, einen Fuß in Kaffee- und Gasthäuser hineinzusetzen, entstanden in den Warenhäusern erstmals Räume, in denen sie sich unbehelligt treffen und aufhalten konnten, auch wenn sich in übersteigerten Männerfantasien die Vorstellung festsetzen konnte, mit den Verlockungen der Warenvielfalt würde der sexuellen Freizügigkeit oder einem verschwenderischen Umgang mit Geld ebenso Vorschub geleistet wie der Kleptomanie, die dem »schwachen« Geschlecht zum Vorwurf gemacht wurde.

Obwohl das Einkommen von Frauen geringer ist als das der Männer, geht der größere Teil der privaten Konsumausgaben, man schätzt etwa 60 bis 70 Prozent, durch »Frauenhände«. Die Rolle der Hausfrau, die die Kaufentscheidungen fällt, auch wenn die Produkte von anderen Mitgliedern des Haushalts konsumiert werden, war immer bei Nahrungsmitteln am augenfälligsten. Die Mitsprachemöglichkeit ist bei dauerhaften Konsumgütern viel geringer oder überhaupt nicht vorhanden. Traditionell von Männern dominiert sind preislich hohe und nach außen orientierte Produkte wie Automobile, Elektronik oder Sportgeräte, die früher fast ausschließlich für Männer konzipiert wurden, während Haushaltsartikel, Mode und Kosmetik hauptsächlich den Frauenvorstellungen angepasst wurden.

Im späten 20. Jahrhundert haben partnerschaftliche Entscheidungsprozesse die ausschließlich männlich oder weiblich dominierten abgelöst. Als wenig in die Kaufentscheidung eingebunden gelten Frauen weiterhin bei Elektronik und Automobilen. Modernes Marketing versteht längst, sich an diesen neuen Gegebenheiten zu orientieren und diese zu nutzen. Die Haushalte ändern sich. Es sind immer weniger die Zwei- oder Drei-Generationen-Familien, die die Gesellschaft prägen. Alleinerziehende Mütter, manchmal auch Väter, kinderlose Paare, Singlehaushalte und gleichgeschlechtliche Paare werden in der Nachfrage immer wichtiger.

Für den Handel wirkte sich dies als Wandel vom Verkäufer- zum Käufermarkt aus. Ersichtlich ist diese Entwicklung auch an der schleichend abnehmenden Wirksamkeit der Preisbindung der zweiten Hand, als zahlreiche Discountgeschäfte die Herstellerpreise systematisch unterboten. Für viele Kon-

sumprodukte lässt sich in dieser Zeit auch eine Sättigung feststellen, die nur durch eine veränderte Preisstruktur und das Erschließen neuer Käuferschichten überwunden werden konnte. Will man beispielsweise die Herausbildung des Konsumententypus des »Schnäppchenjägers« oder des »hybriden Verbrauchers« erklären, der zugleich bei Aldi und Armani kauft, wird man ein methodisch integratives Konzept der Wirtschafts-, Konsum- und Kulturgeschichte entwickeln müssen.

Verbrauchsausgaben österreichischer Haushalte 1830 bis 2010 (Anteile in %)

	Nahrungs- und Genußmittel	Kleidung	Miete	Heizung	Einrichtung	sonstige
1830	63,0	8	11	11	7	
1870	60,0	8	20	5	8	
1910	59,2	8,8	14,2	4,5	1,3	12,0
1930	52,6	11,6	4,0	4,3	4,5	23,0
1950	50,7	13,6	4,1	4,9	3,9	22,8
1970	31,9	13,1	6,9	4,3	8,2	35,2
1980	29,7	10,9	8,3	6,3	5,6	39,2
1986	26,9	10,8	10,4	6,7	5,3	39,9
1997	15,3	6,8	15,6	5,2	7,9	49,2
2004	15,8	5,6	17,6	4,6	6,2	50,2
2010	14,5	5,7	19,1	4,7	6,9	49,1

Ab 1997 Haushalte insgesamt, vorher Arbeiter bzw. Arbeiter und Angestellte

4. Vom Greißlerladen zum Diskonter

Die Urbanisierungswelle am Ende des 19. Jahrhunderts hat eine vorher nicht gekannte Dynamik in die europäische Handelslandschaft gebracht. So ist die Einwohnerzahl von Wien, bedingt auch durch die Eingemeindung zahlreicher Vororte, von 1869 bis 1904 von 600 000 auf mehr als 1 600 000 angestiegen. Neue Herausforderungen für die Versorgung und für die Sortimentsbildung, die den modernen Handel bis heute beeinflussen, werden bereits damals sichtbar. Handelspioniere prägen an der Jahrhundertwende das Bild und verleihen der Welt des Handels eine zunehmende Faszination. Dazu einige Beispiele:

♦ Bereits 1862 eröffnet Julius Meinl I. sein erstes Kolonialwarengeschäft in der Wiener Innenstadt. Die Firma Julius Meinl sollte später als Filialist rund 100 Jahre lang eine führende Rolle in der heimischen Handelslandschaft spielen. Zur gleichen Zeit beginnt auch der Aufstieg der Konsumvereine.

♦ Überall in Europa gerät die Handelslandschaft in Bewegung: Michael Marks und Tom

Seit 1891 betrieb Julius Meinl in der Neustiftgasse eine eigene Kaffeerösterei, von welcher aus die Filialen beliefert wurden. Durch das Angebot von bereits fertig gerösetem Kaffee wurde den Konsumenten das schwierige Rösten der grünen Kaffeebohnen am häuslichen Herd erspart.

59

Im niederösterreichischen Teesdorf gründeten im Jahr 1856 die Arbeiter der Spinnfabrik den ersten Konsumverein, 15 Jahre später existierten in der Monarchie bereits 540 Konsumvereine. Innenansicht einer Konsumfiliale. Frühe Aufnahme.

Spencer eröffnen in England das erste Geschäft und legen 1884 den Grundstein für einen Weltkonzern.

♦ Die Brüder Brenninkmeyer hatten bereits ein Jahr vor Julius Meinl das erste C&A-Geschäft im holländischen Sneek eröffnet. Sainsbury's startet etwas später im Jahr 1869.

♦ In Deutschland entstehen in dieser Periode die ersten »Einkaufstempel«, die Warenhäuser Kaufhof und Hertie (gegründet von Leonard und Oskar Tietz). Rudolf Karstadt baut am Fundament für den Karstadtkonzern.

♦ In New York gibt es zu diesem Zeitpunkt schon das Warenhaus Macy's, und auch C. H. Harrods ist bereits in London aktiv, wenn auch noch mit einem Lebensmittelladen und nicht mit dem heute weltbekannten Warenhaus.

♦ 1887 eröffnet Albert Heijn, eine der erfolgreichsten Händlerpersönlichkeiten des 20. Jahrhunderts, seinen ersten Laden in einem Vorort von Amsterdam.

Das Phänomen des Handels und auch die wissenschaftliche Beschäftigung mit der Person des Kaufmanns prägen dann am Beginn des 20. Jahrhunderts nicht unwesentlich die ersten Schritte der betriebswirtschaftlichen Forschung. Dies trifft in besonderem Maße auch für die Wirtschaftsuniversität Wien und deren Vorläuferinstitutionen zu. Die Gründung erfolgte im Jahr 1898 unter der Bezeichnung »K.&K.-Exportakademie«. Zu diesem Zeitpunkt ist Julius Meinl der größte Lebensmittelkonzern der Monarchie. Die Affinität zum Handel spiegelt sich sogar in den eher boshaften Bezeichnungen »Greißler-Akademie« (Greißler ist die österreichische Bezeichnung für Kleinkrämer) wider. Die Mangeljahre während und nach dem Zweiten Weltkrieg sorgten dann aus leicht nachvollziehbaren Gründen für die scherzhafte Umbenennung in »Hochschule für Schleichhandel«.

Frank W. Woolworth lässt 1911 in New York

das Woolworth Building errichten, damals das höchste Gebäude der Stadt und ein Symbol für die zunehmende Bedeutung des Handels. In Europa stellt der Erste Weltkrieg eine wirtschaftliche und politische Zäsur dar. Ein Jahr nachdem das erste Warenhaus des Landes in der Mariahilfer Straße in Wien den Namen »Stafa« erhielt (die Abkürzung für den heute seltsam anmutenden Namen »Staatsangestelltenfürsorgeanstalt«), trafen sich Repräsentanten von 20 renommierten österreichischen Handelsunternehmen, unter ihnen Julius Meinl, Palmers und Kastner & Öhler, und gründeten die Vorläuferorganisation des Handelsverbandes. Zur gleichen Zeit machte in der Schweiz Gottlieb Duttweiler von sich reden. Zurückgekehrt aus Brasilien, verarbeitete er seine in all den Jahren gesammelten Erfahrungen im Handelsgeschäft, vor allem in der Kaffee-Branche, und gründete 1925 die Migros. Die Kernidee dabei war, eine Ver-

kauforganisation ohne »Zwischenhandel« zu schaffen. Die »Brücke« vom Produzenten zum Konsumenten wurde zum Symbol und Markenzeichen der Migros, die später eines der erfolgreichsten Handelsunternehmen Europas werden sollte. Heute ist die Migros der größte Einzelhändler der Schweiz und zählt zu den 500 umsatzgrößten Unternehmen der Welt. Begonnen hat Duttweiler nicht mit stationären Ladengeschäften, sondern Verkaufswägen, konkret mit fünf Ford-T-Lastwägen. Das Basissortiment umfasste sechs Artikel: Kaffee, Reis, Zucker, Teigwaren, Kokosfett und Seife. Heute führt ein moderner Migros-Markt 40 000 Artikel und mehr.

Bereits 1931 formulierte Malcolm McNair »Trends in Large Scale Retailing«, die bis heute nicht an Aktualität eingebüßt haben. Dieser Beitrag in der *Harvard Business Review*, der eigentlich ein Vortrag zum ersten Jahresmeeting der Harvard University Alumni

Kaufmannsmuseen vermitteln einen Eindruck vom Aussehen typischer Greißlereien aus der Zeit um 1950. Innenansicht des Handels- und Kaufmannsmuseum Haslach. Aufnahme von Peter Anderle, 2006.

Im Stadtmuseum Traiskirchen wurde die Greißlerei Drexler aus Möllersdorf nachgebaut, die 1894 gegründet wurde.

gewesen ist, wurde später salopp als Ansatz des »Wheel of Retailing« in die Literatur aufgenommen. Seither »verfolgt« die Handels- und Marketingforschung mit kleinerem oder größerem Erfolg mit gediegener oder weniger gediegener Qualität »die Trendforschung«. McNair fand in seinen Untersuchungen drei Ursachen für Veränderungen in der Handelslandschaft. Den interessierten Leser erstaunt, wie hoch die langfristige Gültigkeit dieser Aussagen ist:

◆ Es gibt einen Trend von kleinen zu größeren Flächen in Form eines Konsolidierungsprozesses und Anzeichen einer verstärkten Handelskonzentration durch die Entstehung von Zusammenschlüssen und Filialisten.
◆ Wissenschaftliche Methoden verändern das Distributions-Geschäft. McNair macht sich lustig über die Vielzahl neuer Literatur, die im Regelfall von Beratungsfirmen verfasst werde und neue Begriffe präge, die vor allem aus dem Controlling kämen, wie »Merchandise Budget«, »Unit Control«, »Retail Inventory Method« und viele andere Controlling-Kennzahlen.
◆ Die Verwässerung von Distributionskanälen führe zu unklaren Sortimentsstrukturen. Vor allem die Positionierung der Warenhäuser werde diffus.

McNairs seither weltbekannte Prognose: nach dem preisaggressiven Einstieg in den Markt versuchen die neuen Betriebstypen ein »Trading up«: »In the Day to come, there will be Strausses and Woolworths, but they will not be in the department stores or in the present types of chain stores«. Damit war das Spannungsfeld zwischen Greißler (Nahversorger auf kleiner Fläche) und Diskonter vorgezeichnet.

In die Zwischenkriegszeit fällt weiters die Entstehung des deutschsprachigen Versandhandels. Im Jahr 1929 nimmt die Weltwirtschaftskrise mit dem sogenannten »schwarzen Freitag« am 25. Oktober ihren Ausgangspunkt. Arbeitslosigkeit und Konkurse prägen den Alltag, einzelne Handelssparten müssen einen Umsatzrückgang von mehr als 40 Prozent hinnehmen. In Österreich folgt die Periode des autoritären Ständestaates (1934) und 1938 nach dem Einmarsch Hitlers, die »Wiedervereinigung Österreichs mit dem Deutschen Reich«, so der formelle Beschluss im Ministerrat. Das Nazi-Regime brachte auch für die Handelslandschaft katastrophale Folgen. Die »Reichskristallnacht«, eine zynische Beschreibung für eingeschlagene und zersplitterte Schaufenster, steht im Jahr 1938 für die schweren Übergriffe auf Kauf- und Warenhäuser in jüdischem Eigentum. Diese Eskalation kam nicht überraschend, denn bereits 1933, kurz nachdem Adolf Hitler Reichskanzler in Deutschland wurde und die Nazi-Diktatur begann, wurden eindeutige po-

litische Aktivitäten gesetzt. Dazu zählen: Gesetz zum Schutz des deutschen Einzelhandels, Aufruf zum Boykott ausländischer Früchte und Verbot des Verkaufs von Auslandsobst als »undeutsch« und das Verbot von Neugründungen von Konsumgenossenschaften. Der damals

Das erste Geschäft von Therese Mölk wurde 1920 am Viaduktbogen in Innsbruck eröffnet.

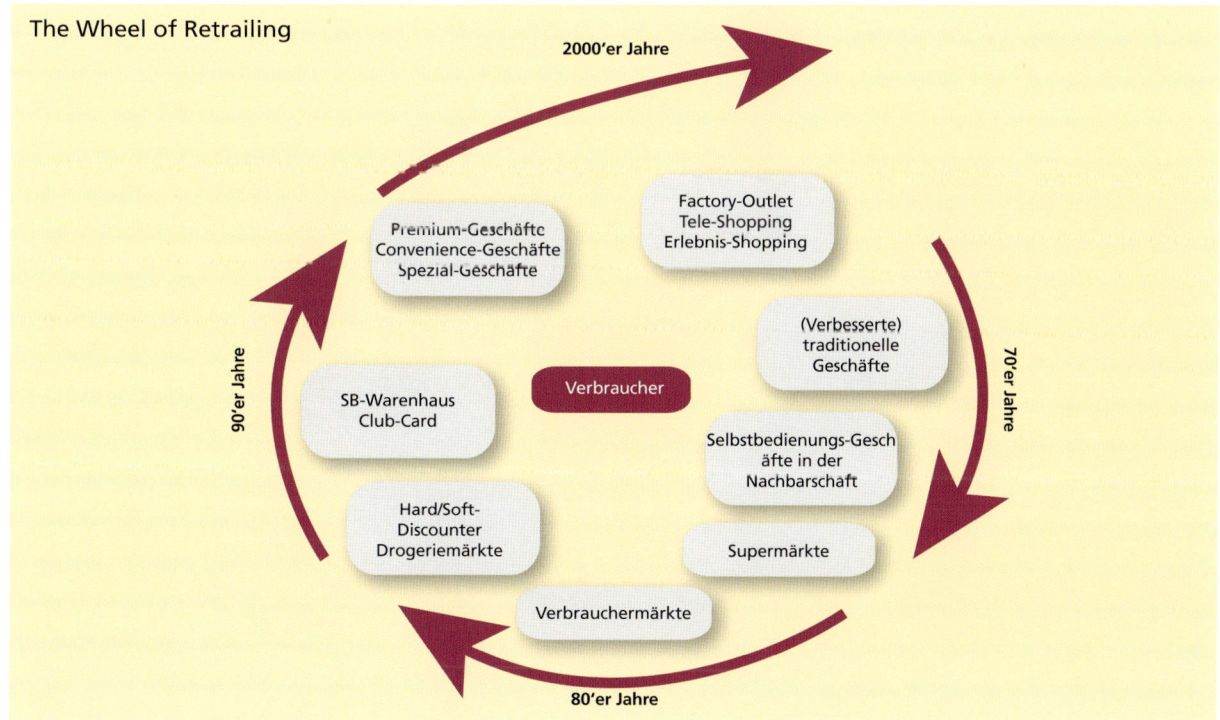

The Wheel of Retrailing

2000'er Jahre

90'er Jahre

70'er Jahre

80'er Jahre

Premium-Geschäfte
Convenience-Geschäfte
Spezial-Geschäfte

Factory-Outlet
Tele-Shopping
Erlebnis-Shopping

(Verbesserte)
traditionelle
Geschäfte

SB-Warenhaus
Club-Card

Verbraucher

Selbstbedienungs-Geschäfte in der
Nachbarschaft

Hard/Soft-
Discounter
Drogeriemärkte

Supermärkte

Verbrauchermärkte

Das erfolgreiche Konzept der Diskontmärkte: Niedrigpreispolitik durch ein schmales und flaches Warensortiment, einfache Warenpräsentation und kleine Verkaufsflächen. Innenansicht eines Coop Diskonts im 15. Wiener Gemeindebezirk.

führende Händler Mitteleuropas, Julius III. Meinl, emigrierte 1938 mit seiner Familie nach England. Er sollte erst 1947 wieder nach Österreich zurückkehren. Im Jahr 1941 folgte die Zwangsauflösung der Konsumgenossenschaften und die Übertragung des Vermögens auf die DAF (Deutsche Arbeitsfront).

Während die Firma Goldmann bereits im Jahr 1937 in Oklahoma den ersten fahrbaren Einkaufskorb in die Massenproduktion brachte, zeichnet sich in Europa die Ära des modernen Handels, bedingt durch den Zweiten Weltkrieg und dessen Folgeerscheinungen, erst in den 50er-Jahren ab, als nämlich der »Siegeszug der Selbstbedienung« einsetzt.

Die Ära des modernen Handels

Unter dem Kapitel »Der Neubeginn 1945. Der krisenhafte Weg nach Europa« schildert die Meinl-Biographin Margarethe Lehrbaumer anschaulich die Problematik: »Zum 31. Dezember 1945 besaß die Julius Meinl AG in Österreich 200 Meinl-Filialen. Unter Hinzurechnung der Kunz- und Hansa-Filialen umfasste der Inlandskonzern 298 Geschäfte. Bis zum Ende des Zweiten Weltkrieges bestanden jenseits der österreichischen Grenzen trotz der Kriegsereignisse noch 157 Meinl-Geschäfte mit ihren Zentralen und Fabriken. Die Hoffnung, die ausländischen Besitzungen wieder in den Konzern eingliedern zu können, erfüll-

Filiale der Firma Julius Meinl in der Wiener Innenstadt im »Corporate Design« aus der Zeit um 1930. Aquarell von And. Dworschak, um 1930.

65

Nach der Hochzeit mit der Kaufmannstochter Eva Maria Wendler übernahm Mathias Kiennast das Geschäft in der 1. Generation. Er handelte mit Spezereien, Salz in Stöcken, Zuckerhüten, Kräutertees, Kaffee, Tuch, Linnen und Gewürzen. Geschäft des Mathias Kiennast, 1710.

200-jähriges Firmenjubiläum: Im Jahr 1910 errichtete Julius Kiennast am Hauptplatz in Gars am Kamp die erste Benzinzapfsäule des Ortes. Geschäftsansicht, 1910.

Zur Erinnerung an das 200jährige Jubiläum

Gars, am 21. Oktober 1910.

te sich nach dem Krieg nicht. Die Tochtergesellschaften der Julius Meinl AG in der Tschechoslowakei, in Polen, Jugoslawien, Rumänien und Ungarn wurden konfisziert und dem Unternehmen durch Enteignung entzogen. Julius Meinl konzentrierte sich auf den Wiederaufbau des österreichischen Filialnetzes, was bei der Aufteilung des Staates in Besatzungszonen nicht so einfach war. In den westlichen Bundesländern konnte die Geschäftstätigkeit in den Nachkriegsjahren zumindest behelfsmäßig beginnen. Im russisch besetzten Osten war das bedeutend schwieriger. Hier war die Versorgung mit dem Notwendigsten eine Herausforderung für den Filialleiter. Während des Krieges hatten zum Großteil die Frauen den Betrieb in den Filialen aufrechterhalten. Nun kehrten die männlichen Angestellten und Arbeiter zurück und nahmen ihre ehe-

maligen Arbeitsplätze wieder ein.« Erst nach dem Fall des »Eisernen Vorhanges« sollte Julius Meinl wieder als Filialist in die ehemaligen Länder der Monarchie zurückkehren, um rund zehn Jahre später mit einem großen Teil der österreichischen Standorte an den deutschen REWE-Konzern (Billa, Merkur, Mondo) verkauft zu werden.

Nach dem Zweiten Weltkrieg sind es, wie in der letzten Hälfte des 19. Jahrhunderts, wieder herausragende Unternehmerpersönlichkeiten, die die Handelsentwicklung vorantreiben. Neben dem Konzept der Selbstbedienung (SB) werden immer mehr die Informations- und Kommunikationstechnologien (Scanner, Warenwirtschaftssysteme etc.) zu zentralen Erfolgsfaktoren für den Handel. In den USA werden 1951 die ersten Computersysteme

2010 feierte die Firma Kiennast in Gars am Kamp das 300-jährige Bestehen als Familienunternehmen, das seit der 6. Generation auch im Großhandel tätig ist. Ansicht des Lebensmittelgeschäftes in Gars am Kamp, 2010.

SPAR: ein freiwilliger Zusammenschluss von Händlern zu einer Handelskette, die unter gleichem Namen auftreten, jedoch rechtlich eigenständige Gesellschaften sind. Die erste SPAR-Organisation Österreichs wurde 1954 von Hans F. Reisch gegründet. Plakatentwurf von Franz Pfeffer, 1954.

verkauft, 1977 kommt der EAN-Strichcode in Europa auf den Markt, ab 1990 werden Scannerkassen auch in Österreich flächendeckend eingesetzt. Dieser Entwicklungsprozess, der im amerikanischen Sprachgebrauch auch als »Wheel of Retailing« bezeichnet wird, ist zusammenfassend in der Abbildung auf Seite 63 veranschaulicht. Aus meist kleinflächigen, traditionellen Bedienungsgeschäften mit deutlich weniger als 100 m² Verkaufsfläche entstehen immer größerflächige Betriebstypen mit SB. Ein moderner Nahversorger-Su-

permarkt (z. B. Billa oder SPAR) hat im Jahr 2000 eine Verkaufsfläche von rund 800 m², und die Verbrauchermärkte (z.B. Interspar oder Merkur) bieten für die Kernzielgruppe der Wochen-Einkäufer ein Sortiment von mehr als 30 000 Artikel auf einer Verkaufsfläche von 3 000 bis 5 000 m² an. Dazu sind noch die Diskonter, die Fachmärkte (z. B. Drogerie- und Baufachmarkt) und Convenience-Geschäfte (z. B. Tankstellen-Shops) entstanden. Aber auch das Internet (Teleshopping) beeinflusst die Handelslandschaft.

Neue Impulse für den modernen Handel

Die wichtigsten Meilensteine für die Entwicklung des modernen Handels:
♦ 1949: Gründung von Otto-Versand in Hamburg.
♦ 1952 eröffnet A. Heijn in Holland sein erstes SB-Geschäft. Im selben Jahr kommt Kaiser's SB-Geschäft in Duisburg dazu. Dies sind mit höchster Wahrscheinlichkeit die zwei ersten

SB-Läden nach der heutigen Vorstellung in Europa.

♦ 1953: Karl Wlaschek wendet sich seiner Händlerkarriere zu.

♦ 1954: Der Aufbau der SPAR in Österreich beginnt.

♦ 1957: Toys'R'Us eröffnet den ersten Spielwaren-Fachmarkt in den USA.

♦ 1958: Der gelernte Tischler Ingvar Kamprad startet in Schweden mit IKEA. Die wirkliche Erfolgsgeschichte beginnt allerdings erst, als er 1965 in Stockholm einen Möbelmarkt mit dem Konzept der Selbstabholung vorstellt.

♦ 1959: Quelle kommt nach Österreich.

♦ 1962: Die Gebrüder Albrecht eröffnen unter der Bezeichnung Aldi (Albrecht Diskont) in Deutschland den ersten SB-Laden nach dem Discount-Konzept (relativ wenige, sehr schnell »drehende« Artikel). Fünf Jahre später kommt Aldi unter der Marke Hofer auch nach Österreich.

♦ 1962: Sam Walton gründet in Arkansas/USA Wal-Mart. Heute ist die Firma das erfolgreichste Handelsunternehmen in der Menschheitsgeschichte mit mehr als zwei Millionen Beschäftigten.

♦ 1964: Otto Beisheim eröffnet den ersten Metro Cash & Carry-Markt, der heute in vielen Ländern der Welt erfolgreich tätig ist.

♦ 1967: »Geburtsstunde« der Chiquita Banane.

♦ 1969: Der französische Großflächenbetreiber Carrefour überträgt erstmals sein Hypermarkt-Konzept ins Ausland. Dies ist der »Startschuss« für die Internationalisierung im Handel.

♦ 1972: In Österreich wird die erste Douglas-Parfümerie eröffnet.

♦ 1973: Herbert Koch gründet kika, heute gemeinsam mit dem Mutterunternehmen Möbel Leiner (1910 von der Familie übernommen) der Marktführer in Österreich.

♦ 1973: Götz Werner beginnt in Karlsruhe mit seinem ersten dm Drogerie-Fachmarkt.

♦ 1975: Anton Schlecker eröffnet seinen ersten Drogerie-Markt. 1987 kommt Schlecker nach Österreich.

♦ 1976: bauMax eröffnet den ersten Fachmarkt für Heimwerker in Kindberg.

♦ 1976: Das zum damaligen Zeitpunkt größte Einkaufszentrum Europas, die Shopping City Süd wird eröffnet. Ein Jahr zuvor öffnete bereits das Donauzentrum seine Tore. Viele Skeptiker gaben dem Shopping-Center-Konzept keine Zukunfts-Chance. Am Ende des 20. Jahrhunderts gibt es in Österreich mehr als 100 Einkaufszentren. Dazu kommen noch zahlreiche Fachmarktzentren »auf der grünen Wiese«.

♦ 1982: Der rasante Aufstieg von Hennes & Mauritz beginnt. Gegründet wurde H&M bereits 30 Jahre vorher vom Schweden Erling Persson. Heute ist H&M in 14 Ländern vertreten und setzt mit 34 000 Mitarbeitern rund 4,5 Mrd. Euro um.

♦ 1995: Konsum Österreich, viele Jahre lang

Für die Eröffnung des ersten Selbstbedienungsladen der Konsumgenossenschaft »Produktion« in Hamburg liefert der Einkaufswagenhersteller Wanzl 40 Einkaufswagen und 100 Einkaufskörbe. Hamburg, 1949. Foto: Wanzl Metallwarenfabrik GmbH.

Gegenüber: Wiener Plakatwerbung für den Einkauf bei Firmen am Graben und Umgebung. Atelier Ékes und Krämer, 1920.

Die Selbstbedienung ist in Wien schon zur Selbstverständlichkeit geworden. Neueröffneter Supermarkt in Wien. Aufnahme USIS, 1957.

Marktführer, ist insolvent. Die Filialen werden großteils an die SPAR verkauft.

♦ 1996: Karl Wlaschek verkauft die BML-Gruppe (Billa, Merkur, Mondo, Bipa) an den deutschen REWE-Konzern. Drei Jahre später wird das Handelsunternehmen mit der größten Tradition, Julius Meinl, ebenfalls zum großen Teil von der REWE übernommen.

Als gedanklicher Raster für eine Zusammenfassung eignen sich am besten statistische Fakten. Die 50er-Jahre waren in Österreich noch geprägt von kleinflächigen stationären Handelsgeschäften. Die Vollbedienung war das übliche Angebotsmuster. Selbst 1970 dominiert im Lebensmittelhandel zahlenmäßig noch der Betriebstyp mit weniger als 40 m². Doch die Mobilität der Menschen hat die Handelslandschaft signifikant verändert. Auch wenn viele zunächst nicht daran glauben wollten: Erst die Mobilität hat dazu geführt, dass an der Peripherie, »auf der grünen Wiese«, Handelsagglomerationen entstehen

konnten. Niemand hat etwa vor der Entstehung der SCS daran gedacht, dass in diesem ehemaligen Sumpfland einmal Tausende Autos parken könnten. Heute sehen wir rund 150 Einkaufszentren, die die moderne Handelslandschaft prägen. Die innenstädtischen Lagen haben heute kaum mehr die Bedeutung, wie dies in den 60er-Jahren noch der Fall war. So ist natürlich auch viel »Autoware« entstanden. Man kauft nicht mehr eine Flasche, sondern eine Kiste Bier. Die Mobilität hat also die Handelslandschaft eindrucksvoll verändert, weil die Leute auf dem Weg in die Schule, in die Arbeit an verschiedenen Betriebstypen vorbei kommen, was die Loyalität zum lokalen Anbieter verringert. Das führt in weiterer Folge dazu, dass dort, wo kein Handel mehr ist, im Regelfall auch kein Arbeitsplatz, keine Schule zu finden ist.

Verkaufsfläche. Seit 1980 gewinnt der Supermarkt zwischen 400 und 1000 m² kontinuierlich an Bedeutung. Geschäfte unter 250 m²

sind nur mehr in Ausnahmefällen überlebensfähig. Hinsichtlich der Umsatzbedeutung lässt sich eine noch stärkere Verlagerung zu großen Betriebstypen (Verbrauchermärkten) konstatieren. Von den mehr als 24 000 im Jahr 1960 sind im Jahr 2000 nur noch wenige übrig geblieben. Nach Prozessen der Konsolidierung (Flächenbereinigung) und Konzentration (Expansion der Marktführer) haben bis zur Millenniumswende weniger als 7 000 Geschäfte »überlebt«. Diese Geschäfte haben allerdings mit den historischen Vorgängern kaum noch etwas gemeinsam, denn

das Verkaufsflächenangebot in Österreich ist bis zum Ende des 20. Jahrhunderts auf insgesamt mehr als 11 Millionen Quadratmeter angewachsen. In einem modernen Möbelfachmarkt mit mehr als 50 000 m² Verkaufsfläche hätten mehrere hundert Möbelgeschäfte von einst Platz. Der Wettbewerb zwischen den Unternehmen ist sehr intensiv und wird es auch bleiben. In manchen Branchen spricht man deshalb von Verdrängungs- oder gar von Vernichtungswettbewerb. Dazu kommen neue Herausforderungen durch die technologischen Möglichkeiten des Internet.

1969 und 1970 wurden in Vösendorf bei Wien und in Graz die ersten Verbrauchergroßmärkte gegründet. Aufnahme des KGW-KM-Großmarkts in Floridsdorf, 70er-Jahre.

Die 2001 eröffnete MPREIS-Filiale in Wenns wurde mit mehreren Architekturpreisen ausgezeichnet.

Insgesamt hat der Handel weiterhin eine enorme Bedeutung für die österreichische Volkswirtschaft, denn rund 30 Prozent der Unternehmen und 27 Prozent aller Beschäftigten aus der nicht-öffentlichen Wirtschaft sind im Handel angesiedelt. Es ist weiters anzunehmen, dass sich der Strukturwandel im Handel weiter fortsetzen wird. Dies impliziert eine weitere Zunahme der Konzentration auf große Filialisten und Großflächen, eine weiter steigende Bedeutung von Standorten in dezentraler Lage und in der Randlage von Stadtgebieten, also auf der »grünen Wiese« in Form von Einkaufszentren und Fachmarktzentren, und einen Bedeutungsverlust des kleinen und mittelständischen Einzelhandels.

Das Diskontprinzip, das sich aus den Komponenten Kostenführerschaft (Effizienz durch schmales Sortiment), Preisführerschaft (Bestpreisgarantie) und Leistungsvereinfachung (nur Selbstbedienung) zusammensetzt, hat inzwischen weite Bereiche der Handelslandschaft erfasst.

Ein besonderer Impulsgeber für den österreichischen Handel war der Fall des »Eisernen Vorhanges« im Jahr 1989. Österreichische Handelsunternehmen, wie SPAR, bauMax und viele andere, expandierten in den »Central Eastern Europe« Raum. Die Wirtschaftskrise in dieser Region nach dem Jahr 2008 traf diese Unternehmen aber mit voller Wucht und führte teilweise wieder zum Rückzug.

Der Europark in Salzburg, dessen architektonisches Gesamtkonzept vom Architekten Massimiliano Fuksas stammt, verfügt über eine vermietbare Gesamtverkaufsfläche von 70 000m² und wurde mit dem ICSC 2007 Design Award ausgezeichnet.

Die im Jahr 2002 eröffnete Shoppingcity Seiersberg ist mit einer Verkaufsfläche von 85 000 m² das größte Einkaufszentrum in der Steiermark und das zweitgrößte Österreichs.

Einkaufswagen für das erste Pilotprojekt der Selbstbedienung in Augsburg. Modell »PickUp 1948« - Erster Wanzl Einkaufswagen, 1948.

Der erste Einkaufswagen mit festem Korb, das Modell »Concentra«, wurde 1951 auf den Markt gebracht.

D45-K 1957 – der erste Einkaufswagen mit Draht-Untergestell, 1957.

Serie Tango 2002 – Erster Kunststoff-Einkaufswagen. Die Firma Wanzl ist der weltweit größte Einkaufswagenproduzent mit einer Produktion von 2,8 Mio. Stück pro Jahr.

Alle Aufnahmen: Wanzl Metallwaren-fabrik GmbH, 2002.

5. Handelswege, Transport und Lagerwirtschaft

Güter werden heute meist nicht an dem Ort verbraucht, an dem sie erzeugt wurden. Dieser Zustand ist das Ergebnis einer historischen Entwicklung von der vormodernen Wirtschaft, die in einem hohen Maß auf Selbstversorgung und Direktvermarktung beruhte, zur modernen Wirtschaft mit ihren überregionalen und globalen Märkten. Durch den hohen Anteil der Landwirtschaft an der gesamten Wirtschaft, der im 19. Jahrhundert in einigen Ländern des heutigen Österreich über 70 Prozent betrug, bezog ein großer Teil der Bevölkerung Nahrungsmittel überwiegend aus eigener Erzeugung, das heißt auch eigener Lagerung. Auch einige der wichtigsten gewerblichen Erzeugnisse wurden lokal erzeugt und gelangten nie in den Handel. So wurde etwa Mehl zum großen Teil in Lohnvermahlung für den einzelnen landwirtschaftlichen Betrieb erzeugt, Kleidung war Maßarbeit (der Stoff wurde allerdings schon früh über den Markt bezogen). Damit stellte sich für einen beträchtlichen Teil der verbrauchten Güter die Frage nach Transportkosten und Transportlogistik, nach gewerblicher Lagerhaltung und technischen Marktbarrieren nicht oder nur in eingeschränktem Maß.

Seither haben sektoraler Wandel und Verstädterung, die zur Schrumpfung des ehemals dominierenden Agrarsektors und zum Anwachsen der anderen Sektoren geführt haben, sowie die industrielle Erzeugung standardisierter Fertigprodukte Eigenverbrauch und lokale Direktvermarktung bei wichtigen Konsumgütern vergleichsweise bedeutungslos werden lassen. Dazu kam eine Vielzahl neuer Güter, die von vornherein ausschließlich über den Handel vermarktet wurden.

In all diesen Fällen haben sich Erzeugung und Verbrauch räumlich voneinander mehr oder weniger weit entfernt. Diese Distanz ist wirtschaftlich bereits als solche bedeutsam. Die

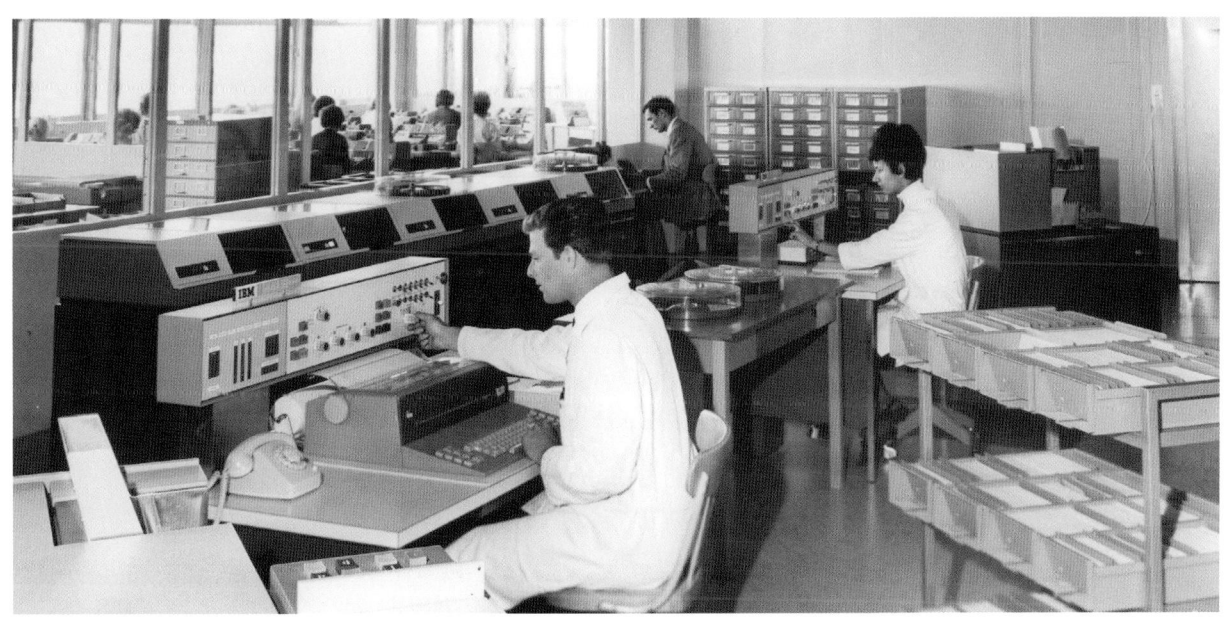

Das Rechenzentrum des Großversandhauses Quelle, Linz. Hier wurden Lagerbewegung und Auftragsabwicklung maschinell durchgeführt.

Bereits im Jahr 1887 startete Kastner & Öhler als eines der ersten Unternehmen Europas mit dem Postversand. An die Kunden der gesamten Donaumonarchie wurden mehrsprachige Kataloge geschickt. Lieferwagen der Firma Kastner & Öhler in Graz, um 1920.

anfallenden Kosten muss letztlich der Konsument tragen, sei es durch eine entsprechende Erhöhung des Endpreises, sei es durch die eigene Durchführung des Transports. Die räumliche Entfernung ist aber auch wegen der zeitlichen Folgen wichtig, weil die erforderliche und mögliche Transportgeschwindigkeit bestimmt, wie groß die Lager sein müssen und ob die Güter in der verfügbaren Frist überhaupt abgesetzt werden können. Ein wichtiges Ziel ist es, das Lager so klein wie möglich zu halten und gleichzeitig so pünktlich wie möglich liefern zu können. Ein weiteres Ziel ist es, die Frachtkosten möglichst niedrig zu halten. Insbesondere bei verderblichen Gütern ist es auch ein Ziel, überhaupt liefern zu können. Die technischen Neuerungen in Transport und Lagerhaltung waren eine Folge des Drucks, der aus diesen Erfordernissen resultierte.

Zum Transport der schweren Waren verwendeten Bäuerinnen bis in die fünfziger Jahre sogenannte »Wagerlhunde«.

Ferntransport – Überseetransport

Die Verkehrsinfrastruktur hat von jeher bestimmt, welche Güter über welche Entfernungen gehandelt werden konnten. Vor dem 19. Jahrhundert bedeutete dies, dass ein Transport auf dem Landweg über größere Entfernungen für schwere Güter praktisch ausschied und auch für leichte Güter nicht billig war. Schwere Güter wie zum Beispiel Eisen verfrachtete man daher über den Wasserweg. Andere Güter wie Baustoffe oder Nahrungsmittel erzeugte man soweit wie möglich lokal. Im übrigen konzentrierte sich der überregionale bis hin zum Überseehandel auf Produkte, die im Verhältnis zum Gewicht einen hohen Preis erzielten. Dies war etwa bei Gewürzen wie Pfeffer oder Muskat der Fall. So kosteten zu Beginn des 17. Jahrhunderts Muskatnüsse in England im Einzelhandel zwar ungefähr so viel wie heute, wenn man den Einzelhandelspreisindex als Maßstab nimmt. Geht man nach dem Kaufkraftindex, waren sie aber zehnmal so teuer wie heute – ein englischer Taglöhner hätte für ein Kilogramm Muskatnüsse mehr als einen Monat arbeiten müssen. Der Einkaufspreis in Ostindien lag hingegen nach jedem Kriterium weit unter den heutigen Preisen, und das Verhältnis zwischen Einkaufs- und Verkaufspreis lag bei etwa 1:600 (heute etwa bei 1:8). Das heißt, dass man vor vierhundert Jahren schon mit kleinen Mengen solcher Güter enorme Summen verdienen konnte, jedenfalls wenn man die sonst üblichen Einkommen als Maßstab nimmt. Unter diesen Umständen waren Gewürze, die auch auf der langen Reise von Ostindien nach Europa nicht verdarben, trotz der geringen Ladekapazitäten der Schiffe und der Transportrisiken ein attraktives Handelsgut.

Im 18. und 19. Jahrhundert wurden weiter und in steigendem Maß Gewürze verschifft, größere Zuwächse erzielte man im Überseehandel aber bei anderen Gütern: mit Textilien sowie Tee und Kaffee aus Asien, mit Tabak und vor allem Zucker sowie ab dem ausgehenden 18. Jahrhundert mit Baumwolle überwiegend aus Amerika. Die europäische Industrialisierung, die in der Baumwollindustrie zunächst ihre führende Branche hatte, war darauf angewiesen, immer größere Mengen Baumwolle aus Amerika importieren zu können. Großbritannien, der größte Importeur, führte 1800 etwa 24 000 Tonnen Baumwolle ein, fünfzig Jahre später 270 000 Tonnen, kurz vor dem Ersten Weltkrieg fast 1 Million Ton-

Um 1955 wurden zur Auslieferung an die Filialen neben Lastkraftwagen noch immer Pferdefuhrwerke eingesetzt. Ankerbrot AG, um 1955.

nen. In Österreich begann diese Entwicklung später, und die Gesamtmenge betrug auch zu den besten Zeiten höchstens ein Viertel der britischen Importe; dennoch waren auch im österreichischen Fall die Zuwächse groß.

Bei Baumwolltextilien oder Rohbaumwolle war das Verhältnis von Preis zu Gewicht nicht mehr so günstig wie bei Gewürzen, und entsprechend mußte der Transport billiger werden. Der im Vergleich zum Ostindienhandel kürzere Transportweg von Amerika nach Europa wirkte sich zwar erleichternd aus, mit der Schiffskapazität des 17. Jahrhunderts wäre die Entwicklung der englischen Textilindustrie im 19. Jahrhundert aber dennoch nicht möglich gewesen. Die Entwicklung immer größerer und schnellerer Handelsschiffe und der Aufschwung des europäischen Handels und der europäischen Industrie stehen miteinander daher in enger Wechselbeziehung.

In der jüngeren Vergangenheit hat die Verbilligung des internationalen Transports weiter zu einer Vergrößerung des Handelsvolumens und zu einer Verlagerung der regionalen Schwerpunkte beigetragen. Zum Seetransport kam die Verbilligung des Flugtransports, der es ermöglichte, auch verderbliche Güter über große Entfernungen zu handeln und Europa mit Regionen wie etwa Ostasien zu verbinden.

Als Vorläufer des Großhandels belieferte Meinl per Postversand Kaffeehäuser und Gastronomiebetriebe mit Tee und Kaffee. Plakat, Julius Meinl AG, Wien.

Europäische Transportwege

Viel größer als die Gütermengen im Überseehandel waren selbstverständlich die Mengen im Handel innerhalb Europas. Die Veränderungen im Lauf des 19. und 20. Jahrhunderts lassen sich an der Zunahme der Importe und Exporte und der Transportleistungen innerhalb der Staaten ermessen. Der entscheidende Fortschritt war der Bau von Eisenbahnen als

Transportsystem, das erstmals die Beförderung großer Mengen und schwerer Güter über Land möglich machte. Wenngleich die Wasserstraßen weiterhin genutzt und zusätzlich Kanäle gebaut wurden, wurde die Eisenbahn doch zum wichtigsten Verkehrsträger des 19. und frühen 20. Jahrhunderts. Die Veränderungen lassen sich etwa an den Kohleimporten und -exporten Österreichs illustrieren, die in den frühen 40er-Jahren des 19. Jahrhunderts jährlich etwa 50 000 Tonnen betrugen und bis 1860 auf das Zehnfache, bis 1880 auf das Hundertfache und bis 1910 auf das Fünfhundertfache stiegen. Die Bruttotransportleistung der österreichischen Eisenbahnen lag Mitte der 60er-Jahre des 19. Jahrhunderts bei etwa 1 Milliarde Tonnenkilometern, vervierfachte sich innerhalb von zehn Jahren und vervierfachte sich nochmals bis zum Ersten Weltkrieg. In der Republik Österreich betrug die Transportleistung der Eisenbahn zunächst ungefähr 4 Milliarden Tonnenkilometer, Mitte der 50er-Jahre 20 Milliarden, Mitte der 70er-Jahre 35 Milliarden, jeweils unter Einrechnung des grenzüberschreitenden Verkehrs. Netto bedeutete dies Anfang der 70er-Jahre eine Transportleistung von knapp 10 Milliarden Tonnenkilometern; bis 2008 stieg der Wert ziemlich kontinuierlich bis auf das Doppelte an.

Die Veränderungen im Schienentransport wurden von noch eindrucksvolleren Zuwächsen im Straßentransport begleitet. Der Straßentransport erlebte im Lauf des 20. Jahrhunderts einen dramatischen Aufschwung. Bereits in der Zwischenkriegszeit wuchs dieser Bereich rasch, wenn er auch in absoluten Begriffen noch klein blieb: 8 000 Lastkraftwagen Mitte der 20er-Jahre, knapp doppelt so viele ein Jahrzehnt später, bildeten noch eine kleine Flotte. Ende der 40er-Jahre war die Zahl dann schon auf 30 000 gestiegen, bis 1955 verdoppelte sie sich nochmals. Bis Mitte der 90er-Jahre nahm die Zahl der Lastkraftwagen alle zehn Jahre um 40 bis 50 Prozent zu, danach etwas langsamer. Im Jahr 2007 wurden mehr als 350 000 Lastkraftwagen gezählt. Im Jahr 1995 leistete der Straßentransport 11,3 Milliarden Tonnenkilometer, 2009 16,3 Milliarden. Im Inlandsverkehr ist die Straße trotz deutlicher Zuwächse bei der Schiene auch in der jüngeren Vergangenheit das Transportsystem mit der bei weitem höchsten Transportleistung geblieben; noch im Jahr 2009 entfielen im Inlandsverkehr auf die Schiene etwas über 5 Milliarden Tonnenkilometer, auf die Straße 13 Milliarden. Zählt man den grenzüberschreitenden Verkehr hinzu, sind die Werte für Straße und Schiene etwa gleich hoch.

Für den Handel war der Aufschwung des Straßentransports besonders wichtig, da die Belieferung über die Schiene für die weitaus meisten Unternehmen aus topographischen Gründen ausgeschlossen war. Die Erleichterung des Straßentransports durch den Ausbau des motorisierten Verkehrs ermöglichte zum einen eine Ausweitung des Sortiments und eine Vergrößerung des Umsatzes, Veränderungen, die in erster Linie ein Ergebnis der steigenden Einkommen und der dadurch wachsenden Konsummöglichkeiten darstellten. Zum anderen nahmen die Entfernungen zu, über die Güter transportiert wurden. Auch Güter, die man herkömmlich in der Region erzeugt und verbraucht hatte, konnten nun mit vertretbaren Kosten auch überregional transportiert und vermarktet werden. In einzelnen Produktbereichen, etwa der Landwirtschaft, führte dies zur Aufgabe bestimmter Bereiche der regionalen Produktion, die gegenüber der spezialisierten Erzeugung und überregionalen Vermarktung nicht mehr konkurrenzfähig war.

Die Transportkosten entwickelten sich von jeher in anderem Tempo als die Verbraucherpreise. Bis weit in die Zeit nach 1945 profitierte der Transport von den niedrigen Energiekosten. Noch in der ersten Hälfte der 70er-Jahre stiegen die Transportkosten deutlich langsamer als die Verbraucherpreise, mit der Verteuerung der Energiepreise nach 1973

glich sich die Kostensteigerung im Transport etwa an die Zunahme der Verbraucherpreise an. Dies blieb so bis in die 90er-Jahre, obwohl die Energiepreise real bis 1999 auf das Niveau der frühen 70er-Jahre sanken. Nach der Jahrtausendwende stieg die Teuerungsrate in der Transportwirtschaft aufgrund des rasanten Anstiegs der Energiepreise (der Ölpreis erreichte 2007 real wieder die Höhe von 1979) immer weiter über die Steigerungsrate bei

Prospekt für Transportanlagen zum Umschlag von Massengütern der Fa. Maschinenfabriks-Actiengesellschaft N. Heid aus Stockerau, um 1920.

Milch-Verkaufsautomat am Elterleinplatz in Wien, 1961.

überhaupt erst die Möglichkeit geschaffen, bestimmte Güter zu konsumieren, und so zu einem immer einheitlicheren Markt für die Verbraucher geführt. Produkte, die wegen ihrer leichten Verderblichkeit zuvor nur in Nähe zum Erzeugungsort konsumiert werden konnten, erreichten nun auch einen überregionalen Markt. Dazu gehörten rasch verderbliche Obst- und Gemüsesorten, deren Konsum herkömmlich an eine regionale Erzeugung und die saisonale Verfügbarkeit gebunden war, bis zu einem gewissen Grad auch Fleisch, vor allem aber Milch.

Freilich erfand man vielfältige Konservierungsmöglichkeiten (Trocknen, Einsalzen, Fermentieren und so weiter) zur Verlängerung der Lagerfähigkeit. Für den Konsum von Frischprodukten blieb aber das Problem bestehen. In der Wirtschaft des 19. Jahrhunderts bestand für jene, die es zum Milchbauern nicht weit hatten, selbstverständlich sehr wohl die Möglichkeit, Frischmilch zu konsumieren. Gebietsweise war es auch leicht, frisches Obst und Gemüse zu bekommen; andere Konsumenten aber, vor allem die unteren Klassen in den Städten, waren in fast jeder Hinsicht mangelhaft versorgt. All dies hatte vor allem technisch-logistische Gründe. Heutige regionale Unterschiede im Warenangebot sind hingegen hauptsächlich durch Unterschiede in der Nachfrage bedingt.

Am deutlichsten sichtbar sind die Veränderungen bei der Frischmilch. Der Milchmarkt ist mit knapp einem Viertel der Agrarproduktion nach wie vor einer der wichtigen Bereiche des Nahrungsmittelmarkts. Während heute die erzeugte Milch zu 85 Prozent auf den Markt kommt, verblieb bis weit ins 20. Jahrhundert ein großer Teil auf den Höfen. Dieser für die menschliche Ernährung und die Verfütterung zurückbehaltene Anteil lag noch in den 30er-Jahren in der Größenordnung von 45 Prozent.

Im 19. Jahrhundert mußte Frischmilch mangels ausreichender Kühlung innerhalb kurzer Zeit verbraucht werden. Die Lieferung

den Konsumentenpreisen. Insgesamt stiegen im Zeitraum bis 2010 die Verbraucherpreise auf etwa 380 Prozent des Werts von 1971, die Transportkosten auf 420 Prozent.

Verderbliche Güter

Insbesondere im Lebensmittelhandel haben im Lauf des späten 19. und des 20. Jahrhunderts Kühlung und Beschleunigung im Transport für einen größeren Teil der Bevölkerung

von den wichtigen Milchproduktionsgebieten im Bergland in die städtischen Zentren, insbesondere nach Wien, war innerhalb dieser kurzen Frist nicht möglich. Geliefert wurden daher anstelle von Frischmilch Milchprodukte mit langer Haltbarkeit wie Käse und Butterschmalz. In den Städten, von Wien bis hinunter zu Kleinstädten und Marktgemeinden, etablierte sich zunächst ein lokaler Milchmarkt mit einer Versorgung durch Betriebe im Umkreis von zehn bis fünfzehn Kilometern, die Milch mit Fuhrwerken und Wägelchen anlieferten; in Wien kam dazu die Versorgung durch Meiereien im Stadtgebiet.

Gegen Ende des 19. Jahrhunderts wurde dann die Eisenbahn zu einem effektiven Mittel für einen schnellen Transport von Frischgütern. Dies führte dazu, dass die böhmischen Länder und Ungarn um 1900 fast 60 Prozent des Wiener Milchbedarfs abdeckten. Die Übernahme eines großen Teils des Wiener Marktes durch niederösterreichische Lieferanten in den verbleibenden Jahren vor dem Ersten

Weltkrieg war wiederum ein Ergebnis von effektiver Organisation durch Milchgenossenschaften, Produktion in Stadt- und Bahnnähe und Nutzung der Transportlogistik. Für die Verbraucher in Wien ergab diese Entwicklung beträchtliche Vorteile. Trotz der stark gewachsenen Bevölkerungszahl wuchs der Milchverbrauch zwischen 1830 und 1910 von etwa 50 auf 160 Liter pro Kopf und Jahr.

Während auf diese Weise Niederösterreich und Wien einander näher wurden, blieben die sonstigen heutigen Bundesländer vor dem Ersten Weltkrieg weit vom Wiener Markt entfernt. Sie lieferten daher so gut wie keine Frischmilch nach Wien, wohl aber länger haltbare Produkte wie Butter, Käse und insbesondere Butterschmalz. Erst mit der Etablierung von Kühlketten, die heute vom Erzeugerbetrieb bis in den Haushalt der Konsumenten reichen, wurde in den letzten Jahrzehnten die flächendeckende Versorgung mit Produkten in einer bis dahin nicht dagewesenen Qualität möglich.

Logistik im REWE Zentrallager in Wiener Neudorf: Paletten werden verpackt und mit Barcodes versehen.

Ähnlich wie die Einrichtung ununterbrochener Kühlketten und effektiver Transportorganisation in der Milchwirtschaft haben auch in anderen Bereichen des Nahrungsmittelhandels Kühlung und Schnelltransport dazu geführt, dass Produkte, die ehemals gebietsweise gar nicht oder nur saisonal verfügbar waren, nun überall und ganzjährig geliefert werden.

Lagerwirtschaft

Die Anforderungen an Lager- und Lieferlogistik im Handel sind im Lauf des 20. Jahrhunderts angestiegen, gleichzeitig wurden Instrumente entwickelt, die zu einer gewaltigen Steigerung der Leistungsfähigkeit dieses Geschäftsbereichs geführt haben. Heutige Handelsunternehmen haben selbst nicht selten hunderte oder tausende Filialen oder bedienen als Großhändler hunderte Kunden. Filialen beziehungsweise Kunden sind in nicht wenigen Fällen über das gesamte Gebiet des Landes verstreut. Das Sortiment ist in weiten Bereichen des Handels äußerst heterogen, gerade auch was die Erfordernisse an die Lagerung, Lagerfähigkeit und Verderblichkeit der Waren und so weiter betrifft. So beliefert die Logistiksparte der REWE-Gruppe heute in Österreich von sieben Lagerstandorten aus mit über 300 Lastkraftwagen weit über 2 000 Filialen, wobei im Jahr über 17 Millionen Kilometer gefahren werden. Ähnlich in der SPAR-Gruppe, die ebenfalls über sieben Lagerstandorte verfügt, die etwa 1 600 Filialen beliefern. In der Transport- und Lieferlogistik haben daher große Handelsunternehmen heute höhere Anforderungen zu bewältigen als andere Wirtschaftszweige.

In der Lagerwirtschaft sind die Probleme und Zielsetzungen hingegen ähnlich wie in Unternehmen vergleichbarer Größe in der Güterproduktion. Hinsichtlich der Lagergröße und des Anteils der Lager am Betriebsvermögen veränderten sich die Verhältnisse im Handel

vom 19. zum 20. Jahrhundert deutlich: Vor dem Ersten Weltkrieg entfiel der größere Teil des Umlaufvermögens noch auf offene Forderungen, und die Lagerbestände bildeten nur etwa 30 Prozent des gesamten Betriebsvermögens (dieser Wert lag ähnlich hoch wie im güterproduzierenden Gewerbe und in der Industrie). In den folgenden Jahrzehnten stieg dieser Anteilswert deutlich an (dafür sank der Anteil der offenen Forderungen), sodass Einzelhandelsunternehmen nach dem Zweiten Weltkrieg typischerweise die Hälfte ihres Betriebsvermögens oder mehr im Lagerbestand hielten.

Das Ziel der Minimierung des Lagerbestands und der möglichst raschen Belieferung der Einzelhandelskunden macht ein rigoroses Zeitmanagement sowohl im Einkauf als auch in der Auslieferung notwendig. Für die Veränderung in der Lager- und Lieferlogistik seit den 70er-Jahren war die elektronische Datenverarbeitung von entscheidender Bedeutung. Sie ermöglichte eine effiziente Organisation im Handling, mit chaotischer Lagerhaltung, die eine bessere Nutzung der Lagerflächen (wenn auch immer je nach den produktspezifischen Lagerungserfordernissen) und eine Minimierung der Fahrstrecken ermöglicht. Weitere Optimierungsziele sind die Minimierung des Lagerbestands, der rechtzeitige Abbau verderblicher Waren, die zeitgenaue Zusammenstellung von Lieferungen, die Verwaltung von Pfandverpackungen und so weiter. Die Bedarfsplanung erfolgt auf Grundlage der aufliegenden Bestellungen, des geltenden Lieferkalenders und aktuell wechselnder Bedingungen wie Preisänderungen oder Wetterlage. Die automatische Dokumentation (bezogen auf einzelne Filialen und den Bestand des Lagers selbst) ist selbstverständlich ebenfalls Teil der Lagerlogistik. Auf dieser Grundlage entstanden im Lauf der letzten Jahrzehnte vollautomatische Lager mit automatischer Sortierung, fahrerlosen Staplertransporten und so weiter, die mit automatisch generierten Bedarfsprognosen und dergleichen verwaltet werden.

Fuhrpark der Firma
Julius Kiennast, Gars
am Kamp.

Außer der Organisation des Lagers selbst prägte die EDV auch die Lieferlogistik. Große Einzelhandelsunternehmen mit einer Vielzahl von Filialen oder Großhändler mit einer Vielzahl von Einzelhändlern als Kunden sind mit einer Reihe von Optimierungserfordernissen konfrontiert. Dazu gehören die Minimierung der Zeit zwischen Bestellung und Lieferung, die optimierte Planung der Tour und die Abstimmung des Fuhrparks auf die Erfordernisse von Lieferung und Rücklieferung (etwa von Leergut, auch Pfandverpackungen). Zu berücksichtigen sind gesetzliche Beschränkungen wie etwa das Verbot der Nachtanlieferung, Hygieneanforderungen bei Lebensmitteln oder die für die Gefahrenguttransporte geltenden Bestimmungen.

Sonderformen des Vertriebs

Wenn auch im 19. und 20. Jahrhundert der Handelsbetrieb mit festem Standort, der von Kunden aufgesucht wird, den Normalfall dargestellt hat, hat es doch von jeher auch andere Vertriebsformen gegeben. Vor allem ist hier der Hausier- und Wanderhandel zu nennen, der im extremen Fall, dem Hausieren, im buchstäblichen Sinn dem Konsumenten die Transportaufgabe gänzlich abnimmt. Historisch ist der Wanderhandel sogar die ältere Form, da ein fester Geschäftsstandort eine gewisse Bevölkerungsdichte voraussetzt, die aber erst im Lauf von langen historischen Zeiträumen erreicht wurde. In den letzten beiden Jahrhunderten war diese Voraussetzung freilich längst gegeben, und nicht nur in Städten, sondern auch im ländlichen Raum entfiel der Großteil des Handels auf Ladengeschäfte. Daher machte der Hausierhandel um 1900 mit etwa 8 000 Personen im Gebiet der späteren Republik Österreich gemessen in Beschäftigten nur mehr ungefähr 4 Prozent des Handels aus; der Wertschöpfung nach war der Anteil noch geringer.

Das Hausieren im engeren Sinn, also das Wandern von Haus zu Haus ohne Konzentration auf bestimmte Zielgruppen, wurde im Lauf des 20. Jahrhunderts immer bedeutungsloser. Eine andere Form des mobilen Warenhandels, der Handel auf Gelegenheitsmärkten (Kirchtagen, Jahrmärkten), besteht hingegen nach wie vor, wenngleich der Anteil am Umsatz des Handels insgesamt zurückgegangen ist. Sonderformen des Hausierhandels waren zielgruppengerichtete Angebote von Hausbesuchen mit Parties, auf denen Küchen- und Haushaltsartikel oder Kosmetikprodukte angeboten wurden. Diese Vertriebsform war ebenso typisch für die Zeit nach 1945 wie der Handel der Buchgemeinschaften, die im ländlichen Raum ebenfalls eine Kundenbetreuung mit Hausbesuchen pflegten.

Der Buchhandel durch Buchgemeinschaften bestand zwar bereits im 19. Jahrhundert in Form verschiedener konfessioneller Büchervereine, erlebte in der Zwischenkriegszeit aber nicht zuletzt aufgrund seiner besonderen Vertriebsform einen deutlichen Aufschwung und wuchs bis in die 80er-Jahre des 20. Jahrhunderts.

Außer dem Hausbesuch nutzten solche Anbieter auch den Versand als Vertriebsform. Auch im Versandhandel hat der Konsument selbst keine Transportaufgabe mehr zu erfüllen. Der Versandhandel erreichte schon vor dem Internethandel in Teilbereichen beträchtliche Marktanteile. Ein Hauptunterschied zum Internethandel lag in der Bindung der Kunden an einzelne Anbieter, deren Kataloge zuhause auflagen und mangels Konkurrenz durch Suchmaschinen die Hauptinformationsquelle bildeten. Quelle Österreich, die 1959 gegründete erste Auslandstochter des deutschen Versandhauses, kombinierte feste Standorte mit dem Versandhandel. Insgesamt erreichte Quelle Mitte der 70er-Jahre etwa 160 Millionen Euro Umsatz, zwanzig Jahre später fast das Dreifache, das waren etwa 1,3 Prozent des Einzelhandelsumsatzes. In den 90er-Jahren machte der Versandhandel insgesamt etwa 3 Prozent des Einzelhandelsumsatzes aus.

Eine weitere Sonderform des Vertriebs stellt der Automatenhandel dar. Die Anfänge des

Handels waren ethnologischen Forschungen zufolge stumm. Anbieter und Nachfrager hinterlegten die zu tauschenden Waren, ohne einander persönlich zu Gesicht zu bekommen. Der moderne Handel kehrt zu derartigen Formen zurück. Automaten sollten nicht nur Personal sparen, sondern Waren zu jedem Zeitpunkt verfügbar machen und Schwellenängste verhindern. Ganz losgelöst vom Ladengeschäft war das Automatengeschäft aber

Der Hausierhandel war ein gängiger Weg, um gewerblich produzierte Waren in die Häuser der Menschen zu bringen. Geschnitzte und bemalte Miniaturen eines Flaschenhändlers (Grödnertal, um 1850) und eines Vogelhändlers (Tirol, nach 1800).

Eine sehr frühe Form des Automaten-Buffets: Das Automatencafé »Quisisana« gegenüber der Oper in Wien. Postkarte, um 1912.

Erstes Automaten-buffet am Wiener Süd-bahnhof: Auf Knopf-druck konnten zu jeder Tageszeit Reise-proviant, Kaltgetränke oder Heißgetränke erworben werden.

nicht, denn viele Automaten waren bei Ladengeschäften angebracht und stellten dann nur eine Art von Selbstbedienungsinstrument ohne Bindung an die Ladenöffnungszeiten dar. Eine selbstständige öffentliche Aufstellung war genehmigungspflichtig. So erteilte im Jahr 1900 die Stadt Innsbruck dem Fürsten Alfred Wrede die Genehmigung, Zigarrenautomaten auf öffentlichem Grund, gebunden an die Rayons der Trafiken, aufzustellen.

Für den Verkauf von Zigarren (später Zigaretten) und Süßigkeiten (Stollwerck und Bensdorp) wurden Automaten schon im ausgehenden 19. Jahrhundert genützt. Im Lauf der Zeit wurden auch Fahrkarten-, Zeitungs-,

Schuhputz-, Frischtuch-, Kaugummi-, Kaffee-, Kakao-, Milch-, Zucker-, Blumen-, Speisen-, Film-, Strumpf- und Getränkeautomaten im gesamten Bundesgebiet installiert. Das Automaten-Buffet »Quisisana« mit Stammsitz in der Kärntnerstraße in Wien betrieb mehrere Filialen, unter anderem seit 1898 eine Niederlassung im Vergnügungspark »Venedig in Wien« im Prater. Ferry Ebert, der Wiener Automatenkönig, hatte als Kondomvertreter im Jahre 1956 in Österreich die ersten dreihundert Kondomautomaten aufgestellt, in Bahnhofs- und Gasthofstoiletten und sonstigen öffentlichen, aber stillen Örtchen, und hat damit lange Zeit diesen stummen Handel dominiert.

Automaten ermöglichten den personal- und zeitunabhängigen Verkauf und Erwerb von Produkten. Verkaufsautomat für Stollwerck-Schokolade.

Pez-Automat mit dem legendären Sujet der »Pez-Dame« des Grafikers Gerhard Brause aus dem Jahr 1960.

Der Getränkeautomat, heute der wichtigste, Geschäftsbereich im Automatenhandel, hat sich erst nach 1945 durchgesetzt; Coca Cola profitierte davon besonders. Auch andere Markenartikel erreichten gerade über den Automatenvertrieb eine starke öffentliche Präsenz, so etwa das von Haas erzeugte PEZ, eine typische Erscheinung der Wirtschaftswunderzeit, das von 1956 an mit den eigens dafür geschaffenen Automaten omnipräsent wurde. Wegen der steigenden Bedeutung des Automatenhandels wurden auch die Zehn-Schilling-Scheine, welche 1951 ausgegeben wurden, 1959 wieder eingezogen und durch die neuen Zehn-Schilling-Münzen, die eine Wachauerin mit Goldhaube abbildeten, ersetzt. Über alle Produktbereiche zusammengenommen wurden im Jahr 2004 mit den etwa 80 000 Automaten ungefähr 300 Millionen Euro umgesetzt, das waren 0,7 Prozent des Einzelhandelsumsatzes.

Die Tourismuswirtschaft stellt für die österreichische Werbebranche einen wichtigen Markt dar. Kampagne für den Winter 2012/13 der Österreich Werbung, Ötztal.

6. Werbung, Marketing, Handelspsychologie

Die Hauptströmungen der modernen Volkswirtschaftslehre gehen von einer idealen Modellwelt aus, in der sämtliche Marktteilnehmer über die gesamte Angebots- und Nachfragesituation voll informiert sind und auf dieser Grundlage rationale Entscheidungen treffen können. In der realen Wirtschaft hingegen müssen Informationen kostspielig eingeholt werden, und dennoch können Unsicherheit und asymmetrische Informationsverteilung nicht vermieden werden. Aus diesem Grunde sind für das Funktionieren einer Marktwirtschaft Institutionen von größter Bedeutung, die Informationen vermitteln sowie Angebot und Nachfrage zueinander bringen. Wesentliche Akteure dafür sind der Handel und die Werbewirtschaft. Je komplexer die gesellschaftliche Arbeitsteilung organisiert ist, umso wichtiger sind diese Bereiche. Folglich ist es kein Zufall, dass sich die moderne Werbewirtschaft im Zusammenhang mit der Industrialisierung und dem Aufkommen der Konsumgesellschaft entwickelt und als rasch wachsende Dienstleistungsbranche etabliert hat.

Unter Werbung kann der gesamte Bereich bezahlter, nicht-persönlicher Kommunikation zur Beeinflussung der Adressaten im Hinblick auf Produkte, aber auch Ideen und Haltungen verstanden werden. Die Wirtschaftswerbung ist dabei zumeist primär ein Instrument der absatzfördernden Kommunikation. Die klassische Werbung bedient sich verschiedener Massenmedien, daneben können aber auch gezielt ausgewählte Gruppen adressiert werden. Die Möglichkeiten des Internet reichen von Banner-Werbung, E-Mail-Marketing und Cross-Media-Strategien bis zum Online Marketing im Sinne von Affiliate Marketing, Suchmaschinenoptimierung und Keyword-Advertising. Social Media (wie z. B. Facebook) gewinnen zunehmend an Bedeutung. Insgesamt bilden die Budgets der Werbewirtschaft neben den Lesern/Sehern/Hörern den Hauptmarkt und die Haupteinnahmequelle der Massenmedien.

Werbung bildet ein zentrales Element der Marktkommunikation, die wiederum Teil des Marketing-Mix eines Unternehmens ist. Zu den klassischen Instrumenten bzw. Entscheidungsfeldern des Marketing zählen die »vier P«: Produkt, Preispolitik, Platzierung (Distribution) und Promotion (Unternehmenskommunikation). Marketing kann in diesem Sinne auch als Grundlage bzw. Element des strategischen Managements verstanden werden. Wesentliche Impulse für die Entwicklung moderner Ansätze in Werbung und Marketing stammen aus den USA, da sich diese Volkswirtschaft als erste zu einer Konsumgesellschaft entwickelte. Der gezielte Aufbau von Marken lädt Produkte und Dienstleistungen mit symbolischem Wert zusätzlich zu ihrem eigentlichen Gebrauchswert auf und stärkt

Für Verstimmung bei manchen Touristikern sorgte die ironische Bezugnahme eines MediaMarkt-Sujets auf Urlaub auf dem Land.

Reklamemarken zum Thema »Lebensmittel« aus der Sammlung Prof. Günter Schweiger. Die kleinen Bildmarken enthalten Werbemotive für bestimmte Produkte und Unternehmen.

das Vertrauen in das angebotene Gut. Investition in eine Marke wirkt als Selbstbindung im Hinblick auf Qualität und Kundenzufriedenheit. Aus diesem Grunde sind Markenprodukterzeuger daran interessiert, über die gesamte Distributionskette von der Erzeugung bis zum Endkunden sicherzustellen, dass das Image der Marke nicht beschädigt wird, weswegen sie oft danach trachten, den Vertrieb

bis zum Endabnehmer selbst zu kontrollieren. Als wertvollste Marken gelten 2011 auf globaler Ebene laut Millward Brown Apple, Google und IBM, die mit mehr als 100 Milliarden US-Dollar bewertet werden, laut Interbrand Coca-Cola, IBM und Microsoft mit einem Wert von knapp 60 bis gut 70 Milliarden US-Dollar. In Österreich führt laut der Studie *eurobrand austria 2011* Red Bull (Markenwert 13,4 Mrd.

Euro) vor Swarovski (3,8 Mrd. Euro) und Telekom Austria/A1 (knapp 3 Mrd. Euro).

Marketing, Werbung und Absatzförderung wurden im Laufe des 20. Jahrhunderts von Seiten der Handelspsychologie wissenschaftlich fundiert. Erkenntnisse über die Beweggründe des menschlichen Verhaltens im Handel werden für konkrete Anwendungsbereiche nutzbar gemacht. Zum Beispiel gilt es bei der Gestaltung von Verkaufsstellen, mögliche Schwellenängste vor Betreten des Geschäfts zu berücksichtigen, gegebenenfalls aber auch eine Atmosphäre der Exklusivität zu inszenieren, die Kundschaft optimiert durch die Läden zu führen, Produkte im Geschäft und in den Regalen optimal positioniert anzubieten (Sichtzone, Greifzone, Bückzone, Reckzone), durch Licht und Musik (eventuell auch Beduftung) eine anregende Kaufatmosphäre zu schaffen, durch geeignete Präsentationen in den Gängen und bei der Kassa zu Spontankäufen zu verleiten sowie in großen »Konsumtempeln« differenzierte Konzepte des Erlebnisshopping zu realisieren. Mit diesen vielfältigen Möglichkeiten und der Eigenschaft, die Ware unmittelbar in Augenschein nehmen zu können, bieten physische Geschäfte auch im Zeitalter zunehmenden Internethandels spezifische Qualitäten und Chancen für den Verkauf. Selbstverständlich kommen aber bei der Gestaltung der Internetportale ebenfalls neueste handelspsychologische Erkenntnisse zum Einsatz, zum Beispiel in Form von »guided selling systems«.

Verhaltenswissenschaftliche Ansätze werden auch für die systematische Schulung von Verkäufern und die Gestaltung der Beziehungen zu den Kunden herangezogen. Anfänglich dominierten schablonenhafte Strukturierungen von Verkaufsgesprächen wie etwa das »AIDA«-Konzept (Attention, Interest, Desire, Action). Heute reichen die Ansätze von Strategien, die Instinkte der Käufer anzusprechen und sie unter Zugzwang in Richtung Kauf einer Ware zu setzen, bis zu ausgeklügelten

Maßnahmen der Nachbetreuung und Kundenbindung.

Die Entwicklung verhaltenswissenschaftlich fundierter Strategien sowie die Omnipräsenz von Werbebotschaften führte in den vergangenen Jahrzehnten auch zum Aufkommen pronancierter Werbekritik. Einen herausragenden publizistischen Erfolg erzielte der amerikanische Autor Vance Packard mit seinem Buch *The Hidden Persuaders,* 1957 (deutsch: *Die*

Ein cleverer Händler in Wien platzierte die Hüftknochen eines Elefanten vor seinem Schaufenster, um Kunden anzulocken. Aufnahme Bettmann/ CORBIS, 1929.

geheimen Verführer, 1959), in dem er sich mit der manipulativen Macht der Werbung auseinandersetzt. Das Werk wurde u. a. im Rahmen der kritischen 1968er-Bewegung aufgegriffen. in seinem Gefolge erschienen dann auch wissenschaftlich besser fundierte Studien, in denen oft Werbekritik und Medienkritik zusammenfallen. Derartige Ansätze können von Analysen spezifischer Werbe- und Verkaufsmethoden bis zur Anwendung umfassender soziologischer Konzepte wie etwa der Theorie kommerzieller Kulturindustrie im Sinne von Max Horkheimer und Theodor W. Adorno reichen.

Während in der EU grundsätzlich Werbefreiheit herrscht, findet die Werbekritik in der konkreten Praxis ihren Niederschlag in Form von Selbstregulierungsmaßnahmen der Branche, aber auch in Form von Verboten und Einschränkungen auf EU- und Nationalstaatsebene. In Österreich ist zum Beispiel die Tabak-

werbung weitestgehend verboten, Werbung für Alkohol darf nicht zum Missbrauch auffordern. In der Kfz-Werbung müssen Verbrauch und CO_2-Ausstoß angegeben werden, bei frei verkäuflichen medizinischen Produkten ist auf mögliche Nebenwirkungen hinzuweisen, und manche Berufsgruppen, z. B. Ärzte, haben sich selbst standesrechtliche Werbebeschränkungen auferlegt. Kritik wegen der Inanspruchnahme öffentlichen Raumes oder Belästigung durch Werbung hat zu einer strengeren Reglementierung des Affichierens von Plakaten, der Genehmigungspflicht des Verteilens von Flyern und Zetteln sowie zu Einschränkungen der Telefon- und E-Mail-Werbung geführt. Diese Regelungen haben ihrerseits aber wiederum Kritik provoziert, dass dadurch kleine Akteure besonders betroffen seien, während große, kommerzielle Unternehmen sich damit zu arrangieren wüssten.

Entwicklungstrends in Marketing und Werbung

Blickt man zurück in die Geschichte, so können als früheste Formen der Werbung das Auslegen von Waren auf Märkten, das lautstarke Anpreisen der Güter sowie das Anbringen von Preislisten und Geschäftstafeln genannt werden. Im 19. Jahrhundert nahmen Plakat- und Printwerbung einen raschen Aufstieg. Damals entstanden bereits erste Annoncenbüros (Vorformen der Mediaagenturen). Als erste Werbeagentur im modernen Sinne gilt N. W. Ayer, gegründet 1869 in Philadelphia. Damit setzte eine nachhaltige Professionalisierung der Branche ein.

Der oben erwähnte Marketing-Mix gemäß den »vier P« geht auf den amerikanischen Marketingpionier Jerome McCarthy zurück. Als sich in Westeuropa im Laufe des Wirtschaftswunders der 1960er-Jahre die Anbieter- in Nachfragemärkte verwandelten, gelangten auch an hiesigen Manager-Ausbildungsstätten Marketing-Lehrbücher aus den USA zum Einsatz. Bis heute dominieren diesen Markt amerikanische Autoren, nicht zuletzt der »Marketing-Guru« Philip Kotler. Im Bereich der Werbeagenturen setzte während der »swinging sixties« in der angloamerikanischen Welt eine

regelrechte kreative Revolution ein, die mit etwas Verspätung auch Kontinentaleuropa erreichte.

Aber auch aus Österreich kamen seit dem 19. Jahrhundert durchaus immer wieder relevante Beiträge zur Entwicklung von Werbung, Marketing und Handelspsychologie. Zum Beispiel publizierte Viktor Mataja, der vor dem Ersten Weltkrieg mehrmals die Funktion des österreichischen Handelsministers bekleidete, im Jahr 1910 das Buch *Die Reklame*, das

Werbung für Werbung: Werbung der Gewista-Wipag in der Zeitschrift »Österreichische Reklame«, Nr. 2, 1927. Entwurf: Atelier Otto, 1920er-Jahre.

Der kleine Mohr mit rotem Fez wurde ursprünglich 1924 vom bedeutenden Wiener Grafiker Joseph Binder entworfen und stellt in einer Variation bis heute das Firmenzeichen der Firma Julius Meinl dar. Plakatentwurf Joseph Binder, 1924.

Mit dem Verzicht auf die Nennung des Firmennamens und des traditionellen Schriftzuges spielte Otto Exinger mit der Bekanntheit der Marke Meinl. Exinger wurde 1953 für das Poster »Ich bin's« mit dem Staatspreis für Plakatkunst ausgezeichnet.

sich mehrere Jahrzehnte lang im deutschen Sprachraum als Standardwerk behauptete. Auch für die verhaltenswissenschaftliche Fundierung des Werbewesens stammen wesentliche Beiträge aus Österreich. Man denke an die psychoanalytischen Ansätze in der Tradition Sigmund Freuds, an seinen Neffen Edward Bernays, Pionier der PR-Branche und der Spin-Doctors, oder an die Arbeiten, die vom Team um Paul F. Lazarsfeld an der Wirtschaftspsychologischen Forschungsstelle an

der Universität Wien geleistet wurden. An dieser Hochschule bestand überdies seit 1927 ein Institut für »Reklamewissenschaft«. Wesentliche Impulse kamen des Weiteren vom Begründer der Motivforschung Ernest Dichter und vom Managementpionier Peter F. Drucker, von dem der vielzitierte Leitspruch stammt: »… business has two – and only two – basic functions: marketing and innovation.« Auch im Bereich der Werbegrafik brachte Österreich Beiträge von Weltrang hervor, von großen Plakaten über modern gestaltete Inserate bis hin zu kleinen Werbemarken. Viele dieser Entwicklungen wurden aber durch den NS-Terror im Land abgeschnitten, wenngleich sich die Nationalsozialisten selbst zur Inszenierung ihrer Herrschaft professioneller Werbe- und Marketingmethoden bedienten, wofür sie das Medien- und Werbewesen rücksichtslos gleichschalteten. Viele bis dahin zentrale Akteure mussten emigrieren oder fielen dem Terror zum Opfer. So absolvierten Lazarsfeld, Dichter, Drucker oder

der Schöpfer des »Meinl-Mohren«, Joseph Binder, wesentliche Etappen ihrer Karrieren in den USA.

Nach 1945 bestand in Österreich angesichts der allgemeinen Knappheit wenig Bedarf an Absatzwerbung. Die ersten Werbemaßnahmen vermittelten eher politische Botschaften der Besatzungsmächte und neu errichteten Parteien sowie Kulturveranstaltungen. Von 1955 bis 1968 verdoppelte sich dann das pro Kopf verfügbare persönliche Einkommen. Zugleich wurde das Angebot, das um die Nachfragekraft warb, immer differenzierter – aus Anbieter- wurden Nachfragemärkte. Mit dem Übergang zur Konsumgesellschaft gewannen Verpackung, Produktpräsentation und Werbung sowie generell Marketing rasch an Stellenwert. Die Werbung ging von typischen Botschaften wie »Es gibt wieder …« in den 1950er-Jahren über Reklame, die vor allem informative Anpreisung von Produkten sein wollte, ab den 1970er-Jahren über zu emotional ansprechenden, appellativen, oft auch humoristischen und dissonanten Effekten. Im Einklang mit internationalen Trends gewann emotionale Positionierung anstatt Information an Stellenwert, und man spielte mit Lebensgefühl, erotischer Spannung, sexuellen Signalen, Irritationen und Tabubrüchen verschiedenster Art. Als Beispiele können Werbekampagnen für Palmers und Römerquelle seit den 1970er-Jahren, die auch in Österreich präsenten Kampagnen von Benetton oder das gesamte Werbe-Genre im Stile des Marlboro Man genannt werden. Als weitere Facetten waren Elemente avantgardistischer Kunst oder scheinbar paradoxe, nicht an beworbenen Objekten ausgerichtete Kampagnen zu beobachten (z. B. Werbung für das Schuhunternehmen Humanic oder frühe Möbelmarktspots mit der »Familie Putz«). Mit dem Brechen glamouröser Trends spielten wiederum Kampagnen, die eine Ästhetik des hard discount verwendeten und mit nervigen Slogans (z. B. »Geiz ist geil«) offenbar die Regel außer Kraft setzten, dass Werbespots nicht

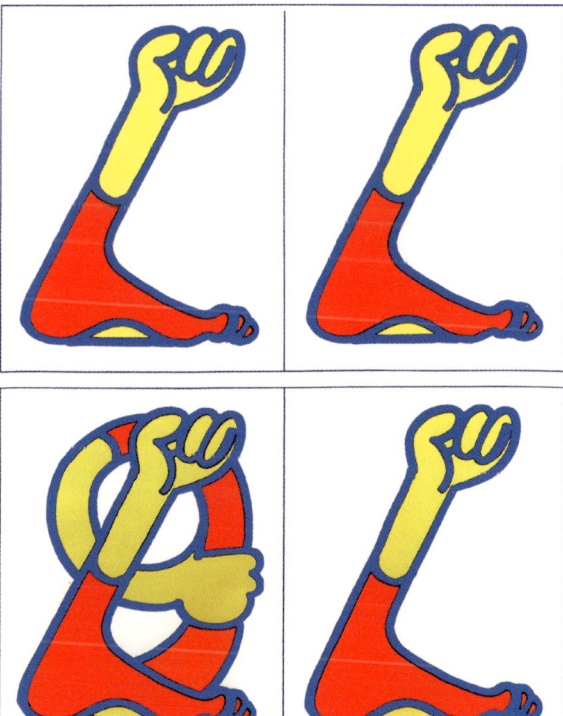

Werbelinie der 1950er Jahre für HUMANIC. Kinder sind Reissteufel. HUMANIC der gute österreichische Schuh. Entwurf von Fritz Krainz, 1952.

HUMANIC erregte mit seiner atypischen Werbelinie großes öffentliches Aufsehen. Zeitfranz. Werbesujet von Klaus Hoffer/ Unger, 1976.

sag franz zu mir,–[*]

HUMANIC
der europäische Markenschuh

Werbung für HUMANIC. »sag franz zu mir,– Der europäische Markenschuh«. Die Werbelinie in den Farben Rot, Blau und Gelb stammt aus den 1970er-Jahren. Entwurf von Gazi Herzog und Karl Neubacher.

benenfalls durchaus in das Kalkül der Werber gepasst haben mag; zuletzt etwa ein Palmers-Spot, in dem sich ein Model in der Rolle einer blinden Frau in Dessous räkelt und an den haptischen Qualitäten ergötzt. Auf internationaler Ebene brach man jüngst letzte Tabus, indem man minderjährige Mädchen in anzüglichen Posen abbildete (z. B. die dreizehnjährige Elle Fanning für das Modelabel Rodart), eine Ästhetik, die ansonsten auch mit dem Trend zu Magermodels umgesetzt wird.

Die österreichische Werbebranche seit 1945

Auf der Ebene der österreichischen Werbeunternehmen dominierten in der Nachkriegszeit vorerst einige »Werbeherren«, wie die Kommerzialräte Strass, Prosquill oder Weinberger sowie parteieigene Agenturen und mit Industriegruppen verbundene Werber (z. B.: Mautner Markhof – Hager, Unilever – Lintas). Mit den neuen kreativen Strömungen der 1970er-Jahre kam Bewegung in die Szene, sowohl durch regionale Gründungen als auch durch Töchter internationaler Werbegruppen. Als charakteristisch für diese Entwicklungen kann das Aufkommen der GGK Wien sowie von Demner & Merlicek gelten. Aber auch für andere regionale Gründungen und internationale Player, wie IWG, Lintas, Die Sieber, Gould, Cargill & Cie., Progress, Dorland, Intermarco-Farner, Gramm & Grey, McCann-Erickson, Austria 3, Ogilvy & Mather, J. W. Thompson, Hager, Wirz, BBDO, MMS Linz, Haupt Stummer, Dr. Puttner, Weinberger, Schretter & Rausch wurden die 1970er- und 1980er-Jahre zu Goldgräberzeiten.

Ab den 1980ern setzten sich dann in der globalen Werbewelt weit reichende Konzentrationsprozesse durch, aus denen bis ins frühe 21. Jahrhundert schließlich die Omnicom Group (u. a. BBDO, TBWA, GGT BDDP, Proximity Worldwide) und WPP (u. a. J. W. Thompson, Grey, Ogilvy, Young & Rubicam,

zu aufdringlich sein dürfen. Ein Spot, in dem zwei Mädels in einer öden Dorfdisco räsonieren, dass sie ihr Geld besser für Einkäufe im MediaMarkt statt für einen Urlaub am Land hätten ausgeben sollen, woraufhin aus dem Off ein nerviges »Blödmann!« ertönt, brachte sogar die Hoteliersvereinigung gegen die Werber auf. Von gesellschaftskritischer bzw. feministischer Seite wurden immer wieder Kampagnen mit Frauen als Objekte sexueller Phantasien heftig kritisiert – was wohl gege-

Hill & Knowlton, Burson-Marsteller, GroupM, Cohn & Wolfe) als die beiden weltgrößten Agenturgruppen hervorgingen. Weitere globale Player sind z. B. Interpublic Group of Companies (u. a. Campbell, Draftfcb, Lowe, McCann-Erickson), die Publicis Groupe (u. a. Leo Burnett Worldwide, Publicis & Hal Riney, Saatchi & Saatchi) sowie Dentsu, Havas und die Aegis Group.

Diese Prozesse wirkten sich auch auf die Niederlassungen und Netzwerkpartner in Österreich aus, so dass es immer wieder zu Restrukturierungen kam. Überdies nutzten oft auch High Potentials, die in bestehenden, erfolgreichen Unternehmen ihr Handwerk gelernt hatten, die Chancen zu Neugründungen. Die 1990er-Jahre brachten erneut ein dynamisches Wachstum der Branche, während die Krisen nach 2000 und 2008 schmerzlich erwiesen, dass das Werbegeschäft in einem überproportionalen Ausmaß auf Konjunkturschwankungen reagiert.

Erhebungen des nominellen Wertes beobachtbarer Werbemaßnahmen haben ergeben, dass das Werbevolumen von umgerechnet ungefähr 80 Millionen Euro im Jahr 1968 auf rund 590 Millionen Euro (1988) und schließlich 3,84 Milliarden Euro im Jahr 2011 angestiegen ist.

Insgesamt waren im Bereich Werbung und Marktforschung laut Erhebung von Statistik

Austria im Jahr 2009 7 859 Unternehmen mit 23 877 Beschäftigten tätig, die einen Gesamtumsatz von rund 4,2 Milliarden Euro generierten.

Als größte Nachfrager nach Werbeleistung treten die führenden Handelsgruppen auf, gefolgt von Dienstleistern wie Telekomanbietern, Banken und Mediengruppen. Im Jahr 2011 führte SPAR Österreich laut FOCUS-Daten das Ranking der Firmen mit dem höchsten Print-Werbevolumen mit einer crrcchneten Summe von 44,4 Millionen Euro an, gefolgt von der Hofer KG (26,5 Mio. Euro), REWE Austria (24,3 Mio Euro), Media Saturn (21,7 Mio. Euro), Telekom Austria AG (18,8 Mio. Euro), Raiffeisen Sektor Österreich (18,1 Mio. Euro), NEWS Verlagsgruppe GmbH (17,8 Mio. Euro), XXXLutz GmbH (17,3 Mio. Euro), ORF (16,9 Mio. Euro) und Lidl Österreich (16,1 Mio. Euro).

Das gesamte von FOCUS erhobene Werbevolumen machte in Österreich im Jahr 2011 etwa 1,3 Prozent des Bruttoinlandsproduktes aus, ein für hoch entwickelte Volkswirtschaften durchaus üblicher Wert. Für Deutschland gelangt man zu einem ähnlichen Ergebnis, während in den USA, dem wohl werbeintensivsten Markt, dieser Wert bereits seit den 1920er-Jahren stets deutlich jenseits von 2 Prozent liegt. Die globalen Werbeausgaben wurden für das Jahr 2010 auf ungefähr 440 bis 500 Milliarden US-Dollar geschätzt, was etwa 0,7 Prozent des weltweiten BIP entspricht.

Seit der Jahrtausendwende hat sich in Österreich als Unternehmen, welches stabil das Ranking der umsatzstärksten Agenturen (erstellt von Extradienst) anführt, Demner, Merlicek und Bergmann (DMB) durchgesetzt, nachdem man zuvor meist hinter (Lowe-)GGK an zweiter Stelle platziert war. Bereits in den 1970er-Jahren machten sich Demner und Merlicek mit Kunden wie IBM und Druckerei Gebrüder Rosenbaum einen Namen. Die Agentur wird bis heute in einem hohen Ausmaß von den kreativen Gründerpersönlichkeiten be-

Werbeaufwand 2011 (geschätzte Bruttovolumina)		
	Mio. Euro	Prozentanteil
Werbung total	3.844,2	100,00
Klassische Werbung	3.139,5	81,67
Kino	13,8	0,36
Online	118,6	3,9
Gelbe Seiten	118,5	3,08
Außenwerbung	211,2	5,49
Hörfunk	181,1	4,71
TV	728,1	18,94
Presse	1768,2	46,00
Direct Marketing	704,7	18,33

stimmt, hat aber auch zahlreiche Spitzenkräfte hervorgebracht, die im Unternehmen selbst oder in anderen Firmen tätig sind. GGK wurde 1972 von Hans Schmid als Tochter der Schweizer GGK-Gruppe ins Leben gerufen. Kunden wie Römerquelle oder Kodak gestatteten eine Profilierung mit kreativen Kampagnen. Schmid erwarb zu Beginn der 1990er-Jahre im Zuge eines Management-Buy-Out die gesamte GGK-Gruppe und brachte sie 1997/2000 in das Lowe-Netzwerk ein, das seinerseits, ebenso wie u. a. Lintas oder FCB, in die Interpublic Group of Companies (IPG) integriert wurde, was zu turbulenten Restrukturierungen in Wien führte. Schmid zog sich 2004 zurück, die Gruppe wurde neu aufgestellt; als Resultat agieren heute die beiden IPG-Agenturen Lowe GGK und Draftfcb überaus erfolgreich als eigenständige Einheiten, zum Konzern gehört u. a. auch McCann Erickson.

Eine Momentaufnahme vom Stand des Konkurrenzkampfes zwischen den Agenturen gibt das *Extradienst*-Ranking für das Jahr 2011, wobei anzumerken ist, dass abgesehen vom stabilen ersten Platz für DMB in den vergangenen Jahren stets erhebliche Verschiebungen in der Rangliste auftraten.

Die Wertung beruht auf der Erhebung des Werbedrucks (Bruttowerbevolumina), den die Agenturen für die von ihnen betreuten Kunden im Bereich klassischer Werbung realisiert haben, allfällige Rabatte etc. sind somit nicht berücksichtigt.

Als bemerkenswerte Newcomer haben sich im Jahr 2003 der ehemalige GGK-Geschäftsführer Kreation Peter Dirnberger und der vormalige Creative Director von Bárci & Partner, Marco De Felice, mit einer inhabergeführten Agentur etabliert. Und als Gründer einer Niederlassung der deutschen Gruppe Jung von Matt legten Josef Koinig und Andreas Putz 2001 einen fulminanten Start hin. Wirz gehört zum Leo Burnett Netzwerk, PKP/BBDO ist die größte Omnicom-Werbeagentur in Österreich, Publicis gehört dem gleichnamigen französischen Global Player an.

Angesichts des starken Wachstums der Werbeetats konnten sich in den vergangenen Jahrzehnten auch die Mediaagenturen dynamisch entwickeln. Dabei ergab sich im Ranking der umsatzstärksten Firmen ein Wettstreit zwischen der langjährig von Peter Schauer geführten Omnimedia bzw. Media.at und den Niederlassungen der WPP-Gruppe, wobei seit 2007 die Mediacom (WPP) den Spitzenrang vor der Media.at errang.

Mit dem Branchenwachstum erfolgte auch eine zunehmende Differenzierung des Angebots. Seit den 1960er-Jahren bestehen eigene PR-Agenturen, die sich anfänglich vor allem auf Pressearbeit spezialisierten. Als Pionier tat sich damals Ernst Haupt-Stummer mit der Public Relations GmbH hervor. In den vergangenen Jahren kam es von Seiten einzelner Branchenmitglieder zu einer Geschäftsgebarung, die in der Öffentlichkeit äußerst kritisch wahrgenommen wurde. So scheint die Agentur Hochegger/Com, die in den Jahren 2007 und 2008 im Bestseller-PR-Agentur-Ranking mit einem Umsatz von ca. 11 Millionen Euro jeweils auf Platz zwei lag, seit 2009 nicht mehr auf. Als größte PR-Agentur fungiert Publico, die zur Omnicom Holding gehört und

Österreichs größte Werbeagenturen 2011

Rang 2011 (2010)			Brutto Werbevolumen in Mio. € 2011	Veränderung in %
1	(1)	Demner, Merlicek & Bergmann	139,64	−6,6
2	(2)	Jung von Matt/Donau	117,88	+ 5,9
3	(6)	Lowe GGK	109,45	+ 32,4
4	(7)	Wirz Werbeagentur	107,61	+ 33,4
5	(3)	Dirnberger De Felice Grüber	95,59	−1,6
6	(4)	PKP/BBDO	82,90	−14,5
7	(5)	Publicis Group Austria	82,45	−10,7
8	(11)	McCann Erickson	66,91	+ 29,5
9	(10)	Draftfcb Partners	66,42	+ 8,6
10	(14)	DDB Tribal	59,82	+ 59,2
11	(15)	Nitsche	57,74	+ 132,0
12	(8)	Young & Rubicam	55,09	−21,0
13	(−)	Ogilvy & Mather	48,49	−
14	(13)	JWT Wien	30,04	−23,0
15	(19)	Springer & Jacoby	26,08	+ 36,5

seit 2010 keine österreichspezifischen Daten mehr ausweist. Im publizierten Ranking für 2010 führte daher Grayling Austria vor Ecker & Partner und Wolfgang Rosam Change Communications.

Eine Gruppe von neun Agenturen (Ecker & Partner, Rosam Change Communication, Public Interest, brainbows, be.public, Chapter 4, Digital Affairs, Lockl Strategie und Sophie Karmasin Market Intelligence) hat sich in der Leading Advisors Group organisiert.

Weitere Spezialisierungsmöglichkeiten taten sich seit den 1990er-Jahren für die Bereiche Eventagenturen, New Media-Agenturen und Organisatoren von *below the line*-Werbemaßnahmen auf. Diese Unternehmen bieten umfangreiche Dienstleistungen für Verkaufsförderung, Sponsoring, Eventmarketing, Messepräsentationen, Product Placement, Direktwerbung etc. Mit ihren Aktivitäten fungieren sie nicht zuletzt als Mittler zwischen Auftraggebern sowie Kultur- und Sportveranstaltern.

Für die sinnliche Aufladung ihrer Produkte sind die Römerquelle-Kampagnen seit den frühen 70er-Jahren bekannt. Sujet Römerquelle emotion, Agentur: Jung von Matt/Donau Werbeagentur GmbH.

Kundenkarten existieren in unterschiedlichsten Varianten, sie versprechen Rabatt oder fordern zum Punktesammeln auf.
Andere bieten spezielle Sonderangebote für Mitglieder.
Kundenkartenbesitzer 2012 bei REWE Austria:
Billa: ca. 3,7 Mio.
Merkur: ca. 3 Mio.
Penny: ca. 1 Mio.
Bipa: ca. 3,2 Mio.

7. Der gläserne Konsument

Im 15. Jahrhundert handelte Jakob Fugger sowohl mit Bodenschätzen aus Bergwerken in Ungarn, der Slowakei und Tirol, als auch mit Stoffen und Gewürzen am europäischen Markt. Jedoch nicht die technische Überlegenheit schuf dieses mächtige Handelsimperium. Vielmehr verstand es Jakob Fugger, attraktive Kunden zu identifizieren und langfristig an das Unternehmen zu binden. Der Kaufmann informierte den Adel über Ereignisse und Nachrichten aus dem damaligen Handelsschauplatz Venedig und brachte Geschenke mit. Eine weitere frühe Form der Kundenbindung bestand in der Einräumung von Krediten. Es entstand eine eigenständige »Fugger-Bank«. Mehr als 500 Jahre später wird versucht, die Kunden mit Krediten, Rabatten, zusätzlichen Dienstleistungen, Geschenken und Ähnlichem an das Unternehmen zu binden. Besonders bekannt war die »Rückvergütung« von 3 Prozent des getätigten Umsatzes, die an die Mitglieder der Genossenschaft von Konsum Österreich geleistet wurde. Heute sind viele moderne Kundenkarten mit diesen Funktionen ausgestattet, um Kunden zu veranlassen, häufiger das eigene Geschäft aufzusuchen und das Abwandern zur Konkurrenz zu verhindern. Das Angebot an verschiedenen Zahlungsmethoden im Geschäft, um den Kunden bequemere und schnellere Zahlungsabwicklung zu ermöglichen, hat dasselbe Ziel.

Die Einzelhändler von heute sind mit dem Problem konfrontiert, dass die klassische Werbung hohe Streuverluste zu verzeichnen hat. Die Globalisierung ermöglicht dem Kunden eine große Auswahl an Einkaufsquellen, daher ist der Lebensmitteleinzelhandel einem hohen Wettbewerbsdruck ausgesetzt. Ob ein

IACOBVS·FVGGER·CIVIS·AVGVSTÆ·

Unternehmen erfolgreich ist oder nicht, hängt letztendlich von den Kunden ab. Ist dieser mit den Leistungen des Unternehmens zufrieden, wird er häufiger das Unternehmen aufsuchen. Ende des 20. Jahrhunderts fand ein Paradigmenwechsel im Marketing statt. Die bisherige Konzentration auf einzelne Transaktionen

Schon Jakob Fugger (1459–1525) verstand es, das Instrument der »Kundenbindung« gezielt einzusetzen. Farbholzschnitt von Hans Burgkmair d. Ä., 1511.

Werbesujet der Firma Hartlauer für die »Löwen-Card«, 2012.

keiten, neue Kunden über die Werbung zu gewinnen, ist es immer bedeutender, bestehende Kunden auf Dauer an das eigene Geschäft zu binden. In einer Untersuchung wurde festgestellt, dass loyale Kunden in ihren favorisierten Einzelhandelsunternehmen viermal mehr ausgeben als Kunden, die häufig Geschäfte wechseln. Dieser Effekt wurde vor allem im Lebensmitteleinzelhandel beobachtet. Kundenloyalität und Kundenbindung sind von einander abzugrenzen. Der Begriff Kundenloyalität beschreibt ausschließlich die nachfrageorientierte Perspektive. Kundenbindung hingegen berücksichtigt die Sicht des Nachfragers wie auch die Anbieterseite.

Mit Kundenkarten wollen Händler einerseits ihre Kunden »binden« und somit eine höhere Einkaufsfrequenz und Bedarfsdeckung erzielen. Auf der anderen Seite ist anonymes Einkaufen für Verbraucher damit vorbei, denn »bezahlt« wird als Gegenleistung mit persönlichen Daten.

♦ Mit Bonuspunkten und individuellen Gutscheinen werben Händler um Kunden.
♦ Gleichzeitig wird das Kaufverhalten elektronisch aufgezeichnet.
♦ Man kennt das Erlebnis: »Haben Sie eine Kundenkarte?«, fragt die Kassiererin an der Supermarktkasse. Viele Händler verfügen mittlerweile über Kundenbindungsprogramme, um mehr über ihre Kunden zu erfahren. Große Unternehmen machen das, was früher der Greißler gemacht hat: Sie achten, welche ihre Stammkunden und besten Kunden sind und welche nur selten vorbeischauen. Diese werden dann in der Folge mit speziellen »Programmen« betreut.
Drei Viertel der Österreicher besitzen mindestens eine Kundenkarte, im Durchschnitt verfügt jeder über fünf, vor allem von Lebensmittel- und Drogeriehändlern. Die Kundenkartenbesitzer erhalten Bonuspunkte, Preisvorteile, ein Geburtstagsgeschenk, Kundenmagazine oder Veranstaltungseinladungen. Mit

wurde aufgegeben und man sah die Notwendigkeit, die gesamte Geschäftsbeziehung mit all ihren Facetten zu bewerten. Dies geschah unter dem Begriff des Relationship Marketing und Relationship Management. Hierbei kann das Kundenbindungsmanagement (Customer Relationship Marketing) als Teilaspekt gesehen werden. Dieser Begriff bezieht sich zwar oft auf den informationstechnologischen Rahmen, jedoch beschäftigt sich CRM im Kern mit Kundenbindung. Aufgrund der Schwierig-

maßgeschneiderten Marketingaktionen und »Preiszuckerln« soll die Zahl jener Kunden klein gehalten werden, die zur Konkurrenz abwandern. Stammkunden freuen sich über den intensiven Kontakt mit dem Händler und erleben ihn als Service. Zu den am weitesten verbreiteten Karten in Österreich zählen jene des REWE-Konzerns – etwa von Billa, Merkur und Bipa.

Bereits 1983 hat der oberösterreichische Sporthändler Intersport Eybl eine Kundenkarte eingeführt. Mehr als 1,7 Millionen wurden bisher ausgegeben. Kunden mit einem besonders hohen Jahresumsatz erhalten neben den Kundenkarten-Vorteilen Gutschein-Scheckhefte und werden beispielsweise zu Sportartikel-Testtagen eingeladen. Die direkte Kundenansprache und One-to-one-Marketing wurden bei Eybl bereits sehr früh eingeführt. Ein Beispiel dafür sind kundenindividuelle Newsletter, die personalisiert und nach bestimmten Merkmalen aus der Datenbank wie Filialen, Interessensgebieten und Umsatz gefiltert werden: So können bestimmte Themen und Gutscheine an einen vorher ausgewählten Stammkundenkreis gesendet werden.

Eine weitere moderne Entwicklung lässt sich seit kurzem feststellen: Die oft lästigen Plastikkarten in der Geldbörse ersetzen viele Händler bereits durch Anwendungen für das Smartphone, bei denen die Kundenkarte im Handy gespeichert wird. Vorreiter dabei ist der Verbrauchermarkt Merkur. Damit Kunden auf die Plastikkarten in der Geldbörse verzichten können, bieten Händler wie Eybl eine Anwendung (App) an. Hier wird der Code im Mobiltelefon gespeichert und vom Scanner an der Kassa gelesen. Die Technologie, den Kunden mittels Fingerabdruck zu registrieren, ist bis dato allerdings kein großer Erfolg. Dies sei nach Expertenmeinung den Konsumenten zu persönlich.

Die Diskussion über den »gläsernen Konsumenten«, der in seinem gesamten Kaufverhalten nachvollziehbar geworden ist, steht exemplarisch für aufflammende Skepsis. Eine

Die MERKUR Kundenkarte als App: Im November 2010 präsentierte MERKUR die neue iPhone App.

heikle Frage ist dabei der Datenschutz und die Weitergabe Personen bezogener Daten. Gutscheine oder Stammkunden-Aktionen können nicht zuletzt dazu verleiten, dass man mehr einkauft als geplant. In manchen Geschäften wird ein normaler Kunde ohne Kundenkarte durch höhere Preise »bestraft«.

Mit der Einführung von Scanning und Kundenkarten zu Beginn der 90er Jahre gewinnt der Handel jedenfalls nachhaltig an Informationsmacht. Er wird in die Lage versetzt, besser fundierte und schneller nachprüfbare Entscheidungen zu treffen, schneller Trends zu erkennen, Verhaltensmuster von Kunden besser sichtbar zu machen und schneller Detailanalysen von Problemen durchführen zu können. Der Abverkauf der Waren kann an den Kassaterminals geradezu im Sekundentakt verfolgt werden. Die Kundenkarten liefern begleitend qualitative Informationen zu den Kunden, die gerade einkaufen. Dies hat zur Folge, dass die physische Inventur am Ende des Jahres an Bedeutung verloren hat. Händler wissen permanent über ihre »Renner« und »Penner« – das sind die Ladenhüter – Bescheid. Noch nicht seriös abschätzbar sind die zusätzlichen Möglichkeiten, die durch die neuen »Sozialen Medien«, wie Facebook, entstehen, die jedenfalls einen weiteren Schritt zur Individualisierung der Kundenkommunikation bieten.

Das verbesserte Wissen über die Konsumenten hat zu einem verstärkten Einsatz von Promotion-Aktivitäten geführt. Dass Promotions zu einem für viele Unternehmen wichtigen Absatzhebel geworden sind, ist Inhalt zahlreicher Diskussionen in Wissenschaft und Praxis. Die selbst auferlegte Abhängigkeit und der bestehende Druck der Unternehmen, stets die Werte des Vorjahres zu übertreffen und somit eine positive Entwicklung anzuführen, erhöhen die Präsenz dieses Instruments. Die Basis bilden dafür Zahlen des Marktforschungsunternehmens Nielsen, welche als die genauesten, weil nahezu ausschließlich auf gescannten Abverkaufsdaten basierenden, Informationen über den österreichischen Markt gelten.

Wie in der Darstellung ersichtlich ist, wächst der Promotiondruck kontinuierlich. Nach Einschätzung von Handelsexperten dürfte der Druck im Jahr 2012 die 30-Prozent-Grenze am Umsatz überschreiten, da der Wachstumsdruck eher stärker als geringer geworden ist. Auch die Intensität von Preissenkungen wird auf Produkt-, Warengruppen- oder Kategorieebene meist mit dem vorherrschenden Promotiondruck verglichen. Zusammenfassend ist festzuhalten, dass Preissenkungen ein wichtiges Instrument für im Handel tätige Unternehmen geworden sind und durch den Anstieg des Promotiondrucks sowie des Eigenmarkenanteils an zunehmender Präsenz gewinnen. Dabei werden Preisaktionen auch zur Etablierung der eigenen Vertriebsschienen sowie zur Imagebildung gesetzt. Die Überbewertung dieses Absatzhebels birgt jedoch auch die Gefahr, sich aufgrund der wachsenden Bedeutung in zu große Abhängigkeit des Instruments zu begeben.

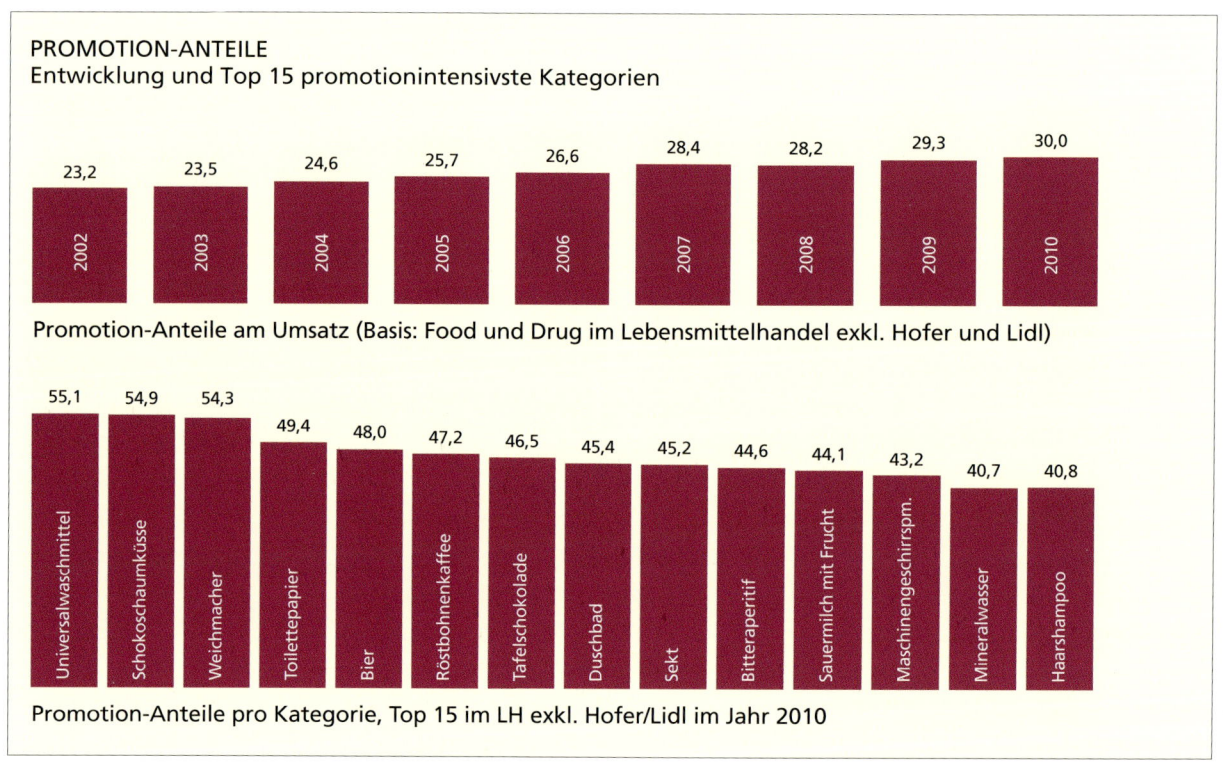

PROMOTION-ANTEILE
Entwicklung und Top 15 promotionintensivste Kategorien

23,2	23,5	24,6	25,7	26,6	28,4	28,2	29,3	30,0
2002	2003	2004	2005	2006	2007	2008	2009	2010

Promotion-Anteile am Umsatz (Basis: Food und Drug im Lebensmittelhandel exkl. Hofer und Lidl)

55,1	54,9	54,3	49,4	48,0	47,2	46,5	45,4	45,2	44,6	44,1	43,2	40,7	40,8
Universalwaschmittel	Schokoschaumküsse	Weichmacher	Toilettepapier	Bier	Röstbohnenkaffee	Tafelschokolade	Duschbad	Sekt	Bitteraperitif	Sauermilch mit Frucht	Maschinengeschirrspm.	Mineralwasser	Haarshampoo

Promotion-Anteile pro Kategorie, Top 15 im LH exkl. Hofer/Lidl im Jahr 2010

8. Internetshopping und E-Commerce

Das Jahr 1887 markiert die Geburtsstunde für den Versandhandel in Österreich. Kastner & Öhler startete als eines der ersten Unternehmen in Europa mit dem Postversand. »Feste Preise« waren damals eine Neuheit in Mitteleuropa, denn bis dahin verhandelten die Kunden den Preis. Mehrsprachige Kataloge wurden an Kunden in der gesamten Donaumonarchie verschickt. Einen ähnlichen Versandhändler gab es zu dieser Zeit nur in Frankreich. Kastner & Öhler ist bis heute eine österreichische Kaufhauskette, die hauptsächlich im Süden Österreichs verbreitet ist. Das Unternehmen geht auf den 1873 von Carl Kastner und Hermann Öhler in Troppau (heute Opava, Tschechien) gegründeten Kurzwarenhandel zurück.

Zur 100-Jahr-Feier 1973 entwarfen die polnischen Künstler Grabiánski und Jablonski das bekannte »Löwenkopf-Logo«, das bis 1991 in Verwendung blieb. Der Versandhandelsbereich wurde 1992 an Neckermann veräußert und 1997 in Neckermann Versand Österreich AG umbenannt. Die Insolvenz von Neckermann im Jahr 2012 bedeutet nach 125 Jahren das vorläufige Ende für diese traditionsreiche Handelsaktivität im Versand.

Doch der Versandhandel lebt in einem neuen technologischen Kontext weiter. Das Internet ersetzt den gedruckten Katalog. Dieser Prozess verläuft aber nicht immer friktionsfrei. Bis heute gibt es relativ wenige Erfolgsstories

zum Internethandel. Eine davon hat der weltweit größte Internet(buch)händler Amazon aus den USA geschrieben. Ein sehr ähnliches Konzept hat in Österreich die Handelskette Libro in den Sortimentsbereichen Bücher, Büromaterial und Unterhaltungselektronik verfolgt. Das Resultat war letztlich desaströs: Im Jahr 2002 endete das Projekt mit dem Konkurs. Zehn Jahre später musste der verantwortliche Manager eine Haftstrafe antreten.

Durch die raschen technischen Veränderungen, wie die Verbreitung des Internet, das seinen Ursprung 1969 in den USA hatte, sowie die zunehmende Internationalisierung und

Bequemlichkeit, Zeitersparnis und Zeitunabhängigkeit sind wesentliche Faktoren für die Popularität des Online-Shoppings. Sujet »Home sweet home« von Luciano Lozano.

Die Distributionslogistik stellt insbesondere im Online-Handel eine große Herausforderung für die Anbieter dar. Distributionshalle des Online-Anbieters amazon.com. Aufnahme Macduff Everton, um 2003.

Globalisierung, kam es zu nachhaltigen Veränderungen in den unterschiedlichsten Bereichen.

So wie das Internet, hat sich kein anderes Medium weltweit – so auch in Österreich – in so kurzer Zeit derart dynamisch entwickelt. Gründe dafür sind die weite Verbreitung von Personal Computern und in Folge die fallenden Preise dafür, aber auch der einfache Zugang zum Internet; weiters die niedrigen Kosten beim Informationsaustausch gegenüber anderen traditionellen Medien. Waren 1996 erst 9 Prozent der österreichischen Gesamtbevölkerung Internetnutzer, sind es laut aktu-

ellen GfK Online Monitor Daten im Jahr 2009 bereits 73 Prozent aller Österreicher, was einer Personenzahl von 5,1 Mio. ab 14 Jahre entspricht, die das Internet zumindest gelegentlich nutzen. Bei der Gruppe der 14- bis 65-Jährigen erreicht der Anteil der Internetnutzer bereits einen beachtlichen Anteil von 83 Prozent und kann somit als Massenmedium dieser Bevölkerungsgruppe bezeichnet werden. Mittlerweile ist das Internet auch aus dem Alltagsleben nicht mehr wegzudenken. Ob beim Onlinebanking, Onlineshopping, bei Behördenwegen oder gezielter Informationssuche – das neue Medium ist für viele un-

verzichtbar geworden. Aufgrund zahlreicher Vorzüge, die durch dessen weite Verbreitung entstanden, konnte sich das Internet auch im Handel etablieren. Im Bereich des elektronischen Handels führte das Internet beispielsweise dazu, dass Transaktionen unabhängig von Öffnungszeiten durchgeführt werden können. Diese geschäftlichen Prozesse, die über elektronische Medien ablaufen, werden heute unter dem Begriff Electronic Business zusammengefasst. Electronic Commerce ist jener Teilbereich des E-Business, der den elektronischen Handel von Waren und Dienstleistungen umfasst.

»Electronic Commerce ist auf dem Vormarsch!« Warum aber ist dies so? Für viele Menschen fällt die Entscheidung zugunsten des Online-Einkaufs aus Gründen der Bequemlichkeit, Zeitersparnis, weil ein Einkauf auch außerhalb der Öffnungszeiten stationärer Händler möglich oder weil kein solcher in der Nähe ist. Doch das Angebot einer möglichst übersichtlichen Webpage zur einfachen Online-Bestellung reicht nicht aus. Das Problem stellt vielmehr die Distributionslogistik dar, die entscheidend für Neukundengewinnung, sowie zur Bindung bestehender Kunden ist. Ist der Verkauf von Büchern oder CDs nur eine gerin-

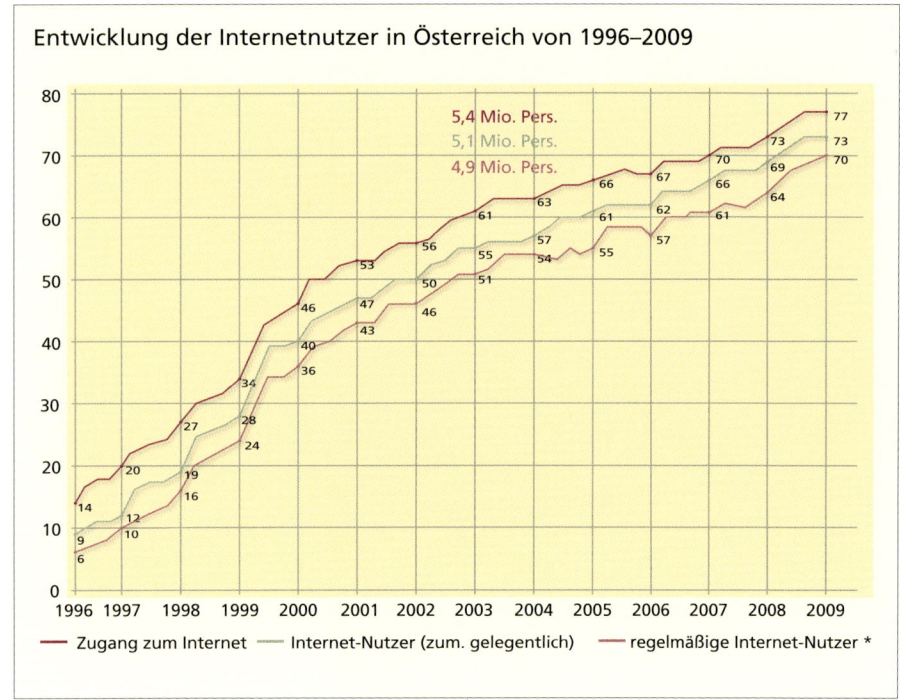

Entwicklung der Internetnutzer in Österreich von 1996–2009

ge logistische Herausforderung, so ändert sich dies bei nicht so sehr standardisierten Gütern relativ rasch. Insbesondere durch die Ausweitung des E-Commerce auf eine Vielzahl von Gütern, u. a. Güter des täglichen Bedarfs, wie verderbliche Güter, werden neue Anforderungen an die Logistik der »letzten Meile« gestellt. Die »letzte Meile« ist in der Logistik der Ausdruck für das Problem, die Auslieferung von immer kleiner werdenden Aufträgen/ Sendungen – insbesondere mit bedingt durch E-Commerce – kostenmäßig verträglich an den Endkunden (Haushalte) durchzuführen. Schon seit längerem stellt die Überwindung der »letzten Meile« eine der größten logistischen Herausforderungen der heutigen Zeit dar, zumal auf den letzten Metern zum Konsumenten ein großer Teil der Distributionskosten entsteht. Infolge dessen wurden unterschiedliche Konzepte zur Lösung der »Last Mile«-Problematik entwickelt.

Entwicklung des E-Commerce – Daten und Fakten

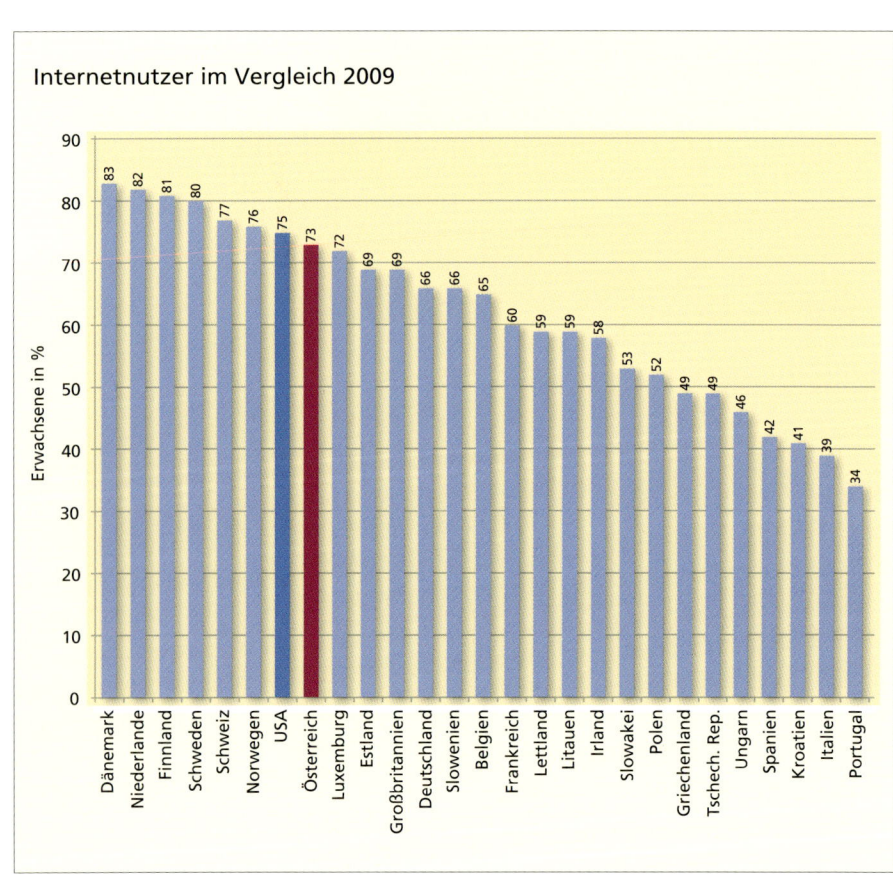

Internetnutzer im Vergleich 2009

Das Internet, das nach einem anfänglich rasanten Wachstum Anfang der 2000er-Jahre nunmehr geringer, aber immer noch wächst, ist zu einem fixen Bestandteil im Leben vieler Menschen geworden. Wie mehrere aktuelle Erhebungen zeigen, nutzen bereits 73 Prozent aller Österreicher ab 14 Jahre (Basis: 7 023 000 Personen) zumindest gelegentlich das Internet, was einer Bevölkerungszahl von ca. 5,1 Millionen Personen entspricht. Im Gegensatz dazu waren es 1996 in Österreich erst 9 Prozent Internetnutzer. Aus diesem rasanten Anstieg kann man schließen, dass das Internet heute eine zentrale Komponente sowohl im privaten als auch beruflichen Bereich geworden ist.

Stellt man einen Vergleich der europäischen Länder an, so lässt sich erkennen, dass Österreich mit 73 Prozent Internetnutzern im oberen Drittel zu finden ist.

Erhebungen der KMU Forschung Austria aus dem Jahr 2011 zeigen ein sehr dynamisches Wachstum im Internet-Einzelhandel in/aus Österreich. Einige zentrale Befunde dieser Studie: Immer mehr Einzelhändlerinnen und -händler verkaufen ihre Waren via Internet, und immer mehr Konsumenten kaufen online ein. In Zahlen: Die Analyse der Angebotsseite des Internet-Einzelhandels zeigt, dass von 39 000 Einzelhandelsunternehmen in ganz Österreich 80 Prozent über einen Internetzugang und 50 Prozent über eine eigene Website verfügen. 15 Prozent verkaufen über diese Website auch ihre Waren. Das macht 5 700 rot-weiß-rote Online-Shops.

Trotz niedrigem Anteil am gesamten Einzelhandelsumsatz: Der Internet-Einzelhandel (& das Internet für den Einzelhandel) gewinnt an Bedeutung.
Mit diesem wurden 2010 Umsätze in der Höhe von 1,9 Milliarden Euro erwirtschaftet – was 3,6 Prozent des gesamten Einzelhandelsvolumens entspricht.
In der Zeitreihe betrachtet, gab es im Vergleichsjahr 2006 3 200 Online-Shops im Internet-Einzelhandel, mit denen ein Netto-Jahresumsatz von mehr als 600 Millionen Euro erwirtschaftet wurde. D. h.: Die Zahl der Online-Shops ist um 75 Prozent gestiegen, die damit generierten Umsätze haben sich verdreifacht.

Ein ähnliches Bild in Sachen dynamischer Entwicklung zeigt sich mit Blick auf die Konsumenten: 78 Prozent bzw. 4,9 Mio. der österreichischen Bevölkerung zwischen 16 und 74 Jahre – das sind insgesamt 6,3 Mio. Menschen – verwenden einen Computer. Nahezu alle Computerbesitzer – nämlich 75 Prozent oder 4,8 Mio. Österreicher – nutzen auch das Internet. 59 Prozent der Österreicher im Alter zwischen 16 und 74 Jahren verwenden das Internet zum »Finden von Informationen über Waren oder Dienstleistungen«, 39 Prozent

oder 2,5 Mio. aller Österreicher kaufen tatsächlich Einzelhandelswaren im WWW ein.

Durchschnittlich bestellen die Internet-Käufer 15 Mal pro Jahr Einzelhandelswaren aus 5 verschiedenen Produktgruppen:

1. Nach Anzahl der verkauften Produkte betrachtet sind Bücher die am häufigsten im Internet-Einzelhandel gekauften Waren (gefolgt von Bekleidung/Textilien): 57 Prozent der Internet-Käufer haben 2010/2011 im Zeitraum von 12 Monaten Bücher im Internet gekauft – das entspricht 23 Prozent der österreichischen Bevölkerung (16 bis 74 Jahre).

2. Nach Umsatz betrachtet: Da entfällt der größte Anteil an den Ausgaben im Internet-Einzelhandel mit 19 Prozent oder schätzungsweise 840 Millionen Euro auf Bekleidung/Textilien. Im Vergleichszeitraum 2006/2007 lag noch die Warengruppe Elektrogeräte an 1. Stelle.

3. Die jährlichen Ausgaben im Internet-Einzelhandel (bei österreichischen und internationalen Anbietern) haben sich innerhalb von vier Jahren verdreifacht, nämlich von 1,5 Mrd. Euro im Zeitraum 2006/2007 auf 4,5 Mrd. Euro im Zeitraum 2010/11.

4. Im Durchschnitt wendet ein Internet-Käufer pro Jahr insgesamt 1 800 Euro für Einkäufe im Internet-Einzelhandel auf. Differenziert nach Altersgruppen zeigt sich, dass mit zunehmendem Alter auch die durchschnittlichen Jahresausgaben im Internet-Einzelhandel ansteigen. Besonders ausgabenfreudig zeigt sich die Altersgruppe der 45- bis 54-Jährigen, die im Durchschnitt 2 000 Euro ausgeben.

Für den Handel besteht Handlungsbedarf, denn: Das Angebot bleibt hinter der Nachfrage zurück.
»Gerade im grenzüberschreitenden Online-

Handel sind gleiche Wettbewerbsbedingungen und die Einhaltung der rechtlichen Rahmenbedingungen durch alle Anbieter von größter Bedeutung, damit keine ungerechtfertigten Wettbewerbsnachteile für die österreichischen Händler entstehen. Aus diesem Grund ist die Politik gefordert, beispielsweise unangemessen hohe Abgaben, wie insbesondere die Urheberrechtsgebühren für diverse Produkte, zu reduzieren und europaweit anzugleichen«, fordert Handels-Bundesspartenobfrau Bettina Lorentschitsch im Jahr 2011. Dazu kommt: »Auch durch den unterschiedlichen Grad des Vollzugs von EU-Vorgaben aus den umweltrechtlichen Verpflichtungen (insbesondere im Verpackungsbereich) sind österreichische Händler massiv benachteiligt. Die Analyse berücksichtigt den in den Vorbe-

merkungen vom Internet-Einzelhandel abgegrenzten Internet-Einzelhandel via Mobilfunk (M-Commerce), allerdings beschränkt auf Smartphones. Im Internet-Einzelhandel (ohne Internet-Kfz-Wirtschaft sowie ohne Internet-Dienstleistungen) haben 2010 2,5 Mio bzw. 39 Prozent aller Österreicher (16 bis 74 Jahre) eingekauft. 56 Prozent bzw. 1,4 Mio dieser Internet-Käufer besitzen ein Smartphone, davon verwenden 47 Prozent ihr Smartphone, um im Internet nach Informationen zu suchen. Das entspricht einem Anteil von 26 Prozent bzw. 600 000 Internet-Käufer. 23 Prozent der Smartphonebesitzer kaufen auch im Internet via Smartphone ein. Das entspricht einem Anteil von 13 Prozent oder 300 000 Internet-Käufer, die via Smartphone im Internet-Einzelhandel einkaufen.

9. Konzentrationsprozesse, Kooperations- und Konfliktpotenziale im Handel

Die historische Entwicklung des Handels hat im vergangenen Jahrtausend entscheidend zur Wandlung der traditionellen Gesellschaft in Richtung moderne, kapitalistische Marktwirtschaft beigetragen. In diesem Prozess entstanden die Voraussetzungen für komplexere und produktivere Formen gesellschaftlicher Arbeitsteilung, die Industrialisierung seit dem 19. Jahrhundert und schließlich die Herausbildung der modernen Konsumgesellschaft. Dabei kam es in den verschiedenen Epochen immer wieder zu spezifischen Formen von monopolistischer Macht. In der vormodernen Gesellschaft sorgten obrigkeitliche Vorrechte privilegierter Händler und Produzenten sowie Leitbilder von der »gerechten Nahrung« für etablierte Kaufleute und Handwerker dafür, dass Wettbewerb und Innovationen behindert wurden. Nachdem sich seit dem späten 18. Jahrhundert langsam der Übergang zu freierem Wettbewerb durchsetzte, konnten fallweise Skaleneffekte, strategisches Größenwachstum und monopolistische Kooperationen der Anbieter zum Aufbau von Marktmacht führen.

Wettbewerbspolitik in Österreich

Traditionell wurde in Österreich der Bekämpfung von Monopolmacht durch Behörden und Gesetze ein geringer Stellenwert zugemessen. Besonders während der österreichischen Diktatur der 30er-Jahre setzte sich – dem zünftlerischen Zeitgeist gemäß – eine weit reichende Kartellierung der Wirtschaft durch. Rund 250 Kartelle und 37 Mindestpreisbeschlüsse im Handwerk lähmten das freie Spiel der Marktkräfte. In den Jahrzehnten nach dem Zweiten Weltkrieg wurde die Entwicklung des Kartellrechts überwiegend von den Sozialpartnern geprägt, die in den Vollzug als Amtsparteien einbezogen waren. Das erste Gesetz, welches das Kartellwesen umfassend regeln sollte, trat im Jahr 1951 in Kraft. Es war vor allem der Initiative der USA im Rahmen des Marshallplans zu verdanken. Die damit vorgesehene Registrierung von Kartellen bewirkte jedoch nicht eine Eindämmung, sondern faktisch eine amtliche Anerkennung und somit Stärkung der monopolistischen Vereinbarungen. 1972 folgte im Zusammenhang mit dem Freihandelsabkommen mit der EWG ein neues Gesetz, das erstmals nicht nur vertraglich fixierte, sondern auch Wirkungs- und Verhaltenskartelle berücksichtigte und eine Missbrauchsaufsicht über marktbeherrschende Unternehmen einführte, ohne jedoch ein per se Verbot missbräuchlichen Verhaltens vorzusehen. Erst ein neues Kartellgesetz 1988 und weitere Entwicklungen nach dem Beitritt zur EU im Jahr 1995 führten zu einer Annäherung an europäische Standards und zu einer Zurückdrängung der Sozialpartner, die mit der Kartellrechtsnovelle 2002 ihre Stellung als Amtsparteien verloren. Diese Rolle haben seither eine weisungsfreie Bundeswettbewerbsbehörde und der Bundeskartellanwalt inne. Seit 2004 wurden die nationalen Kompetenzen zur Vollziehung von EU-Wettbewerbsrecht ausgeweitet, damit sich die Wettbewerbsbehörde auf EU-Ebene auf die großen Fälle von europaweiter Relevanz konzentrieren kann. Insgesamt ist zu konstatieren, dass die Aktivitäten der Wettbewerbsbehörden gegen moderne Formen von Monopolmacht, die sich gegen Lieferanten und Konsumenten wenden kann, seit dem EU-Beitritt merklich gestärkt worden sind. Zugleich ist die Formierung von effektiven Kartellen durch die vollständige Integration in den europäischen Markt erheblich erschwert worden.

Seit den 90er-Jahren griffen die Wettbewerbsbehörden stärker in die voranschreitenden Konzentrationsprozesse im Einzelhandel ein. Zwar wurden keine gänzlichen Verbote von Übernahmen ausgesprochen, aber man erließ immer wieder durchaus spürbare Auflagen. Zum Beispiel durfte REWE 1998 nicht die gesamte Meinl-Kette übernehmen, die Filialen in Ostösterreich wurden 2000 von SPAR erworben. Auch bei späteren Übernahmen (z. B. Zielpunkt durch SPAR und Adeg durch REWE) mussten Filialen abgegeben werden, um auf regionaler Ebene definierte Umsatzanteile und Umsatzanteilszuwächse nicht zu überschreiten.

Dabei ist jedoch anzumerken, dass die inhaltlichen Fragen, mit denen sich die Wettbewerbshüter auseinander setzen müssen, in den vergangenen Jahrzehnten durch vielfältige wirtschaftliche und technische Entwicklungen in Handel und Industrie immer komplexer geworden sind.

Efficient Consumer Response, Globalisierung und geänderte Machtstrukturen im Gefüge von Handel und Industrie

Seit dem späten 20. Jahrhundert ist die Entwicklung der Industrie-Handels-Strukturen angesichts der IT-Revolution, einer weiteren Verbilligung des Warentransports und der Liberalisierung der globalen Handelsbeziehungen stärker auch in ihrer internationalen Dimension zu betrachten. Diese Veränderungen ermöglichten die Nutzung von Skaleneffekten zur Steigerung der Wettbewerbsfähigkeit, was zu fortschreitenden Konzentrationsprozessen geführt hat. Im Bereich des Handels konnten sich größere und »intelligentere« Strukturen herausbilden, die tendenziell auch den Stellenwert gegenüber der Industrie gestärkt haben.

Vor fünfzig Jahren kommentierte der Management- und Marketingpionier Peter F. Drucker den damaligen Stand der Handelswissenschaft in seinem Buch *The Economy's Dark Continent* noch mit folgendem provokanten Satz: »We know little more about distribution today than Napoleon's contemporaries knew about the interior of Africa. We know it is there, and we know it is big, and that's about all.« Unter Industriellen galt zu dieser Zeit als vorherrschende Meinung: »If you can produce it every dummy can ship it.« Drucker hielt dem den hohen Stellenwert von Vertrieb und Marketing für nachhaltigen wirtschaftlichen Erfolg entgegen. Schon damals fielen 50 Prozent der Kosten der industriellen Wirtschaft in der Distribution an, und für den wirtschaftlichen Erfolg konnte der Zugang zum Markt durchaus wertvoller sein als der Besitz einer Fabrik. Seither haben sich weitere radikale Umwälzungen vollzogen: Der Wandel von Anbieter- zu Nachfragermärkten und neue Konzeptionen im Handel, die den Stellenwert in der Wertschöpfungskette merklich verschoben haben. Die zunehmende Einkaufsmacht des Handels hat tendenziell zu einer Verlagerung der Preissetzungsmacht von der Industrie zum Handel geführt. Bereits seit dem Eisenbahnbau im 19. Jahrhundert werden regionale Produzenten mit internationaler Konkurrenz konfrontiert – lokale Kostenstrukturen von Seiten der Anbieter treffen auf überregionale Nachfrage von Seiten des Handels, was zu räumlichen Verlagerungen von Produktionsstrukturen und dem Niedergang traditioneller Standorte führen kann. Dieser Trend hat durch die Globalisierung und das weltweite Agieren von mächtigen Handelsunternehmen noch einmal an Dynamik gewonnen.

Insgesamt bietet der strukturelle Wandel auch die Chance, Potentiale für gesteigerte Effizienz über die gesamte Wertschöpfungskette zu realisieren, wobei einige Entwicklungen den geradezu prophetischen Charakter der Positionen von Drucker eindrucksvoll bestätigen. Normierte Information ist für die moderne

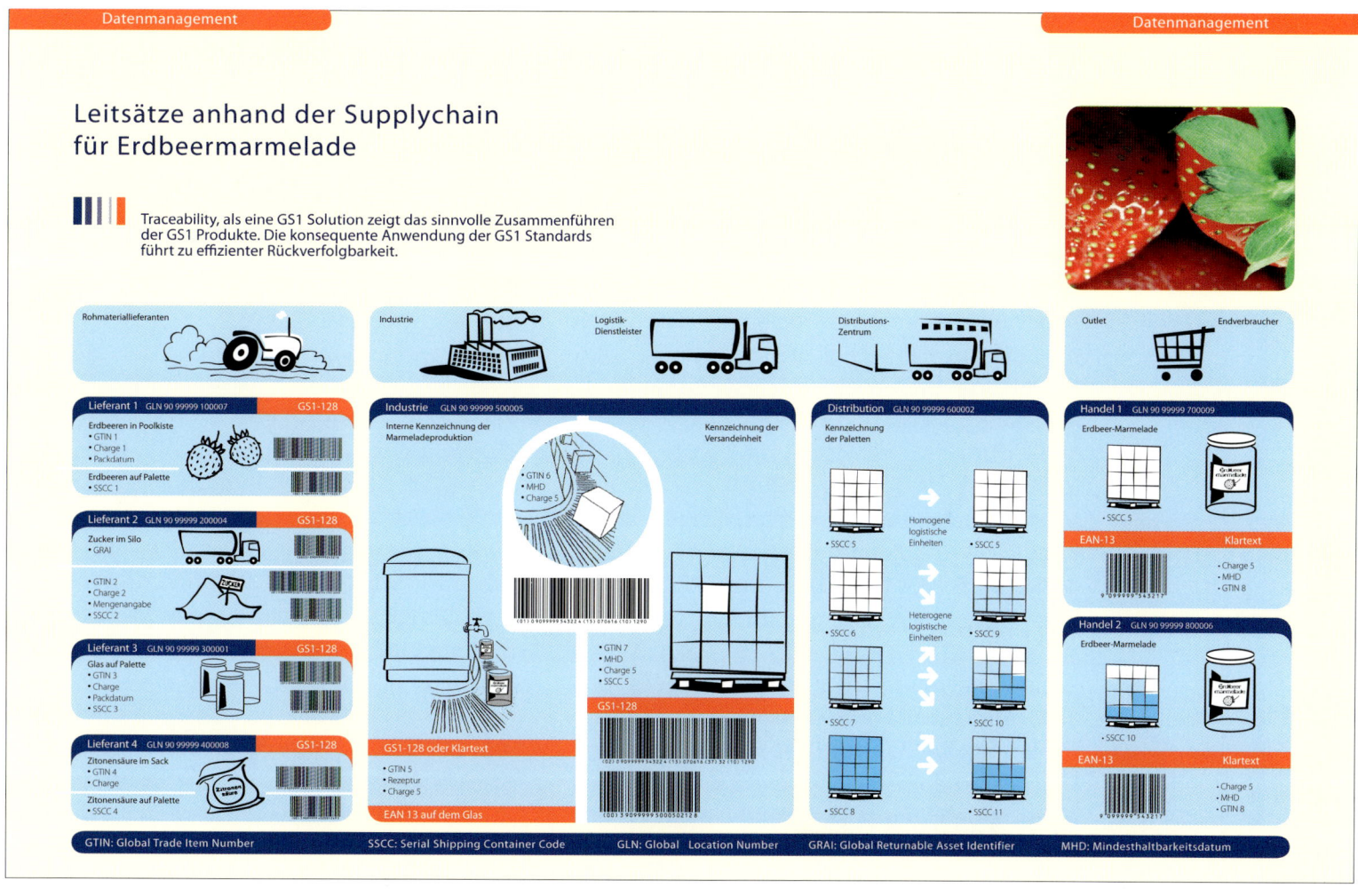

Leitsätze anhand der Supplychain für Erdbeermarmelade

Traceability, als eine GS1 Solution zeigt das sinnvolle Zusammenführen der GS1 Produkte. Die konsequente Anwendung der GS1 Standards führt zu effizienter Rückverfolgbarkeit.

Logistik unverzichtbar und bildet die Grundlage für ECR. In diesem Sinne sind vor allem die ECR-Initiativen des Handels – ECR steht für Efficient Consumer Response – hervorzuheben. Die Professionalisierung und Technologisierung von Transport-, Lager- und Umschlagsoperationen sind zum zentralen Erfolgsfaktor der Unternehmensführung geworden. Die digitale Vernetzung und die Nutzung multifunktionaler Technologien durch Menschen und Unternehmen erhöhen die Transparenz, aber auch das Informationsvolumen und machen die Definition von Standards unabdingbar. Systematisches »Information Sharing« zwischen Handel und Industrie ist eine der logischen Konsequenzen davon, die zur Effizienzsteigerung auf allen Wertschöpfungs-

stufen beitragen kann. Die Leistungsfähigkeit der Just-In-Time-Konzepte in der Distributionslogistik besteht darin, dass mit geringen Logistikkosten ein höherer Logistikservicegrad erzielt wird. Dieser neue konzeptionelle Zugang wird in vielen ECR-Projekten evident. Dies steht im Gegensatz zur traditionellen Auffassung, »höherer Service bedeutet höhere Lagerbestände«. Aus der Sicht des Jahres 2012 kann man derartige Überlegungen als »Geburtsstunde der ECR-Bewegung« bezeichnen. Die neuen informationstechnologischen Infrastrukturen haben intelligentere Lösungen in der physischen Distribution ermöglicht.

Darüber hinaus hat die Auseinandersetzung mit Just-In-Time-Konzepten zu einer Sensibilität für eine Prozessorientierung in Handels-

Just-In-Time orientierte Handelslogistik: Darstellung einer Supply Chain am Beispiel von Erdbeermarmelade. Die konsequente Anwendung von GS1 Standards ermöglicht effiziente Rückverfolgbarkeit.

unternehmen geführt. Die möglichen Folgen für die Handelspraxis sind aber noch nicht in allen Facetten absehbar. In Branchen, die durch große Marktmacht des Handels charakterisiert werden können (z. B. im Lebensmittelbereich), ist mit einer weiteren Intensivierung des wertschöpfungsorientierten Verteilungskampfes zwischen Handel und Industrie und mit starken Auswirkungen für die Kooperation zu rechnen. Nicht zuletzt werden im Category Management immer mehr Mar-

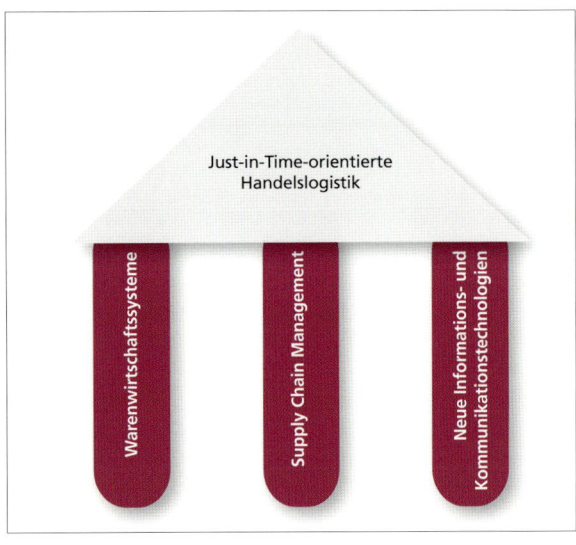

kenartikel durch Eigenmarken des Handels ersetzt.

Während das Just-In-Time-Prinzip vor allem in der Automobilindustrie seit längerem berücksichtigt wird, hat die Einbindung der Komponente Zeit in die Wettbewerbsstrategien von Handelsunternehmen u. a. zu einer Neuorientierung der Distributionslogistik geführt. Dabei versuchen Just-In-Time-orientierte Handelsunternehmen, ihre Lagerbestände vor Ort zu reduzieren und ihre Effizienz durch nachfragesynchrone Belieferungssysteme mit Hilfe des Einsatzes neuer Informations- und Kommunikationstechnologien (NIuKT) und unternehmensübergreifender Kooperationsformen, wie z. B. Efficient Consumer Response, zu steigern.

Just-In-Time-orientierte Logistikstrategien im

Bereich des Handels verfolgen insgesamt nachstehende Zielsetzungen:

♦ Minimierung der Lieferzeiten innerhalb des Absatzkanals
♦ Reduzierung von Lagerbeständen
♦ Vermeidung von Verdopplungseffekten bei den Logistikkosten
♦ Erhöhung des Logistikservice

Mit seinem Zitat von Henry Ford verweist der Wiener Handelsforscher Karl Oberparleiter schon in der Zwischenkriegszeit auf die bestandslose Möglichkeit der zeitlichen Überbrückung von Distanzen: »Wäre das Transportwesen vollständig durchorganisiert, sodass eine gleichmäßige Materialzufuhr gesichert erschiene, dann wäre es überhaupt unnötig, sich mit einem Lager zu belasten.« Zwei Hauptkriterien »zwingen« ein Handelsunternehmen zur Lagerhaltung:

a) mangelnde Just-In-Time-Kompetenz, abgeleitet durch fehlende technische Infrastruktur und

b) eine warenwirtschaftliche »Datenflut«, verursacht durch eine »gereizte« Sortimentsfunktion in Form von mehreren zehntausenden Artikeln bzw. dichten Filialnetzen.

Dies führt insgesamt zur Kernproblematik, diese Datenmassen zu marketingrelevanten Informationen zu verdichten. Der warenwirtschaftliche Informationsverbund redefiniert die Logistiksysteme des Handels zu Fließsystemen, deren umfassende Form im Sinne eines Real-Time-Merchandising (= der informatorische Verbund zwischen Scannerkasse im Geschäft und Logistikinformationssystem der Industrie) eine Bestandsreduzierung im gesamten Logistikkanal bewirkt.

Die Just-In-Time-orientierte Handelslogistik baut in Anlehnung an die folgenden Säulen auf: Warenwirtschaftssysteme (WWS) und Neue Informations- und Kommunikationstechnologien (NIuKT) stellen die technischen Rahmenbedingungen dar; Supply Chain Management dient als organisatorische Klammer.

Warenwirtschaftssysteme

Warenwirtschaftssysteme (WWS) gelten als Summe aller warengerichteten Informations- und Entscheidungsprozesse und werden im allgemeinen als die informatorische Ebene der warenbezogenen Handelslogistik bezeichnet. Die Spannbreite eines WWS reicht dabei vom geschlossenen über das computergestützte bis zum scannergestützten WWS.

Die Dramatik der Entwicklungen im Bereich der computergestützten WWS, die erst in den 80er- und 90er-Jahren als EDV-Standardlösungen preiswert angeboten werden, spiegelt sich in diversen Analysen wider: Obwohl ein Handelsunternehmen »seit eh und je zwangsläufig über ein Warenwirtschaftssystem« verfügt, sammelten zunächst in den 60er- und 70er-Jahren große Handelsunternehmen erste Erfahrungen mit computergestützten WWS. Aufgrund des zunehmenden Ausstattungsgrades von Handelsunternehmen mit computergestützten Warenwirtschaftssystemen, erwarteten führende Wissenschaftler wie Sternberg die entscheidungsorientierte Nutzung der aus den WWS gewonnenen Informationen für das 21. Jahrhundert. Denn die Verwirklichung der Integration vor- und nachgelagerter Wirtschaftsstufen in ein computergestütztes Warenwirtschaftssystem ist erst seit den 90er-Jahren technisch realisierbar.

Neue Informations- und Kommunikationstechnologien

Unter *Informations- und Kommunikationstechnologien (IuKT)* werden alle technischen Einrichtungen zur Informationserfassung, -verarbeitung, -speicherung und -übertragung verstanden. Sie dienen dem raum- und zeitüberbrückenden Austausch von Informationen. Jene IuKT, die auf den Entwicklungen der Mikroelektronik, der Computer- oder der Nachrichten- bzw. Satellitentechnik beruhen, werden als *Neue Informations- und Kommunikationstechnologien (NIuKT)* bezeichnet.

Aus der Vielzahl der vorhandenen NIuKT haben sich drei Schlüsseltechnologien heraus-

kristallisiert, die als wesentliche Bausteine der Just-In-Time-orientierten Handelslogistikkonzepte gelten:

♦ *Electronic Data Interchange (EDI* = der Überbegriff einer Vielzahl technischer Standards, die eine elektronische zwischenbetriebliche, wenig fehlerbehaftete Datenübermittlung in hochstrukturierter Form zur computergestützten Weiterverarbeitung bewerkstelligen. In der europäischen Konsumgüterwirtschaft hat sich dabei der auf EDIFACT basierende Standard EANCOM durchgesetzt.

♦ *Strichcodes* = der Überbegriff einer Vielzahl von Standards, deren Fähigkeit darin liegt, Informationen durch eine Reihe von weißen

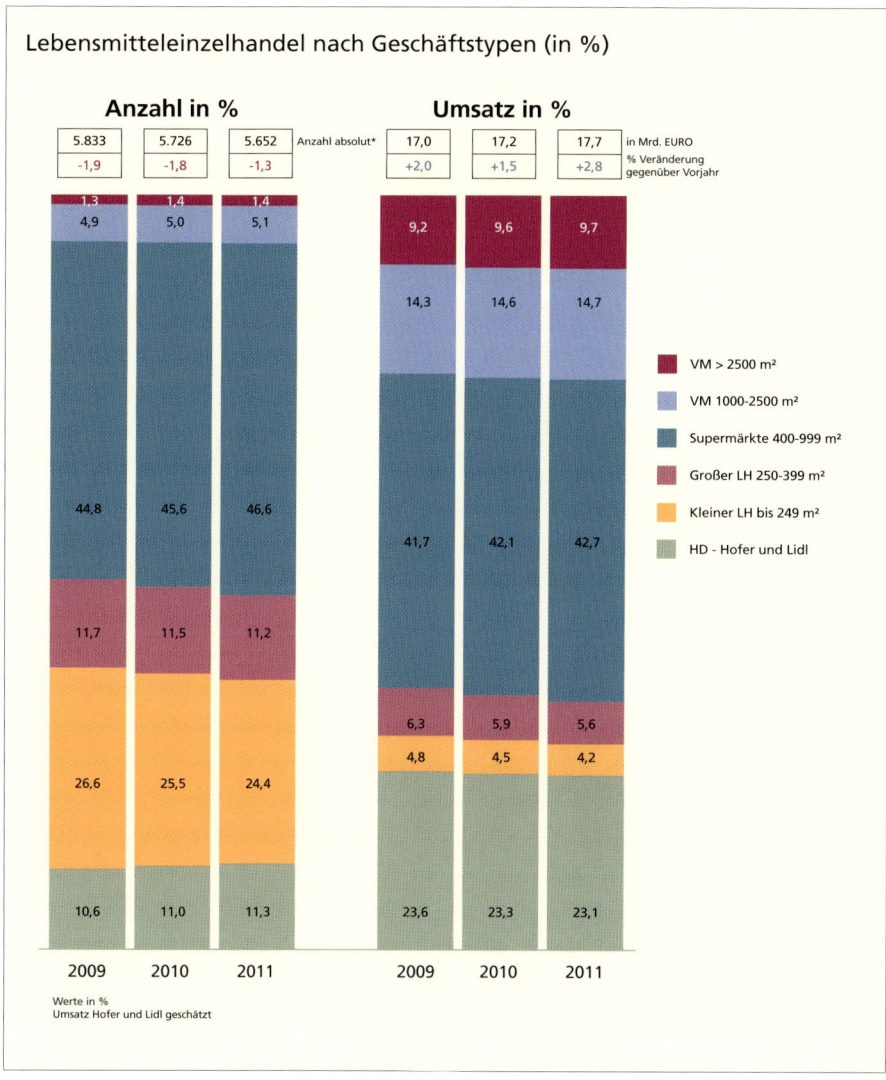

Lebensmitteleinzelhandel nach Geschäftstypen (in %)

Anzahl in %

			Anzahl absolut*
5.833	5.726	5.652	
-1,9	-1,8	-1,3	

Umsatz in %

			in Mrd. EURO
17,0	17,2	17,7	
+2,0	+1,5	+2,8	% Veränderung gegenüber Vorjahr

Anzahl in %:
	2009	2010	2011
1,3	1,4	1,4	
4,9	5,0	5,1	
44,8	45,6	46,6	
11,7	11,5	11,2	
26,6	25,5	24,4	
10,6	11,0	11,3	

Umsatz in %:
	2009	2010	2011
9,2	9,6	9,7	
14,3	14,6	14,7	
41,7	42,1	42,7	
6,3	5,9	5,6	
4,8	4,5	4,2	
23,6	23,3	23,1	

- VM > 2500 m²
- VM 1000-2500 m²
- Supermärkte 400-999 m²
- Großer LH 250-399 m²
- Kleiner LH bis 249 m²
- HD - Hofer und Lidl

Werte in %
Umsatz Hofer und Lidl geschätzt

und schwarzen parallel angebrachten Balken zu codieren bzw. zu decodieren. Für die europäische Konsumgüterindustrie ist der Strichcodestandard EAN (heute geändert in GS1) mit seinen Ausprägungen EAN-8 und EAN-13 zur Identifizierung von Endverbrauchereinheiten bzw. EAN-128 zur Identifizierung von Handelseinheiten (bspw. für Palettensysteme relevant).

♦ *Scannertechnologien* = die technische Möglichkeit zur optischen Erfassung von unterschiedlichen Balken / Zwischenraummustern, die in den Strichcodes enthalten sind. Im Handel findet die Scannertechnologie im Kassenbereich in Form von Scannerkassen ihren Einsatz, womit eine artikelgenaue Abverkaufsdaten-Erfassung in Real-time möglich wird.

Die Zielrichtung von ECR und Just-in-time-Konzepten ist, wie bereits gesagt, eine Effizienzsteigerung entlang des gesamten Wertschöpfungsprozesses. Dadurch konnte erreicht werden, dass die Produktivitätsentwicklung des Handels in den vergangenen Jahrzehnten mit den anderen Wirtschaftsbereichen in etwa Schritt gehalten hat. Nach anfänglichen raschen Fortschritten zeigen sich jedoch seit den 90er-Jahren Anzeichen für eine retardierende Tendenz. Während in den 80er-Jahren unabhängig von kleineren konjunkturellen Schwankungen der Wertschöpfungsanteil des Handels in Relation zum BIP leicht, aber kontinuierlich zugenommen hat, zeigt das Bild für das neue Millennium eine Stagnation oder sogar einen Abwärtstrend. Mit einer Wertschöpfung für 1994 von damals real 204,9 Mrd. ÖS (Preisbasis 1983) und einem Anteil am BIP von 13,2 Prozent ist der Handel nach den Sektoren »Industrie« und »Gewerbe und Handwerk« aber weiterhin der drittgrößte Wirtschaftssektor. Österreich liegt damit exakt am EU-Durchschnitt. Die höchste Wertschöpfungsquote des Handels in der EU weist Portugal mit 17,3 Prozent auf, die geringste Deutschland mit 10,1 Prozent.

Branchenspezifische Machtverhältnisse, Kostenstrukturen und Vertriebssysteme

Die vielfältigen neuen Entwicklungen komplexer Strukturen von der Erzeugung bis zum Konsumenten bringen Chancen für erhöhte Effizienz, zugleich aber auch die Gefahr intensivierter Konflikte im Rahmen der Wertschöpfungsketten. Zum Beispiel weist die Transaktionskostentheorie darauf hin, dass Wertschöpfungsstufen, die hohe spezifische Investitionen erfordern, um im Gesamtgefüge zu bestehen, in eine Situation der Erpressbarkeit geraten können. Davon sind potenziell Zulieferer der Industrie und des Handels betroffen. Nachdem sich ein Erzeuger durch Investitionen auf eine Geschäftsbeziehung festgelegt hat, kann er vom Abnehmer unter starken wirtschaftlichen Druck gesetzt werden, wodurch sich dieser auf Kosten des Produzenten den Gesamtprofit aus der Transaktion aneignen kann. Auch bei Investitionen in nichtmaterielle Werte (z. B. den Aufbau einer Marke) kann es zu Druck und Kannibalisierung im Bereich der Wertschöpfungskette kommen. So könnte zum Beispiel der gute Ruf einer Automarke durch unseriöse Praktiken von Händlern beeinträchtigt werden. Als potenzielle Folgewirkung dieser Gefahren »opportunistischen« Verhaltens droht, dass Industrien von vornherein derartige Risiken meiden und dadurch wirtschaftlich eigentlich sinnvolle Investitionen unterbleiben, wodurch in Summe Wirtschaftswachstum und Wohlstand beeinträchtigt werden. Als strategische Alternative bietet sich für die Akteure an, derartige Investitionen mit absichernden Vereinbarungen bzw. Strukturen zu schützen, etwa durch Preisbindungen zweiter Hand, selektive Vertriebssysteme, Franchisesysteme, wechselseitige Beteiligungen zwischen Industrie und Handel oder die Vorwärtsintegration der Industrie in den Handel.

Angesichts unterschiedlicher Strukturen von Kapitalintensität, Kosten und Risiken in den verschiedenen Branchen hat sich eine Vielfalt von Vertriebsstrukturen und vertraglichen Beziehungen herausgebildet. Dabei ist als Grundmuster zu erkennen, dass einfache, homogene Massenwaren eher im Wege von ungebunden agierenden Erzeugern, Zwischen- und Einzelhändlern vertrieben werden, während für komplexe Güter eher vertragliche Bindungen, selektive Vertriebsformen oder unternehmensmäßige Integrationsformen von der Produktion bis zum Einzelhandel vorherrschen. Diese können für alle Beteiligten für Investitionssicherheit sorgen und somit Effizienz steigern und die Wahrnehmung von Wachstumschancen ermöglichen.

Gerade derartige Praktiken wurden in der Vergangenheit von den Wettbewerbsbehörden jedoch mit Argwohn untersucht, da sie auch dem Aufbau monopolistischer Marktmacht auf Kosten der Konsumenten dienen können. Gemäß dem heutigen Stand der strukturellen Entwicklungen und der wissenschaftlichen Lehrmeinungen dazu müssen bei der Beurteilung Effizienzeffekte und monopolistische Potenziale in komplexen Erwägungen einander gegenübergestellt werden. In begründeten Fällen können zum Beispiel auf EU-Ebene sogenannte Gruppenfreistellungsverordnungen erlassen werden, welche Vertriebssysteme erlauben, die eigentlich durch das Wettbewerbsrecht verboten sind.

Auch innerhalb der Stufe des Handels haben die jüngsten Entwicklungen zu einer Polarisierung geführt. »Es gibt im Handel keine Branchenkonjunktur, sondern nur noch eine Firmenkonjunktur!«, dieser Stehsatz findet sich in zahlreichen Handelsanalysen seit den 90er-Jahren. Damit wird zum Ausdruck gebracht, dass prinzipiell in allen Branchen die Chance zum Erfolg, aber auch zum Misserfolg bestehe. Dieses Paradoxon lässt sich an einem Beispiel illustrieren: Noch nie in der Geschichte ist die Marktmacht des Handels so groß gewesen wie heute. Bis in die 80er-Jahre war die Marketingführerschaft in den Händen der Markenartikler gelegen. Inzwischen hat der Handel an Marketing-Intelligenz

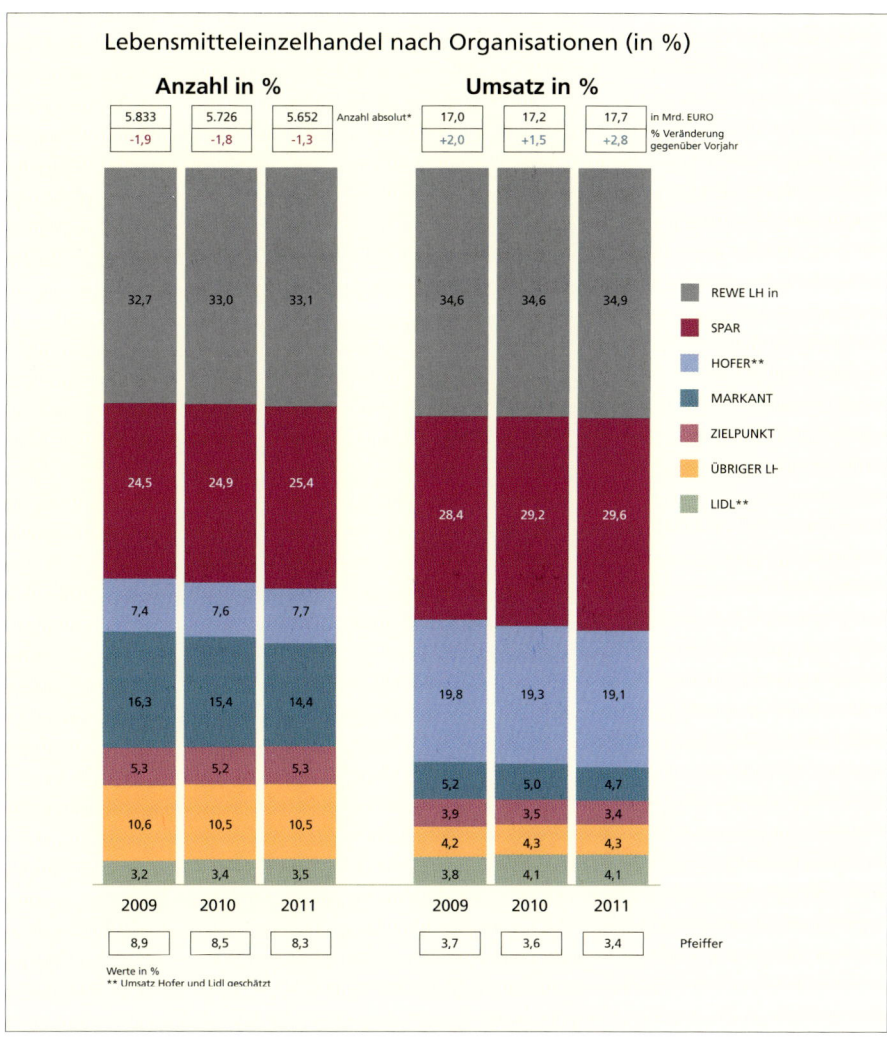

aufgeholt und wird zum marktbestimmenden Faktor. Gemeinschaftliche Konzeptionen zwischen Industrie und Handel, die mit dem Begriff »Category Management und ECR« umschrieben werden, also eine Optimierung von Warengruppen zur Ertragssteigerung für den Handel, tragen der neuen Rolle des Handels Rechnung. Neue und schlagkräftige Partnerschaften zwischen Handel und Industrie entstehen. Weniger Ladenhüter im Sortiment, geringere Kapitalbindung im Lager und besserer Servicegrad sind in der Regel die Konsequenzen. Kostenstrukturen in der Höhe von unter 10 Prozent vom Umsatz lassen selbst bei einer Handelsspanne von 13 Prozent noch einen langfristigen betriebswirtschaftlichen Erfolg zu. Für viele Facheinzelhändler sind

Die Bilder zeigen die architektonische Entwicklung sowie den Umzug von kleinflächigen Innenstadtlagen hin zu Stand-alone-Filialen mit großzügigen Parkplätzen.

Hofer-Filiale Wien 19., Gymnasiumstraße 2, eröffnet am 29. April 1964.

diese durchrationalisierten »Verkaufsmaschinen« natürlich ein Horrorszenario. Der Handel ist jedenfalls auch durch diesen Hightech-Schub zu einem angesehenen Wirtschaftssektor geworden, der bei vielen technologischen Entwicklungen eine Vorreiterrolle spielt. Der Systemhandel, ob als Monosystem wie Hofer/Aldi oder als Polysystem wie Billa, Metro oder SPAR, ist unaufhaltsam im Vormarsch. Von einem Monosystem spricht man dann, wenn nur ein Betriebstyp (z. B. Discounter) multipliziert wird. Bei Polysystemen erfolgt eine Parallelentwicklung verschiedener Betriebstypen (Discounter, Nahversorger, Supermarkt, Verbrauchermarkt).

Den Großen stehen jeweils kleine und mittlere Händler gegenüber, die sich oft nach wie vor an eine »Versorgermentalität« klammern und Konzeptlosigkeit durch physischen Einsatz kompensieren wollen. Häufig ist damit auch ein Generationen- oder Nachfolgeproblem verknüpft. Doch der Konsument von heute honoriert ein »Allen-alles-Recht-zu-machen« nicht. Unklare Profile im Umfeld des Überangebotes irritieren eher und steigern nicht die Attraktivität. Diese in den einzelnen Branchen »hausgemachte«, also interne Dynamik führt zu einer Polarisierung, die als »Verlust der Mitte« bezeichnet werden könnte. Einer kleinen Gruppe besonders erfolgreicher steht eine größere Gruppe chronisch erfolgloser Handelsunternehmen gegenüber. In dieser Gruppe wird der Ausleseprozess weiter wirksam bleiben. Der Konsument stimmt mit seiner Geldtasche durchaus egoistisch ab, und das Aufbrechen überholter Strukturen ist notwendig, um dem Handel eine langfristige Perspektive zu eröffnen.

Die Beurteilung einer Handelslandschaft schließt auch eine Dimension jenseits des betriebswirtschaftlichen Kalküls ein, am besten umschrieben mit dem Begriff Lebensqualität. Wer die verödeten Cities amerikanischer Städte kennt oder die zur Trostlosigkeit ver-

Hofer-Filiale Wien 22.,
Breitenleer Straße,
eröffnet am
14. November 1996.

steinerten Einkaufszentren an so manchem Stadtrand in Deutschland, wird bestätigen, dass der Handel – in Analogie zur Funktion der Bauern am Land – »der Landschaftspfleger der Stadt« ist. In diesem Zusammenhang kommt der Liberalisierung der Ladenöffnungszeiten pro Tag im ersten Schritt eine eher psychologische denn eine betriebswirtschaftliche Bedeutung zu. Eine Sonderstellung haben selbstverständlich die sogenannten »Fenstertage«, die bis dato vom Einkaufstourismus ins Ausland geprägt sind.

Konzentrationstendenzen in Österreich

In Österreich haben sich all die dargestellten Tendenzen in den vergangenen Jahren in einem deutlichen Konzentrationsprozess im Bereich des Handels manifestiert, wobei in einem zunehmenden Ausmaß internationale Player eine Rolle spielen.

Wie weit der Konzentrationsprozess vorangeschritten ist, kann anhand verschiedener Messkonzepte und Variablen dargestellt werden. Als intuitiv einsichtig erweisen sich Angaben zu den Marktanteilen, welche auf die drei, vier oder fünf größten Anbieter entfallen. Diese Kennzahlen werden als Konzentrationsraten bezeichnet. Sie können für Umsatzanteile, Verkaufsflächenanteile etc. berechnet werden. Als weiterer Indikator kann der Grad der Filialisierung dienen, das heißt wie groß der Anteil von Geschäftsstellen von Handelsketten (im Gegensatz zu selbstständigen Einzelhändlern) an der Gesamtzahl oder -fläche der Geschäfte einer Handelsbranche ist.

Generell ist festzuhalten, dass angesichts wachsender minimaler effizienter Unternehmensgrößen die entsprechenden Konzentrationsmaße steigen, wobei sie tendenziell in großen Volkswirtschaften niedriger ausfallen als in kleinen Staaten. Allerdings verlieren heute angesichts der europäischen Wirtschaftsin-

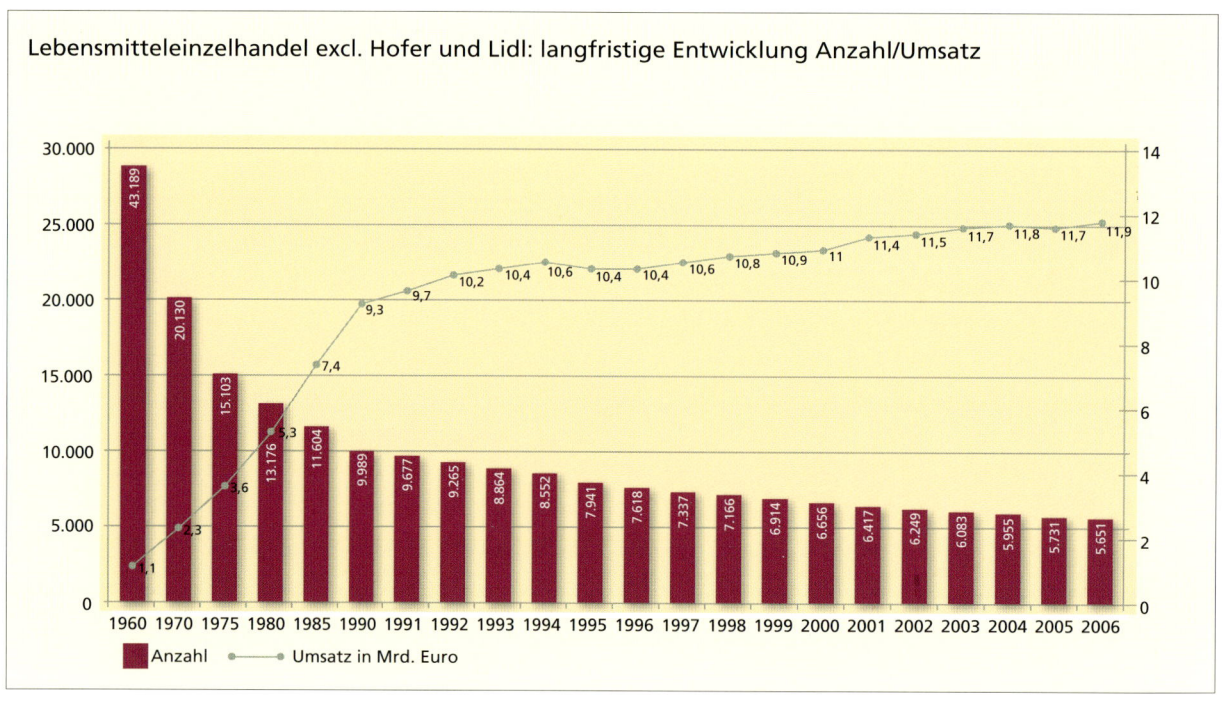

Lebensmitteleinzelhandel excl. Hofer und Lidl: langfristige Entwicklung Anzahl/Umsatz

tegration, des zunehmenden Internethandels und der erhöhten Mobilität der Konsumenten nationale Grenzen an Bedeutung für die räumliche Definition von Märkten.

Im Einklang mit dem beobachteten Trend gehört Österreich zu den EU-Staaten mit überdurchschnittlich starker Konzentration des Handels, die in den vergangenen Jahren weiter zugenommen hat. Der Filialisierungsgrad im Einzelhandel insgesamt hat laut KMU Forschung Austria von 31 Prozent im Jahr 2002 auf 35 Prozent 2008 zugenommen (neuere Daten stehen nicht zur Verfügung). Am weitesten ist diese Art der Konzentration im Bereich Drogerien und Parfümerien fortgeschritten, wo seit Jahren 82 Prozent der Geschäfte als Filialen von Ketten betrieben werden. Im Lebensmitteleinzelhandel hat sich der Filialisierungsgrad von 52 im Jahr 2004 auf 61 Prozent 2008 gesteigert, im gleichen Zeitraum nahm er im Bereich Foto und Optik von 49 auf 53 Prozent, im Schuh und Ledereinzelhandel von 45 auf 53 Prozent, im Bekleidungseinzelhandel von 39 auf 44 Prozent, im Papier und Buchhandel von 35 auf 42 Prozent und im

Einzelhandel mit Bau- und Heimwerkerbedarf von 29 auf 31 Prozent zu.

Der Flächenanteil der Filialen ist jeweils deutlich höher, da die Ketten im Durchschnitt größere Geschäfte betreiben als die Einzelunternehmen. Er liegt im Handel insgesamt bei 56 Prozent, im Bereich Drogerien und Parfümerien bei 92, im Lebensmitteleinzelhandel bei 81 und im Papier- und Buchhandel bei 75 Prozent.

Weitere Aspekte seien anhand jenes Handelsbereichs illustriert, der im Alltag der Konsumenten die größte Rolle spielt, nämlich des Lebensmitteleinzelhandels.

Auf immer weniger, aber größeren Flächen dominieren drei Ketten: REWE, SPAR und der Diskonter Hofer. Die Machtasymmetrie lässt sich am besten daran bemessen, dass sich die Marktführer immer mehr der Umsatzschwelle von 10 Mrd. Euro annähern, während es kaum einem Industrielieferanten gelingt, die 1-Milliarden-Hürde zu übertreffen. Hinsichtlich der Umsatzrentabilität, die sich im Lebensmitteleinzelhandel in der Regel zwischen 1 und 3 Prozent bewegt, weist die Industrie allerdings bessere Kennzahlen auf.

Dass Größe allein kein Erfolgsgarant sein kann, ist im Jahr 1995 offensichtlich geworden. Die Rede ist vom sogenannten »roten Riesen« und von der Konsum-Pleite. Mehr als 1 000 Standorte und rund 700 000 Genossenschaftsmitglieder konnten den vermeintlich unerschütterlichen Konsum nicht vor dem Untergang bewahren. Auch der Zusammenschluss der Regionalgenossenschaften änderte nichts am fehlenden betriebswirtschaftlichen Fundament. Die Konsumstandorte wurden an die Mitbewerber – SPAR, Billa, Meinl und Adeg – verkauft. Der Wettlauf zwischen Billa und SPAR um die Marktführerschaft hat danach eine neue Dynamik erhalten, nicht zuletzt auch wegen des Verkaufes der Billa-Gruppe an den deutschen REWE-Konzern. Nur noch SPAR bleibt in österreichischem Familienbesitz. Die SPAR-Idee des freiwilligen Zusammenschlusses einzelner Händler kommt ursprünglich aus Holland. »De Spar« bedeutet auf Niederländisch »die Tanne«, das SPAR-Logo zeigt eine eingekreiste grüne Tanne. Heute ist SPAR Österreich der erfolgreichste Lizenz-Nehmer der Welt. Im Windschatten des Duells an der Spitze konnte der aus Deutschland stammende Diskonter seine Marktbedeutung festigen und einen Marktanteil von knapp 20 Prozent erreichen, ein weltweit beachteter Rekordwert für einen Diskonter. An diese Erfolge können die anderen aus Deutschland stammenden Diskonter, Lidl, Penny und Plus, nicht anknüpfen.

Die Konzentrationsrate 3, also der Marktanteil der drei größten Lebensmitteleinzelhändler (samt Diskont) ist vom bereits hohen Wert von 75,9 Prozent im Jahr 2005 auf ungefähr 84 Prozent im Jahr 2011 gestiegen. Diese Daten beinhalten allerdings auch den Non-Food-Bereich, das heißt der Anteil der Unternehmen am tatsächlichen Lebensmittelabsatz ist nicht unerheblich geringer einzuschätzen.

Für das Jahr 2009 liegen im *Metro Handelslexikon 2010/11* untereinander vergleichbare Angaben zu Konzentrationsraten 5 für den Lebensmitteleinzelhandel vor, die nur den tatsächlichen Lebensmittelumsatz berücksichtigen. Der Anteil der fünf größten Händler belief sich in Schweden, Dänemark und Finnland auf mehr als 80 Prozent, in Norwegen, Belgien und Luxemburg auf mehr als 70 Prozent. Auf Rang sieben folgt in dieser Wertung die Schweiz mit 69,3 Prozent, auf Rang acht Österreich mit 66,9 Prozent. Von den größeren Volkswirtschaften weisen Deutschland mit 62,9 Prozent, Spanien mit 60,5 Prozen und Großbritannien mit 53,4 Prozent relativ hohe Konzentrationsraten auf.

In Österreich führte die Bundeswettbewerbsbehörde aufgrund von Bedenken wegen möglicher wettbewerbshemmender Effekte der Marktkonzentration sowie des potenziellen Missbrauchs der Machtposition gegenüber Lieferanten in den Jahren 2004 bis 2007 eine Untersuchung des Lebensmittelhandels durch. Den aktuellen Anlass für die Studie bildete die Auslistung des bekannten Fleischwarenerzeugers Neuburger aus dem Sortiment der Handelskette Billa. Die Ergebnisse der Studie, die als Orientierungshilfe für die betroffenen Wirtschaftskreise und als Grundlage für die Beurteilung weiterer Fusions- und Kooperationsvorhaben durch die zuständigen Stellen dienen sollten, fielen durchwachsen aus, wobei sich die Behörde mit einer äußerst geringen Auskunftsbereitschaft der Marktteilnehmer konfrontiert sah. Die Untersuchung war auf den Lebensmitteleinzelhandel fokussiert, bezog jedoch auch andere Absatzkanäle der Produzenten, wie Spezialhandel, Gastronomie, Export etc. ein. Von besonderem Interesse war aufgrund des genannten Falles der Bereich der Fleisch- und Wurstwaren. Für dieses Marktsegment ergab die Untersuchung, dass die drei größten Handelsgruppen etwa drei Viertel des Einzelhandelsabsatzes kontrollieren und daneben auf Gastronomie, Großhandel und Export etwa ein Viertel der Gesamtverkäufe der Erzeuger entfällt. Daraus wird deutlich, dass die großen Ketten zwar wichtige Abnehmer sind, jedoch kein einzelnes Unternehmen als alleiniger »gate keeper«

Top-3-Händler
erreichen 77 %
Marktanteil.

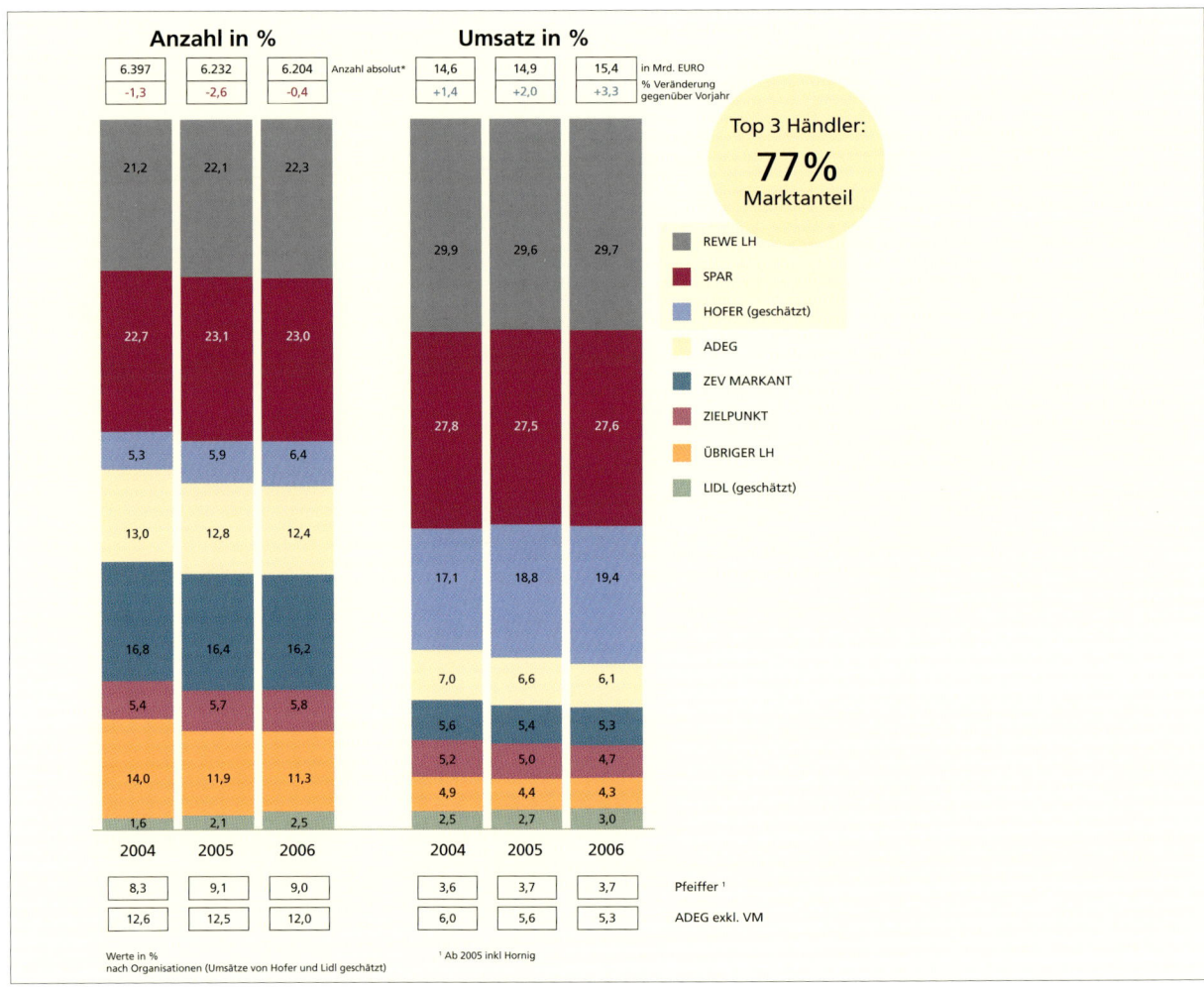

Anzahl in %				Umsatz in %			
6.397	6.232	6.204	Anzahl absolut*	14,6	14,9	15,4	in Mrd. EURO
-1,3	-2,6	-0,4		+1,4	+2,0	+3,3	% Veränderung gegenüber Vorjahr

Top 3 Händler:
77%
Marktanteil

- REWE LH
- SPAR
- HOFER (geschätzt)
- ADEG
- ZEV MARKANT
- ZIELPUNKT
- ÜBRIGER LH
- LIDL (geschätzt)

2004	2005	2006		2004	2005	2006	
8,3	9,1	9,0		3,6	3,7	3,7	Pfeiffer [1]
12,6	12,5	12,0		6,0	5,6	5,3	ADEG exkl. VM

Werte in %
nach Organisationen (Umsätze von Hofer und Lidl geschätzt)

[1] Ab 2005 inkl Hornig

für den Markt fungiert. Die Position der Ketten wird weiter gestärkt durch den Vertrieb von Hausmarken und die Rückwärtsintegration in die Produktion; jene der Lieferanten hingegen durch den Aufbau starker Marken. Dies erwies sich letztlich auch als die Erfolgsstrategie des Fleischwarenerzeugers, der zu guter Letzt wieder in die Verkaufstheken der Handelskette aufgenommen wurde. Bei anderen Bereichen, wie Obst und Milchprodukten spielt im Machtgefüge auch das Argument der Regionalität und Frische eine gewisse Rolle, was die Stellung regionaler Anbieter trotz hoher Handelskonzentration etwas stärkt.

Die Untersuchung bestätigte, dass gewisse Praktiken von Seiten der Handelsketten, die von der Industrie oft als unfair empfunden werden, in der Praxis durchaus vorkommen. Gängige Usancen sind Zuschüsse zur Sanierung von Filialen, sogenannte »Hochzeitsboni« bei Zusammenschlüssen oder Werbekostenzuschüsse ohne konkrete Gegenleistung zu fordern, Druck in Richtung erhöhter Rabatte auszuüben, Geldleistungen für eine gute Präsentation in den Regalen zu nehmen oder auch im Nachhinein noch Rabatte zu verlangen. Von der Bundeswettbewerbsbehörde werden die meisten dieser Vorgangsweisen jedoch als Bestandteile legaler Preisverhandlungen erachtet, lediglich rückwirkende Forderungen gelten als bedenklich. Die gesammelten Daten zu tatsächlichen Auslistungen ergaben, dass vor allem umsatzschwache Produkte eliminiert wurden. Das heißt, dass in der Praxis Auslistungen als marktkonforme Reaktionsweisen den Normalfall darstellen, während taktische bzw. strategische Maßnahmen gegen Zulieferer als seltene Ausnahmen erscheinen. Insgesamt ist zu rekapitulieren, dass das Vorhandensein von Nachfragemacht zwar in einem gewissen Ausmaß gegeben ist, diese jedoch stark nach Anzahl von Anbietern und der Stärke von Marken variiert.

Diese zwiespältigen Resultate bestätigen sich auch anhand weiterer Beobachtungen. Zum einen weist der Lebensmittelhandel eine überdurchschnittlich hohe Konzentration auf, zum anderen kommt es immer wieder zu aggressiven Preiskämpfen zwischen den strategisch agierenden Gruppen, zweifellos zugunsten der Konsumentenwohlfahrt, was als Indiz auf hohe Wettbewerbsintensität hindeutet. Derartige Phänomene können jedoch nicht allein aus strukturellen Befunden erklärt werden, sondern sie sind immer wieder auch auf individuelle Strategieentscheidungen einzelner Manager zurückzuführen. Trotz gelegentlicher »Rabattschlachten« ergeben jedoch Vergleiche mit Deutschland, dass in den österreichischen Geschäften (steuerbereinigt) notorisch höhere Verkaufspreise verlangt werden. Eine Klärung, inwiefern dies auf monopolistische Profite, unterschiedliche interne Kostenstrukturen oder höhere Beschaffungspreise zurückzuführen ist, ließe nur ein Einblick in die Kalkulationsgrundlagen zu, den die Händler der Wettbewerbsforschung jedoch konsequent verweigern.

Die Schaufenster-gestaltung erfolgte anhand von Vorlagen, die den einzelnen Filialen zum Nachbau zur Verfügung gestellt wurden. Angestellte vor dem Schaufenster eines Consum-Geschäftes, frühe Aufnahme.

Vom Kleinbetrieb zum Großunternehmen

Der Handel hat sich im 20. Jahrhundert von einem Sektor mit einem extrem hohen Anteil von Selbstständigen zu einem Sektor entwickelt, in dem die Unselbstständigkeit dominiert. Zu Beginn des 20. Jahrhunderts waren von 100 im Handel beschäftigten Personen 45 selbstständig (dazu kamen noch 6 mithelfende Familienangehörige, die in Wirklichkeit oft als Ehegatten eine ähnliche Stellung im Betrieb hatten). 1934 waren immer noch 40 Prozent der Handelspersonen selbstständig, 1964 aber nur mehr 19 Prozent. Bis 1983 ist der Anteil der Selbstständigen auf 14 Prozent gesunken, bis 1995 auf 10 Prozent, seither ist er etwa in dieser Höhe geblieben. Das größere Gewicht des Handels unter den Erwerbstätigen geht also so gut wie ausschließlich auf eine Vergrößerung der Zahl von Unselbstständigen zurück, während die Zahl der Selbstständigen sogar in absoluten Begriffen (trotz des Bevölkerungswachstums) fast gleich geblieben ist.

Der Handel hat damit zwar immer noch einen etwas geringeren Anteil von Unselbstständigen als der sekundäre Sektor, aber die Bedingungen haben sich stark angenähert. Ein Ergebnis der Veränderungen ist der Umstand, dass die Handelsbeschäftigten heute zu einem erheblichen Teil in großen Unternehmen arbeiten. Die größte Branche des Einzelhandels, der Lebensmittelhandel, gehört zugleich zu jenen Branchen im Handel, in denen große Unternehmen das Bild am stärksten bestimmen. Im Jahr 2007 arbeiteten 66 Prozent der Beschäftigten im Lebensmitteleinzelhandel in Unternehmen mit mehr als 250 Mitarbeitern. Ähnlich ist die Situation im Drogeriehandel.

Auch im Möbelhandel, im Elektro- und Elektronikhandel und im Bekleidungshandel arbeiten jeweils zwischen 45 und 65 Prozent der Beschäftigten in einigen wenigen großen Unternehmen.

Beschäftigte im Handel, in 1000 Personen			
	Selbstständige und mithelfende Familien- angehörige	Unselbst- ständige	Zusammen
1880	52	40	92
1890	50	51	101
1900	69	65	134
1910	82	100	182
1934	108	138	246
1951	91	145	235
1964	99	250	350
1971	75	281	357
1979	50	359	410
1995	51	472	523
2000	57	497	554
2005	66	536	601
2008	66	560	626

Anmerkung: Bis 1918 ohne Burgenland

Das Gegenstück ist die Arbeit im Klein- und Kleinstunternehmen, vor dem Ersten Weltkrieg die für den Handel typische Situation. In jener Zeit waren abgesehen von Selbstständigen und deren mithelfenden Familienangehörigen ungefähr 100 000 Unselbstständige im Handel beschäftigt, davon arbeiteten weit über 80 Prozent in Betrieben mit weniger als zwanzig unselbstständig Beschäftigten. Nach dem Betriebsrätegesetz 1919 wären alle diese Betriebe zu klein für einen Betriebsrat gewesen. Gut 55 Prozent arbeiteten vor dem Ersten Weltkrieg in Betrieben mit höchstens vier unselbstständig

Das Abfüllen und Abwiegen von Kaffee musste von den Mitarbeitern der Firma Julius Meinl perfekt beherrscht werden.

Beschäftigten, also in Betrieben, die auch nach heute geltendem Recht zu klein für einen Betriebsrat wären. Bis Mitte der 60er-Jahre war dieser Anteil auf etwa ein Fünftel gesunken. Nach den Kriterien des Betriebsrätegesetzes 1919 wären in den 60er-Jahren knapp die Hälfte der Handelsbediensteten in nicht betriebsratsfähigen Unternehmen tätig gewesen, heute immer noch ein Drittel. Die kleinen Unternehmen dominierten noch in der jüngeren Vergangenheit Branchen wie den Antiquitäten- und Gebrauchtwarenhandel und einzelne Zweige des Nahrungs- und Genußmittelhandels total. Auch in Branchen, in denen Großunternehmen überwiegen, bestehen vielfach kleine Handelsunternehmen, die zwar in großen Genossenschaften organisiert sind, als Arbeitsstätte für ihre Beschäftigten aber den Charakter kleiner Unternehmen haben.

Handelslöhne

Die Einkommen im Handel sind in den letzten Jahrzehnten des 20. Jahrhunderts beständig gewachsen. Nominal wuchs das Me-

dianeinkommen (jenes Einkommen, das die Hälfte der Einkommensbezieher erreicht oder überschreitet) in den 80er- und 90er-Jahren jährlich um mehr als 4 Prozent, das bedeutete eine reale Zunahme um etwa 1,5 Prozent jährlich. Zwischen 1999 und 2009 stieg das Medianeinkommen jährlich um nur mehr knapp 2 Prozent, das bedeutet, dass es kaum mehr eine reale Zunahme gab. Die Einkommen im untersten Viertel wuchsen nach der Jahrtausendwende schwächer, die höheren Handelseinkommen etwas stärker; im Vergleich mit der Gesamtwirtschaft, in der das Einkommen im selben Zeitraum nominal um ungefähr 30 Prozent zugenommen hat, blieb das Wachstum im Handel daher zuletzt deutlich zurück. Arbeiterinnen hatten sogar einen leichten realen Einkommensverlust zu verzeichnen, Angestellte eine minimale Zunahme.

Die Einkommen im Handel liegen heute deutlich unter jenen in der Güterproduktion, auch niedriger als im Verkehr, aber höher als beispielsweise in der Gastronomie (allerdings ohne Berücksichtigung der dort anfallenden Trinkgelder). Im Jahr 2009 lag das Median-

einkommen im Handel bei etwa 1 910 Euro im Monat (das heißt die Hälfte der Beschäftigten verdiente weniger als diesen Betrag), während der entsprechende Wert in der Güterproduktion bei 2 600 Euro, im Verkehr bei 2 180 und in der Gastronomie und Hotellerie bei 1 480 Euro lag. Verschiedene andere Dienstleistungsbranchen wie das Gesundheits- und Sozialwesen oder die Kunst hatten ebenfalls niedrigere Einkommen als die Handelsbeschäftigten.

Solche Vergleiche müssen allerdings insofern relativiert werden, als das Beschäftigungsausmaß und die berufliche Stellung von Branche zu Branche unterschiedlich sind. Der Handel ist ein Wirtschaftsbereich, in dem Teilzeitarbeit relativ stark verbreitet ist. Die jährlichen Arbeitskosten für einen Beschäftigten im Handel liegen faktisch im Durchschnitt bei 35 000 Euro, umgerechnet auf volles Be-

schäftigungsausmaß wären es 41 000 Euro. Das heißt, dass das faktische Beschäftigungsausmaß bei ungefähr 86 Prozent der vollen Anstellung liegt (in der Güterproduktion liegt der entsprechende Wert bei etwa 96 Prozent). Noch in einer anderen Hinsicht weist der Handel eine Besonderheit auf. Sie hängt mit der Zuordnung von Arbeitnehmern zu den Arbeitern beziehungsweise den Angestellten zusammen. Ein großer Teil der Beschäftigten im Handel gehört zu den Angestellten, wird aber nur wenig besser bezahlt als die Handelsarbeiter und ist damit im Vergleich zu den Angestellten anderer Branchen niedrig entlohnt: Das Medianeinkommen der Handelsangestellten betrug im Jahr 2009 1 945 Euro, jenes der Handelsarbeiter 1 840 Euro. Während die Handelsarbeiter im Vergleich zu den Arbeitern anderer Branchen nicht extrem niedrige Löhne erzielen, sind die Einkommen

Demonstration vor einer BIPA-Filiale in Gmünd für den freien Mittwochnachmittag, April 1983.

der Handelsangestellten im Branchenvergleich der Angestellteneinkommen am unteren Ende angesiedelt.

Wichtig ist allerdings die Unterscheidung der Einkommen innerhalb des Handels insgesamt. Die Einkommen im Großhandel, aber auch in Kraftfahrzeughandel und -reparatur sind nämlich weitaus höher als die Einkommen im Einzelhandel. Dies liegt nicht nur am unterschiedlichen Beschäftigungsausmaß, das dazu führt, dass etwa die Arbeitskosten im Großhandel fast doppelt so hoch sind wie jene im Einzelhandel; denn auch bei Umrechnung auf Vollzeitbeschäftigung kostete im Jahr 2008 ein Arbeitnehmer im Großhandel im Durchschnitt 54 000 Euro im Jahr, in Kraftfahrzeugbereich 43 000 Euro und im Einzelhandel 32 000 Euro. Der Grund liegt im unterschiedlichen Tätigkeitsbild: Beschäftigte im Großhandel entsprechen meist dem Typus des Büroangestellten, Beschäftigte im Kraftfahrzeugbereich sind vielfach Facharbeiter. Zusammengenommen bedeutet dies, dass

Beschäftigte im Einzelhandel mit 18,32 Euro, die der Arbeitgeber im Jahr 2008 pro geleisteter Arbeitsstunde auslegen musste, zu den Arbeitnehmern mit den niedrigsten Einkommen gehören. Im sekundären und tertiären Sektor insgesamt liegt der entsprechende Wert um die Hälfte höher, in Kraftfahrzeughandel und -reparatur bei 24,64 Euro, im Großhandel bei 30,14 Euro. Unterboten wird der Einzelhandel nur von Beherbergung und Gastronomie, von den privaten Wach- und Sicherheitsdiensten und von der Gebäudereinigung, in der Güterproduktion weist nur die Schuherzeugung ähnlich niedrige Einkommen auf.

Frauenarbeit – Teilzeitarbeit

Unter den Beschäftigten im Handel sind Frauen heute in überproportionalem Maß vertreten (55 Prozent der Handelsbediensteten sind Frauen, gegenüber 46 Prozent in allen sonstigen Wirtschaftsbereichen). Dies ist im

Start der Hofer Lehrlingsoffensive im Jänner 2011. Im Rahmen eines Lehrlings-Infotages konnten Interessierte die Firma Hofer kennen lernen.

historischen Vergleich aber das Ergebnis einer eher neuen Entwicklung. Vor dem Ersten Weltkrieg waren Frauen im Handel zwar unter den Selbstständigen als relativ starke Minderheit vertreten und stellten die Mehrheit der mithelfenden Familienangehörigen, aber etwa Handelslehrlinge waren zu über 80 Prozent männlich; unter den Angestellten und Arbeitern war der Frauenanteil höher, dennoch waren auch unter diesen Beschäftigten 70 Prozent Männer.

In der Zwischenkriegszeit und der ersten Zeit nach dem Zweiten Weltkrieg verschoben sich die Gewichte ein wenig, wenngleich immer noch die Mehrheit der Beschäftigten im Handel Männer waren. Unter den echten Unselbstständigen (Unselbstständige unter Ausschluss der mithelfenden Familienangehörigen, die oft faktisch eine ähnliche Stellung wie Selbstständige hatten) befanden sich 1934 ungefähr 35 Prozent Frauen (unter den Angestellten 39 Prozent, unter den Arbeitern 22 Prozent, unter den Lehrlingen 36 Prozent).

1951 stellten die Frauen etwa 42 Prozent der echten Unselbstständigen, aber bereits mehr als die Hälfte der Lehrlinge.

Das Wirtschaftswunder führte zu einer gewaltigen Vergrößerung des Handelssektors, durch die sich die Zahl der unselbstständig Beschäftigten bis 1971 fast verdoppelte. Die Zuwächse waren bei den Frauen viel stärker als bei den Männern, wodurch in dieser Zeit der Handel erstmals zu einem mehrheitlich weiblichen Sektor geworden ist. Dies hat sich seither nicht geändert. Im Lauf der 70er-Jahre stieg der Frauenanteil bis auf 55 Prozent, seither ist er in dieser Größenordnung geblieben.

Das Beschäftigungsausmaß der Handelsbediensteten hängt mit der Geschlechterverteilung zusammen und unterscheidet sich innerhalb des Handels recht deutlich. In Kraftfahrzeughandel und -reparatur ist das Beschäftigungsausmaß mit durchschnittlich 94 Prozent einer Vollstelle ähnlich hoch wie in der Güterproduktion. Im Großhandel liegt es unwesentlich niedriger, während im Einzelhandel das faktische Beschäftigungsausmaß im Durchschnitt nur ungefähr 80 Prozent der Vollzeitstelle ausmacht.

Auf die Beschäftigten bezogen bedeutet dies, dass im Handel insgesamt 31 Prozent in Teilzeit arbeiten. Weniger betroffen sind der Großhandel mit 18 Prozent und die Kraftfahrzeug-Wirtschaft mit 12 Prozent. Typisch ist Teilzeitarbeit hingegen für den Einzelhandel, wo insgesamt 43 Prozent in Teilzeit arbeiten, in einzelnen Branchen (Lebensmittel, Bekleidung, Schuhe) über 50 Prozent oder gar (kosmetische Erzeugnisse) 63 Prozent der Arbeitskräfte. Diese Werte liegen weit über jenen der Wirtschaft insgesamt.

Die letztlich erzielten Einkommen im Handel fallen daher nicht nur wegen der niedrigen Stundensätze, sondern auch wegen der großen Bedeutung von Teilzeitarbeit niedrig aus, und die Teilzeitarbeit wirkt sich auf die Einkommensverteilung innerhalb des Handels aus, besonders auf die Verteilung zwischen Männern und Frauen. Auch im Handel sind die weitaus meisten Teilzeit-Arbeitskräfte Frauen. Dies führt unter anderem dazu, dass die Einkommensunterschiede zwischen Männern und Frauen im Handel stärker ausgeprägt sind als in den meisten anderen Branchen, nicht nur weil von vornherein die bezahlte Arbeitszeit der Frauen kürzer ist, sondern auch weil Teilzeitkräfte schlechtere Aufstiegschancen haben. Im Ergebnis ist das Medianeinkommen von Männern im Handel um fast 60 Prozent höher als jenes der Frauen.

Ausbildung und Weiterbildung

Das Bildungsniveau im Handel ist geringer als in der Wirtschaft insgesamt, und die unternehmensinterne Qualifikation hat ein größeres Gewicht. Allerdings hat sich in der jüngeren Vergangenheit der Anteil von Absolventen weiterführender Schulen und Universitäten an den Handelsbeschäftigten erhöht. Hatten noch 1999 nur knapp 4 Prozent der Beschäf-

tigten einen Universitätsabschluss, so waren es 2009 bereits über 6 Prozent (in der Gesamtwirtschaft 15,4 Prozent). Der Anteil von Absolventen mittlerer oder höherer Schulen stieg im selben Zeitraum von 23 auf 25 Prozent (in der Gesamtwirtschaft 2009 30 Prozent), während der Anteil von Personen, die lediglich einen Pflichtschulabschluss vorweisen konnten, von 19 auf 16 Prozent gesunken ist (in der Gesamtwirtschaft 2009 15 Prozent). Die größte Gruppe stellen aber trotz sinkender Tendenz Beschäftigte mit Lehrabschluss. Ihr Anteil an der Belegschaft betrug 1999 55 Prozent, zehn Jahre später immer noch 52 Prozent (in der Gesamtwirtschaft 40 Prozent). Das heißt, dass die Mehrheit der Beschäftigten ihren höchsten Bildungsabschluss im Unternehmen erwerben.

Der Handel bildete schon vor dem Ersten Weltkrieg Lehrlinge aus und entwickelte dabei im Einzelfall ambitionierte Ausbildungsprogramme. Im Jahr 1910 arbeiteten im Warenhandel im Gebiet der späteren Republik Österreich über 10 000 Lehrlinge, das waren ungefähr 5 Prozent aller im Handel Beschäftigten. Unter den echten Unselbstständigen repräsentierten die Lehrlinge zu jener Zeit sogar gut 10 Prozent.

Die Entwicklung nach 1918 verlief nicht geradlinig. In den 30er-Jahren gab es in Österreich in absoluten Zahlen sogar eher weniger Lehrlinge als vor dem Ersten Weltkrieg, obwohl der Handel wesentlich mehr Beschäftigte hatte. Nur mehr 4 Prozent aller im Handel Beschäftigten und etwas mehr als 7 Prozent der echten Unselbstständigen waren in dieser Zeit Lehrlinge. Dieser Umstand war nicht ein Ergebnis der Wirtschaftskrise, sondern lag daran, dass es in dieser Zeit aufgrund des Geburtenausfalls während des Ersten Weltkriegs viel weniger Jugendliche im entsprechenden Alter gab. Tatsächlich arbeiteten 1934 ungefähr 4,5 Prozent der entsprechenden Jahrgänge als Handelslehrlinge (1910 waren es nur 2,7 Prozent gewesen).

Nach dem Zweiten Weltkrieg stieg nicht nur

Das Wirtschaftsförderungsinstitut der Wiener Handelskammer warb für Kurse zur Berufsausbildung. Plakat Atelier Hofmann, 1951 und 1953.

die absolute Zahl der Lehrlinge aufgrund des Bevölkerungswachstums und der Verstärkung des Gewichts des Handels in der Gesamtwirtschaft, sondern auch innerhalb des Handels wurde die Lehrlingsausbildung bedeutsamer. In den 60er-Jahren arbeiteten in allen Sparten des Handels etwa 32 000 Lehrlinge, das waren etwa 9 Prozent der Handelsbeschäftigten und 11 Prozent der echten Unselbstständigen. Von diesen Lehrlingen entfielen etwa drei Viertel auf den Einzelhandel. Im Einzelhandel war daher jeder fünfte echte Unselbstständige ein Lehrling. Die absolute Zahl der Lehrlinge blieb noch bis Anfang der 80er-Jahre bei etwa 30 000, dann sank sie. In den letzten Jahren bildet der Handel in Österreich zwischen 18 000 und 20 000 Lehrlinge aus, das sind ungefähr 3,5 Prozent der unselbstständig Beschäftigten. Hinter dieser Entwicklung steht eine Veränderung vor allem in den kleinen Unternehmen. Knapp die Hälfte aller Handelsunternehmen bildet Lehrlinge aus, unter den Großunternehmen sind es 83 Prozent, unter den Unternehmen mit weniger als 50 Beschäftigten 46 Prozent. Eine Reihe von Großunternehmen hat überdurchschnittlich hohe Anteile von Lehrlingen unter ihren Beschäftigten, so die SPAR-Gruppe, Hofer, bau-Max und dm, in geringerem Maß auch die REWE-Unternehmen. In den kleinen Unternehmen ist der Lehrlingsanteil entsprechend geringer.

Entsprechend dem Bild der Branche insgesamt hat sich auch in der Lehrlingsausbildung der Anteil der Frauen verändert. Langfristig ist er angestiegen: Waren 1910 noch 17–18 Prozent der Lehrlinge Frauen, betrug der Anteil 1934 bereits 36 Prozent, 1970 68 Prozent und 1990 79 Prozent. Seither ist eine Gegenbewegung eingetreten, der Anteil der Burschen an den Handelslehrlingen ist innerhalb von fünfzehn Jahren wieder auf ein Drittel angestiegen.

Gewandelt haben sich die Ausbildungsmöglichkeiten insofern, als der früher dominierende Lehrberuf des Einzelhandelskaufmanns in der jüngeren Vergangenheit nur mehr einer unter einer größeren Zahl von Lehrberufen ist, für die Handelsunternehmen ausbilden.

Das Projekt »Lehrlinge on Tour« gab 2011 rund achtzig angehenden Einzelhandelskaufleuten bei Lidl Österreich die Möglichkeit, eigenverantwortlich Filialen zu leiten. In Teams zu je 10–15 Lehrlingen übernahmen sie eine Woche lang selbstständig das komplette Tagesgeschäft in den sechs Salzburger Filialen. Lidl-Filiale in der Münchner Bundesstraße.

Aus Handelsunternehmen gehen daher heute auch ausgebildete Bürokaufleute, Großhandelskaufleute, Buchhalter, Informationstechniker, Lagerlogistiker, Bäcker und Konditoren, Köche und Fleischverarbeiter, Friseure und Kosmetiker hervor.

Über die betriebliche Lehrlingsausbildung im engeren Sinn hinaus hat sich in einigen großen Unternehmen ein eigenes Schul- und Kursprogramm entwickelt. Das älteste Beispiel dieser Art ist die Meinl-Akademie, 1906 von Julius Meinl in Wien gegründet, eine eigene Berufsschule für die Ausbildung des eigenen Personals. Die Schule wurde bis zum Verkauf der Meinl-Kette vom Unternehmen weiterbetrieben und im Jahr 2000 von SPAR Österreich (das einen Teil der Meinl-Geschäfte übernommen hatte) übernommen. In den hundert Jahren ihres Bestehens bildete die Meinl-Akademie beziehungsweise SPAR-Akademie 9 000 Einzelhandelskaufleute in dreijährigen Lehrgängen aus, also an die hundert pro Jahrgang, die überwiegend aus dem Raum Wien kommen. Zusätzlich bestehen heute in den Bundesländern, in denen SPAR stärker präsent ist, in den vorhandenen Berufsschulen SPAR-Akademie-

Klassen. Diese Ausbildung soll die Möglichkeit geben, durch den Einsatz von Mitarbeitern des eigenen Unternehmens als Lehrpersonen eine spezifische Ausbildung zu bieten.

Die seit 1997 bestehende Möglichkeit, eine Berufsreifeprüfung abzulegen, wird als Programm »Lehre mit Matura« von einigen Unternehmen gefördert. Die Unterstützung der Unternehmen besteht in der Übernahme der Ausbildungskosten, die nicht durch öffentliche Subventionen bedeckt sind. Insgesamt werden diese Programme nur von einer kleinen Minderheit der Lehrlinge genutzt, bei SPAR etwa von jedem zwanzigsten.

Unternehmensinterne und -externe Weiterbildungsangebote bieten heute nahezu alle großen Handelsunternehmen, 90 Prozent der mittleren und 80 Prozent der kleinen Unternehmen in irgendeiner Form an. Dies erfolgt in Kursen und anderen Formaten; kleine Unternehmen tendieren zur externen Weiterbildung, große zu internen Angeboten bis hin zum Schulungszentrum wie etwa den Zentren, die Billa an mehreren Standorten betreibt, in denen Lernthemen von der Kassa bis zur EDV und der Personalentwicklung bearbeitet werden, oder der XXXLutz-Schulungsakademie mit ähnlichen Zwecken. Große Unternehmen oberhalb des Diskont-Segments haben die Möglichkeit, durch spezialisierte Ausbildung ihrer Mitarbeiter Vorteile in Service und Beratung zu erlangen, etwa im technischen Fachhandel, in dem es bei entsprechendem Personalstand möglich ist, eigene Mitarbeiter für die Beratung über bestimmte Systeme zu schulen, oder im Möbelhandel, in dem Unternehmen den Kunden die Planung etwa von Küchen anbieten, wofür Mitarbeiter eigens ausgebildet werden.

Arbeitnehmer und Unternehmen

Trotz solcher Angebote, die an sich die Qualität von Arbeitsplätzen erhöhen, gehören weite Teile des Handels nicht zu jenem »primären« Segment des Arbeitsmarkts, das sich

Lidl Österreich Lehrlingsoffensive 2010: Aufruf an Interessierte, sich am Lehrlings-Infotag über die Ausbildung beim Diskonter informieren.

durch überdurchschnittlich hohe Bezahlung, unternehmensinterne Weiterbildung und Aufstiegsmöglichkeiten, genaue Beachtung von arbeitsrechtlichen Vorschriften, intensive Bindung der Mitarbeiter ans Unternehmen und entsprechend lange Verweildauer und geringe Fluktuation auszeichnet. Es bestehen diesbezüglich Unterschiede zwischen Einzelhandel und Großhandel und zwischen großen und kleinen Unternehmen. Warenhäuser wie Gerngross oder auch die Lebensmittelkette Meinl boten ihren Mitarbeitern tendenziell günstigere Bedingungen. Auch innerhalb der Unternehmen herrscht eine deutliche Segmentierung, insbesondere zwischen unqualifizierten Kräften einerseits und betriebsintern qualifizierten und sonst höher qualifizierten Kräften andererseits.

Typischerweise gehören große Unternehmen des Einzelhandels zu jenen Arbeitsstätten, in denen die Fluktuation der Mitarbeiter und, wie erwähnt, der Anteil der Teilzeitarbeit besonders hoch sind. In Einzelhandelsunternehmen mit mehr als fünfzig Mitarbeitern wird jährlich ungefähr jede sechste Arbeitskraft ausgetauscht; eine solche Fluktuationsrate ist sonst etwa im Gastgewerbe normal, während für Industrieunternehmen eine halb so starke Fluktuation typisch wäre. In kleinen Handelsunternehmen ist dieser Anteil weitaus geringer als in den großen. Die Maßnahmen zur unternehmensinternen Qualifizierung führen tendenziell dazu, dass Mitarbeiter länger im Unternehmen bleiben, weil sich einerseits die persönliche Bindung der Mitarbeiter ans Unternehmen und die Identifikation mit den Unternehmenszielen verstärkt und andererseits die Unternehmen daran interessiert sind, Mitarbeiter zu behalten, in deren Ausbildung man selbst investiert hat. Kürzer bemessen sind daher eher die Arbeitsverhältnisse von schlecht qualifizierten und leicht austauschbaren Mitarbeitern, das sind oft auch Teilzeitstellen.

Teilzeitarbeit ist nicht nur hinsichtlich der Arbeitsplatzsicherheit und der Bezahlung benachteiligt, sie wird von den Unternehmen auch oft mit dem Anspruch auf extreme zeitliche Flexibilität der Arbeitnehmer verbunden.

Andererseits ist die Möglichkeit zur Teilzeitarbeit für eine Minderheit von Arbeitnehmern sogar die primäre Motivation, überhaupt im Handel zu arbeiten, etwa weil eine solche Beschäftigung mit anderen Beschäftigungen oder mit Betreuungspflichten vereinbar ist.

Nicht nur hinsichtlich Verweildauer und Anteil von Teilzeit, sondern auch in der Entlohnung ist der Einzelhandel vielfach etwa auf dem Niveau der Gastronomie einzustufen. Viele große Einzelhandelsunternehmen bezahlen ihre Mitarbeiter zum größten Teil in Höhe der kollektivvertraglichen Mindestlöhne. Eine Ausnahme im österreichischen Lebensmittelhandel ist traditionell Hofer, der deutlich über dem Kollektivvertrag bezahlt (bereits die Lehrlingsentschädigungen liegen um 45 bis 50 Prozent über den kollektivvertraglichen Mindestsätzen), aber auch höhere Leistungsanforderungen an die Mitarbeiter stellt.

Für qualifizierte Kräfte bestehen auch im Einzelhandel und in großen Unternehmen Karrieremöglichkeiten, die zu Verbesserungen in allen Stadien der Berufslaufbahn führen können. Im Lebensmittelhandel ist es nicht ungewöhnlich, dass auf eine abgeschlossene Lehre im Abstand weniger Jahre Verwendungen als stellvertretender Filialleiter, Filialleiter und Gebietsleiter folgen, womit ein Wechsel der Beschäftigungsgruppe verbunden ist. Für die Entlohnung sind grundsätzlich die Dauer der Berufsausübung und eben auch die Zuordnung zur Beschäftigungsgruppe relevant (daneben bestehen regionale Unterschiede insofern, als die Entlohnung in Salzburg und Vorarlberg um etwa 3 Prozent höher liegt). Generell steigt im Handel in den ersten Jahren der Berufsausübung die Entlohnung nur langsam. Ungelernte Arbeitskräfte werden nach drei Jahren in die unterste Beschäftigungsgruppe der gelernten Kräfte eingeordnet. Auch bei gelernten Kräften steigen die Gehälter in den ersten etwa fünf Jahren jährlich um weniger als 0,5 Prozent, besonders in den untersten Beschäftigungsgruppen. Im weiteren Verlauf der Karriere wird steigende Berufserfahrung höher entlohnt, nämlich mit jährlichen Zuwächsen von 2 bis 3 Prozent. Zu diesen Zuwächsen, die bloß auf Anciennität zurückgehen, kommen noch Zuwächse durch geänderte Beschäftigung. Diese sind im unteren Hierarchiebereich und in der ersten Zeit der Karriere gering; wer zwei Jahre nach Lehrabschluss Filialleiter-Stellvertreter wird, hat davon zunächst wenig Einkommensvorteil. Größere Unterschiede bestehen jedoch bei einem Wechsel etwa eines einfachen Filialleiters in die Funktion eines Filialleiters mit selbstständiger Einkaufsbefugnis oder, in einer nächsten Stufe, zur Leitung mehrerer Großfilialen. Mit solchen Karriereschritten sind (zusätzlich zu den Auswirkungen der längeren Berufstätigkeit) jeweils Einkommenszuwächse um 20 bis 30 Prozent verbunden. Außer diesen Unterschieden, die im allgemeinen Groß- und Kleinhandel gelten, bestehen noch Entlohnungsunterschiede zwischen den Branchen. Verglichen mit dem allgemeinen Handel, liegt die Entlohnung im Fotohandel um etwa 3,5 Prozent, im Drogenhandel um 4 bis 7 Prozent, im Buchhandel um 2 bis 7 Prozent und im Eisengroßhandel um 6 bis 7 Prozent höher.

Die Qualifikation der Mitarbeiter ist, wie die kürzere Verweildauer von unqualifizierten Personen erwarten lässt, unter anderem ein bestimmender Faktor für das Arbeitslosigkeitsrisiko, schon deshalb, weil sich bei öfterem Arbeitsplatzwechsel die Zeiten, in denen eine neue Beschäftigung gesucht wird, summieren (ob unqualifizierte Mitarbeiter von vornherein ein höheres Arbeitslosigkeitsrisiko haben, ist hingegen eine andere Frage). Unter den Arbeitslosen, die zuletzt im Handel beschäftigt waren, sind Personen, die lediglich über einen Pflichtschulabschluss verfügen, weit überrepräsentiert. Für sämtliche höheren Ausbildungsstufen gilt das Gegenteil.

Arbeitsverfassung

Zur Unternehmenskultur des primären Arbeitsmarkts gehört auch die Akzeptanz von

Betriebsräten als Arbeitnehmervertretung, ein Thema, das im Zusammenhang mit einer Reihe von großen Handelsunternehmen in Österreich immer wieder in Diskussion geraten ist. Die Einrichtung von Betriebsräten ist der Gesetzeslage nach in Betrieben mit mindestens fünf Arbeitnehmern geboten und bedarf nicht der Zustimmung der Unternehmensleitung. Dennoch ist in einer Reihe von Unternehmen die Einrichtung von Betriebsräten unterblieben (wofür keine Sanktionen vorgesehen sind) oder spät erfolgt. Diesbezüglich eher unproblematische Branchen sind der Lebensmitteleinzelhandel und der Drogenhandel (selbst Schlecker hat in Österreich nach etwa anderthalb Jahrzehnten 2004 einen Betriebsrat erhalten). Die eher betriebsratsfreundliche Situation im Lebensmittelhandel hat auch mit der Vergangenheit zu tun, in der es mit dem Konsum und Meinl eine lange Tradition von einzelnen großen (in den heutigen Großunternehmen aufgegangenen) Unternehmen mit funktionierendem Betriebsrat gegeben hat. Die Arbeitnehmer anderer Branchen wie des Möbelhandels, des Elektrohandels und anderer sind nicht in gleicher Weise vertreten. Der Marktführer im Möbelhandel, Lutz, hat in Österreich gar keinen Betriebsrat, die weiteren großen Möbelhändler (Leiner/Kika, IKEA) nur teilweise und erst in der jüngeren Vergangenheit. Keine durchgängige Vertretung durch Betriebsräte existiert auch in den großen Baumarktketten. In allen diesen Fällen wenden sich die Beschäftigten mit ihren Anliegen voll Vertrauen an ihre wohlwollenden Arbeitgeber.

Gewerkschaftlich sind die Handelsangestellten im Wirtschaftsbereich Handel der Gewerkschaft der Privatangestellten organisiert. Eine der Wurzeln der GPA bildete der 1893 gegründete Verein der kaufmännischen Angestellten, die Gründung der GPA aus Angestellten des Handels und anderer Branchen erfolgte 1945. Die Handelsarbeiter gehörten wiederum bis 2006 zur Gewerkschaft Handel, Transport und Verkehr, seither zur Verkehrs-

Hofer-Mitarbeiterin bei der Kassiertätigkeit.

und Dienstleistungsgewerkschaft (vida), einem Zusammenschluss mit der Gewerkschaft Hotel, Gastgewerbe, Persönlicher Dienst und der Eisenbahnergewerkschaft. Unter den Handelsarbeitern gab es 2011 etwa 6 000 Gewerkschaftsmitglieder, unter den Handelsangestellten etwa 20 000. Der Organisationsgrad beträgt damit in beiden Gruppen etwa 5 Prozent der Beschäftigten, ein sehr niedriger Wert, wenn man etwa den Organisationsgrad in der Güterproduktion oder im Öffentlichen Dienst als Maßstab nimmt.

Typische Konfliktfelder im Handel sind die Löhne, insbesondere die korrekte Einstufung im geltenden kollektivvertraglichen Schema, sowie die Arbeitszeiten, und hier die vollständige Erfassung von Randzeiten (also Zeiten vor Öffnung und nach Schließung des Geschäfts) sowie generell die Abgeltung von Überstunden (Arbeitnehmer verlieren durch lange Durchrechnungszeiträume von Arbeitszeiten Überstundenzuschläge). Ebenso ein typisches Konfliktthema des Handels ist die Überwachung der Arbeitnehmer durch Spind- und Taschenkontrollen oder Videoüberwachung. Konflikte dieser Art wurden immer wieder Gegenstand medialer Berichterstattung und riefen Reaktionen von Kunden hervor, was auch zu ihrer Erledigung beitrug.

135

Hans Moser als Greißler Seiberl im damals sehr populären Volksstück »Essig und Öl«. Wiener Kammerspiele, 1932. Foto von Wilhelm Willinger.

11. Handelsfrauen und Kaufmänner

Kaufleute spielen in der österreichischen Literaturgeschichte eine wichtige Rolle. Bei Johann Nepomuk Nestroy kommen sie zuhauf vor, in allen möglichen Schattierungen: Die Kornhändlerswitwe Frau von Erbsenstein in *Das Mädl aus der Vorstadt,* der Gewürzkrämer oder vermischte Warenhändler Zangler aus der Kleinstadt in *Einen Jux will er sich machen* ebenso wie der Handlungsdiener Weinberl, der Lehrjunge Christopherl und der Hausknecht Melchior, der aus einer vermischten Warenhandlung kommt, »wo's zwar nur einen Artikel gegeben hat, aber der war ungeheuer vermischt, in einer Weinhandlung«, die hauptstädtische Modewarenhändlerin Madame Knorr und der provinzielle Kaufmann Brunninger, der reiche Holzhändler Herr von Scheitermann und der arme Tandler Schlucker, der Bandlkramer Pumpf und der Greißler Schmalzer oder gar der tratschsüchtige Trafikant Tratschmiedel, dem nichts in der Welt über das Tratschen geht und der aus jeder Mücke einen Elefanten macht. Nestroys Resumée: »Es sind gewiss in unsrer Zeit / Die meisten Menschen Handelsleut, / Und wer das Ding so observiert, / Muss sag'n: der Handelsstand floriert …«

»Mein Vater war ein Kaufmann.« So beginnt Adalbert Stifters Bildungsroman *Der Nachsommer.* Adalbert Stifter kannte die Welt der Kaufleute gut und aus eigener Erfahrung, als Sohn eines Leinenhändlers und als Bildungsbürger, der selbst in vielen Handelshäusern verkehrte. Er hatte den *Nachsommer* 1856 in der traditionsreichen Eisenhandelsstadt Steyr als Gast eines Steyrer Eisenhändlers vollendet. Die Zwänge, die Franz Kafka, Sohn eines Kaufmanns, in seinem 1913 publizierten Kurztext *Der Kaufmann* reflektiert, sind die

Zwänge des Kaufmannslebens; sich nie erholen zu können, eigentlich ununterbrochen für sein Geschäft weiterarbeiten zu müssen: »Wenn nun am Abend eines Werketages das Geschäft gesperrt wird und ich plötzlich Stunden vor mir sehe, in denen ich für die ununterbrochenen Bedürfnisse meines Geschäftes nichts werde arbeiten können, dann wirft sich meine am Morgen weit vorausgeschickte Aufregung in mich, wie eine zurückkehrende Flut, hält es aber in mir nicht aus und ohne Ziel reißt sie mich wieder mit.«

Schneckenverkäuferinnen auf einem Wiener Markt. Aus der Darstellungsserie von »Wiener Typen« von Johann Adolf Opitz, um 1810.

Vielerlei Zerrbilder des Kaufmannsstandes findet man in Karl Kraus' riesenhaftem Weltkriegs-Drama *Die letzten Tage der Menschheit,* zum Beispiel den Viktualienhändler Vinzenz Chramosta, einen Preistreiber, dem nichts minimal genug ist, um daraus nicht noch einen kleinen Profit zu schlagen, der aber gleichzeitig in der Hand der großen Spekulanten nur ein armes Würstchen darstellt. Und was sagt Helmut Qualtingers Herr Karl, ein Handlungsgehilfe, über seine Chefs: »I war damals in an Gschäft … des war a Begriff: Feinkost-Wawra, in der Krise hat er sich derschossen, der alte Herr Feinkost-Wawra. A Erbe hat dann des G'schäft weitergeführt

als Reform-Wawra, aber des war scho nix mehr. Aber Feinkost-Wawra – hat ma gwusst: Wann i beim Feinkost-Wawra was bestell', dann kommt der Herr Karl.« Auch Thomas Bernhard arbeitete einmal in einer Gemischtwarenhandlung und verarbeitete seine Eindrücke, ebenso wie Richard Billinger, der Innviertler Kaufmannssohn. Zu Stifter kontrastierend, und vielleicht an den Herrn Karl denkend, formulierte Robert Menasse den zweiten Satz seiner *Sinnlichen Gewissheit:* »Mein Vater war kein Kaufmann …«

Die Handelsleute

Früher wurden unter Handelsleuten und Handelstreibenden alle unternehmerisch Tätigen zusammengefasst. Die alte handelsrechtlich korrekte Bezeichnung eines Unternehmers war Kaufmann, die einer Unternehmerin Handelsfrau. Zu Beginn des 20. Jahrhunderts war mit dem Kaufmann und der Handelsfrau einfach ein alleinverantwortliches wirtschaftliches Rechtssubjekt gemeint. Die Bezeichnung war keineswegs auf eine Handelstätigkeit im engeren Sinn beschränkt; auch der Umfang der Geschäfte war aus der Bezeichnung allein nicht ersichtlich, der Krämer war ebenso Kaufmann wie die Inhaberin einer Spirituosenfabrik. In den Quellen erscheint »der Kaufmann« als das wirtschaftliche Subjekt schlechthin. Erst 2005 wurde das Handelsgesetzbuch in Unternehmensgesetzbuch umbenannt. Die Änderung erfolgte auf Basis des Handelsrechts-Änderungsgesetzes BGBl. 120/2005. Erst damit wurden aus dem Kaufmann und der Handelsfrau der Unternehmer und die Unternehmerin. Auch die »Handelskammern« wurden zu Wirtschaftskammern umbenannt. Ihr Mitgliederkreis bezog sich seit der Gründung im Jahre 1849 nicht bloß auf den Bereich des Handels, sondern auf den gesamten Umfang von Gewerbe, Industrie, Handel und Dienstleistungen.

Der Handel (Groß- und Kleinhandel) ist der größte Teilbereich des tertiären Sektors. Die Zahl der Handelsbetriebe hatte schon im 19. Jahrhundert deutlich zugenommen. Nach dem Ersten Weltkrieg, in der Zeit der Hyperinflation der frühen 20er-Jahre, kam es zu einer neuerlichen Zunahme. Die Inflation des Geldes führte zu einer Inflation des Detailhandels. Es kam zu einer Verdoppelung der Zahl der Handelsbetriebe. Dies wurde von der Kaufmannschaft generell beklagt: »Die Zahl der Kleinhändler, die im Jahre 1913 zirka 35 000 betrug, stellte sich im Jahre 1925 auf rund 85 000.« Während der Weltwirtschaftskrise ging dieser Trend weiter. Viele Arbeitslose versuchten sich als Selbstständige. 1934 arbeiteten im österreichischen Handel etwa 250 000 Personen, davon 100 000 Selbstständige. 1981 waren von den etwa 440 000 Beschäftigten nur mehr etwas mehr als 60 000 Selbstständige. Zur steigenden Zahl der Beschäftigten kontrastiert die Abnahme der Betriebe. Anfang der 50er-Jahre gab es in Österreich rund 71 000 Handelsbetriebe, 1971 waren es noch an die 57 000 und Ende der 80er-Jahre knapp 54 000. Besonders dramatisch verlief die Entwicklung im Lebensmittelhandel mit einer Reduktion um nahezu die Hälfte in den vergangenen zwanzig Jahren, wobei vor allem die sogenannten »Greißler« von diesem Selektionsprozess betroffen waren.

2010 gab es laut Statistik Austria 74 345 Unternehmen im Handel mit insgesamt 615 090 Beschäftigten. Selbstständige im Handel gab es 2009 insgesamt 64 875, davon bei den Kleinbetrieben bis 9 Beschäftigten 57 933. Es gab insgesamt 63 899 Betriebe mit 0–9 Beschäftigten (167 255 Beschäftigte insgesamt) und 196 Betriebe mit 250 und mehr Beschäftigten (206 590 Beschäftigte). Insgesamt gab es 101 688 Arbeitsstätten im Handel.

Zwei Fakten sind besonders augenscheinlich: der Trend zu größeren Betriebsformen und die Nachfolgeprobleme bei kleineren Familienbetrieben. In der zweiten Hälfte der 50-Jahre setzte jener Strukturwandel und

Konzentrationsprozess ein, der von den 60er-Jahren an bis heute die Entwicklung im Handel kennzeichnet. Charakteristisch für den österreichischen Handel ist aber immer noch seine kleinbetriebliche Struktur. Rund 35 Prozent aller Handelsunternehmen waren im Jahr 2009 Ein-Personen-Unternehmen. Weitere rund 52 Prozent beschäftigten weniger als

Mit »Frau Sopherl vom Naschmarkt« kreierte Vinzenz Chiavacci eine Figur, die der sterotypisierenden Darstellungen von »Wiener Typen« zuzuordnen ist. Farblithografie von Fritz Schönpflug, 1910.

»Gemüseverkäuferinnen nach gehaltenem Marckte / Le retour des Jardinières après le marché.« Aus einer Serie Wiener Scenen. Kolorierte Stiche von Johann Nepomuk Passini und A. Winkler (nach Entwürfen von Johann Joseph Schindler und Johann Adam Krafft). Verlag Artaria Comp. Wien, 1826.

10 Personen. Es ist eine deutliche Verjüngung der Handelsunternehmer eingetreten: 1987 lag das Durchschnittsalter bei 43 Jahren, 1952 hingegen noch bei 52 Jahren, wobei jeder vierte Betriebsinhaber über 60 Jahre alt war.

Frauen und Handel

»Fest in weiblicher Hand ist der Einzelhandel.« Vor allem der Einzelhandel, wo der Kontakt zwischen Verkaufenden und Kaufenden am unmittelbarsten ist, ist stärker weiblich bestimmt. Im Großhandel ist der Anteil weiblicher Selbstständiger viel geringer. Es ist auch eine schichtspezifische Differenzierung: der Handelsmann und die Kleinhändlerin. Die Frau eines Großhändlers ist viel seltener be-

stimmend in die Geschäfte involviert als die Selbstständige im Detailhandel. Die Gütergemeinschaft spielte bei den kleinen Geschäftsleuten ebenso wie in der Landwirtschaft eine wesentliche Rolle. Von derartigen Frauen wurden auch Grundlagen im Rechnen und Schreiben und Kenntnisse der Buchhaltung erwartet.

Frauen spielten im Handel immer eine wichtige Rolle und standen hier, wie man so schön sagt, »ihren Mann«. Die Geschichte des vorindustriellen Handels kennt Frauen vor allem als Marktfahrerinnen, Standlerinnen und Marketenderinnen, die sich im Tross der Söldnerheere bewegten, an der Grenze zwischen akzeptiertem und verfemtem Frauenbild stehend; ordinär und unweiblich einerseits, geschäftstüchtig und schlagfertig andererseits: Trafikantinnen, Geflügel- und Fischhändlerinnen, Milchweiber, Kräuterweiblein, Trödlerinnen. Meist waren es ältere Frauen. In den Wiener Kaufruf-Darstellungen des Johann Christian Brand, etwa vierzig an der Zahl, war dieses Genre sehr beliebt: das Milchweib, die Limoniekrämerin, das Eiermädchen, das Schneckenweiblein, die Zwiebelkroatin, das Mädel mit dem Waldholz … Was von Frauen in Körben auf dem Kopf oder mit dem Leiterwägelchen, vielleicht auch von einem Hund gezogen, zum Markt gebracht wurde, war zum einen Teil Direktvermarktung, zu einem weiteren Teil Alt- und Gebrauchtwarenhandel, immer aber ein wichtiger Teil der Nahversorgung.

Johann Georg Krünitz definierte in seiner 242bändigen *Oeconomischen Encyclopädie* aus dem Ende des 18. Jahrhunderts eine Handelsfrau oder Kauffrau als Frau, die im eigenen Namen Handlung treibt oder doch an des Mannes oder einer anderen Person Handlung Anteil und Gemeinschaft hat. Damit waren Vorrechte verbunden, dass nämlich diese Frauen selbstständig und verbindlich Kontrakte schließen konnten und ihnen eine andere Rechtsqualität zugesprochen wurde als anderen Frauen.

Das ABGB von 1811 legte zwar eine prinzipielle Rechtsgleichheit der Geschlechter fest, schränkte diese aber für verheiratete Frauen ein. »Im Zweifel wird vermutet, dass der Erwerb vom Manne herrührt«, heißt es in § 1237 des ABGB. Das Frauenbild des ABGB unterschied sich von dem des 1862 erlassenen Österreichischen Handelsgesetzbuches. Die Rechte der Frau wurden abweichend vom ABGB nunmehr so definiert: Jede Frau, die gewerbemäßig Handelsgeschäfte betreibt, unterliegt den Rechten und Pflichten eines Kaufmanns. So konnte eine Handelsfrau in Handelssachen selbstständig vor Gericht auftreten. Es machte auch keinen Unterschied, ob sie verheiratet oder unverheiratet war.

Nur wenige nachweislich als Unternehmerinnen tätige Frauen bezeichneten sich selbst und auch selbstbewusst als Geschäftsfrau oder als Handelsfrau. § 4 der Österreichischen Gewerbeordnung von 1859 hatte festgelegt: »Das Geschlecht begründet in Bezug auf die Zulassung zu Gewerben keinen Unterschied.« Der formalrechtlichen Liberalität, die dieses Gesetz festgeschrieben hatte, standen aber viele praktische Schwierigkeiten und Vorurteile entgegen.

Vorrangig in Notzeiten, während der Kriege, aber auch in kleinen Betrieben und als mithelfende Familienmitglieder waren die Frauen im Einsatz. Ohne das Engagement der Frauen wäre der kleine Handel nicht überlebensfähig. Es sind zwar rund ein Drittel der Selbstständigen im Handel Frauen. Aber sie besetzen in der Regel das untere, arme Ende der unternehmerischen Einkommensskala. Selbstständigkeit ist für Frauen häufig ein Ausweg aus einer unbefriedigenden unselbstständigen Arbeitssituation. Sie suchen den Weg in die Selbstständigkeit wegen der Unvereinbarkeit von unselbstständiger Arbeit mit Familie und Kindererziehung oder wegen der Schwierigkeit, nach einer Kinderpause wieder eine adäquate unselbstständige Beschäftigung zu finden.

Handel und Einkommen

Große Vermögen entstanden am schnellsten durch Handel: Julius Meinl begründete in den 1860er-Jahren eine Dynastie, die inzwischen beim sechsten »Julius« angelangt ist. Der große Eisenindustrielle Karl Wittgenstein und seine Geschwister konnten auf dem riesigen Vermögen aufbauen, das der aus Deutschland zugewanderte Hermann Wittgenstein in weniger als zwanzig Jahren als Woll- und Immobilienhändler geschaffen hatte. Durch die Heirat mit Fanny Figdor, der älteren Schwester von Gustav Figdor (1816–1879), der in Wien einen Holz- und Kohlenhandel (Jakob Figdor und Söhne) betrieb und ein Bankhaus gegründet hatte, kam er ins ganz große Geschäft. Anlässlich der Hochzeit konvertierte das Paar in Leipzig vom Judentum zur evangelischen Konfession. Alle elf Kinder, die zwischen 1840 und 1855 zur Welt kamen und evangelisch getauft wurden, darunter die drei Söhne Paul, Louis und Karl, gehörten 1910 zu den tausend größten Steuerzahlern der Habsburgermonarchie, von denen jeder im Jahr 1910 Jahreseinkommen zwischen 100 000 und einer Million Kronen versteuerte. Hermann Wittgenstein hatte ihnen als Immobilienhändler, Generalpächter der Esterházyschen Güter und Partner der Figdorschen Handels- und Bank-Firma diese riesigen Vermögen hinterlassen, die die Söhne noch weiter vermehrten, Karl in der Schwerindustrie, die anderen beiden in den vom Vater ererbten Unternehmen. Die Töchter waren ausgezeichnete Partien.

1910 gab es in Wien und Niederösterreich 929 »Millionäre«, das heißt, Personen, die ein Jahreseinkommen von 100 000 Kronen und mehr versteuerten. 144 davon (15,5 Prozent) waren dem Bereich Handel und Verkehr zuzuordnen. Ihr Durchschnittseinkommen lag leicht unter dem der Industriellen und der Rentiers, aber deutlich unter dem der Bankiers und der Großgrundbesitzer. Die Liste der großen Vermögen, die in der österreichischen Geschichte durch Handel geschaffen wurden, ist lang:

Julius Meinl I. (1824–1914), der Gründer der Meinl-Dynastie, eröffnete auf dem Wiener Fleischmarkt sein erstes Geschäft. Mit dem Angebot von täglich frisch gebranntem Kaffee gelang ihm ein durchschlagender Erfolg.

Georg Simon Freiherr von Sina (1782–1856) stammte aus einer bekannten griechisch-österreichischen Baumwollhändlerfamilie, die es durch Handel und Bankgeschäfte zum Erfolg gebracht hatte.

Alfred Abraham Gerngross (1844–1908) eröffnete 1879 ein Stoffgeschäft an der Ecke Kirchengasse/Mariahilferstraße, das sich zu einem der größten Warenhäuser der Monarchie entwickelte.

von Fries über Sina, Ephrussi und Figdor zu Gutmann und Arnhold, zu Meinl und Mayer, den Erdölkönigen Gartenberg und Fanto, den großen Warenhausbesitzern Herzmansky, Gerngross, Esders, Rothberger etc. bis zum Inflationsgewinnler Siegmund Bosel, der nach dem Ersten Weltkrieg in seiner Handelsgesellschaft »Omnia« mit buchstäblich allem handelte und für wenige Jahre zwischen 1921 und 1924 als reichster Mann Österreichs galt. Meinl verkörperte über mehr als ein Jahrhundert das perfekte Beispiel eines patriarchalischen Unternehmers. Der gleich bleibende Vorname »Julius«, wie bei Herrschern nur durch die römische Zahl unterschieden, von I bis inzwischen VI, signalisiert eine Kontinuität, die es nur in Ausnahmefällen gibt. Fast alle großen Handelsvermögen sind wieder zerfallen, von der Inflation aufgefressen, von Konkursen zerstört, in der nationalsozialistischen Verfolgung vernichtet.

Auch nach dem Zweiten Weltkrieg schuf der Handel immer wieder große Vermögen, natür-

Wolfgang Denzel (1908–1990) war ein österreichischer Rennsportler, Konstrukteur und Unternehmer. Unter anderem war er an der Konstruktion und am Bau der Prototypen für den BMW 700 maßgeblich beteiligt.

Karl Wlaschek, der Gründer der Handelskette Billa gilt heute als einer der erfolgreichsten Unternehmer Österreichs.

lich am bekanntesten das Beispiel des Billa-Gründers Karl Wlaschek. Aber auch Leopold Böhm wäre zu nennen, oder Jenö Eisenberger, der 1950 als Flüchtling aus Ungarn nach Österreich kam, mit 30 Schilling in der Tasche. Er und ein rasch gefundener Partner, Walter Löwe, der ein Auto besaß, begannen mit allem und jedem zu handeln. 1954 eröffneten sie den ersten Löwa-Markt. Ähnlich verliefen die Erfolgsgeschichte von Rudolf Bauer (Kleider Bauer) oder der sagenhafte Aufstieg von Fritz Mauthner. Andere Beispiele gibt es im Baustoffhandel: Fritz Quester schuf den Aufstieg vom Rauchfangkehrer zum Großhändler, noch spektakulärer war Karlheinz Essls Erfolg mit Baumax.

Besonders reich machte der Autohandel. Die Beispiele reichen von Emil Jellinek-Mercedes vor dem Ersten Weltkrieg bis zu Dimitri und Georg Pappas, die nach Ende des Zweiten Weltkriegs mit amerikanischen Autos zu handeln begonnen hatten und mit Mercedes das ganz große Geschäft machten, und den Familien Porsche und Piëch, die sich die VW-Generalvertretung sichern konnten und in der Vermögenspyramide Österreichs die oberste Spitze darstellen. Die Beispiele gibt es ebenso im Möbelhandel wie im Eisen- und Metallwarenhandel. Häufig ist der Reichtum so schnell zerflossen, wie er begründet wurde.

Von den 100 reichsten Familien Österreichs im Jahr 2009 sind 18 dem Handel zuordbar. Diesen 18 Prozent entsprechen aber 45,5 Prozent der Vermögen. Viel davon wurde in den sicheren Hafen der Immobilien verlagert, nur selten in den Bereich der Produktion. Auf der anderen Seite war und ist im Handel die Einkommensschere sehr weit: Einigen wenigen Spitzenverdienern und wohlhabenden Handelsleuten steht eine große Menge von prekären Einkommensverhältnissen gegenüber.

Gemischtwaren-
handlung in Gaum-
berg bei Linz:
Fa. Steffe.

Gemischtwaren-
handlung in Scharn-
stein: Fa. Ger-
hartinger.

Gemischtwaren-
handlung in Ulrichs-
berg: Fa. Leitner.

Gemischtwaren-
handlung in Ried im
Innkreis: Fa. Burg-
staller.

Der Buchhandel gilt als Beispiel für perfektionierte Lagerlogistik, denn – wie hier bei Morawa – hier soll sowohl die Kunden-
belieferung möglichst rasch erfolgen als auch die Schnittstelle zu den Verlagen optimal funktionieren.

IV. BRANCHEN

1. Großhandel und Einzelhandel

Vergleicht man die Unternehmen des Großhandels mit jenen des Einzelhandels, findet man Unterschiede, die im Lauf der Zeit
grundsätzlich bestehen bleiben, aber auch
charakteristische Veränderungen im Zeitablauf. Durchgehend gilt, dass die Zahl der Einzelhandelsunternehmen immer höher als jene
der Großhandelsunternehmen war, nämlich
etwa zweieinhalbmal so hoch. Einzelhändler hatten im Durchschnitt weniger Personal, dieser Unterschied wurde in der jüngeren Vergangenheit aber kleiner (2008 hatten
Großhandelsunternehmen etwa um ein Viertel mehr Personal). Alle Unternehmen zusam-
mengerechnet, lag die Zahl der Beschäftigten
im Einzelhandel um 40 bis 80 Prozent über
jener im Großhandel. Ausgeprägt ist der Unterschied im Verhältnis von Selbstständigen
zu Unselbstständigen: Im Großhandel war der
Anteil der Selbstständigen immer viel geringer, insgesamt ist die Zahl der selbstständigen
Einzelhändler drei- bis viermal so hoch wie
die Zahl der selbstständigen Großhändler.

Großhandelsunternehmen machen im Durchschnitt wie auch insgesamt wesentlich mehr
Umsatz als Einzelhändler, wobei sich dieser
Unterschied im Lauf der Zeit vergrößert hat.
Mitte der 60er-Jahre entsprach der Umsatz
des Einzelhandels etwa 56 Prozent des Großhandelsumsatzes, Ende der 90er-Jahre etwa
50 Prozent, im Jahr 2008 etwa 37 Prozent. Der
Grund für diese jüngere Entwicklung liegt im
rasanten Anstieg der Umsätze von Rohstoffen und Halbwaren, vor allem der Umsätze
bei Brennstoffen und Mineralölerzeugnissen,
aber auch bei Erzen und Metallen, Holz und

Baustoffen sowie chemischen Erzeugnissen.
Ebenso hat sich die steigende Bedeutung des
Transithandels ausgewirkt, also des Handels
mit Waren, die nie eingeführt wurden, aber
zur Steigerung der Umsätze beitragen. Die

Großhandel in Wien
um 1900: »Warenhalle
für Wiederverkäufer«.
Fotografie von August
Stauda, um 1900.

Georg Pfeiffer eröffnete 1862 in Linz-Urfahr ein Geschäft für Spezereiwaren und Landesprodukte und begann bereits zwei Jahre später mit der Großhandelstätigkeit.

Umsätze im Rohstoffhandel haben sich zwischen 1998 und 2008 vor allem im Zusammenhang mit Spekulationsgeschäften mehr als verdreifacht und machten 2008 die Hälfte des gesamten Großhandelsumsatzes aus (1998, so wie auch in den vorangegangenen Jahrzehnten waren es nur gut 30 Prozent). In den anderen Branchen des Großhandels waren die Zuwächse wesentlich geringer, 6 Prozent jährlich im Maschinenhandel, unter 5 Prozent jährlich im Agrarhandel, unter 2 Prozent bei Nahrungs- und Genussmitteln, unter 1 Prozent bei Textilien und Bekleidung. Eine neuere Entwicklung hat sich beim Stromhandel seit 2002 und beim Handel mit Umweltprodukten seit 2005 ergeben, die der Wiener Börse eine etwas größere Bedeutung auch als Warenbörse verschafft hat (im übrigen hat die Warenbörse wie auch die Produktenbörse vor allem eine Funktion in der Dokumentation von Kursen und so weiter).

Im Einzelhandel war der Handel mit Nahrungs- und Genussmitteln die gewichtigste Branche; zuletzt entfiel mehr als ein Drittel der Umsätze des Einzelhandels auf Lebensmittel. Für die letzten Jahre ist eine steigende Tendenz zu bemerken, für frühere Jahrzehnte ist eine genaue Festlegung schwierig, weil zu jener Zeit ein beträchtlicher Teil der Nah-

rungsmittel in Gemischtwarenläden verkauft wurde, die ihren Umsatz eben auch mit anderen Produkten machten. Jedenfalls stiegen die Umsätze im Nahrungsmittelhandel zwischen 1998 und 2008 um mehr als 6 Prozent pro Jahr, jene des Textil- und Bekleidungshandels nur um 2 bis 3 Prozent.

Die großen Unterschiede in den Umsätzen von Groß- und Einzelhandel relativieren sich, wenn man das Verhältnis zwischen Umsatz und Wertschöpfung berücksichtigt. Allgemein ist es so, dass der Anteil der Wertschöpfung am Umsatz im Einzelhandel deutlich höher ausfällt: Im Großhandel beträgt die Wertschöpfung zwischen 10 und 14 Prozent (bei fallender Tendenz, je näher man der Gegenwart kommt), im Einzelhandel um 20 Prozent. Die Entwicklung im Großhandel ist wieder stark durch den Rohstoffhandel bestimmt, in dem die Wertschöpfung im Verhältnis zu den Umsätzen von jeher gering war (1998 etwa 11 Prozent) und sich schwach entwickelt hat (trotz eines absoluten Anstiegs betrug sie 2008 nur 6 Prozent); die großen Umsätze in diesem Bereich führten somit zu keiner entsprechend gestiegenen Wertschöpfung. Im Einzelhandel sind die Verhältnisse im Textilhandel besonders günstig; die Wertschöpfung macht hier 25 bis 30 Prozent des Umsatzes aus. Am anderen Ende des Einzelhandels steht der Nahrungsmittelhandel mit einer Wertschöpfung in Höhe von nur 16 bis 17 Prozent des Umsatzes. Insgesamt liegt trotz des großen Abstands in den Umsätzen die Wertschöpfung im Einzelhandel in absoluten Zahlen nur um ungefähr ein Viertel unter jener des Großhandels, ein Verhältnis, das sich im Lauf der Zeit auch nicht wesentlich verändert hat.

Vergleicht man die absoluten Umsatzzahlen von Einzelhandel und Großhandel in den einzelnen Branchen, erhält man ganz unterschiedliche Ergebnisse. So war im Bereich der Nahrungs- und Genussmittel der Großhandelsumsatz 1998 etwa so hoch wie der Einzelhandelsumsatz und fiel in den folgenden Jahren deutlich darunter. Im Bereich Textilien

und Bekleidung war der Einzelhandelsumsatz ungefähr dreimal so hoch wie der Großhandelsumsatz, und im Bereich des Möbelhandels (einer wichtigen Einzelhandelssparte) werden Zahlen für den Großhandel mangels Masse in der Regel nicht einmal ausgewiesen. Das Verhältnis zwischen den Umsätzen von Groß- und Einzelhandel in den einzelnen Produktgruppen wird von den jeweiligen organisatorischen Verhältnissen und Abhängigkeiten bestimmt.

Funktionen und Abhängigkeiten

Die Unterscheidung zwischen Groß- und Einzelhandel basiert auf der Grundvorstellung, Produzenten würden Güter an einen Großhändler liefern, der seinerseits an Einzelhändler liefert, bei denen die Endverbraucher die Güter kaufen. Die involvierten Unternehmen sind dabei voneinander unabhängig.

Dieses Bild stimmt in manchen Fällen wirklich, nämlich tendenziell dann, wenn zugleich viele unabhängige Produzenten und viele unabhängige Einzelhändler im Spiel sind. Ein Beispiel ist der Buchhandel, in dem es in Österreich in den 60er-Jahren etwa 650 und in der Gegenwart immer noch ungefähr 500 Einzelhändler gibt, die mehrere Millionen Kunden mit Büchern von fast tausend deutschsprachigen (und weiteren anderssprachigen) Verlagen beliefern. In einem solchen Markt erfüllt der Großhandel von jeher eine wichtige Funktion, weil damit der einzelne Verlag die Zahl der Kunden und die einzelne Buchhandlung die Zahl der Lieferanten reduzieren können.

C+C Pfeiffer ist heute Lieferant für Gastronomie und Hotellerie sowie für den Lebensmitteleinzelhandel. Die GmbH verfügt 2012 über acht Standorte innerhalb Österreichs mit mehr als 950 Mitarbeitern.

In vielen anderen Fällen bestehen aber zwischen Güterproduzenten, Großhandel, Einzelhandel und Endverbrauchern andere und oft äußerst komplexe Beziehungen, die auch die wirtschaftlichen Unterschiede zwischen Großhandel und Einzelhandel erklären. Dass der Großhandel vergleichsweise hohe Umsätze verzeichnen kann, liegt nicht nur an der Mehrfachzählung, die sich bei kurzfristigen, spekulativen Geschäften mit Rohstoffen ergibt. Auch unabhängig davon ist zu erwarten, dass der Großhandel mehr umsetzt als der Einzelhandel, da Großhändler außer mit dem Einzelhandel auch mit der Landwirtschaft, den gewerblich-industriellen Unternehmungen und dem sonstigen Dienstleistungsbereich einschließlich des öffentlichen Sektors handeln und darüber hinaus Auslandsgeschäfte tätigen. Dem steht allerdings der Umstand gegenüber, dass der Einzelhandel nicht ausschließlich Waren umsetzt, die zuvor vom Großhandel gehandelt wurden. Es bestehen

also Beziehungen unterschiedlicher Art: Güterproduzenten liefern nicht nur an Großhändler, sondern auch an Einzelhändler oder an Endverbraucher, Großhändler liefern nicht nur an Einzelhändler, sondern auch an Güterproduzenten und an Endverbraucher, Einzelhändler liefern nicht nur an Endverbraucher, sondern auch an andere Unternehmen. Dass Großhändler auch an Endverbraucher liefern, liegt daran, dass manche deklarierte Großhändler faktisch eine Mischung von Großhandel und Einzelhandel betreiben: Sie handeln dem Namen nach mit anderen Unternehmen, lassen praktisch aber den privaten Einkauf von Beschäftigten solcher Unternehmen oder den Einkauf von Unternehmern für ihre privaten Zwecke zu. Dazu gibt es klarerweise auch Unternehmen, die von vornherein zugleich als Grossisten und Detaillisten auftreten.

Schon die Zuordnung von Unternehmen zum Handel beziehungsweise zur Produktion ist erläuterungsbedürftig. Dass etwa Bäckereien, die

Das Fahrzeug hat sich verändert, aber die Logistik ist gleich geblieben. Auslieferung Herba Chemosan, um 1970.

ihre eigenen Erzeugnisse in ihren eigenen Lokalen verkaufen, statistisch nicht zum Handel zählen, ist naheliegend, da es sich um den Direktverkauf eines gewerblichen Produkts handelt. Wenn Waren derselben Bäckerei zusätzlich von einer Lebensmittelkette angeboten werden, ist dies Teil des Handels. Diese an sich klare Unterscheidung relativiert sich, wenn Unternehmen, die als Einzelhändler auftreten, Produkte aus dem eigenen Konzern verkaufen. So verkauft der drittgrößte Möbelhändler in Österreich, IKEA, Möbel aus der Produktion von Swedwood, einer Unternehmensgruppe innerhalb des IKEA-Konzerns. Wenngleich die Produktion und der Handel rechtlich in eigenen Unternehmen untergebracht sind, ist doch aufgrund der Entscheidungsverläufe und der wirtschaftlichen Verflechtung das Handelshaus hinsichtlich dieser Produkte faktisch nichts anderes als ein Factory Outlet.

Nicht nur im direkten Verhältnis von Güterproduzenten zum Einzelhandel, sondern auch im Verhältnis des Großhandels zu den Güterproduzenten einerseits und zu den Detaillisten andererseits bestehen vielfach Verhältnisse, die zur Einschränkung der Eigenständigkeit einer der beteiligten Parteien führen. So wurden manche Großhandelsunternehmen als Instrument der Produzenten oder aber des Einzelhandels gegründet, etwa als Vermarktungsgenossenschaft oder als Einkaufsgenossenschaft. Obwohl in einem solchen Fall das Großhandelsunternehmen theoretisch das abhängige Unternehmen ist, haben sich doch nicht selten die Verhältnisse umgekehrt. Dies ist besonders bei großen, allenfalls auch internationalen Genossenschaften der Fall, in denen das einzelne Mitglied wenig Gewicht hat und die Willensbildung innerhalb der Genossenschaft hauptsächlich vom Management bestimmt wird. In diesen Fällen sind also etwa Einzelhändler an ein gemeinsames Produktprogramm und eine gemeinsame Preisgestaltung gebunden.

Warenlogistik beim Buchauslieferer R. Lechner, der Ende der neuziger Jahre Konkurs anmelden musste.

In vielen Fällen hat die historische Entwicklung äußerst komplexe Konzerne hervorgebracht, die auf Zusammenschlüssen von Unternehmen unterschiedlichen Zwecks und unterschiedlicher Rechtsform, der Gründung von (allenfalls gemeinsamen) Tochtergesellschaften und so weiter beruhen. In solchen Konzernen ist die Unterscheidung zwischen Produktions-, Großhandels- und Einzelhandelsunternehmen zwar rechtlich und theoretisch möglich, besagt praktisch aber wenig. Beispiele dafür sind etwa die beiden größten Konzerne im österreichischen Lebensmittelhandel. Der Billa-Merkur-Litega-Konzern, seit 1996 Teil des deutschen REWE-Konzerns, entwickelte sich aus mehreren Kapitalgesellschaften, die nach Übernahmen zum Teil miteinander verschmolzen wurden. Die REWE-Gruppe selbst ist ein Konzern rund um eine Aktiengesellschaft und eine Genossenschaft von selbstständigen Händlern. Die SPAR-Warenhandlungs-AG ist ihrer Entstehung nach ein Zusammenschluss von Großhandlungen, die ihrerseits von selbstständigen Einzelhandelskaufleuten gegründet worden waren. Zugleich ist SPAR selbst ein Produzent, nämlich zum Beispiel der größte Fleischverarbeiter und Wursterzeuger in Österreich, und tritt gegenüber der eigenen Tochter Interspar als Lieferant auf.

In weiten Teilen des Einzelhandels vermarkten die Händler Produkte, die zwar nicht in konzerneigenen Unternehmungen erzeugt werden, wohl aber in Unternehmen, die in einem starken Abhängigkeitsverhältnis vom Händler stehen. Dies ist besonders in Branchen mit einem hohen Konzentrationsgrad des Handels der Fall. Erzeuger von Produkten, die leicht ausgetauscht werden können, sind davon stärker betroffen, während starke Marken den Herstellern größeren Spielraum ermöglichen. Mit dem steigenden Konzentrationsgrad etwa im Lebensmittelhandel in den letzten Jahrzehnten, der dazu geführt hat, dass auf die drei größten Konzerne deutlich über 80 Prozent des Umsatzes entfallen, ist die Möglichkeit des Handels, den Lieferanten die Preise zu diktieren oder Exklusivlieferverträge zu erreichen, stark gestiegen. Bei einem Konzentrationsgrad dieses Ausmaßes treten die Einzelhandelsunternehmen selbst den Erzeugern wie Großhändler gegenüber, und die steigende Verhandlungsmacht des Handels wird für die Industrie zu einem kalkulatorischen Problem.

Der Lebensmittelhandel ist der umsatzstärkste Zweig des Handels und wohl auch jener, der in der Öffentlichkeit und beim Verbraucher am präsentesten ist. Er ist wachstumsmäßig insofern beschränkt, als der Anteil der Ausgaben für Nahrungs- und Genussmittel an den Gesamtausgaben stark abgenommen hat: von 1950 bis 2010 sank er von mehr als 50 Prozent auf etwa 14 Prozent. Der Umsatz des Lebensmittelhandels darf jedoch nicht mit dem Lebensmittelkonsum der Bevölkerung gleichgesetzt werden. Die systematische Sortimentsausweitung in den Non-Food-Bereich ist der entscheidende Grund dafür, dass der Lebensmittelhandel seine Umsatzanteile auch in den 90er-Jahren stabil halten konnte. Zugleich wurde der Kosten- und Konkurrenzdruck in den Geschäften größer. Die Zahl der Lebensmittelgeschäfte in Österreich ist seit 1960 von ca. 25 000 (ohne Bäcker, Fleischereien, Milchgeschäfte und Spezialgeschäfte) auf 13 176 (1980) und etwa 3 600 im Jahr 2010 zurückgegangen, was wiederum auf die zunehmende Konzentration in dieser Branche schließen lässt. Noch stärker war der Rückgang bei Bäckern, Obst- und Gemüsehändlern und Fleischhauern. Die Umsätze haben sich zwischen 1960 und 2010 mehr als verzehnfacht. Der Filialisierungs- und Konzentrationsgrad im Lebensmittelhandel ist hoch. Der Marktanteil der fünf größten Anbieter liegt bei 90 Prozent. Auf REWE (Billa) und SPAR entfielen 2005 49 Prozent aller Lebensmitteleinzelgeschäfte und fast 73 Prozent des Umsatzes.

Tägliche Märkte und Fernhandel

Zur Deckung des täglichen Bedarfs an Grundnahrungsmitteln in den Städten und für die

nichtbäuerliche Bevölkerung spielte bis weit ins 20. Jahrhundert der Wochenmarkt bzw. tägliche Markt die zentrale Rolle. Als Anbieter fungierten dort in einem beträchtlichen Maß nicht Händler, sondern Produzenten. Charakteristisch für die Lebensmittelversorgung

»Poldi Führer^S Witwe«. Franz Zadrazil, 1990, Öl auf Holz, 275 x 207 cm.

Frische Lebensmittel wie Obst, Fleisch und Gemüse wurden bis ins 20. Jahrhundert überwiegend auf Märkten vertrieben. Biedermeierliche Marktszene: Junges Paar beim Einkaufen beim Markt Am Hof in Wien, Marktschreierin, Hausierer. Aquarell von Leander Russ, 1845.

Der Naschmarkt vor der Secession in Wien. Fotografie von Franz Xaver Setzer, um 1900.

war, dass wesentliche Produktbereiche wie Brot, Fleisch, Eier, Milch und Gemüse direkt vom Verarbeiter, dem Bäcker, Fleischer oder überhaupt Urproduzenten verkauft wurden. Hier ist der Handel relativ spät eingeschaltet worden. Im Bäckereibereich entstanden im späten 19. Jahrhundert die Handelsketten der Brotfabriken. Auch die Molkereien begannen eigene Vertriebssysteme aufzubauen.

Andererseits liegen im Lebensmittelhandel die ältesten Wurzeln des Fernhandels, insbesondere im Salzhandel, aber auch im Gewürzhandel. »Pfeffersäcke« war im Mittelalter zur Bezeichnung für die Händler geworden. Im 19. Jahrhundert wurde der sesshafte Kleinhandel zur dominierenden Organisationsform des Detailhandels. Einerseits war der Lebensmittelhandel bis ins 20. Jahrhundert sehr spezialisiert, auf Kolonialwaren und Feinkost, Fische, Geflügel und Wildbret, Gemüse- und Obst, Molkereiprodukte und Eier, Zuckerl und Schokolade, Wein und Spirituosen, natürlich Fleisch und Brot. Andererseits gab es im Detailhandel die Greißler, die alle Artikel des täglichen Bedarfs abdecken konnten.

Der Greißler

Das Wort Greißler leitet sich vom mittelhochdeutschen Wort »griuze« her, was soviel wie Getreidekörner oder Grütze bedeutet. Der »griuzeler« war ursprünglich jemand, der mit »griuze« handelt. So eine typische ländliche Greißlerei hatte die Konzession für Waren ohne Beschränkung. Typisch ist etwa Karl Kitzmüller, der von 1945 bis 1981 in Axberg, Bezirk Linz-Land, einem Handwerkerdorf in großbäuerlicher Umgebung ohne Kirche, Schule und Postamt mit etwa 280 Einwohnern, eine Greißlerei führte. Verkauft wurden Waren aller Art, Lebensmittel, hochprozentige Spirituosen, Textilien mit Zubehör, Galanteriewaren und Toiletteartikel, Material- und Farbwaren, Eisenwaren und Haus- und Küchengeräte, auch Sprengmittel und Benzin,

Papier- und Schreibwaren, dazu Schul- und Gebetbücher und aufgrund einer Trafikkonzession auch Rauchwaren. In der Greißlerei gab es auch ein Telefon, das einzige des Dorfs. 1961 wurde das Geschäftsschild von Gemischtwarenhandlung auf Kaufhaus geändert. Das Geschäftslokal war 40 m² groß. Ein Lager befand sich am Dachboden, der über eine schmale Stiege zu erreichen war. Die verderblichen Waren lagerte man im Keller. Zum Geschäft gehörte auch eine kleine Land-

wirtschaft. 1960 wurde das Geschäftslokal auf 60 m² erweitert. Im Zuge dieses Umbaus wurde auch eine Obststellage eingebaut. 1962 wurden eine Kühlvitrine und eine Aufschnittmaschine angeschafft, 1968 zwei Tiefkühltruhen für Speiseeis und Tiefkühlwaren. Für die Werbung waren außen einige Emailschilder angebracht: Zipfer Bier, Imperial und Titze-Kaffee, Schicht-Seife, Radon-Waschpulver … Die zwei Schaufenster waren eigentlich Fenster. Es gab bis zur Stilllegung im Jahr 1981

Kaufmannsläden vermitteln einen nostalgischen Eindruck vom Aussehen der Greißlereien in den 1940er- bis 1960er-Jahren. Kaufmannsladen des Stadtmuseums Waidhofen im Waldviertel. Foto Gerhard Trumler, um 2004.

Im Lebensmittel-
handel war neben
Greißlern, die eine
breite Produktpalette
anboten, bis ins 20.
Jahrhundert auch eine
starke Spezialisierung
üblich. Mehlhandlung
des Josef Reßl in Linz,
1898.

Verkauf von Brot in
der Bäckerei Weber in
Traun, um 1920.

nur Bedienung im Geschäft. Man hatte im
Umkreis etwa 400 bis 450 Kundschaften aus
dem Arbeiter- und Handwerkermilieu. Die
großen Bauern der Region kauften wenig.
Diese waren einerseits Selbstversorger, andererseits fuhren sie in die Stadt. Einkaufen
kamen nur Frauen. Männer kamen nie. Die
meisten Kundschaften ließen »anschreiben«
und bezahlten am Monatsende. Der Kaufmann war damit Kreditgeber, hatte aber auch
eine stärkere Kundenbindung. Einen wesentlichen Teil des Umsatzes machten Besorgun-
gen auf Bestellung aus. Vieles wurde direkt
beim Großhandel in Wels geholt, zuerst per
Bahn und Fahrrad, ab 1953 mit einem Mo-
torrad mit Beiwagen, ab 1958 mit dem Auto.
Die Lebensmittel kamen vom Großhändler,
die Getränke direkt vom Erzeuger, die Milch
vom Bauern, erst in den späten 50er-Jahren
von der Molkerei, die Semmeln vom Bäcker,
die Wurstwaren vom Fleischhauer. Reis war
in 100-kg-Säcken abgefüllt, Mehl in 85-kg-Sä-
cken. Diese wie auch Zucker, Milch, Schmalz,
Butter, Essig und Öl wurden offen verkauft,
ebenso Salzheringe und Gewürze. Nur einzelne Markenwaren waren bereits abgepackt:
Ersatzkaffee, Suppenkonserven, Schokolade
oder Ölsardinen. Abgefüllt wurden die offenen Waren in mitgebrachte Flaschen und
Kannen, offene Taschen und gedrehte Papier-
tüten. Konkurrenz gab es weniger durch die
Greißlereien in den benachbarten, etwa zwei
bis drei Kilometer entfernten Orten, als durch
die Bauern, die ihre Produkte auch direkt verkauften, und vor allem durch die städtischen
Kaufhäuser in Linz und Wels.
Die 60er-Jahre waren die beste Zeit für die

ländlichen Greißlereien. Einerseits war die Kaufkraft bereits gestiegen, andererseits die Mobilität und damit die Konkurrenz durch die städtischen Kaufhäuser noch relativ gering. Der Lebensmittelhandel war auch in den Städten vorerst extrem kleinteilig. In Linz waren 1902 von den 292 Betrieben des Gemischtwarenhandels 88 Ein-Mann-Betriebe und 189 mit 2 bis 5 Beschäftigten. Größere Unternehmen gab es nicht. Nur in Wien gab es schon im 19. Jahrhundert auch Feinkostgeschäfte, die größere und exquisitere Bestellungen aufnehmen konnten.

Kriegs- und Mangelwirtschaft

Es war keine »gute, alte Zeit«, das 19. Jahrhundert, das mit dem Ersten Weltkrieg zu Ende ging. Aber das Elend, das der Krieg hervorrief, ließ alles, was davor war, gut erscheinen. Im Krieg war die Versorgung mit Lebensmitteln sehr rasch zusammengebrochen. Im Frühjahr 1915 musste die Brot- und Mehlkarte in ganz Österreich eingeführt werden, 1916 die Zu-

2011 feierte die Firma Ankerbrot das 120-jährige Bestehen und ging mit neuem Logo, Design und Filialkonzept an die Öffentlichkeit. Foto Harald Eisenberger, 2011.

1891 wurde am Laaerberg bei Wien die Wiener Brot- und Gebäckfabrik Heinrich und Fritz Mendl gegründet. Ein in die Brote geprägtes Ankersymbol begründete den späteren Namen der Brotfabrik. Ansicht einer Ankerbrotfiliale um 1910.

Lebensmittelkarten sollten zu Notzeiten eine gerechtere Versorgung mit Lebensmitteln sicherstellen. Bezugsscheine für Lebensmittel aus der Zeit des Ersten Weltkrieges.

Die sowjetisch geführten USIA-Läden boten ein gedrängtes Angebot auf kleinem Raum. Aufnahme USIS, 1951.

cker-, Milch- und Kaffeekarte, 1917 die Fett-, Marmelade- und Kartoffelkarte, 1918 auch die Fleischkarte. In Wahrheit bekam man fast gar nichts mehr zu kaufen. Es wurde eine umfassende staatliche Wirtschaftslenkung und Bewirtschaftung aufgezogen. Die Milchanlieferung sank bis zum Sommer 1918 in den großen Städten fast überall auf ein Zehntel des Vorkriegsniveaus. Ersatzmittel boomten. Lange Listen von Stoffen wurden veröffentlicht, die geeignet sein sollten, das Brotgetreide zu strecken. Pflanzliche Öle presste man aus Bucheckern, Obstkernen, Hederich- und Leindottersamen und Rosskastanien. Statt Kartoffeln gab

es Kohlrüben, Burgunderrüben und Zuckerrüben, statt Gemüse jungen Klee, Brennesseln und Waldlauch. Als Butterersatz erzeugte man seit März 1917 Ölmargarine. Kaffee war sowieso Ersatzkaffee. Für Tabak, mit dem man zu Kriegsbeginn eher sorglos umgegangen war, wurde eine lange Liste von 72 Streckmitteln publiziert, von Adlerfarn bis Torf.

Die nachfolgende Hyperinflation machte die Situation nicht besser. Inflation war die Zeit, wie der junge Karl Farkas ätzte, als man mit einem Handwagerl voll Geld einkaufen fuhr und mit einem Geldbörserl voll Lebensmittel wieder nach Hause ging. 1926 gab es in Wien ca. 21 000 Verkaufsstellen des Lebensmittelhandels. Aber man spürte bereits die Konkurrenz der neuen Handelsketten. In der nachfolgenden Weltwirtschaftskrise häuften sich die Konkurse im Handel: Die Wirtschaftspolitik antwortete defensiv und verzagt: mit der Beschränkung der Konkurrenz und der Erschwerung neuer Geschäftsgründungen. Das Untersagungsgesetz aus dem Jahr 1935, welches die Neuerrichtung von gewerblichen Betrieben nur unter der Voraussetzung gestattete, dass die Existenz der bestehenden Betriebe dadurch nicht gefährdet werde, verbot den Handelsketten die Errichtung neuer Filialen. Das richtete sich damals vor allem gegen die

Firma »Julius Meinl« und wurde daher auch als »Lex Meinl« bezeichnet.

Wien hatte 1938 mehr Einzelhandelsgeschäfte als das bevölkerungsmäßig doppelt so große Berlin. Die Wichtigkeit einer Branchenbereinigung ergebe sich, so die nationalsozialistische Propaganda, schon daraus, dass es in Groß-Wien 22 000 solcher Geschäfte gebe, in Berlin dagegen nur 14 000. Allein 4 600 Fleischhauer machte das Reichskuratorium für Wirtschaftlichkeit für Wien aus, das sei doppelt so viel als wirtschaftspolitisch wünschenswert. Die Zahl von Einzelhandelstreibenden sei über Jahre durch pensionierte Beamte und arbeitslose Arbeiter und Angestellte aufgebläht worden, die sich durch ein Geschäft eine »Existenz gründen« wollten. Diese »Übersetzung« treffe insbesondere auf den Gemischtwarenhandel, den Milchhandel, den Süßwarenhandel und die Fleischhauereien zu. Die Beseitigung der »Übersetzung« (der Überzahl an Geschäften) sollte vorzugsweise im Zuge der »Entjudung« durchgeführt werden. Im Einzelhandel sei daher die Liquidierung die im Allgemeinen angebrachte Form der »Entjudung«, resümierte der *Deutsche Volkswirt*.

Die Branchenbereinigung sollte in weiterer Folge auch den »arischen« Teil des Lebensmittelhandels »auskämmen«. Das kam allerdings teurer, denn die Inhaber der geschlossenen Geschäfte mussten als »Arier« entschädigt werden. Daher wurde in vielen Fällen das Problem so zu lösen versucht, dass die »arischen« Besitzer von Betrieben, die zur Liquidierung vorgesehen waren, mit formal liquidierten »jüdischen« Betrieben entschädigt wurden.

Bereits vor Beginn des Zweiten Weltkriegs hatte sich erneut die Notwendigkeit einer Warenbewirtschaftung angekündigt. Drei Tage vor Kriegsbeginn wurde die Einführung der Bezugsscheinpflicht für lebenswichtige Nahrungsmittel bekannt gemacht. Eine Reihe von Verbrauchsgütern wie Fleisch, Milch, Zucker, aber auch Seife, Textilien oder Kohlen waren

Die USIA betrieb in Österreich insgesamt 126 Verkaufsgeschäfte. USIA-Laden in Wien 4., Ecke Freihausplatz/Operngasse. Aufnahme USIS, 1953.

nur mehr mit sogenannten »Reichskarten« erhältlich. Die Kaufleute wurden aufgefordert, Bestandsaufnahmen vorzunehmen und Kundenlisten anzulegen. Aus den Kaufleuten wurden Bürokraten. Das laufend komplizierter werdende Marken- und Bezugsscheinwesen, das Anlegen der langen Listen, das Ausfüllen der zahlreichen Anträge um Kontingente, die zeitraubende Abrechnung, das Einkleben der Marken in die Kontrollbögen, die unzähligen Arten von Bezugsscheinen, der Kampf um die Ware, ganz abgesehen von dem aufreibenden Verkehr mit den unzufriedenen Kunden, deren Wünsche nur ganz unzureichend gedeckt werden konnten, das alles bedeutete eine Unmenge neuer Arbeit, die nach dem Einrücken der wehrfähigen Männer fast ausschließlich von den Frauen bewältigt werden musste. Selbstverständlich mussten die auf Markenbasis gekauften Waren mit Geld bezahlt werden. Das Geld war aber das geringere Problem, denn davon hatten die Leute im Grunde genug oder viel zu viel.

Es dauerte bis zum Jahr 1948, bis eine Reihe von Nahrungsmitteln wieder markenfrei gekauft werden konnten. Der Normalverbrauch

an Nahrung wurde im Herbst 1949 mit 3 000 Kalorien wieder erreicht. Die Rationierung von Nahrungsmitteln beschränkte sich 1950 nur noch auf Fett und Fleisch, im August 1950 brauchte man auch keine Fleischmarken mehr.

Im Sommer 1950 begann allerdings die sowjetische Besatzungsmacht in ihrer Zone plötz-lich, ja schlagartig, mit der Errichtung einer Kette von Verkaufsläden, den so genannten USIA-Geschäften. Im Jahr 1954 unterhielt die USIA Pressemeldungen zufolge in den östlichen Bundesländern und im Mühlviertel insgesamt 186 Detailhandelsgeschäfte. In Wien gab es 100 USIA-Läden, in Niederösterreich 72, im Burgenland 4 und im Mühlviertel 10, davon allein 6 in Urfahr. Die USIA-Geschäfte standen außerhalb des österreichischen Gewerbe- und Steuerrechts. Man konnte hier billiger einkaufen, vor allem Zigaretten, Alkohol, verschiedene Lebens- und Genussmittel und Gebrauchsartikel. Es wurden nicht nur dem österreichischen Fiskus erhebliche Steu-

ern entzogen, sondern auch die heimischen Handelsbetriebe empfindlich konkurrenziert und geschädigt. Von österreichischer Seite wertete man es als Verstoß gegen den Patrio-tismus, in den USIA-Läden einzukaufen, von der USIA und der UdSSR hingegen wurde ihre Ladenkette als »Marshallplan-Hilfe des klei-nen Mannes« propagandistisch vermarktet.

Die Wirtschaftswunderjahre

In den 50er-Jahren war die Mangelwirtschaft vorbei. Man konnte sich wieder nach Her-zenslust satt essen. Man konnte förmlich von einer Ess-, oder auch derber, von einer Fress-welle sprechen. Dennoch zählte der Lebens-mittelhandel nicht zu den wirklichen Gewin-nern des Wirtschaftswunders. Die Lebens-mittelhändler waren bemüht, ihr Sortiment auszuweiten und den Kunden die gesamte Breite der Grundnahrungsmittel, von Milch, Brot und Fleisch bis zu Fisch und Gemüse an-

zubieten. Als in der 2. Hälfte der 50er-Jahre die Umstellung vom offenen Milchverkauf auf Flaschenmilch einsetzte, wurde es jedem Lebensmittelhändler möglich, Milch zu verkaufen. Ähnliches passierte auch mit Obst und Gemüse, Zuckerln und Konfiserien, zuletzt auch mit Brot und Frischfleisch.

Der Lebensmittelhandel war in den 50er-Jahren immer noch stark kleinbetrieblich organisiert. Von 781 Linzer Lebensmittelkleinhandelsgeschäften im Jahr 1961 arbeitete die Hälfte nur mit familieneigenen, nicht sozialversicherten Beschäftigten. Aber 1966 musste die Handelskammer bereits feststellen, es gebe in Linz Straßen, in welchen noch vor zehn Jahren fünf Lebensmittelgeschäfte vorhanden waren, in denen aber Mitte der 60er-Jahre kein einziges dieser Geschäfte übriggeblieben sei.

Immer stärker traten die großen Ketten in den Vordergrund: Die erste Filialkette in Österreich-Ungarn hatte Julius Meinl aufgebaut. Nach einem ersten Start 1862, einem Konkurs infolge der Krise von 1873 und einem Neubeginn 1877 konnte Julius Meinl I. im Jahr 1913 seinem Sohn Julius Meinl II. ein Unternehmen übergeben, das im gesamten Raum der Habsburgermonarchie 115 Filialen zählte, davon 55 auf dem Gebiet des heutigen Österreich. Es gab bereits einen einheitlichen Stil in der Gestaltung der Filialen und des Erscheinungsbildes. Zielpublikum war die wohlhabende Gesellschaft. Mit dem Zerfall der Habsburger Monarchie war kein Einschnitt verbunden. Zwischen 1919 und 1933 richtete Meinl durchschnittlich elf bis zwölf Geschäfte pro Jahr ein. Das Unternehmen wurde um ein Margarinewerk, eine Likörfabrik, eine Ölproduktion

und eine Konservenfabrik erweitert, ein Spar-
verein wurde gegründet und eine Bank übernommen, ebenso die Geschäfte der »Brüder
Kunz«, des größten Konkurrenten im Lebens-
mittelsektor. 1937 war das Unternehmen in
acht Staaten tätig, verfügte über 493 Filialen
und beschäftigte etwa 3 000 Menschen, ca. die
Hälfte davon in Österreich. Überall, in Wien,
Berlin, Prag, Triest, Budapest, Warschau, Kat-
towitz und Zagreb warb Meinl mit demselben
Schriftzug und dem Meinl-Mohr als Logo, mit
künstlerisch dekorierten Schaufenstern und
einer einheitlichen Fassadengestaltung. Nach
dem Anschluss musste Julius Meinl III. mit
seiner jüdischen Ehefrau zwar nach England
emigrieren, aber sein Vater führte den Betrieb

im Reich bis zu seinem Tod im Mai 1944 weiter. Auch die Expansion ging weiter. 1943 besaß der Konzern 687 Filialen, gegenüber 1937
eine Steigerung um fast 40 Prozent. 1945 verlor Meinl zwar seinen gesamten Auslandsbe-
sitz, auch aus Berlin zog man sich 1951 zurück. Doch 1968 rangierte Meinl, am Umsatz
gemessen, an elfter Stelle aller österreichischen Unternehmen und war die bedeutendste Handelskette des Landes. Als 1986 Julius V.
die Leitung des Konzerns übernahm, existierten in Wien 108 Filialen und weitere 149 in
den Bundesländern.
Doch seit den späten 1950er-Jahren begann
sich das Erscheinungsbildes des Lebensmitteleinzelhandels mit der Entstehung von Han-

delsketten und Einkaufsgenossenschaften grundlegend zu wandeln: Den Vorreiter hatten die Konsumgenossenschaften gemacht, die den Arbeitern zu besseren Einkaufskonditionen verhelfen sollten. 1856 war die erste in Teesdorf entstanden, 1873 gab es bereits 508 Konsumgenossenschaften. Bald galten sie neben der Gewerkschaft und der Partei als drittes Standbein der sozialdemokratischen Arbeiterbewegung. Gegründet als Selbsthilfeorganisationen mit starker lokaler Verankerung, begannen die Konsumgenossenschaften in der Zwischenkriegszeit mit dem Aufbau einer gemeinsamen Dachorganisation, eines zentralen Einkaufs und dem Betrieb von Warenhäusern und stießen bald auf die erbitterte Gegnerschaft des Mittelstandes, der Greißler und Detailhändler, die sich durch die neue Konkurrenz in ihrer Existenz bedroht sahen und sich vom ständestaatlichen und noch mehr vom nationalsozialistischen Wirtschaftssystem deren Zerschlagung erhofften.

Die wesentliche innovative Leistung der Konsumgenossenschaften im Nachkriegsösterreich lag in der Einführung der Selbstbedienung und des Massenfilialsystems. 1969 beschäftigten die Konsumgenossenschaften auf 26 064 m² Verkaufsflächen insgesamt 1 117 Dienstnehmer. 1978 erfolgte die Fusion von 15 bis dahin selbstständigen österreichischen Konsumgenossenschaften zum »Konsum Österreich«. In den 70er-Jahren lag der Marktanteil bei über 20 Prozent. 1981 zahlten die Konsumgenossenschaften über 800 000 Mitgliedshaushalte. Doch in den 80er-Jahren erlahmte die Kraft immer mehr, bis 1995 alle Rettungsversuche scheiterten.

Die Probleme der Belieferung der Einzelhändler in der Notzeit nach dem Ersten Weltkrieg gaben den Anstoß zur Gründung der Arbeitsgemeinschaft der österreichischen Einkaufsgenossenschaften (Adeg). 1936 wurde die Wortbildmarke Adeg in Form eines Adeg-Schiffchens für folgende Waren registriert: »Gewürze, Kaffee, Kakao, Käse, Margarine, Sardinen, Seife, Semmelbrösel, Schokola-

de, Schuhcreme, Tee und Vogelfutter«. 1953 nahmen die Einzelgenossenschaften in ihrer Gesamtheit den Namen Adeg an. Bei einer gemeinsamen Marketing- und Rationalisierungsstrategie sollte die Selbstständigkeit der einzelnen Betriebe aber erhalten bleiben.

SPAR war 1932 in den Niederlanden als freiwilliger Zusammenschluss von Lebensmittelkaufleuten unter dem Wahlspruch »Door Eendrachtig Samenwerken Profiteren Allen Regelmatig« (»Durch einträchtiges Zusammenwirken profitieren alle regelmäßig«) gegründet worden. Die Anfangsbuchstaben ergeben das Wort »DE SPAR«, auf holländisch »die Tanne«. 1954 gelangte die Idee auch nach Österreich. Die Organisation entstand, von Kufstein ausgehend, aus einem Zusammenschluss von zehn Firmen, dem sich nur allmählich Detailhändler anschlossen. Von der ersten Gründung in Kufstein 1954 bis zum 40jährigen Jubiläum 1994 wurde daraus eine Großorganisation mit mehr als 20 Mrd. Schilling Umsatz und einem Marktanteil von 18,9 Prozent.

Die Sternstunde des Karl Wlaschek war der 7. Dezember 1953. An diesem Tag, ziemlich genau am Beginn des Wirtschaftswunders, eröffnete er in der Margarethenstraße im 5. Wiener Gemeindebezirk eine Diskont-Parfümerie

In den 30er-Jahren hatte Meinl sein Filialnetz auf 8 europäische Staaten ausgeweitet. Meinl-Reklamewagen vor der Zentrale in Prag. Aufnahme um 1930.

Als besonders inno-
vative Leistung der
Konsumgenossen-
schaften in Österreich
gilt die Einführung
der Selbstbedienung
und des Massenfilial-
systems. Innenansicht
einer Konsumfiliale,
um 1950.

SPAR Österreich wurde nach Vorbild des niederländischen SPAR-Systems 1954 in Österreich durch Hans F. Reisch gegründet. Aufnahme 1950er-Jahre.

Der erste Selbstbe-dienungsladen Vorarl-bergs war der Laden der Firma Sutterlüty in Egg, der im Jahr 1958 eröffnet wurde. Das Unternehmen ist zu 100 Prozent im Besitz der Fami-lie Sutterlüty – eine echte Besonderheit in der österreichischen Lebensmittelwelt. Mit REWE werden Synergien in Einkauf und EDV genutzt.

Die SPAR Österreichische Warenhandels-AG ist nach der REWE-Gruppe das zweitgrößte Handelsunternehmen Österreichs. Intersparmarkt in Klagenfurt. Foto Andreas Kolarik, 2011.

mit 40 m² Verkaufsfläche. 1917 geboren, aus kleinen Verhältnissen stammend, war er nach sechs Semestern Chemiestudium, das er sich als Alleinunterhalter am Klavier finanzierte, 1938 zur Wehrmacht eingezogen worden und hatte den ganzen Krieg mitgemacht. Sein Talent als Alleinunterhalter half ihm über den Krieg und auch die erste Nachkriegszeit in Kärnten hinweg. Mit 36 Jahren begann er 1953 etwas ganz Neues. 1960 besaß er unter der Bezeichnung WKW, Warenhandel Karl Wlaschek, bereits 45 Filialen. Mit den Erfahrungen aus der WKW-Kette startete er seine erste Lebensmittelfiliale. 1961 war Billa geboren. 1965 gab es bereits 109 Filialen, 1966 den ersten Supermarkt mit 1000 m², 1969 den ersten Merkur-Markt. Damit war der Einstieg in die Großmärkte vollzogen. 1966 entschloss sich Wlaschek für das Vollsortiment mit Ausnahme von Frischfleisch, ab 1969 kam auch dieses dazu. Die Billa-Marke »Ja!Natürlich«, im Herbst 1993 begonnen, war schon zwei Jahre nach dem Start zwei Drittel

der Österreicher bekannt. Als Wlaschek sein Lebenswerk 1996 an REWE verkaufte, umfasste es 1 611 Filialbetriebe. Dieser Verkauf war die größte Transaktion der österreichischen Handelsgeschichte.

Hofer begann 1963. Seit 1967 gehört die Kette zum deutschen Aldi-Konzern. Damit setzte der große Aufstieg ein. Die Firma Pfeiffer war aus einem 1862 in Linz-Urfahr begründeten Kolonialwarengeschäft hervorgegangen, das zwei Jahre später auf den Großhandel ausgeweitet wurde. 1961 wurde in Linz-Wegscheid ein Großhandelsbetrieb errichtet, 1963 der erste C + C Markt in Westösterreich errichtet, 1969 der PLUS-Kaufpark in Pasching errichtet, 1970 die Unimarkt-Filialkette begründet, 1974 das PRO-Kaufland in Urfahr eröffnet.

1989 hatte im österreichischen Lebensmittelhandel Billa einen Marktanteil von 15,4 Prozent, Meinl einen solchen von 9 Prozent. Dazu kamen noch Zumtobel mit Familia und Dogro, ferner Löwa und Hofer und zahlrei-

Die von Helmut Hofer im Jahre 1962 gegründete gleichnamige Filialkette Hofer wurde 1968 von Aldi Süd übernommen und behielt den Namen »Hofer« bei. Die so genannte Hauptniederlassung befindet sich in Sattledt, Oberösterreich.

Ansicht einer Hofer Filiale, 2011.

Filialeröffnung in Wien Liesing. Aufnahme ORF, 1965.

che kleinere Mitbewerber. Der Konsum hatte einen Anteil von 20,8 Prozent. Der Rest verteilte sich auf Spar, ADEG und weitere Handelsketten.

Der Konsum wurde in den 90er-Jahren zum Sanierungsfall und 1995 zum Konkursfall. Das Konsum-Imperium (550 Selbstbedienungsfilialen, 213 Konsum-Märkte, 69 Konsum-Großmärkte, 55 COOP-Diskontmärkte, 35 Forum/Stafa-Warenhäuser, 7 Gerngross-Kaufhäuser, 5 Konsum-Einrichtungshäuser mit zusammen fast 20 000 Beschäftigten und fast 30 Mrd. S Umsatz) wurde unter den Konkurrenten SPAR, Billa, ADEG, LÖWA und Meinl aufgeteilt. Nach dem Konsum-Zusammenbruch und nach dem Verkauf des BML-Konzerns von Karl Wlaschek an die deutsche REWE im Jahr 1996 verstärkte sich der Konzentrationsprozess: Billa hatte 1996 30,1 Prozent Marktanteil, SPAR 26,2 Prozent, ADEG 12,8 Prozent, Meinl 7,3 Prozent und Löwa 5,5 Prozent.

Als sich 1998 auch Meinl zum Verkauf an REWE entschloss, dominierten deutsche Unternehmen mehr als 60 Prozent des heimischen Lebensmittelhandels: REWE bei Billa und Meinl, die Aldi-Gruppe bei Hofer,

Tengelmann bei Löwa, Edeka mit 50 Prozent bei ADEG. Mitte April 2 000 verkaufte Meinl auch die Gourmetfilialen an SPAR, die damit näher an Billa heranrückte. Die Folge war eine erstaunliche Konzentration von über 80 Prozent des Umsatzes auf nur vier Unternehmen. Zum Vergleich: in Deutschland sind es 10 Unternehmen, die zusammen 80 Prozent der Umsätze erreichen, in Italien erzielen die 10 größten Handelsketten zusammen nur 28 Prozent der Umsätze.

Der österreichische Lebensmittelhandel weist den höchsten Konzentrationsgrad Europas auf. Die Nahversorgung ist nicht nur in ländlichen Gemeinden, sondern auch in den Zentren mancher Städte zu einem Problem geworden. Für die kleinen Ortskaufleute stellen die großen Ketten eine kaum zu bewältigende Herausforderung dar. Die Handelsketten und Supermärkte stießen auch in die Nische exklusiver Kolonialwaren, Delikatessen, Frischwaren und Bioprodukte vor. Doch neue Distributionsformen wie Tankstellen-Shops, Zustelldienste, Ethnogeschäfte und bäuerliche Direktvermarktung beginnen diese Konzentration wieder zu unterlaufen.

3. Textilhandel, Warenhäuser, Modeketten

Der Handel mit Textilien ist eine der ältesten und war lange Zeit die bedeutendste Branche des Handels: Die Seiden-, Woll- und Baumwollstoffe waren die Produkte des traditionellen Fernhandels, während bei Lebensmitteln im ländlichen Raum bis in die jüngste Vergangenheit die Eigenversorgung dominierte und auch in größeren Orten die Produzenten als Direktanbieter an der Vermarktung stark beteiligt waren. Noch im 18. Jahrhundert war die Groß- und Fernhändlerschicht sehr stark auf den Textilhandel orientiert. War dieser Fernhandel bis ins 18. Jahrhundert vorwiegend von westeuropäischen Handelshäusern dominiert, so veränderte sich im Lauf des 19. Jahrhunderts die Zusammensetzung ganz wesentlich. Österreichische Textilhäuser traten immer mehr in den Vordergrund. Im

»Marys Kindermoden«. Franz Zadrazil, 1970, Öl auf Holz, 184 x 220 cm

frühen 20. Jahrhundert war der Textilhandel stark jüdisch bestimmt, so dass die nationalsozialistische Beraubungs- und Enteignungspolitik gerade hier die tiefsten Spuren hinterließ. Nach dem Zweiten Weltkrieg gewannen im Textilhandel immer mehr internationale Ketten die Oberhand.

Auf dem Land spielte bis ins 20. Jahrhundert bei Textilien der Wander- und Hausierhandel eine beträchtliche Rolle. Man kaufte auf Jahrmärkten. Auch der Handel mit Altkleidern war umfangreich. In Wien traf man auf eine bunte Palette von Textilgeschäften: Leinwandhändler, Pfaidler, Tuchschneider, Currentwarenhändler, Galanteriewarenhändler, Hutstepperwarenhändler, kurze und weiße Waren-Händler, Händler mit roher und gefärbter Seide, Händler mit reichen und schweren Seidenzeugen, Spezereiwarenhändler sowie die »gemischten Warenhändler vor der Stadt«.

Im Bereich des Textilhandels spielte insbesondere am Land der Hausier- und Wanderhandel eine wichtige Rolle. Ein Leinwandhändler in ungarischer Tracht. Kolorierte Kreidelithografie von Anton Zampis.

Das Textilunternehmen Jacob Egger belieferte eine Vielzahl an Gemischtwarenhandlungen in Ober- und Niederösterreich mit Stoffen und Textilien. Baumwoll-Abteilung der Firma Jacob Egger, Linz, Landstraße; um 1930.

Blaudruck-Lager der Firma Jacob Egger, Linz, Landstraße; um 1930.

Weißwaren-Lager der Firma Jacob Egger, Linz, Landstraße; um 1930.

In kleinen Landstädten, Märkten und Dörfern bildeten »Meterware«, Unterwäsche und Näh- und Strickbedarf bis weit ins 20. Jahrhundert den Hauptteil des Umsatzes der Gemischtwarenhandlungen. Vermögende Kunden in Wien, vereinzelt auch in der Provinz, bezogen ihre Kleidung im späten 19. Jahrhundert bisweilen auch direkt aus Paris, London oder Brüssel. Der Handelsvertreter kam mit einem Berg von Schachteln ins Palais oder die Villa. Da wurde anprobiert, ausgesucht, gekauft. Kam der Vertreter nicht direkt ins Haus, so legte man im Geschäft Wert auf diskrete Bedienung und Zustellung der gekauften Ware durch das Personal.

Typisch für die im späten 19. Jahrhundert entstehenden Kleiderhäuser war die Kombination von Erzeugung und Vertrieb. Das Sortiment dieser Textilhäuser wurde immer breiter. Sie weiteten sich immer mehr zu jener Art von Warenhäusern aus, die man als »Kathedralen des Konsums« oder auch »Museen des kleinen Mannes« bezeichnete, weil die ganze Warenfülle der beginnenden Massenkonsumgesellschaft in pompösem Ambiente für jedermann gratis zu bestaunen war. Als Pionier der österreichischen Kleiderhäuser gilt die Firma Mandl aus Proßnitz in Böhmen. 1843 hatte Mayr Mandl, Sohn des Proßnitzer Altkleiderhändlers Moses Mandl, um die Klein-

handelsbefugnis für alte Kleider eingereicht. 1849 kam jene für neue Kleider dazu. Bald beschäftigte er mehrere hundert Schneider, die aus billigen Stoffen Kleidungsstücke für den Vertrieb in Ungarn und am Balkan fertigten. Im Krimkrieg (1853 bis 1856) hatte Mayr Mandl als Lieferant der türkischen Armee einen derartigen Ruf erlangt, dass die türkische Regierung ihm für einige Zeit die Bekleidung ihrer gesamten Armee übertrug.

Vor Mandl hatte in Wien kein Engros-Kleidergeschäft existiert. In den fünfzig Jahren bis zur Jahrhundertwende entstanden in Wien etwa 40 Betriebe in der Art von Mandl. Der Schneidergeselle Jakob Rothberger eröffnete 1855 sein erstes »Kleidermagazin« in Wien nach einem System, das er in Paris kennen gelernt hatte. Seine Idee war die »Kleiderschwemme«. Gebrauchte Kleider wurden gegen neue getauscht. Die alten Kleider reparierte er und verkaufte sie weiter. Die Schneiderarbeiten wurden nicht von Angestellten, sondern von selbstständigen Stückmeistern erledigt. Mit zwei Standbeinen, der Kleiderschwemme und der gehobenen Herrenkleidung, verfügte er über eine breite Basis. 1861 übersiedelte er sein Geschäft auf den zentralsten Platz Wiens, den Stephansplatz. 1868 wurde er zum Hoflieferanten ernannt, 1886 wurde der spektakuläre Neubau am

Stephansplatz eröffnet. Die zwei Stock hohe Verkaufshalle wurde von 380 elektrischen Glühbirnen taghell erleuchtet. Im Souterrain lag die Schwemme, darüber waren in zwei Etagen die Verkaufsräume mit Reise-, Jagd- und Stadtkleidung, Herrenpelzen, Fracks und Gehröcken, Livreen, Schlafröcken, Turnanzügen, Knabenkleidung, Priesterröcken u. a. Eingemietet waren auch das Wäschegeschäft Riedel und das Süßwarengeschäft Victor Schmidt & Söhne. Nach dem Tod des Firmengründers im Jahr 1899 übernahmen drei der vier Söhne die Leitung des Geschäfts. Neben mehr als 300 Angestellten arbeiteten etwa 600 selbstständige Stückmeister. Außer der Filiale in Budapest wurden 1908 auch Filialen in Paris und London eröffnet.

Die Idee wurde rasch von anderen nachgeahmt. Der aus einer schlesischen Weberfamilie gebürtige August Herzmansky (1834–1896) kam 1848 nach Wien und eröffnete ebenfalls in den fünfziger Jahren in der Kirchengasse, 7. Bezirk, ein Geschäft für Textilien. Er vergrößerte die Produktpalette ständig. Das »Spezialkaufhaus für Textilien« wandelte sich 1896/97 mit einem Neubau zum Warenhaus. Herzmanskys Hauptkonkurrent in der Mariahilferstraße war sein ehemaliger Mitarbeiter Alfred Gerngross (1844–1908). Er eröffnete 1879 ein eigenes Stoffgeschäft, das

Vom »Spezialkaufhaus fur Textilien« zum Warenhaus: Das Kaufhaus Herzmansky in der Wiener Kirchengasse um 1900.

sich rasch zum größten Warenhaus Wiens entwickelte. Es hatte eigene Abteilungen für Wäsche, Damen-, Herren- und Kinderkonfektion, Wirk- und Strickwaren, Schuhe, Handschuhe, Teppiche, Vorhänge, Haus- und Küchengeräte sowie Galanteriewaren. Die Textilprodukte wurden nicht nur verkauft, sondern zum Teil in den drei Industrieabteilungen für Herren- und Damenbekleidung sowie der Wäscheerzeugung auch selbst produziert. In der Kärntnerstraße eröffnete die Fa. M. Neumann ein Herrenkonfektionshaus. Der von Otto Wagner 1895/1896 errichtete Neubau trug am Parapet des vierten Obergeschosses

171

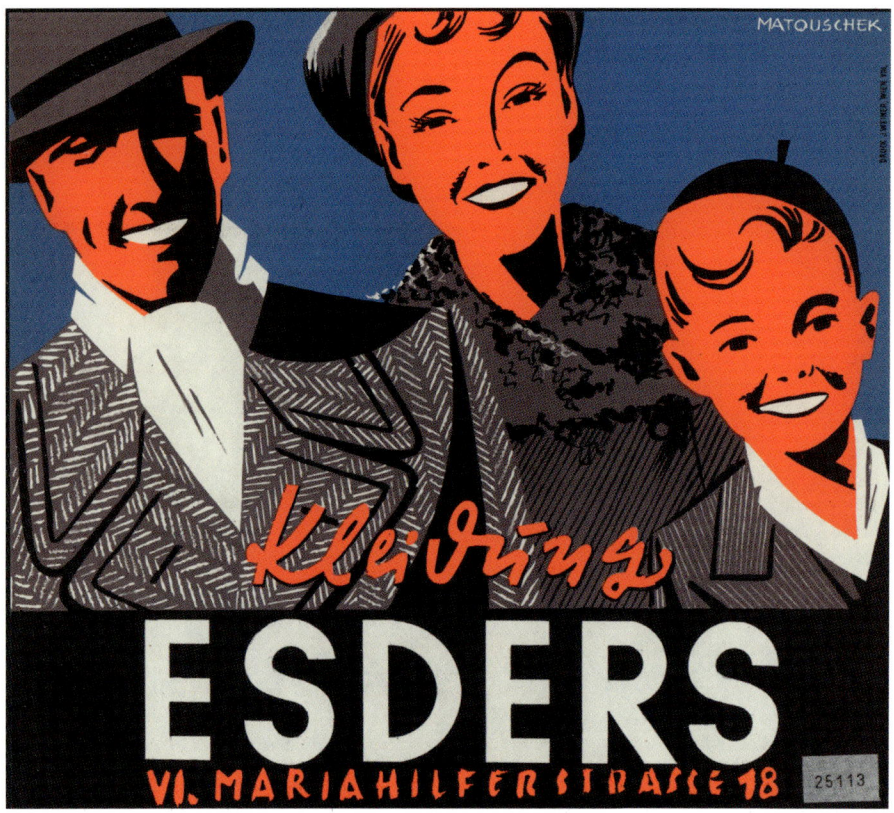

1895 gründeten die katholischen Unternehmer Stefan und Henri Esders das Warenhaus Esders in der Wiener Mariahilferstraße. Werbeplakat für das Kaufhaus Esders. Plakatentwurf von Rudolf Matouschek, 1949.

Gegenüber: Geschäftskarte des Modesalons Schwestern Flöge. Entwurf von Gustav Klimt, 1904.

Emilie Flöge im Modesalon Schwestern Flöge. Fotografie von Madame d'Ora, Herbst 1910.

die schlicht gehaltene, aber unmissverständliche Aufschrift »Metropolitan Clothing Palace«. Auch der Uniformerzeuger Wilhelm Beck & Söhne, der 1849 in der Langegasse mit dem Verkauf von Herren- und Knabenkleidung aus eigener Erzeugung begonnen hatte, machte den Schritt zum Warenhaus. Am Stephansplatz im neuerbauten Palais Equitable hatte man einen Standort gefunden, der mit seiner Eleganz und repräsentativen Ausstattung bald zu einer der Sehenswürdigkeiten Wiens zählte. Um 1900 beschäftigte das Unternehmen circa 60 Beamte und 5000 bis 6000 Mitarbeiter. Vertretungen gab es in Belgrad, Sofia und Konstantinopel, eigene Filialen in Lemberg, Czernowitz, Preßburg und Innsbruck.

Auf Wäsche und Kinderbekleidung spezialisierte sich Ignaz Bittmann, der im Jahre 1879 mit einem bescheidenen Laden in der Weihburggasse Nr. 2 seine geschäftliche Tätigkeit begonnen hatte. Sein »Kindermodenpalais« in der Kärntner Straße war in der ganzen Monarchie berühmt. Das 1892/93 von Emanuel

Braun und seinem Bruder Josef als stillem Teilhaber gegründete Kleiderhaus E. Braun & Co. wurde ursprünglich als Brautausstattungsunternehmen geführt. 1912 wurde eine Filiale in Karlsbad eröffnet, eine weitere in Prag und 1914 die größte in Berlin. Vertreten war das Unternehmen auch in Baden-Baden, Southampton und Palm Beach.

Ein Kennzeichen, das diese Warenhäuser einte, war, dass sie als jüdisch galten. Das nutzten Stefan Esders und sein Bruder Henri, die sich, ausgehend vom deutschen Emsland mit Filialen in Brüssel, Berlin, Paris, St. Petersburg, Rotterdam und ab 1895 auch in Wien ganz bewusst als katholische Unternehmer zu positionieren versuchten. Stefan Esders stiftete die Wiener Kaasgrabenkirche, in deren Gruft er auch beigesetzt wurde. Seine Villa (Stefan Esders Platz 1) wurde nach seinem Tod dem Orden der Schwestern vom Armen Kinde Jesu übergeben. In ihrem nach den modernsten Pariser Vorbildern errichteten fünfgeschossigen Etablissement »Zur großen Fabrik« in der Mariahilferstraße mit 39 großen, bereits elektrisch beleuchteten Auslagen im Parterre und Mezzanin, mit einem glasüberdachten Innenhof und Verkaufsräumen auf zwei Etagen im Ausmaß von 12000 m², standen 120 Verkäufer bereit. Mit den von Esders neu eingesetzten Schaufensterpuppen konnte die Konfektion entsprechend attraktiv präsentiert werden. Neben Herren- und Knabenbekleidung sowie Herrenwäsche wurden auch Herrenhüte, Schuhe, Handschuhe und Schirme angeboten. Erst später kam auch Damenmode dazu. Im dritten und vierten Stockwerk war die Kleiderfabrik untergebracht, im fünften die Wohnung von Stefan Esders. Weil im Falle Esders die antisemitische Propaganda ins Leere ging, kehrte man die Argumentation um und kritisierte das internationale Kapital, das »diesmal eine besonders schlaue Form gewählt« habe, um die unter der christlichen Bevölkerung herrschende Stimmung ›nur bei Christen‹ kaufen zu wollen, auszunützen.«

1910 war der Höhepunkt der Wiener Mode-

häuser. Es gab Jungmann und Neffe, wo der höchste Erb- und Geldadel einkaufte, es gab den feinen Salon der Schwestern Flöge, für die Gustav Klimt das Logo entworfen hatte, es gab die großen Warenhäuser in der Innenstadt und auf der Mariahilfer Straße, es gab aber auch das 1890 gegründete Vorstadtwarenhaus Dichter im 16. Wiener Gemeindebezirk, das in den 1930er-Jahren das größte Kleiderhaus außerhalb des Wiener Gürtels war.

Große Kleiderhäuser entstanden auch in den Provinzhauptstädten Graz, Innsbruck, Linz und Salzburg. In Graz siedelte sich Kastner & Öhler an. Das Unternehmen geht auf einen 1873 von Carl Kastner und Hermann Öhler in Troppau (heute Opava, Tschechien) gegründeten Kurzwarenhandel zurück. Die Wiener Niederlassung wurde 1877 eröffnet. 1883 folgte der Schritt nach Graz, das man zum Hauptsitz wählte. In Linz eröffnete der aus Westböhmen zugewanderte Franz Hofmann 1853 im Palais Weißenwolf am Hauptplatz eine Tuchgroßhandlung mit Greißlerei. Im selben Haus befand sich auch das Handelshaus und Posamentierwarengeschäft Karl Schober und Eduard Kraus. Wilhelm Hirsch, der mit einer Tochter Hofmanns verheiratet war, kaufte 1909 Kraus & Schober und vereinigte es mit

Die Lichthalle im Modehaus Gerngross vermittelte das Flair der Pariser Warenhäuser. Innenansicht Gerngross, um 1910.

Gegenüber:
Die Große Halle des Kaufhauses »Kastner & Öhler«, errichtet im Zuge des Neubaues 1912/1913 durch die Architekten Fellner & Helmer, war ein reich verzierter Prachtraum mit einer bunten Glaskuppel. Sie ist, in modernisierter Form, bis heute erhalten geblieben.

der Fa. Franz Hofmann zum ersten Linzer Warenhaus. Ein Firmenbericht aus dem Jahr 1913 sprach von einer »für die Warenhäuser typischen, nur kleinen Stammkundschaft, aber einer großen Laufkundschaft«, die von »Zeit zu Zeit, aber doch sehr regelmäßig das Etablissement aufsuche und nicht immer kaufe, aber das müsse man nicht«. Man durfte lustwandeln, Lift fahren, sich an den Waren erfreuen. 1930 wurde die Mehrheitsbeteiligung von der Salzburger Unternehmensgruppe Walter, Paul und Max Schwarz übernommen, die das Warenhaus Schwarz in Salzburg, den gleichnamigen Betrieb in Graz, das Kaufhaus Bauer & Schwarz in Innsbruck und das Warenhaus Falnbigel in Wien führte. Josef Bauer, der Begründer des Innsbrucker Warenhauses Bauer & Schwarz, aus Mattersburg stammend, hatte

als Marktfahrer begonnen. 1867 ließ er sich in Innsbruck nieder und verkaufte mit aggressiver Werbung Kleiderstoffe zu fixen Preisen, »wie es sonst nur im Ausverkauf möglich sei«. Er lernte Victor Schwarz kennen, der als Reisender für Damenmode arbeitete. 1885 heiratete dieser Bauers Tochter Rosa und eröffnete ein Damen- und Herrenmodengeschäft. 1899 wurde das Warenhaus Schwarz in der Maria-Theresien-Straße eröffnet.

Österreichische Warenhäuser beherrschten vor 1914 auch den gehobenen Textilmarkt im Osmanischen Reich, in Istanbul, Thessaloniki, Alexandrien und Kairo. Unter den ersten, die mit Konfektions-Textilien auf dem ägyptischen Markt Fuß gefasst hatten, waren die aus Pressburg gebürtigen Brüder Albert und Sigmund Mayer. Der Hauptsitz der Firma A. Mayer & Co befand sich in Alexandria. In Istanbul wurde 1882 eine Niederlassung eröffnet, weitere Standorte gab es in Izmir und Aleppo. Eine ähnliche Karriere machte Salomon Stein. Mit einem Geschäft für Konfektionsware in Kairo legte er den Grundstein für die dominierende Stellung der Firma Stein auf dem ägyptischen Bekleidungssektor. 1875 eröffnete er eine Niederlassung in Alexandria. Salomon Stein starb 1898 in Wien. Sein Sohn Doro Stein ließ 1904 durch den Architekten Friedrich Schön das großzügige Verwaltungsgebäude in Wien 9, Althanplatz 6 (heute Julius-Tandler-Platz 6) errichten, und ungefähr gleichzeitig entstand am Ataba El Khadra-Platz in Kairo eines der größten Kaufhäuser Ägyptens mit einem Doppeladler am Gesims und einer 50 Meter langen Schaufensterfront. 180 Verkäufer bemühten sich um die Kunden in der Herren-, Damen- und Kinderabteilung wie auch in den Abteilungen für Hüte und Schuhe. Im 2. Stock befanden sich die Werkstätten für Änderungen und Maßanfertigungen. Es gab Gratiszustellungen in jeden Teil Ägyptens und des Sudans, im Maximalfall über mehr als 4000 Kilometer. 1908 ließ Doro Stein auch in Saloniki durch den Architekten Ernst Löwy ein imposantes Warenhausgebäude mit hervor ragender Kuppel errichten. Um 1910 hatte er auch für Alexandria Neubaupläne. Er beauftragte Adolf Loos mit der Planung. Der Entwurf hat als Aquarell überlebt und wird im WienMuseum aufbewahrt. 1914 verfügte er über die größte Warenhauskette Ägyptens. Neben Kairo und Alexandria unterhielt er noch Geschäfte in Assiut und Minya in Mittelägypten und Mansura und Tanta im Nildelta. Aber er war auch in Saloniki und sogar in Johannesburg etabliert, und er hatte drei Filialen in Istanbul, war dort auch gleichzeitig mit seinem Konkurrenten Mayer oder sogar schon vor ihm dort tätig. Weit verbreitet war der jiddische Spruch: »Stein – billig und fein, Mayer – schlecht und teier«.

Entwurfszeichnung für das Warenhaus Kraus & Schober am Linzer Hauptplatz, um 1910.

Österreichische Warenhäuser nahmen vor 1914 eine bedeutende Stellung im gehobenen Textilmarkt im Nahen Osten ein. Entwurfszeichnung von Adolf Loos für ein Warenhaus von Doro Stein in Alexandrien.

Die dritten in der Reihe der österreichischen Warenhäuser im Orient waren Victor und Konrad Tiring. 1849 in Istanbul geboren, war Victor Tiring als »türkischer Schneider« nach Wien gekommen. 1882 gründete er hier mit seinen Brüdern das Unternehmen »Victor Tiring & Brüder, Schneider und Exporteure«. Bald wurde eine Filiale in Istanbul eröffnet. Kurz vor dem Ersten Weltkrieg ging der Konzern auch nach Ägypten. Direkt gegenüber dem Gebäude des Konkurrenten Doro Stein am Ataba el Khadra Platz wurde 1913/14 von dem Wiener Architekten Oscar Horowitz der Tiring Department Store erbaut. Berühmt sind die vier Herkulesstatuen, auf deren Schultern die Glaskuppel des Kaufhauses ruhte. Sechs verblasste lateinische Buchstaben sind bis heute zu sehen: TIRING. Sein Handelsimperium, das er von der Wiener Praterstraße aus dirigierte, hatte zahlreiche weitere Niederlassungen in Istanbul, Lembeny, Czernowitz, Sofia, Fiume, Adrianopel, Saloniki, Chio, Xanthi, Proßnitz.

Im Krieg bzw. durch den Friedensvertrag von Saint Germain gingen die österreichischen Beteiligungen im Ausland verloren. Albert Mayer starb 1927. 1930 wurde die Niederlassung in Alexandria endgültig geschlossen. Auch Doro

Stein erging es nicht anders. 1925 wurde der österreichische Rest in S. Steins Söhne OHG umgewandelt, 1929 die S. Stein Export GmbH aus dem Handelsregister gestrichen. Doro Stein starb 1940 im Israelitischen Krankenhaus am Währinger Gürtel. Victor Tiring starb am 25. April 1923 in Wien, Konrad Tiring mit seiner Gattin irgendwann zwischen 1942 und 1945 im Konzentrationslager Theresienstadt.

Zwischenkriegszeit

Die Erfolgssträhne der Wiener Kleiderhäuser war schon in der Zwischenkriegszeit gerissen. Die österreichischen Textilketten, die nicht nur in Wien und den Bundesländern agierten, sondern auch im Osmanischen Reich stark vertreten waren, erlitten den ersten schweren Schlag durch den Weltkrieg und den Zusammenbruch des Habsburgerstaates. Die Filialen in Ausland waren verloren, der Kontakt zu den Zulieferern abgerissen. Die Geschäftsflächen in den Stammhäusern wurden reduziert, aufgegeben und verpachtet. Es gab kaum Dynamik.

Der zweite Schlag war die Krise, die im Herbst 1929 mit dem Kurssturz an der New Yorker Börse und mit dem Zusammenbruch der Wiener Bodencreditanstalt spektakulär begonnen hatte. Sie traf Österreich schwer und erwies sich als ausgesprochen hartnäckig. Der Umsatzindex für Verbrauchsgüter auf der Basis 1929 = 100 erreichte noch 1937 nur den Wert 65. Am niedrigsten lag er mit 49 bei Damenkonfektion, am höchsten noch bei Lebensmitteln mit 78. Die Krise drängte mangels anderer Erwerbsmöglichkeiten viele Unselbstständige in die Selbstständigkeit und in den Handel, als Hausierer, Marktfahrer und Kleinsthändler.

Der dritte schwere Schlag für den österreichischen Textilhandel war die »Arisierung« durch die Nationalsozialisten. Die Zahl der jüdischen Textilhändler war sehr hoch. Die antisemitische Aggression richtete sich so-

wohl gegen die großen Häuser (die »jüdischen Basare«) wie gegen die Randexistenzen am unteren Ende (die »jüdischen Krämerexistenzen«). 1938 gab es in Wien 3 642 Textilhandelsgeschäfte, davon 2 630, die als »jüdisch« qualifiziert wurden. 2 163 davon wurden liquidiert, 467 wurden »arisiert« und weitergeführt. Durch häufig unsachgemäße Führung, aber auch durch den Krieg und den Warenmangel waren sie schwer beeinträchtigt.

Nach dem Krieg konnte sich der Textilhandel nur langsam erholen. Die Rohstoffknappheit zwang zu Bezugsbeschränkungen und Bewirtschaftungsmaßnahmen. Nur wer im Besitz einer Kleiderkarte war, konnte eine vorgegebene Anzahl von Textilien kaufen. In der *Österreichischen Textilzeitung*, die am 3. September 1947 erstmals erschien, wurden lange Listen jener Textilwaren veröffentlicht, die man nur mit Bezugsscheinen erwerben konnte. Sie betrafen Oberbekleidung, Stoffmeterware, Haus- und Heimtextilien, aber auch Fahnen und Fahnenstoffe, Handschuhe, Socken und Handarbeitsgarne. Nicht »bezugsbeschränkt« waren etwa Kopfbedeckungen für Säuglinge (nicht aber Säuglingsbekleidung), Sterbewäsche, Gamaschen und Schirme. Einen Bezugsschein zu besitzen bedeutete jedoch nicht, dass man damit ins nächste Textilgeschäft gehen konnte, um einzukaufen. Man musste auch das Glück haben, ein Geschäft zu finden, das die gewünschten Waren führte. Mit der Lockerung der Bezugsscheinpflicht für Bekleidung im Jahr 1948 war bei Textilien die Zeit des Naturaltausches und Schwarzmarktes vorbei.

Wilhelm Jungmann & Neffe ist ein Kleidermacher und Manufakturwarenhändler am Albertinaplatz in Wien, dessen Geschäft noch heute im Stil der Jahrhundertwende ausgestattet ist.

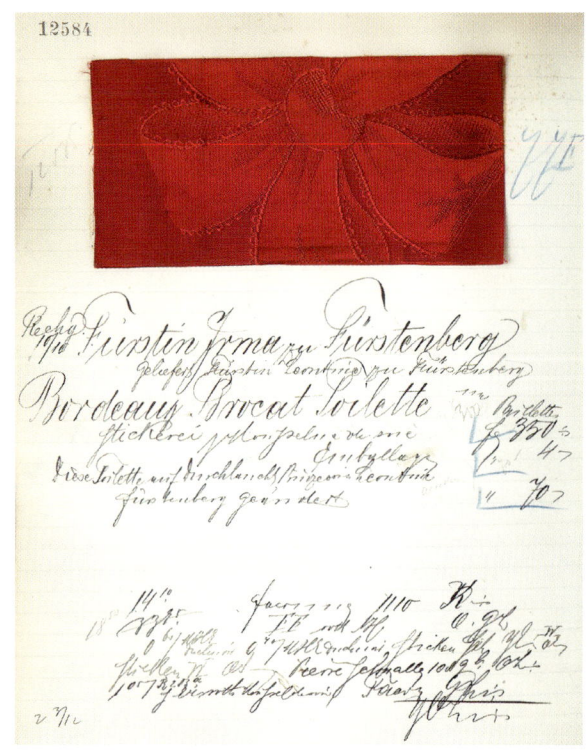

Das Unternehmen Wilhelm Jungmann & Neffe wurde 1881 zum k.u.k. Hoflieferanten ernannt und stattete die höfische Gesellschaft mit exklusiven Kleidern aus.

Auftragsbuch der Firma Wilhelm Jungmann & Neffe: Darin wurden die Bestellungen der Kunden samt Stoffmustern verzeichnet.

Vom Wirtschaftswunder zur Marktsättigung

Nach der Mangelwirtschaft der unmittelbaren Nachkriegszeit konnte man im Wirtschaftswunder der 50er-Jahre nochmals ein Gründungsfieber verspüren, einerseits mit Billigketten wie Texhages oder der Chance, andererseits mit Handelshäusern, die den Massenbedarf abdeckten wie Kleider Bauer oder Schöps. Auch Palmers startete durch. Bald folgten Boutiquen für den Designergeschmack und die großen internationalen Ketten.

Die 1913 von Richard Schöps gegründete gleichnamige Textilhandelskette wurde 1954 vom Neffen des Gründers, Leopold Böhm, übernommen und erlebte in der Folge eine österreichweite Expansion. Die Blütezeit des Unternehmens, das zeitweise über 1000 Mitarbeiter beschäftigte, endete in den 80er-Jahren. Das Unternehmen war hoch verschuldet und wurde in der Folge mehrmals verkauft. 1989 verkaufte Böhm das Unternehmen, das damals umgerechnet 101,7 Millionen Euro Jahresumsatz machte, für 160 Millionen Euro an den deutschen Investor Thomas Matzen. Schöps' Marktanteil am österreichischen Textileinzelhandel betrug 1998 2,5 Prozent, was Platz fünf hinter Ketten wie H & M und C & A, die jeweils mit rund 6,3 Prozent Marktanteil die ersten Plätze hielten, sowie Vögele und Kleider Bauer bedeutete. Seit 2008 ist das Unternehmen, das noch über 94 Filialen und rund 600 Mitarbeiter verfügt, im Besitz des österreichisch-irakischen Unternehmers Jamal Al Wazzan. 1951 eröffnete Kommerzialrat Rudolf Bauer in der Wiener Mariahilfer Straße an Stelle des pleite gegangenen »Kleidermandls« sein erstes Textilgeschäft. Auch er wählte die Verbindung von Kleiderfabrik und Vertrieb. 1968 verkaufte

H & M-Filiale am Graben in Wien am ehemaligen Standort des Traditionsunternehmens Braun & Co. Foto 2012.

Innenausstattung der H & M-Filiale am Graben in Wien. Foto 2009.

Gesamtansicht des Modenhaus Gerngross in der Wiener Maria-hilferstraße, Postkarte, um 1904.

Das »Weltstadthaus« von Peek & Cloppen-burg in der Wiener Kärntnerstraße des Architekten David Chipperfield wurde im September 2011 eröffnet. Foto: Harald Kicker, 2012.

er das auf 160 Mio. S Umsatz angewachsene Unternehmen an die neu gegründete Kleider Bauer GesmbH, hinter der die Familie Otten (50 Prozent) sowie die Familien Bellinger, Cremer und Bartels standen. 1971 eröffnete die erste Bundesländer-Filiale in Graz, weitere Geschäfte in ganz Österreich folgten. 1989 eröffnete Kleider Bauer das erste Geschäft in Ungarn. Die Filialkette mit 44 Häusern war einmal die größte des Landes mit gut 1 200 Beschäftigten. Kleider Bauer hatte in seinen besten Zeiten fast 179 Mill. Euro Umsatz gemacht, 2 000 waren es noch 116,6 Mill. Euro.

Der österreichische Textilhandel zählt etwa 3 280 Unternehmen. Den rund 4,5 Mrd. Euro schweren Bekleidungseinzelhandelsmarkt teilen sich rund 50 Ketten und eine Fülle von Einzelhändlern. Gab es 2001 noch rund 6 400 Shops, so sind es 2009 nur noch knapp über 5 800. Die Bekleidungsbranche in Österreich ist stark konzentriert: 73 Prozent des Bran-chenumsatzes erwirtschafteten im Jahr 2008 jene 48 filialisierten Marktteilnehmer, die jeweils mehr als fünf Standorte in Österreich

hatten. Ihnen sind auch 65 Prozent der gesamten Geschäftsfläche für 2008 im Bekleidungshandel zuzuordnen.

Schöps ist vom Markt verschwunden, kräftig expandiert hat Fussl, der den Sprung in die top 10 schaffte. Tabellenführer ist nach wie vor Hennes & Mauritz, gefolgt von C&A, P&C, Kik und Charles Vögele. Die Peek & Cloppenburg KG Wien ist in Österreich und Osteuropa mit 34 Filialen und 2300 Mitarbeitern vertreten.

Am 1. September 2011 eröffnete die Peek & Cloppenburg KG Wien auf knapp 12000 m² ihr elftes Haus in Österreich. Es ist zugleich das elfte Weltstadtwarenhaus des Modefilialisten mit dem Multi-Label-Konzept. Mit rund vier Milliarden Euro ist der Textilmarkt seit Jahren am Limit angekommen, gleichzeitig strömen immer neue Ketten auf den Markt. »Wer da nicht schnell reagierte, war schnell weg.«

Textil: Top Ten

Top 10 1998		Ranking 2007 nach Umsatz
1. Hennes & Mauritz	3,8	1. Hennes & Mauritz
2. C&A	3,2*	2. C&A
3. Palmers	3,1	3. Peek & Cloppenburg
4. Vögele	1,6	4. Vögele
5. Kleider Bauer	1,6	5. Kik
6. Schöps	1,4	6. New Yorker
7. Adler	1,00*	7. NKD
8. Peek & Cloppenburg	0,90*	8. Palmers
9. New Yorker	0,90*	9. Adler
10. TPS	0,86	10. Esprit

Umsatz 1998 in Milliarden Schilling, Quelle: Unternehmensangaben, * geschätzt

»De Lorenzo«. Franz Zadrazil, Öl auf Holz, 137 x 186 cm.

4. Kraftfahrzeughandel

Die Entwicklung des Automobils zum allgegenwärtigen Massenverkehrsmittel führte neben dem Wachstum der Kraftfahrzeugindustrie selber zum Aufkommen umfangreicher weiterer Wirtschaftsbereiche. Von Seiten der öffentlichen Hand musste die Straßeninfrastruktur ausgebaut werden, neben der Autoproduktion entstanden weitverzweigte komplementäre Industriestrukturen, etwa Treibstofferzeugung und -handel, Reifenindustrie, Ersatzteil- und Zubehörindustrie etc. Auch für Finanzdienstleister, Versicherungen und Fahrschulen bietet das Kraftfahrzeugwesen umfangreiche Geschäftsmöglichkeiten. Seit dem späten 19. Jahrhundert bildeten sich erste Automobilklubs, Automobil- und Motorradrennen fanden breites Publikumsinteresse und das Thema Auto wurde auch in den Massenmedien publikumswirksam aufgegriffen (Kfz-Seiten in Zeitungen, spezialisierte Magazine, Radio- und Fernsehsendungen). Mit dem Aufkommen der Massenmotorisierung gewannen auch Sicherheits- und Ökologieaspekte an Gewicht, die ebenfalls von mehreren Institutionen vertreten werden.

Die komplementäre Entwicklung sämtlicher Bereiche des Kraftfahrzeugwesens führte zur Ausbildung umfangreicher und komplexer Handelsstrukturen. Insgesamt sind der Automobilwirtschaft in Österreich heute mehr als 350 000 Arbeitsplätze zuzurechnen. Allein im Bereich Kfz-Handel und -reparatur waren 2010 laut Leistungs- und Strukturdaten von Statistik Austria rund 9 000 Unternehmen mit etwa 78 000 Beschäftigten aktiv, die zusammen Umsatzerlöse im Ausmaß von rund 26 Milliarden Euro erwirtschafteten. Die Fachgruppe Fahrzeughandel der Wirtschaftskammer Österreich wies 2010 12 971 aktive und

Eine Marke der Daimler AG

Das Surround-Soundsystem mit extra starkem Subwoofer.
Harman Kardon® Logic 7®. Auf Wunsch in der neuen B-Klasse.

Mercedes-Benz

2 672 ruhende Mitgliedschaften aus. Auch der Landmaschinenhandel hat sich nach dem Zweiten Weltkrieg zu einem bedeutenden Geschäftsfeld entwickelt. Im Jahr 2011 setzte allein der Landmaschinengroßhandel Waren im Wert von 1,4 Milliarden Euro um.

Aufgrund spezifischer Eigenschaften des Gutes »Automobil« entwickelte sich der Handel von Beginn an in enger Verknüpfung mit den Erzeugern. Automobile stellen eine große Investition für die Käufer dar, daher spielen das Renommee von Marken, die Verlässlichkeit von Service-Dienstleistungen und nicht zuletzt emotionale Werte eine große Rolle. Aus diesem Grunde mussten die Erzeuger in den Aufbau von Marken investieren sowie Vorkehrungen für Kundenbindung und zufriedenstellendes Service treffen. Folglich gehörten Vorgaben von Seiten der Erzeuger an die Händler bzw. die Vorwärtsintegration von der Industrie zum Handel von

Starke Automarken leisten es sich heute, in der Werbung nicht mehr vordergründig das Produkt anzupreisen, sondern auf spezifische Aspekte in origineller Weise einzugehen. Preisgekröntes Werbesujet für Mercedes von der Agentur Jung von Matt/Donau, 2011.

Werbesujet für BMW aus dem Jahr 2007, umgesetzt von der Agentur Demner, Merlicek und Bergmann: Origineller Aha-Effekt statt banaler Produktpräsentation.

Beginn an zu den Strukturmerkmalen des Kraftfahrzeuggeschäftes. Dadurch hat sich ein mehrstufiges Vertriebs- und Servicesystem aus Erzeugern, Generalrepräsentanten bzw. -importeuren, (teilweise mehrstufigen)

Vertragshändlerstrukturen und Markenwerkstätten herausgebildet. Die vertraglichen Bindungen zwischen den Vertriebsstufen ermöglichen koordinierte Investitionen in Marketing, Modellpflege und Service und sollen die Disziplinierung von Händlern, die als »schwarze Schafe« den Ruf einer Marke schädigen, erlauben. Zugleich wird jedoch das freie Spiel der Marktkräfte erheblich eingeschränkt, weswegen sich die Automobilwirtschaft ständig im Visier der Wettbewerbshüter auf nationaler und europäischer Ebene befindet. Dadurch sollen die Wettbewerbskräfte von Seiten der freien Werkstätten, Händler und Zubehörhändler, sowie neuerdings Schnellwerkstätten gewährleistet werden. Angesichts der Spezifika des Vertriebs wurden jedoch in sogenannten Gruppenfreistellungsverordnungen Ausnahmen von den Wettbewerbsregeln der EU gewährt, welche ein Fortbestehen der vertikalen Nichtstandard-Verträge in der Branche gestatten.

Als Indikatoren für die Entwicklung des Kraftfahrzeughandels können der Fahrzeugbestand und die Neuzulassungen herangezogen werden. Vor dem Ersten Weltkrieg waren in den österreichischen Alpenländern erst ungefähr 5 000 Automobile (PKW + LKW) im Einsatz. Während sich in führenden Industriestaaten bereits in den 20er-Jahren die Massenmotorisierung durchsetzte, nahm in Österreich der Bestand an PKW lediglich auf 11 058 im Jahr 1925 und 27 452 im Jahr 1936 zu. Zugleich stieg die Zahl der Lastkraftwagen von 6 256 auf 14 702 und jene der Motorräder von 15 963 auf 56 975.

Erst nach dem Zweiten Weltkrieg schritt die Motorisierung rasant voran, was in den beiden Diagrammen anhand des PKW-Bereiches illustriert sei.

In beiden Abbildungen ist das rasch wachsende Volumen des Kraftfahrzeuggeschäfts ab der Mitte der 50er-Jahre zu erkennen. Das jährliche Trendwachstum des Bestandes belief sich zwischen 1948 und 1972 auf 16,5 Prozent, zwischen 1973 und 2010 nur

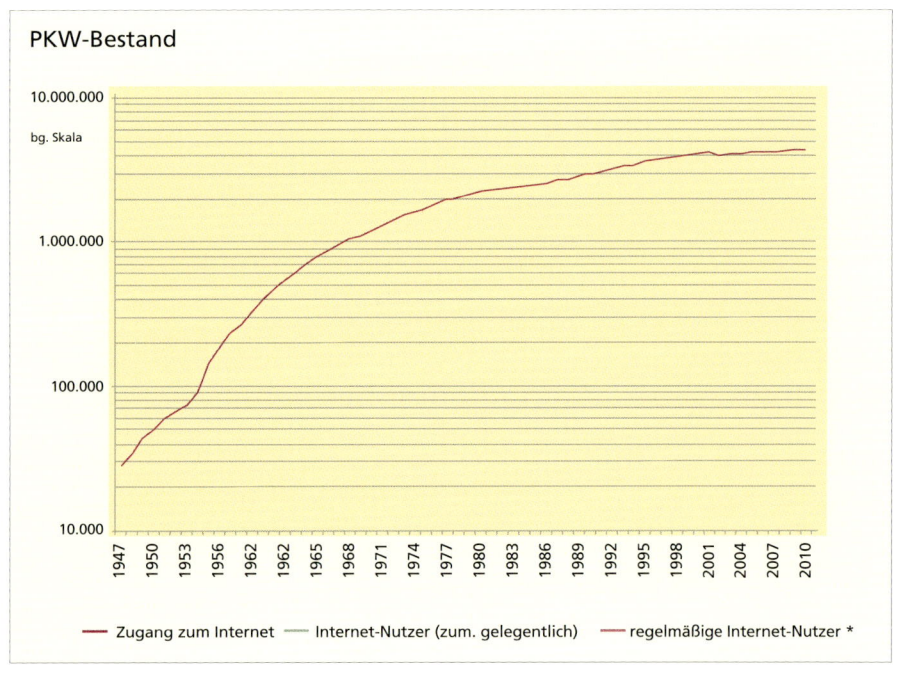

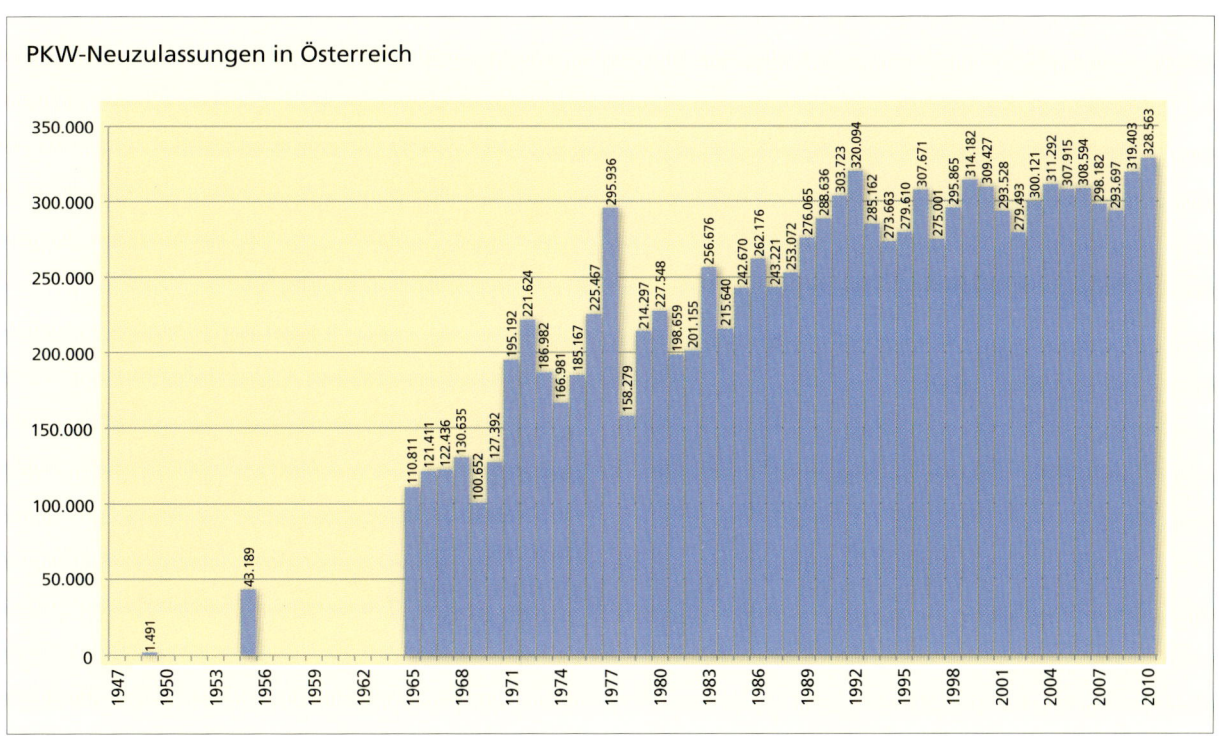

PKW-Neuzulassungen in Österreich

noch auf 2,8 Prozent. 1974 und 1975 musste der Autohandel zwei Saisonen nacheinander Absatzschrumpfungen im zweistelligen Prozentbereich verkraften – die »goldene Ära« des Kfz-Handels ging zu Ende. Eine ähnliche Entwicklung durchlief das LKW-Geschäft: der Bestand erhöhte sich von 74 414 (1960) um 180 Prozent auf 206 746 (1985) und danach nur noch um 84 Prozent auf 379 965 im Jahr 2010. Abweichend verlief die Nachfrage nach Motorrädern: Bis in die 70er-Jahre wurden sie vom Automobil verdrängt, seither haben sie als Freizeitgerät an Stellenwert gewonnen. Der Bestand ging von 304 089 (1960) auf 81 678 im Jahr 1975 zurück und hat sich bis 2010 auf beinahe 400 000 erhöht. Erst nach dem Zweiten Weltkrieg setzte in Österreich auch die Mechanisierung der Landwirtschaft ein. 1950 zählte man erst 14 500 Traktoren, bis 1963 verzehnfachte sich der Bestand auf 155 000 Schlepper, und 2010 waren 432 004 landwirtschaftliche Zugmaschinen registriert.

Nach dem Zweiten Weltkrieg war der österreichische Kfz-Markt durch Importrestriktionen weitgehend abgeschottet, was im PKW-Bereich den Absatz der hier assemblierten Fiat-Modelle durch Steyr-Daimler-Puch förderte. In den 50er-Jahren wurde Fiat von VW als Marktführer verdrängt – eine Position, die der Wolfsburger Konzern lediglich in den frühen 70er-Jahren wegen veralteter Modelle (VW-Käfer) vorübergehend an Opel verlor. In den 60er-Jahren profitierten britische und skandinavische Anbieter vom österreichischen EFTA-Beitritt, ab 1973 trat sukzessive eine Handelsliberalisierung mit der EG in Kraft und die japanischen Anbieter erzielten Zollvergünstigungen dank Gegengeschäften. Ab den 90er-Jahren gewannen die europäischen Hersteller durch den nunmehr gänzlich freien Marktzugang in Österreich sowie durch verbilligte Herstellungskosten im liberalisierten europäischen Produktionsraum wiederum an Konkurrenzfähigkeit. Erhebliche Rückwirkungen auf die Händlerstrukturen gingen auch vom Markensterben und von Konzentrationsprozessen in der Industrie seit den 60er-Jahren aus.

Graf Sascha Kolowrat
beim Semmering-
Rennen 1922.

Mit den zunehmenden Bestandszahlen erhöhte sich auch das Volumen der Gebrauchtwagenmärkte. Im Jahr 2010 wurden Gebrauchtzulassungen von 798 652 PKW, 34 166 Motorrädern, 46 548 Lastkraftwagen und 19 178 (landwirtschaftlichen) Zugmaschinen registriert. Der überwiegende Teil dieser Verkäufe findet zwischen Privaten oder über freie Händler statt. Das Geschäft wurde in den vergangenen Jahren durch die neu entstandenen Internetbörsen wesentlich transparenter. Bereits seit 1961 erscheinen in Österreich auch Preislisten, die auf umfangreichen Marktbeobachtungen beruhen, seit 2000 werden sie von der EurotaxGlass's International AG herausgegeben.

Die großen Importeure

Der Kraftfahrzeugmarkt entwickelte sich historisch von einer Pionierphase vor dem Ersten Weltkrieg und weitgehender Stagnation in der Zwischenkriegszeit zur Ära der erfolgreichen »Autobarone« in den 60er- und 70er-Jahren, auf die seither eine Phase gedrückter Margen und abnehmender Wachstumsraten folgte, in der sich auch die Spannungen zwischen Erzeugern, Importeuren und Händlern zeitweilig wiederum verschärften.

Vor dem Ersten Weltkrieg blieb das Automobil überwiegend Liebhaberobjekt einer kleinen zahlungskräftigen Oberschicht. Als Pionier auf der internationalen Ebene des Handels profilierte sich der Geschäftsmann Emil Jellinek, der die Repräsentanz für die deutschen Daimler-Werke in mehreren europäischen Ländern wahrnahm (z. B. Frankreich). Jellinek trug selbst erheblich zum Erfolg des Erzeugers bei, indem er im Jahr 1899 den Markennamen »Mercedes« (nach seiner ältesten Tochter) kreierte und mehrere spektakuläre Rennerfolge erzielte. Im Jahr 1906 übernahm jedoch die deutsche Daimler-Motoren-Gesellschaft selber den Vertrieb. Jellinek versuchte danach, den von den österreichischen Daim-

ler Werken gebauten »Maja«-Wagen (benannt nach seiner zweiten Tochter) zu vermarkten, konnte damit jedoch nicht mehr an seine Erfolge mit Mercedes anschließen.

Im Jahr 1907 brach das Geschäft des Doyens der Wiener Kraftfahrzeughändler, Arnold Spitz, zusammen. Der Unternehmer, welcher u. a. die Mercedes-Vertretung für Österreich inne hatte und den Automobilsport sponserte, finanzierte die Produktion von Autos, die er bei Gräf & Stift erzeugen ließ. Um den Absatz zu fördern, nahm er großzügig Gebrauchtwagen in Zahlung, die sich aber angesichts der raschen Modellwechsel als unverkäuflich erwiesen, was schließlich zum Konkurs führte. Bereits an Jellinek und Spitz sind bis heute typische Risiken des Kfz-Handels ersichtlich: Konflikte zwischen Erzeugern und Händlern, Absatzfluktuationen, hohe Kapitalbindung und bedrohlicher Abschreibungsbedarf.

Die Zwischenkriegszeit erwies sich als schwierige Periode für den Kraftfahrzeughandel, in der sich jedoch bereits einige Unter-

nehmen für die Jahre nach 1945 in Stellung brachten. Zum Beispiel handelte der ehemaligen Offizier Fritz Tarbuk (vormals von Sensenhorst) ab 1920 mit Autos, das Autohaus Köllensperger in Innsbruck brachte 1923 das erste Ford-Modell nach Österreich, ab 1924 vertrat Günter Wiesenthal Mercedes, und Kamillo Eisner gründete 1926 in Wien sein erstes Unternehmen. 1936 eröffnete Ernst Frey eine Mechanikerwerkstätte, und Franz Gady begann in Bachsdorf (Steiermark) einen Landmaschinen- und Fahrradhandel.

Am Ende des Zweiten Weltkriegs war der Automobilbestand drastisch reduziert. Vorerst war vor allem Improvisationsfähigkeit gefragt, ehe sich der Import ab Mitte der 50er Jahre auf stetiger Grundlage entwickeln konnte. Bis 1955 war Wien wegen der sowjetischen Besatzung Ostösterreichs als Standort benachteiligt, so dass sich damals Salzburg zum Zentrum der Importeure entwickelte. Im Laufe der 50er-Jahre nahmen die Absatzzahlen stark zu. Österreich wurde für die Erzeu-

Emil Jellinek vertrieb ab 1898 Daimler-Automobile. Auf seinen Vorschlag geht der Name »Mercedes« zurück.

Effizienter Werbestandort des Autohändlers Hans Jokisch vor dem Linzer Unfallkrankenhaus für den Kleinwagen Steyr Puch 500. 50er-Jahre.

Das Autohaus Robinson, Pionier des Automobilhandels in der Steiermark, nahm 1908 den Betrieb auf. In den 70er-Jahren hatte Robinson den Direktimport der Marke Peugeot inne.

ger zu einem interessanten Markt, weswegen sie den Import sukzessive von bisherigen Händlern in die eigenen Hände übernahmen. Zum Beispiel gründete Ford 1962 in Salzburg eine Importorganisation, wodurch der bisherige Repräsentant Hinteregger zum Händler rückgestuft wurde. 2006 verlegte man die Firmenzentrale von Salzburg nach Wien. Ebenfalls vom Importeur zum Händler wurden Smoliner & Kratky 1962 mit der Gründung der Citroën Österreich GmbH, die regionalen Opel- bzw. GM-Importeure 1963 mit der Errichtung von General Motors Wien, Tarbuk 1969 für seine Marken Simca und Chrysler durch die Chrysler Austria GmbH, und Renault übernahm bis in die 70er-Jahre sukzessive den bisherigen Importeur Schrack.

Ernst Frey büßte 1969 infolge der Übernahme von Audi-NSU durch VW die NSU-Vertretung ein, importiert dafür seit 1971 erfolgreich Toyota. Tarbuk ersetzte Simca und Chrysler durch Saab und Nissan. Der vormalige VW-Großhändler Rolf Knoch (Kärnten) übernahm nach Konflikten mit Porsche Österreich 1969 den Mazda-Import. Er geriet jedoch während der ersten Erdölkrise in Schwierigkeiten, das Importunternehmen musste saniert werden und wird heute vom japanischen Mazda-Konzern geführt.

Die zahlreichen britischen Marken wurden in

den 60er-Jahren größtteils in der Leyland-Gruppe zusammengefasst, welche in Salzburg ein Importzentrum aufbaute. Dadurch wurden bekannte Autohäuser wie Baumkirchner & Colloredo, Stahl, Koch, Jeschek oder Aulehla zu Händlern rückgestuft. British Leyland selbst ging 1975 bankrott, wurde verstaatlicht, erholte sich jedoch nicht mehr. Die Marke Peugeot repräsentierten seit der Besatzungszeit vier Händler in österreichischen Landeshauptstätten – Jeschek (Wien), Leischko (Linz), Frey (Salzburg) und Robinson (Graz) –, bis 1986 die Peugeot Austria GmbH entstand, die in den 90er-Jahren die Wiener Jeschek-Standorte übernahm. Die Fiat-Automobile wurden in Österreich von Steyr-Daimler-Puch vertreten. Nach der Übernahme durch Magna errichtete der italienische Erzeuger 1999 selbst eine Handelsniederlassung.

Als bis heute größte Unternehmensgruppe bildete sich seit den Nachkriegsjahren die österreichische Porsche-Holding heraus. Der Familie Porsche gelang es nach 1945, sich umfangreiche Lizenzzahlungen für den VW-Käfer und den VW-Generalimporteursvertrag für Österreich zu sichern. Damit waren die Grundlagen für das Handelsgeschäft in Österreich, parallel zum Aufbau des Sportwagenwerks in Stuttgart gelegt. Im Jahr 1971 beschlossen die Geschwister Ferry Porsche und Louise Piëch den Ausstieg sämtlicher Familienmitglieder aus den operativen Funktionen, und 1974 errichtete man die Porsche Holding als Dach der Unternehmensgruppe, die in den folgenden Jahren weiter ausgebaut wurde (Leasing, Versicherungen, Leihwagendienst, Handel im benachbarten Ausland etc.). 1998 eröffnete in Salzburg an der Vogelweiderstraße der neue Porschehof, der die Dimensionen eines Stadtteils hat. Im Jahr 2011 setzte die österreichische Porsche Holding-Gruppe rund 11,3 Milliarden Euro um und beschäftigte mehr als 21 000 Mitarbeiter.

Die Marke Mercedes wird heute von der Mercedes-Benz-Österreich-Gruppe repräsentiert, die mit ihren Vertriebspartnern 2011 auf

Nach dem Zweiten Weltkrieg führte Steyr Fiat etwa 10 Jahre lang mit in Österreich assemblierten Automobilen die heimische Zulassungsstatistik an. Prospekt der Steyr-Daimler-Puch AG, 50er-Jahre.

einen Umsatz von 1,2 Milliarden Euro kam. Die Importorganisation wird seit Ende der 70er-Jahre von der Daimler AG und der Familie Pappas betrieben, zuvor importierten die Handelsunternehmen Pappas und Wiesenthal selber. Diese blieben auch seither die größten Mercedes Händler in Österreich. Die Daimler-Tochter car2go bietet seit 2011 in Wien mehrere hundert Smart an, die von Inhabern einer Mitgliedskarte innerhalb des Geschäftsgebietes gemietet und beliebig wieder abgestellt werden können, wobei eine App am Smartphone informiert, wo jeweils das nächste freie Fahrzeug steht. Auf diese Weise sollen die City-Flitzer als eine neue Alternati-

ve zum eigenen PKW, Taxi oder öffentlichen Verkehrsmittel genutzt werden können. Die Fahrzeuge wurden von Wiesenthal auf den Einsatz vorbereitet.

Als weitere führende Importeure und Händler sind die Denzel-Gruppe und Toyota Frey hervorzuheben. Wolfgang Denzel begann 1938 in Graz und Wien mit BMW zu handeln, im Jahr 1952 erlangte er die Generalvertretung für die Marke. Er machte sich auch einen Namen mit dem Bau von Sportwagen auf VW-Basis und ließ von Hubert Stroinigg den Prototyp eines Kompaktwagens konstruieren, der in den 60er-Jahren als BMW 700 verkauft wurde und den bayerischen Automobilhersteller aus

Werbeplakat für die Automobilausstellung im Prater im Mai 1900. Farblithografie nach einem Entwurf von Raphael Kirchner, 1900.

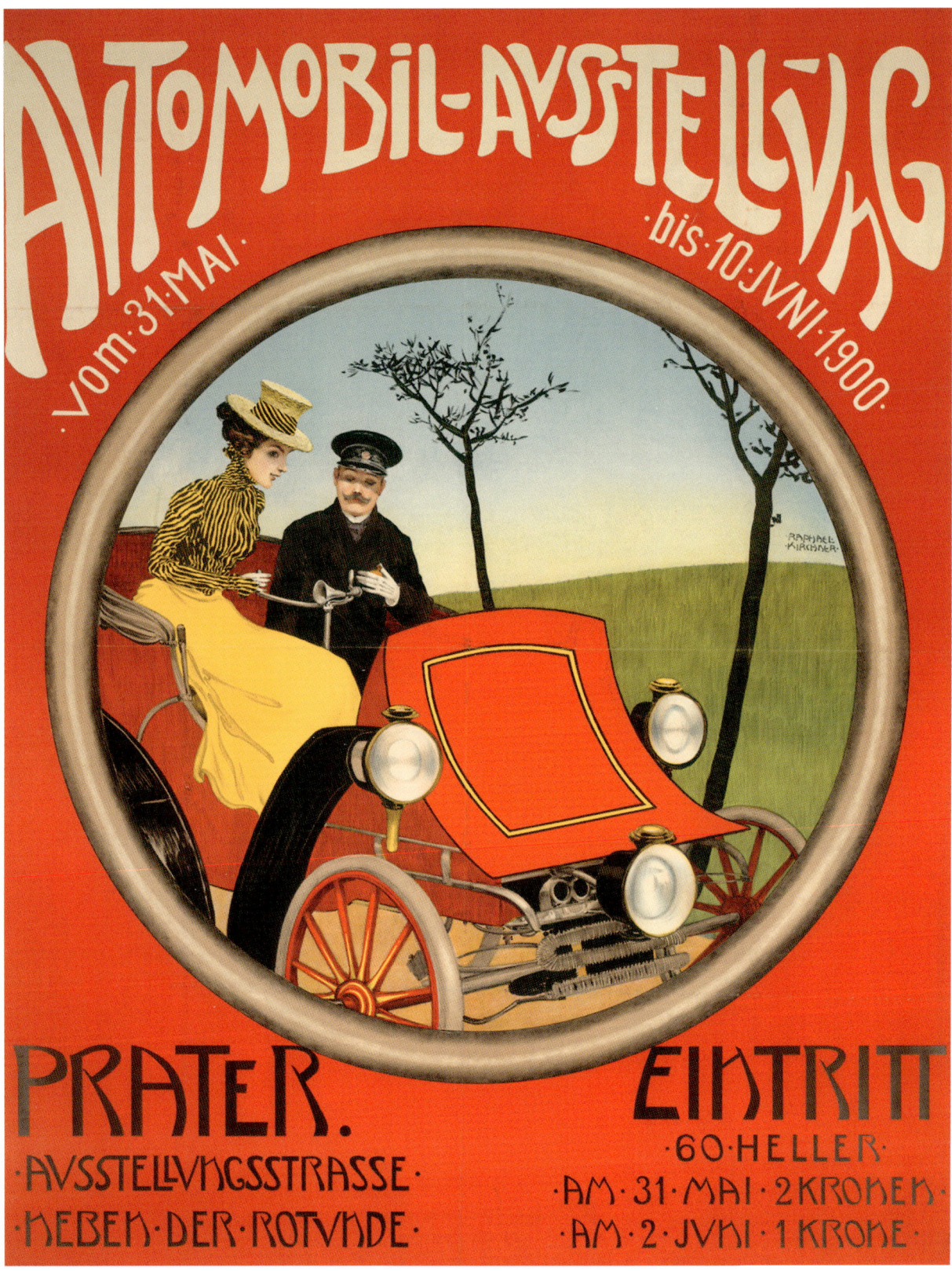

Die Automobilausstellung im Mai 1949 am Rotundengelände im Wiener Prater zeigt den neuen Personenkraftwagen der Firma Porsche. Aufnahme USIS, 1949.

einer akuten Krise führte. Daneben übernahm das Autohaus den Import weiterer Marken, verlor jedoch durch die Gründung der BMW-Austria GmbH in den 70er-Jahren den Status als BMW-Importeur. Nach der Ostöffnung expandierte Denzel in die Reformstaaten, gründete eine Importgesellschaft für die Marke Hyundai, diversifizierte in die Bereiche Car Sharing und Schnellreparaturen (Fast Box, 2010 in einem Management Buy Out abgegeben) und wurde 2009 unter dem Dach der DENZEL Holding AG erneut restrukturiert. 2011 erzielte die Gruppe mit 1 000 Mitarbeitern einen Umsatz von 565 Millionen Euro.

Das Autohaus Frey begann, wie bereits erwähnt, nachdem es die NSU-Vertretung verloren hatte, ab 1969 mit dem Import von Toyota. 1992 nahm das Toyota Importzentrum in Inzersdorf bei Wien den Betrieb auf, 2010

eine Niederlassung in Salzburg. 2011 beschäftigte das Unternehmen 251 Mitarbeiter und setzte 245 Millionen Euro um.

Auch einige »Nur-Händler« ohne eigenen Import stießen in Umsatzbereiche von 100 oder mehr Millionen Euro vor, etwa Eisner (Wien, Burgenland, Kärnten), Vogl + Co (Steiermark, Burgenland) oder die deutsche AVAG-Gruppe, die nach der Jahrtausendwende Opel & Beyschlag (Wien) und ÖFAG (Salzburg) übernahm. Auf Umsätze von mehr als 70 Millionen Euro kamen zuletzt z. B. Senker (VW, Niederösterreich) und die Gady Gruppe (BMW, Landtechnik etc. in Burgenland, Kärnten und Steiermark).

Welche Bedeutung für die Händler der Erfolg einzelner Modelle haben kann, führte die Marke Hyundai eindrucksvoll vor, deren Typ I 30 es 2010 auf den dritten Rang der Zu-

Wolfgang Denzel (1908–1990) war ein österreichischer Motorsportler, Konstrukteur und Unternehmer. Die Aufnahme zeigt Menschenmassen bei der Präsentation des von Denzel konstruierten BMW 700 im Jahr 1959. Dieses Modell trug damals wesentlich zur wirtschaftlichen Sanierung von BMW bei.

lassungsstatistik (hinter VW Golf und Polo) brachte.

Neben den Erfolgsgeschichten ist jedoch auch auf die Risiken des Kfz-Handels hinzuweisen, die zum Ausscheiden mancher großer Namen aus dem Marktgeschehen führten. So musste Tarbuk nach dem Verlust der Repräsentanz für Nissan, Saab und Jaguar (2001) trotz Rettungsversuchen durch den Sanierer Erhard Grossnigg 2007 aufgeben. Ford Hinteregger wurde bis 1995 sukzessive liquidiert. Auch der Fiat-Händler Fritz Neckam sowie Baumkirchner & Colloredo (Opel) verschwanden vom Markt. Von den »Opel-Baronen« haben sich hingegen z. B. Salis & Braunstein in Graz, Auto Günther in Linz und Kandl in Wien behauptet. Verschwunden sind insbesondere zahlreiche kleine Handels- und Werkstattbetriebe. Verlängerte Serviceintervalle, verbes-

serte Zuverlässigkeit und markenspezifische technische Anforderungen an die Werkstätten machten insbesondere kleinen, unabhängigen Reparaturwerkstätten zu schaffen, wenngleich austauschbare Module statt reparierbarer Teile (z. B. Stoßfänger, Scheinwerfer) bei manchen Arten von Reparaturen auch Umsatzzuwächse erbrachten.

Die größten Umsätze als LKW-Händler erzielten zuletzt die MAN-Gruppe und Scania. Größte Zubehörhändler sind die ALCAR Gruppe (Stahl- und Leichtmetallräder), die Handelskette Forstinger und Stahlgruber (Ersatzteile, Werkstatteinrichtungen).

Der Automobilhandel gehört zu jenen Bereichen, in denen die Macht der Produzenten gegenüber den Händlern in den vergangenen Jahrzehnten eher zu- als abgenommen hat. Die Automobilwirtschaft und damit auch der

Autohandel sieht sich aktuell durch Treibstoffverteuerung, Kritik wegen der ökologischen Folgen und des Platzbedarfs sowie steigender Investitionserfordernisse im Werkstättenbereich vor Herausforderungen, die einen weiteren Strukturwandel in den nächsten Jahrzehnten erwarten lassen. Angesichts des großen gesellschaftlichen Stellenwertes ist aber weniger mit einer Rückbildung als mit differenzieren-

den Weiterentwicklungen zu rechnen. Diese müssen u. a. in Richtung eines vielfältigeren Mobilitätsmix (z. B. Car Sharing, car2go …), komplexerer Infrastruktur (z. B. Verkehrsleitsysteme) und neuer Antriebssysteme weisen, jedoch weiterhin auch die emotionalen Bedürfnisse der Nachfrager bedienen, um einen möglichst reibungslosen Übergang in das Post-Erdöl-Zeitalter zu gewährleisten.

car2go, seit Dezember 2011 mit 500 smart fortwo's auch in Wien vertreten, bietet eine moderne Form des CarSharing. Foto: Michael Alschner, 2011.

»Gips Nr. 7«. Franz Zadrazil, 1969, Öl auf Holz, 75 x 100cm.

5. Baustoffhandel, Möbelhandel

Sowohl der Baustoff- als auch der Möbelhandel reagieren in einem überproportionalen Ausmaß auf gesamtwirtschaftliche Fluktuationen. Die Nachfrage blieb während der gesamten Zwischenkriegszeit gedämpft. Nach dem Zweiten Weltkrieg lagen anfänglich die Angebotskapazitäten darnieder, und auch nachfrageseitig standen vorerst Waren, die das unmittelbare Überleben sicherten, im Vordergrund, ehe ab den späten 40er-Jahren Bauvolumina und Möbelverkäufe wieder erheblich zunahmen. 2001 und 2008 erlitten beide Branchen infolge der Konjunkturrückschläge spürbare Einbrüche.

Baustoffhandel

Der moderne Baustoffhandel ist im Zusammenhang mit dem Aufkommen der industriellen Erzeugung der entsprechenden Waren im 19. Jahrhundert entstanden. Damals beruhten die Fortschritte in der Bautechnik vor allem auf neuen Stoffen und Konstruktionselementen, wie z. B. hydraulischem Zement, gewalzten Stahlträgern und industriell gefertigtem Glas. Von Seiten der Bauwirtschaft war man an genormten Qualitäten, Formaten und Gebinden interessiert, die von Industrie und Handel bereitgestellt wurden. So einigte man sich bereits 1878 auf normierte Verpackungen und Qualitäten für Zement, und auch die Ziegelformate wurden vereinheitlicht. Erst nach dem Zweiten Weltkrieg kam es in Österreich zu einer weitreichenden Mechanisierung der Bauindustrie, welche eine Vervielfachung der verarbeiteten Baustoffmengen erlaubte.
Als wesentliches Element der Bautätigkeit hat sich bis heute der hydraulische Zement

gehalten. Aus diesem Grunde eignet sich die Zementproduktion als Indikator für die langfristige Entwicklung der Bauwirtschaft und des Baustoffhandels in Österreich.

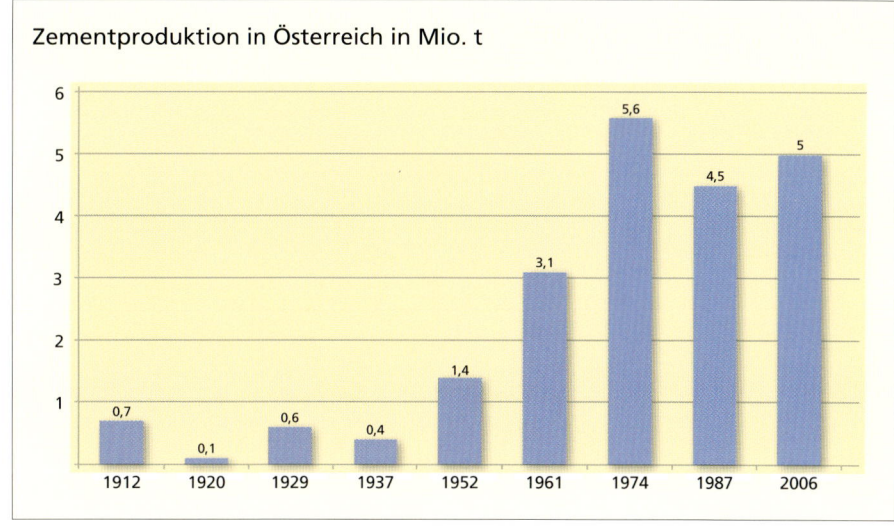

1912: Österreichische Alpenländer

Die Abbildung zeigt anschaulich, dass der Zementverbrauch, somit auch die Bauwirtschaft und der Baustoffhandel die gesamte Zwischenkriegszeit hindurch nicht auf das Niveau kamen, das sie gegen Ende der Habsburgermonarchie erreicht hatten. Nach dem Zweiten Weltkrieg folgte ein rascher Aufschwung, der in den 70er-Jahren in eine Marktsättigung überging.
Für den Baustoffhandel erweist sich eine klare Zuordnung zum Groß- oder Einzelhandel als problematisch. Als Kunden treten vor allem gewerbliche und industrielle Weiterverarbeiter sowie private Abnehmer auf. Der Baustoffhandel übernimmt in dieser Position die Aufgaben der Transportfunktion, Lagerfunktion, Sortimentertätigkeit, Qualitätsför-

Das erste BAUHAUS startete im Jahr 1972 mit einer Verkaufsfläche von 2000 m². Die Aufnahme zeigt die 2011 neu eröffnete Filiale in Graz Seiersberg mit einer Verkaufsfläche von 18 500 m².

derung und Beratung sowie auch Kreditgewährung und Werbefunktion. Im Geschäft mit privaten Abnehmern herrschen Fixpreise vor und die Kreditfunktion hat einen geringeren Stellenwert. Gemäß der Systematik der Statistik Austria waren im Jahr 2009 in den Bereichen Großhandel für Holz, Baustoffe und Metallwaren für den Bau (ÖNACE G4673 und G4674) 2 036 Unternehmen mit mehr als 30 000 Beschäftigten aktiv, die auf einen Umsatz von 12,4 Milliarden Euro kamen. Im Bereich des Einzelhandels mit Metallwaren und Baubedarf erzielten 2 913 Unternehmen mit rund 20 600 Beschäftigten Umsatzerlöse von 3,4 Milliarden Euro. 2006 waren bei der Wirtschaftskammer Österreich 8 319 aktive Mitglieder des Bundesgremiums des Holz- und Baustoffhandels registriert.

Die Baustoffhändler sind im Rahmen der Wirtschaftskammerorganisation vertreten (Bundesgremium des Holz- und Baustoffhandels) sowie seit mehr als 100 Jahren auch in privaten Vereinen organisiert. Im Jahr 1908 entstand der Verband der Händler mit Zement, Kalk und Gips, der vor 1914 bereits mehr als 100 Mitglieder hatte und insbesondere die Beziehungen zur Industrie regelte. Im Jahr 1922 wurde der Verband österreichischer Baustoffhändler neu errichtet, dem auch führende Erzeuger (z. B. Perlmooser Zementwerke, Wietersdorfer Zementwerke etc.) beitraten. Auf

die Eingliederung in das deutsche Verbändewesen während der NS-Herrschaft folgte nach dem Krieg die Gründung eines Baustoffhändler- und eines Zementhändlerverbandes, wobei auch Industrieunternehmen wiederum als fördernde Mitglieder aufgenommen wurden. Die Branche war lange Zeit in mehreren Kartellen organisiert, z. B. bestand das Zementkartell bis 1995.

Neben dem Handel mit gewerblichen Abnehmern entwickelten sich seit den 70er-Jahren die Baumärkte, die sich vor allem an Heimwerker, aber auch an das freie Kleingewerbe wenden (z. B. Trockenbau). Die Vielfalt der gehandelten Güter für das Bauwesen (einschließlich Bauhilfsgewerbe und Do it yourself-Bereich) hat in den vergangenen Jahrzehnten durch die Verwendung neuer Materialien (insbes. Kunststoffe), Geräte und Systeme stark zugenommen. Baumärkte weisen heute eine Verkaufsfläche von etwa 10 000 Quadratmeter auf, sogenannte Mega-Baumärkte bis zu 30 000 Quadratmeter.

Stagnierende Gesamtabsatzmengen führten seit den 90er-Jahren zu einem intensiven Verdrängungswettbewerb, der Verbreitung kooperativer Organisationsformen, zu einer Ausweitung der Sortiments (z. B. Möbel, Heimtextilien und Gartenartikel in Baumärkten) und zu Versuchen, jeweils neue Kundengruppen zu erschließen. So expandierten

Wo alles begann: Die erste Filiale in Kindberg wurde im Jahr 1976 unter dem Namen Hobbymax mit einer Verkaufsfläche von 450 m² eröffnet, ein Jahr später erfolgte die Umbenennung in bauMax.

Händler mit gewerblichen Kunden in den Baumarktbereich, und Baumärkte trachten verstärkt, auch das Gewerbe zu beliefern. Als neue Chance eröffnete sich die Expansion in Mittel- und Osteuropa; gleichzeitig drängten jedoch auch Handelsgruppen aus Deutschland auf den österreichischen Markt. All diese Faktoren führten zu einem intensiven Preiswettbewerb und der Errichtung von Mega-Baumärkten mit mehr als 60 000 Artikeln.

Die Position des Marktführers im Bereich der Baumärkte hat die bauMax AG-Gruppe errungen. Das Unternehmen eröffnete unter der Leitung von Martin Essl im Jahr 1976 den ersten Baumarkt in Kindberg (Steiermark) und betreibt heute mehr als 150 Standorte in Mittel- und Südosteuropa sowie in der Türkei. Der Anteil des in Österreich erzielten Umsatzes wird nicht ausgewiesen. Seit 1996 setzt bauMax auch auf das Konzept von Mega-Baumärkten (Mega-bauMax). Zu den größten Mitbewerbern gehören OBI, Hornbach und Bauhaus, drei Gruppen, die aus Deutschland nach Österreich expandiert haben, wobei OBI auf Fran-

chise-Partner setzt. Die Bauhaus-Gruppe wird heute vom Schweizer Kanton Zug aus geleitet. Die Trends zur Kooperation von Baustoffhändlern sowie zur Expansion von Deutschland nach Österreich machten die Hagebau-Gruppe zum österreichischen Marktführer im

Ausgewählte österreichische Baustoffhändler im Jahr 2011*		
Unternehmen	**Umsatz in Mio. €**	**Beschäftigte**
bauMax AG – Gruppe	1 520	11 000
hagebau Handelsges. f. Baustoffe GmbH & Co KG Österreich – Gruppe**	1 348	3 180
3e Handels- u. Dienstleistungs AG – Gruppe	546	2 800
BauWelt-Interbaustoff Bau- u. Wohnbedarf VertriebsGmbH – Gruppe	450	1 450
OBI Bau- & Heimwerkermärkte Systemzentrale GmbH	460	2 050
Schachermayer-GroßhandelsGmbH – Gruppe	479	1 984
ÖAG AG	287	820
Hornbach Baumarkt GmbH	272	971
SHT Haustechnik AG – Gruppe	279	791
Bauhaus Depot GmbH	299	1 070
Quester Baustoffhandel GmbH – Gruppe	250	560

*Das Geschäftsjahr stimmt nicht bei allen Unternehmen mit dem Kalenderjahr überein, Daten teilweise geschätzt.
**Daten für 2010

Das Unternehmen bauMax betreibt insgesamt 155 Baumärkte in neun Ländern Europas. Innenansicht des megabauMax in Tulln.

Gesamtsegment Baustoffhandel. An Hagebau Österreich sind Hagebau Deutschland sowie 36 österreichische Baustoffhändler beteiligt. Sie betreiben 160 Standorte, darunter 60 Baumärkte, rund 80 Baustoffhandlungen und 20 Profi-Fachmärkte mit einer Gesamtverkaufsfläche von 100 000 Quadratmeter. Im Jahr 2004 vergrößerte sich die Gruppe durch den Beitritt von elf vormaligen Mitgliedern der Kooperationsgruppe Öbau.

Die 3e-Gruppe setzt mit ihren 157 österreichischen und rund 100 ausländischen Mitgliedern auf vier Vertriebsschienen (Toolpark, Let's do it, Bad & Co. und E-Norm). Vom Jahresumsatz 2010 wurden 77 Prozent in Österreich erzielt. Die knapp 30 BauWelt-Kooperationspartner unterhielten 2010 rund 40 Standorte. Weitere Kooperationsgruppen entstanden u. a. im Bereich der Lagerhausorganisationen und im

Zusammenhang mit dem bayerischen Agrar-, Baustoff- und Energiehändler BayWa.

Als Marktführer im traditionellen Baustoffhandel (ohne Baumärkte) gilt die Quester-Baustoffhandelsgruppe. Sie wurde 1934 in Wien vom Rauchfangkehrermeister Fritz Quester gegründet, begann in den 70er-Jahren in die Bundesländer zu expandieren, kooperiert mit 48 BauProfi-Partnern und wurde ihrerseits 2004 von der irischen Baustoffgruppe CRH plc. übernommen, die 2010 mit 93 500 Mitarbeitern 21 Milliarden Euro umsetzte.

Andere Anbieter spezialisierten sich auf Nischenstrategien. Zu den größten Heizungs- und Sanitärhändlern entwickelten sich die ÖAG AG und SHT Haustechnik AG-Gruppe, Großhandels-Branchenleader für Holz, Metall und Glas verarbeitende Unternehmen ist die Schachermayer GroßhandelsGmbH-Gruppe.

Ein Teil des Baustoffumsatzes wurde und wird zum Missfallen der Händler von der erzeugenden Industrie selber abgewickelt. Zum Beispiel erzielte die Schmid Industrie Holding (u. a. Baumit, Murexin, Austrotherm, Wopfinger Transportbeton) im Jahr 2010 36 Prozent ihres Umsatzes von 1,18 Milliarden Euro im Bereich Handel.

Möbelhandel

Ebenso wie der Baustoffhandel ist auch der Möbelhandel mit der Industrialisierung der Warenproduktion entstanden. Damit erfolgte der Übergang von handwerklicher Fertigung auf Bestellung zur Erzeugung für den Absatz durch den spezialisierten Handel. Im Jahr 2009 (letzte aktuelle Daten) wurden im Großhandel mit Möbeln und Haushaltsgegenständen, in dessen Rahmen 487 Unternehmen im Jahresdurchschnitt 1013 Mitarbeiter beschäftigten, Waren im Wert von 100 Millionen Euro verkauft. Im Einzelhandel mit Möbeln und Einrichtungsgegenständen erzielten 2644 Unternehmen mit 27718 Beschäftigten einen Umsatz von 4,1 Milliarden Euro. Der Produktionswert der österreichischen Möbelindustrie belief sich 2009 auf 2,3 Milliarden Euro, wobei eine Exportquote von mehr als 50 Prozent erzielt wurde.

Bereits in der zweiten Hälfte des 19. Jahrhunderts tat sich das altösterreichische Unternehmen Thonet als innovativer Pionier hervor, der mit standardisierter Massenproduktion, detaillierten Katalogen und dem Versand zerlegter, kostengünstiger Möbel in flachen Paketen gleichsam als früher Vorgänger von IKEA gelten kann.

Mit dem wirtschaftlichen Aufschwung seit den 50er-Jahren manifestierte sich das Konsumverhalten in Österreich in mehreren Wellen. Auf eine »Möbelwelle« folgte ab der Mitte des Jahrzehnts eine Periode stabil wachsender Nachfrage nach langfristigen Konsumgütern. Dies ging auch einher mit Initiativen zur

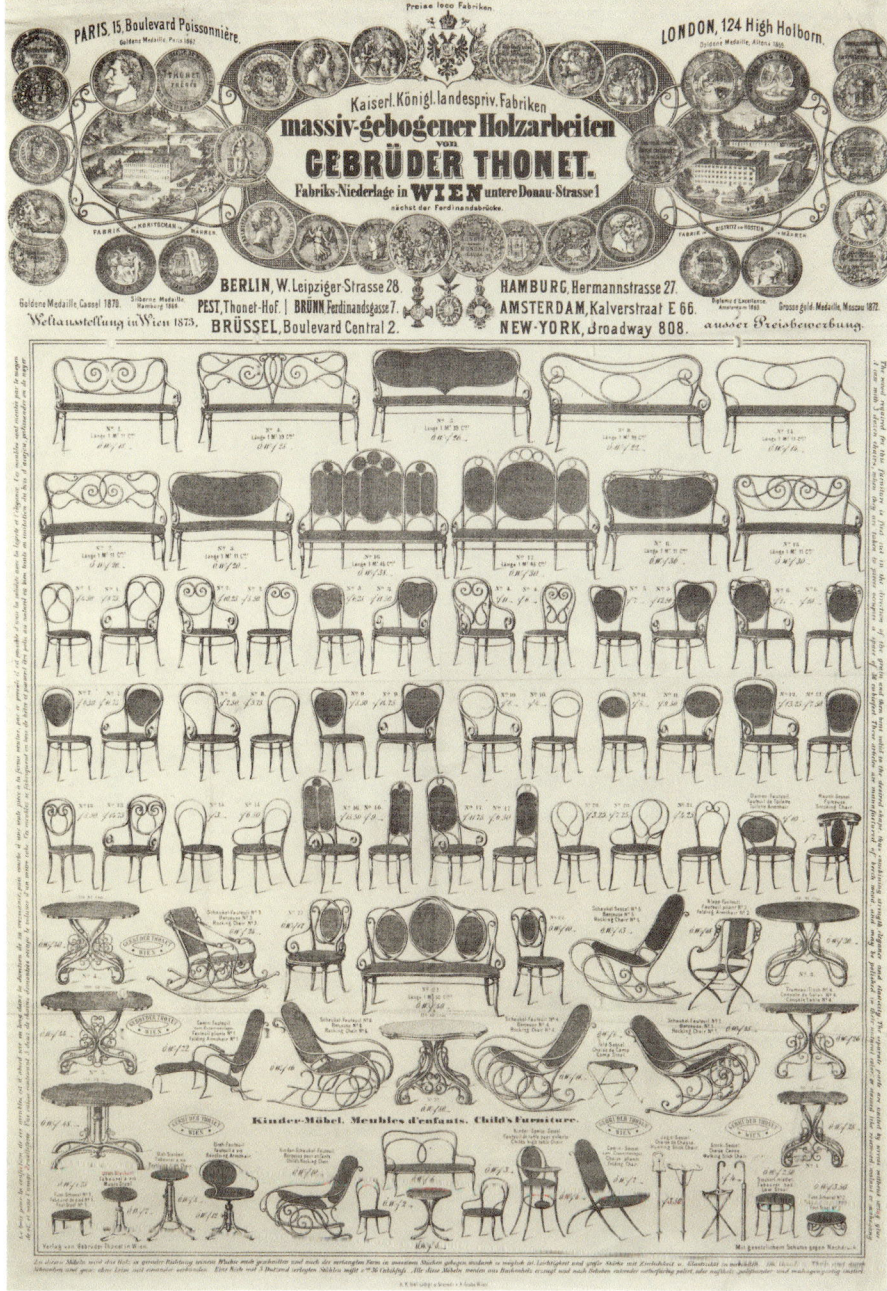

Rationalisierung von Haushalt und Wohnen und führte zu einem Aufschwung von Möbelfabrikation und -handel. Auf die Erfordernisse im Rahmen eher kleiner Wiederaufbauwohnungen war im Jahr 1952 die Ausstellung »Soziale Wohnkultur« abgestimmt, gefolgt von der vom Gewerkschaftsbund unterstützten SW-Möbelaktion, die zur Verbreitung kostengünstiger, praktischer Möbel beitragen sollte. Während der »Wirtschaftswunderjahre« ab

Die Firma Thonet setzte bereits im späten 19. Jahrhundert Kataloge als Werbemittel für den Vertrieb der Möbel ein. Diese wurden in eigenen Fabriken in modernsten Verfahren erzeugt. Katalog Gebrüder Thonet, 1876.

»Knokke«. Franz
Zadrazil, ca. 1980,
Gouache,
160 x 130 cm.

Die Geschichte der
Wiener Firma Elite Stil-
möbel geht bereits in
das Jahr 1947 zurück,
als Ing. Duchek den
Möbelhandel in der
Gumpendorferstraße
begann. In dritter Ge-
neration erfolgte eine
Spezialisierung auf
ausgewählte klassische
Möbel. Werbung elite
möbel, 1969.

den späten 50er-Jahren begann der Handel auf Werbung in Printmedien, Radio und Fernsehen und Radio zu setzen. Schließlich gestattete die zunehmende Motorisierung eine strukturelle Entwicklung in Richtung großer Möbelhäuser auf der grünen Wiese. »Cash and carry«-Verkauf gewann Marktanteile, später wurden umfassendere Konzepte des Erlebnisshopping realisiert.

Konzentration und erfolgreiche Expansion auf europäischer Ebene

Ab den 70er-Jahren setzten sich diese Entwicklungen unter den Rahmenbedingungen stockender Absatzzahlen fort, was zu einer spürbaren Verschärfung des Konkurrenzkampfes im Handel führte. Damals mussten zahlreiche kleine Möbelhändler aufgeben, auf Bundesländerebene setzten sich führende Häuser durch, wie z. B. Leiner in Niederösterreich, Ehrenhöfler im Burgenland, Braunsberger und Koll in Oberösterreich oder Schwaiger und Harmath & Weilinger in Salzburg. Dies erwies sich jedoch nur als Zwischenetappe im Konzentrationsprozess der Branche. Als neue Betriebsform entstanden große Einrichtungszentren mit erweitertem Sortiment und Verkaufsflächen von mindestens 10 000 Quadratmeter, die eine Umsetzung von modernen Konzepten des Erlebnisshopping gestatteten. Durch die Sortimentserweiterung sank der Anteil des klassischen Möbelverkaufs am Ge-

Fisheye-Blick auf die Europazentrale von IKEA im Stadtteil Ellinghausen von Dortmund. Das Logistikzentrum entstand auf der ehemaligen Abraumhalde der Hoesch AG. Foto: Hans Blossey.

samtumsatz auf weniger als die Hälfte; Wohnaccessoires, Heimtextilien, Küchenutensilien, Elektrogeräte etc. begannen zu überwiegen, und teilweise wurde auch die integrierte Gastronomie zu einem relevanten Umsatzträger. In diesen Bereichen wurden nunmehr die Baumärkte zu unmittelbaren Wettbewerbern. Zusätzlich heizte im Jahr 1977 der Markteintritt des schwedischen Möbelmultis IKEA all diese Entwicklungen an.

Die Konzentration im Handel bei intensiviertem Konkurrenzkampf führte seit den 70er-Jahren auch zu einer Rückbildung der inländischen Möbelindustrie. Trotzdem sind heute noch mehr als 50 Industriebetriebe mit etwa 7 300 Mitarbeitern aktiv. Ein großer Teil der vom Handel abgesetzten Möbel wird nach wie vor in Österreich oder im benachbarten Ausland, zumeist innerhalb eines Radius' von etwa 300 Kilometern, erzeugt.

Ähnlich wie im Baustoffhandel reagierten die bestehenden Möbelhäuser seit den 70er-Jahren auf den Strukturwandel mit der Gründung von Einkaufsverbänden. Damals entstanden z. B. Ömge (heute: Garant), Europa Möbel (in Verbindung mit der deutschen Europa-Möbel

Organisation) und die IFÖM, in der führende österreichische Möbelhäuser kooperierten.

Zu einem geänderten Branchenklima trug auch ein Generationswechsel in den Unternehmen bei; in Marketing und Controlling ausgebildete Geschäftsführer setzten auf aggressivere Wachstumsstrategien. Der Verdrängungswettbewerb wurde härter und im Wege von Flächenexpansion, erhöhtem Werbedruck und Preisschlachten ausgetragen. Dabei kam es allmählich zu einer Polarisierung der Angebots-

strukturen in einerseits Großmöbelhäuser und Billigsegment und andererseits das hochwertige Segment mit umfassenden Beratungs- und Serviceleistungen. Durch diese Entwicklung verstärkte sich der Druck auf das »mittlere Segment«; zahlreiche alteingesessene Möbelhäuser verschwanden vom Markt.

Aus dem Konzentrationsprozess gingen die XXXLutz-Gruppe und die Kika-Leiner-Gruppe als führende Anbieter hervor, die beide in die Liga der größten europäischen Möbelhändler aufstiegen. Der weltweit größte Möbelhändler IKEA nimmt in Österreich Rang drei ein.

Die Rudolf Leiner GmbH wurde 1910 in St. Pölten errichtet und entwickelte sich vom Textil- und Teppichhändler zum Vollsortimenter des Möbelhandels. Bereits ab 1913 setzte das Unternehmen moderne Werbemittel, wie Kataloge ein. 1948 übernahm der gleichnamige Sohn des Gründers die Geschäftsführung und erweiterte das Sortiment. Ab den 60er-Jahren entstanden weitere Standorte, u. a. 1964 das bekannte Einrichtungszentrum in der Wiener

Mariahilfer Straße (zuvor Bekleidungshaus Esders). 1973 gründete Leiner zusammen mit seinem Schwiegersohn Herbert Koch die Kika-Handelsgesellschaft, die mit »Cash and Carry« auf ein jüngeres Kundensegment ausgerichtet war, sich aber auch zum serviceorientierten Anbieter einer breiten Palette von Waren und Dienstleistungen entwickelte. Nach der Übernahme von Michelfeit im Jahr 1998 (sieben Häuser in Österreich und zwei in Ungarn) sperrten nach der Jahrtausendwende weitere Möbelhäuser in Ost-Mitteleuropa auf. Seit 2009 entstanden auch Franchisebetriebe in Russland und Israel. Insgesamt betrieb die kika Group 2011 rund 50 Häuser in Öster-

reich sowie 20 Standorte in Ost-Mitteleuropa mit zusammen 7 800 Beschäftigten, einer Verkaufsfläche von 1,2 Millionen Quadratmeter und einem Gesamtumsatz von mehr als einer Milliarde Euro. Das Logistik-Zentrum in St. Pölten bietet auf 100 000 Quadratmeter Lagerfläche 30 000 Regalstellplätze und liefert pro Monat rund 41 000 Kubikmeter Ware aus.

Möbel Lutz wurde im Jahr 1945 in Haag am Hausruck von Gertrude und Richard Seifert als gewerblicher Erzeuger von Bauernmöbeln und Spanschachteln gegründet. Über die Rücknahme gebrauchter Möbel kam man zum Möbelhandel. Während der 70er-Jahre übernahmen die beiden jüngsten Söhne der

1930 meldete Rudolf Leiner sen. die Gewerbe »fabriksmäßige Erzeugung von Bettwaren« und »fabriksmäßige Erzeugung von Wohnungseinrichtungsgegenständen« an. Er bot schon früh die Möglichkeit zur Bestellung per Katalog an. Stammhaus des Möbelhändlers Rudolf Leiner am Rathausplatz in St. Pölten. Aquarell von G. F. Hofacker, 1930.

1945 wurde die »Lutz Möbel, Vertriebsgesellschaft Seifert & Co OHG« von Dr. Richard Seifert und seiner Frau gegründet. 1955 erfolgte der Umzug in das Stammhaus in die Bahnhofstraße in Haag, wo Gertrude Seifert mit einem erfolgreichen Gebrauchtmöbelhandel begann. Mittlerweile beschäftigt die erfolgreiche XXXLutz Möbelhandelskette 17 400 Mitarbeiterinnen und Mitarbeiter. Das Bild zeigt das erste Lutz Möbelhaus in Haag, 1955.

Firmengründer die Geschäftsführung, 1992 trat Hans-Jörg Schelling in die Geschäftsleitung ein, der zuvor 10 Jahre lang bei Kika/Leiner in leitender Position tätig gewesen war. In den folgenden Jahren wechselten weitere Mitarbeiter von Kika/Leiner zu Lutz, was dem Konkurrenzkampf der beiden Marktführer einen durchaus auch persönlichen Touch verlieh. 1989 stieg Lutz mit dem Selbstbedienungsdiskonter Möbelix in die Billig-Schiene ein, und seit den 90er-Jahren verfolgte das Unternehmen das Ziel, in Österreich Marktführer zu werden, was 2002/03 tatsächlich gelang. Man sicherte sich seit den 80er-Jahren zahlreiche Standorte, ehe engere Restriktionen durch Flächenwidmung und Raumordnung nachfolgende Konkurrenten bremsten, und allein zwischen 1997 und 2002 wurden fünf führende Bundesländer-Möbelhäuser übernommen (Braunsberger, Ehrenhöfler, Gröbl, Sonnleitner, Thurnwalder). 1999 entstand Österreichs damals größtes Möbelhaus XXXLutz in Brunn/Gebirge. Als wesentlicher Schritt der Auslandsexpansion erwies sich

1990 der Erwerb von MöMa in Deutschland, wo weitere große Übernahmen folgten. Bereits seit 1980 gehört das Unternehmen deutschen Einkaufsorganisationen an, was sich als Vorteil auf der Beschaffungsseite erwies. Erst 2007 startete Lutz die »Ostexpansion«, ist heute in Tschechien, Slowakei und Ungarn sowie in Südosteuropa präsent und hat durch den prononcierten Wachstumskurs Platz zwei im globalen Ranking der größten Möbelhändler erobert. 2010 forderte das Unternehmen den globalen Marktleader IKEA durch die Errichtung eines XXXLutz-Hauses in Malmö heraus. 2011 kam die Gruppe, die in Österreich mit den Vertriebsschienen XXXLutz, Möbelix und Mömax präsent ist, insgesamt auf einen Umsatz von 2,8 Milliarden Euro und beschäftigte rund 17 700 Mitarbeiter.

IKEA Österreich baute seit 1977 die Vertriebsstrukturen auf sieben Standorte aus, die im Durchschnitt eine Verkaufsfläche von 26 000 m² aufweisen und ungefähr 29 000 Artikel anbieten. IKEA hat in den vergangen Jahren eine Erweiterung der Zielgruppe von

jungen Ersteinrichtern hin zur Orientierung auf Familien vorgenommen; Erlebnisshopping, Sortiment und Dienstleistungsangebot wurden entsprechend ausgeweitet. Im Jahr 2010 bestanden IKEA-Einrichtungshäuser in 38 Ländern, 280 im Eigentum des Konzerns sowie zahlreiche Franchiseunternehmen. In den sieben österreichischen Häusern wurden 2011 mit 2520 Mitarbeitern 529 Millionen Euro umgesetzt, in der gesamten Gruppe erwirtschafteten 131000 Beschäftigte Verkäufe im Ausmaß von 24,7 Milliarden Euro.

Die »Großen Drei« teilen sich heute ungefähr drei Viertel des österreichischen Möbelgeschäfts. Neben den Ketten halten sich nach wie vor einige regionale, größere Player, wie z. B. Möbel Ludwig in Wien, das u. a. im 22. Gemeindebezirk das größte Wiener Möbelhaus mit über 40000 Quadratmeter Ausstellungsfläche betreibt. Als relevante Einkaufsorganisationen weiterer Möbelhändler sind zum Beispiel Garant Möbel und WohnUnion (die ihrerseits in der service & more Dienstleistung für Kooperationen und Handel GmbH kooperieren) sowie Europa Möbel und die auf den Küchenbereich spezialisierte MHK Group zu erwähnen. Die im Einkauf organisierten Unternehmen kommen auf weniger als ein Fünftel des Gesamtabsatzes, für die Häuser ohne Mitgliedschaften in den Einkaufsgemeinschaften verbleibt nur noch ein einstelliger Prozentanteil. Zu weiteren kooperativen Marketing-Ansätzen gehören gemeinsame lokale Auftritte und Zusammenballungen (z. B. Möbelviertel Ottakring oder Breite Gasse in Wien) sowie gemeinsame Internetplattformen.

Die Einrichtungshauskette XXXLutz verfügt in Österreich über 113 Filialen. 2010 wurde eine Filiale in der schwedischen Stad Malmö errichtet: im Stammland des Konkurrenten IKEA.

»Licht und Kraftanlagen«. Franz Zadrazil, 1975, Öl auf Holz, 130 x 180 cm.

6. Handel mit Elektro- und Elektronikprodukten

Die Konsumenten

Die Nutzung elektrischer Geräte im Alltag konnte auf Ideen des 19. Jahrhunderts zurückgreifen, wie man Haushaltstätigkeiten durch verschiedene mechanische Apparaturen erleichtern könne. Für den Betrieb stand in dieser frühen Phase der Handantrieb ebenso zur Verfügung wie die Verwendung von Wasserturbinen oder Gas. Die Nutzung der Elektrizität für Haushaltsgeräte wie Waschmaschinen, Geschirrspülmaschinen oder Bügeleisen war jedoch schon im späten 19. Jahrhundert in technischer Hinsicht grundsätzlich marktreif. Die erste vollelektrische Küche stellte der Vorarlberger Friedrich Wilhelm Schindler, später Gründer der Elektra Bregenz, bereits 1893 auf der Weltausstellung in Chicago vor. Die Durchsetzung im großen Stil blieb indessen an die nur schleppend erfolgende Elektrifizierung der Haushalte gebunden. Um 1900 waren weniger als 3 Prozent der Wohnungen in Wien ans Stromnetz angeschlossen, die große Welle der Elektrifizierung der Haushalte kam in der Zwischenkriegszeit.

Hauptzweck der Elektrifizierung der Wohnungen war zunächst die Beleuchtung. Unter den elektrischen Geräten, die an sich in großer Fülle zur Verfügung standen, waren vor dem Zweiten Weltkrieg aus Kostengründen nur wenige massentauglich. Das erste elektrische Haushaltsgerät, das sich breit durchsetzte, war das vergleichsweise billige Bügeleisen. Etwas verzögert, aber dann ebenfalls mit enormen Zuwachsraten, folgte das erste elektrische Gerät im Unterhaltungsbereich auf individueller Basis, der Radioapparat. In Österreich begann das Radiozeitalter in den

20er-Jahren, die erste halbe Million Rundfunkbewilligungen war um 1930 erreicht, die erste Million um 1950, an die zwei Millionen um 1960.

Die großen Haushaltsgeräte setzten sich relativ spät durch. Erst das hohe Einkommenswachstum der 50er- und 60er-Jahre machte elektrische Großgeräte für den Haushalt zur Selbstverständlichkeit. So gab es in Österreich 1935 nur etwa 10 000 Elektroherde. Bis 1951 war die Zahl auf 86 000 angewachsen; berücksichtigt man, dass mit dem Gasherd eine bis heute konkurrenzfähige Alternative zur Verfügung stand, wird deutlich, dass sich der Elektroherd unter den Großgeräten verhältnismäßig geschwind durchsetzte. So gab es 1951 in Österreich nur etwa 20 000 Kühlschränke und 3 000 Waschmaschinen. In den 90er-Jahren waren nahezu alle öster-

Tragbarer Rundfunk-
empfänger, Modell
Ingelen TR56L,
1956/1957.

reichischen Haushalte mit Kühlschränken, Waschmaschinen, Staubsaugern und (sofern nicht mit Gas gekocht wurde) Elektroherden ausgestattet.

Für den Handel waren außer dieser schieren Zunahme der Bestandszahlen die Diversifizierung der Produktpalette und die Produktzyklen wesentlich. Außer Kühlschrank und Gefriergerät, Elektroherd und Waschmaschine verbreiteten sich weithin auch Geschirrspülmaschine und Wäschetrockner. Unter den Kleingeräten für den Haushalt wurden außer Bügeleisen und Staubsauger vor allem auch die Ausstattung der Küchen mit Küchenmaschine, Handmixer, Pürierstab, Kaffeemaschine und Mikrowellenherd selbstverständlich. In der Unterhaltungstechnik folgte auf die flächendeckende Installierung von Radioapparaten die komplette Ausstattung mit Fernsehgeräten (bereits in den 80er-Jahren im Durchschnitt mehr als eines pro Haushalt) und die weite Verbreitung von Stereoanlagen und Videorecordern, von DVD-Spielern, Digitalkameras und Computern. Dass es bei

alldem immer auch Geräte gab, die mehrere Funktionen kombinierten (etwa Radio/Kassettengerät, Telephon/Radio/MP3-Player/Photoapparat), führte nicht zu einer Verminderung des Gerätebestands, sondern eher zu einer Vergrößerung der Vielfalt.

Obwohl Elektrogeräte an sich langlebige Güter sind, führte die technische Innovation immer wieder zur Ersetzung von älteren, eigentlich noch funktionsfähigen Geräten durch leistungsfähigere neue Produkte. Innovation spielte in allen Bereichen eine Rolle, bei der »Weißen Ware« (Haushaltsgeräte) etwa in der Verbesserung der Energieeffizienz, der differenzierten Steuerung in der Kühltechnik oder der Verbreitung anderer (wenn auch nicht unbedingt neuer) Technologien wie der Induktionsbeheizung. Noch rascher und tiefgreifender ging der Wandel jedoch bei der »Braunen Ware«, der Unterhaltungselektronik, vor sich, wie man etwa am Austausch von Schwarz-Weiß-Fernsehapparaten durch Farbgeräte sieht: Mitte der 70er-Jahre standen in 69 Prozent der österreichischen Haushalte Schwarz-Weiß-Geräte, in 11 Prozent Farbgeräte. Um 1980 war das Verhältnis ausgeglichen, Ende der 80er-Jahre war es umgekehrt. Andere Beispiele sind die Ersetzung von Schallplattenspielern durch CD-Player, von Tonbandgeräten durch Musicassetten-Spieler, CD-Geräte und MP3-Player, von Videorecordern durch DVD-Geräte, von analogen durch digitale Fotoapparate und so weiter. Innerhalb der einzelnen Produkttypen führten technische Verbesserungen zum schnellen Veralten und zum baldigen Austausch von Geräten oder zur Anschaffung von Zweitgeräten, so durch Ablösung der Mono-Technik durch Stereo oder später durch die Vergrößerung von Datenspeichern und durch die Entwicklung von kompakten Geräteversionen zusätzlich zu den großen Geräten. Insbesondere mit der Durchsetzung der Digitaltechnologie führte der rasche Fortschritt bei der Prozessgeschwindigkeit, der Speichergröße, der Auflösung von Displays

 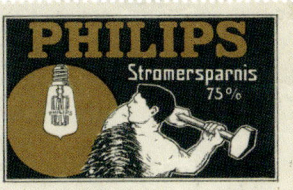  

Reklamemarken »Licht, Strom und Energie« aus der Sammlung Prof. Dr. Schweiger.

Strom, Licht und Energie

und so weiter zur Ersetzung von Geräten in kurzen Zyklen.

Möglich wurden diese Veränderungen durch die reale Verbilligung der Produkte im Weg der Internationalisierung des Markts, der Massenproduktion, des Auftretens asiatischer Erzeuger und des Einkommenswachstums. Ein Wiener Arbeiter in den 30er-Jahren hätte damit rechnen müssen, für eine Waschmaschine etwa fünf Wochenlöhne auslegen zu müssen; bei Einkommen, die ohnehin noch zu einem großen Teil für Nahrung, Wohnen und Beklei-

dung aufgingen, bedeutete ein elektrisches Haushaltsgerät einen unfinanzierbaren Luxus. Der Massenkonsum an Elektrogeräten in der Gegenwart liegt an der Verbilligung der Geräte im Verhältnis zu den Einkommen (selbst Bezieher kleiner Einkommen erarbeiten die Kosten etwa einer Waschmaschine heute innerhalb weniger Tage) und am gewachsenen Spielraum für Konsumausgaben über die primären Bedürfnisse hinaus. Dementsprechend stieg zwar der Umsatz im Einzelhandel mit elektrischen Haushaltsgeräten sowie fono-

Zwei Tonkünstler:
Werbeplakat für Inge-
len Columbus Radio.
Entwurf von Alfred
Kreiser, 1952.

unternehmen im Bereich der elektrischen Haushaltsgeräte, der Unterhaltungselektronik und der Datenverarbeitung. Innerhalb des Großhandels fiel somit eines von zwanzig Unternehmen in diesen Bereich. Der Anteil an den Umsätzen, am Personal und am Personalaufwand war höher: Auf den Elektro- und Elektronikgroßhandel entfielen mehr als 7,5 Prozent der gesamten Umsätze, 7 Prozent der Beschäftigten und über 9,5 Prozent des Personalaufwands des Großhandels. Innerhalb des Einzelhandels repräsentierte dieser Bereich fast 9 Prozent aller Unternehmen, aber nur knapp 5,4 Prozent der Umsätze, 4,3 Prozent der Beschäftigten und 4,5 Prozent des Personalaufwands.

Faktisch ist eine Abgrenzung der Branche von anderen Branchen allerdings schwieriger, als diese Zahlen nahelegen. Neben reinen Handelsunternehmen, die ausschließlich elektrische Haushaltsgeräte und Unterhaltungselektronik verkaufen, findet sich eine große Zahl von Unternehmen, für die dies nur ein mehr oder weniger wichtiger Teil des Programms ist. Sonstige Aktivitäten schließen ein:

♦ die Installation von Haustechnik einschließlich Elektroinstallation, Kommunikationstechnik, Heizungs- und Klimatechnik, Sicherheitstechnik,

♦ den Bau elektrotechnischer Anlagen, etwa fotovoltaischer Anlagen,

♦ die Anfertigung von Sehbehelfen und Hörgeräten,

♦ Service und Reparaturdienst,

♦ den Handel mit verschiedenen anderen elektrotechnischen Artikeln wie Installationszubehör, Beleuchtungskörpern usw.,

♦ den Möbelhandel,

♦ den Handel mit Fotoartikeln und optischen Geräten,

♦ den gemischten Warenhandel.

und audiotechnischen Apparaten zwischen 2002 und 2007 von 1,98 auf 2,26 Milliarden Euro, der Anteil am Bruttoinlandsprodukt sank aber von 0,91 auf 0,83 Prozent.

Das Marktgeschehen der letzten Jahrzehnte wurde auch durch den Umstand geprägt, dass Elektro- und elektronische Geräte in großen Stückzahlen erzeugt werden und verschiedene Handelsunternehmen völlig gleichartige Produkte anbieten. Somit entstehen in dieser Branche besonders günstige Bedingungen für Diskonthandel und Internethandel.

Die Unternehmen

Im Jahr 2008 bestanden in Österreich etwa 1 200 Großhandels- und 3 300 Einzelhandels-

Für nicht wenige Unternehmen bildete einer der genannten Geschäftsbereiche ursprünglich den Schwerpunkt, der Handel mit Haushaltsgeräten und Unterhaltungselektronik

Elektroabteilung des Kaufhauses Quelle in Linz. Foto: Kurt Prokosch, 1980.

war dann eine spätere Erweiterung. Andere Unternehmen haben nach wie vor ihren Schwerpunkt in anderen Branchen und scheinen statistisch gar nicht als Händler von Weißer oder Brauner Ware auf. Eine Reihe von Unternehmen, die mit Unterhaltungselektronik handeln, führen keine Weiße Ware.

Unter den Unternehmen, die tatsächlich auf den Handel mit Haushaltsgeräten und Unterhaltungselektronik spezialisiert sind, findet man eine beträchtliche Vielfalt in Größe und betrieblicher Organisation vor. Als allgemeine Tendenzen sind eine Entwicklung hin zur Internationalisierung und die Entstehung von großen Einheiten zu bemerken, sei es innerhalb von Unternehmen, sei es in Form überbetrieblicher Integration. Dies passierte in den vergangenen Jahrzehnten vor allem

in dreierlei Form: In der Entstehung großer internationaler Genossenschaften mit vielen kleinen Mitgliedsunternehmen; in der Expansion einiger heimischer Unternehmen des Foto- und Elektronikhandels zu Ketten mit vielen kleinen Filialen; und in der teils heimischen, teils internationalen Etablierung großflächiger Märkte.

Kleinbetrieblicher Fachhandel und Genossenschaften

Der Elektro- und Elektronikhandel spielte sich in den ersten Jahrzehnten dieser Branche vor allem in kleinen Unternehmen ab, von denen viele außerhalb der Ballungszentren lagen. Obwohl sich durch das Auftreten der Fotoket-

Schaufenster eines
Elektrowarengeschäf-
tes, Wien 1928.

ten und der Großfläche in den letzten Jahrzehnten das Umfeld verändert hat, sind die
kleinen Händler, wenn auch in verminderter
Zahl, präsent geblieben.

Möglich wurde dies durch genossenschaftliche Kooperation, die im österreichischen
Elektrohandel bereits Ende der 50er-Jahre entstanden ist, also zu der Zeit, in der die Branche einen schnellen Aufschwung nahm. Die
1958 gegründete Einkaufsgenossenschaft des
Elektrohandels hatte das Ziel, durch Kooperation beim Einkauf die Position der beteiligten
Händler zu stärken. 1976 trat diese Genossenschaft der Expert-Gruppe bei, die ihrerseits auf
den 1967 erfolgten Zusammenschluss mehrerer ähnlicher Organisationen in der Schweiz
zurückgeht. Die Expert-Gruppe nahm im Lauf
der folgenden Jahrzehnte Unternehmen und
Unternehmensvereinigungen aus einer Reihe
von Ländern auf, agiert seit Beginn des 21.
Jahrhunderts auch in Nord- und Südamerika
und in Australien und Neuseeland und hat
7 400 Elektrohandelsgeschäfte als Mitglieder;
der Umsatz der Expert-Gruppe in Zug beträgt
jährlich über 16 Milliarden Euro. In Österreich
gehören 186 Geschäfte zu Expert, durchwegs

kleine Unternehmen mit wenigen Mitarbeitern, überwiegend im ländlichen Bereich gelegen: Nur 5 Prozent der Mitglieder befinden
sich in Wien oder einer Landeshauptstadt, 24
Prozent in Bezirkshauptstädten, 71 Prozent in
sonstigen Gemeinden. Regional besteht ein
Schwerpunkt in Oberösterreich und im westlichen Niederösterreich; mehr als die Hälfte
der Expert-Geschäfte liegen in diesem Gebiet.
Ähnlich ist das Bild der anderen großen Einkaufsgenossenschaften im österreichischen
Elektro- und Elektronik-Handel, der Red Zac
Gruppe und ElectronicPartner (EP). Red Zac
ist Teil von Euronics International, einem von
den Niederlanden ausgehenden Zusammenschluß von kleinen Elektrohandelsunterneh-
men. Durch die Integration großer und traditi-
onsreicher Einkaufsgenossenschaften wie der
deutschen Interfunk (1990) wurde Euronics
zum zweitgrößten Händler der Branche. Im
Jahr 2010 waren europaweit 5 750 Händler mit
über 10 000 Geschäften und über 50 000 Beschäftigten vertreten, die zusammen Umsätze
in der Größenordnung von 15 Milliarden Euro
erreichten. In Österreich tritt Euronics seit
1992 auf und verwendet dabei nach wie vor

Hartlauer Stammhaus in Steyr: 1971 wurde das Unternehmen als kleines Fotogeschäft von Franz Josef Hartlauer gegründet.

1984: Großer Besucherandrang bei der Eröffnung des Hartlauer-Hauses am Steyrer Stadtplatz.

die Marke Red Zac, die in Deutschland seit 2010 nicht mehr in Gebrauch ist. 2011 hatte Red Zac in Österreich ebenfalls 186 Handelsunternehmen als Mitglieder, die insgesamt 230 Geschäfte betreiben. Die Verkaufsfläche umfaßte insgesamt etwa 65 000 Quadratmeter, die Zahl der Beschäftigten in Verkauf, Montage und Service lag bei 3 000 Personen. Auch Red Zac ist dezidiert eine Kooperation von ländlichen Händlern: Gut 10 Prozent der Geschäfte liegen in Wien oder einer Landeshauptstadt, 27 Prozent in einer Bezirkshauptstadt, 62 Prozent in einer sonstigen Gemeinde. Die regionale Verteilung der Red Zac-Geschäfte entspricht in etwa dem Durchschnitt der Branche. Hinsichtlich der Verkaufsfläche als auch hinsichtlich der Beschäftigtenzahl liegen die Mitgliederunternehmen von Red Zac hingegen über dem österreichischen Branchendurchschnitt.

Die genossenschaftlichen Händler decken als »ländliche Nahversorger« einen weiten Tätigkeitsbereich ab, der im Regelfall den Handel mit Weißer Ware und mit Elektronik, Elektroinstallation, Service- und Reparaturdienste und allenfalls andere Aktivitäten wie die Errichtung fotovoltaischer Anlagen, Haustechnik und so weiter umfasst.

Fotoketten

Der Entstehung wie auch dem Tätigkeitsprofil nach anders stellt sich die Situation bei den aus dem Fotohandel kommenden Ketten dar. Entstanden sind diese Unternehmen zur Zeit der Analogfotografie, in der außer dem Handel mit Fotoapparaten und Zubehör auch der Handel mit Filmen und Fotopapier und die Fotoausarbeitung das Bestehen kleiner eigenständiger Unternehmen möglich machten. So begannen Niedermeyer 1957, Nettig 1958 und Hartlauer 1971, jeweils mit einzelnen kleinen Geschäften.

Die späteren Ketten sind aus diesen einzelnen Geschäften zunächst durch sukzessive Gründungen weiterer kleiner Niederlassungen entstanden. Es handelt sich daher um heimische Unternehmen, für die in einigen Fällen in der öffentlichen Wahrnehmung die prägende Rol-

le der Gründungsunternehmer typisch geworden ist, so im Fall von Helmut Niedermeyer, Franz Josef Hartlauer und Walter Nettig. Außer durch Gründung eigener Filialen wuchsen die Ketten auch durch Übernahmen. So übernahm Hartlauer im Jahr 1979 Foto-Blitz, eine Kette mit dreizehn Geschäften, davon zwölf in Wien; Hartlauer selbst hatte zu diesem Zeitpunkt zwölf Niederlassungen, darunter eine ganz neue Gründung in St. Pölten, aber keine in Wien. Die Übernahme von Foto-Blitz war somit in erster Linie ein kurzer Weg zu einer regionalen Ausweitung.

Etwas anders verhielt es sich mit den Übernahmen mehrerer direkter Konkurrenten durch Niedermeyer. Niedermeyer übernahm 1988 Foto-Pionier / Computer-Pionier und Nettig; beide Ketten waren so wie Niedermeyer vor allem in Wien präsent, Nettig mit 27 Filialen. Nach der Insolvenz von Herlango 1992, der zu diesem Zeitpunkt mit 90 Filialen und 850 Mitarbeitern die drittgrößte Foto-Kette war, übernahm Niedermeyer den früheren Konkurrenten. Ab Ende der 90er-Jahre erfolg-

ten mehrere Eigentümerwechsel und zeitweilig eine Koordination mit den Cosmos-Großmärkten. Niedermeyer hatte 2010 96 Filialen, beschäftigte 580 Mitarbeiter und erreichte einen Umsatz von etwa 125 Millionen Euro. Das Unternehmen ist nach wie vor überproportional stark in Wien vertreten, wo sich 30 Prozent der Filialen befinden. Auch die 165 Filialen von Hartlauer sind überwiegend kleine Läden, dazu kommen zehn größere Geschäfte sowie einige Spezialgeschäfte für Optik und für Mobiltelefone. Hartlauer hatte 2009 etwa 1 360 Beschäftigte und einen Umsatz von ungefähr 210 Millionen Euro. In regionaler Hinsicht entspricht die Präsenz von Hartlauer etwa dem Durchschnitt der Branche.

Der Wandel vom Fotohändler zum Händler mit Computern und Unterhaltungselektronik war nicht ein Ergebnis des Produktwandels in der Fotografie in Richtung Elektronik, sondern fiel bereits in die Zeit vor der Digitalfotografie. Die Digitalkamera war zwar schon Anfang der 90er-Jahre entwickelt, wurde aber erst Jahre später zum Massenprodukt.

Die Fotohändler erweiterten ihre Sortiments aber schon in den 70er- und 80er-Jahren in Richtung Audiohandel, Videotechnik und so weiter (nicht aber in Richtung Weißware). Ebenfalls zu erwähnen ist Hartlauers Erweiterung in Richtung des optischen Fachhandels als Ergebnis des Sanierungsprogramms, das nach Schwierigkeiten Ende der 80er-Jahre erforderlich wurde; später folgte die Hörgerätetechnik, die mittlerweile in knapp hundert Filialen angeboten wird. Die dann ebenfalls entwickelte Optik-Sparte von Niedermeyer kaufte Christian Niedermeyer, der Sohn des Gründers, 2001 aus dem damals bereits T-Mobile (max.mobil) gehörenden Unternehmen heraus, ein Jahr später ging die Niedermeyer Augenoptik allerdings in Konkurs.

Die Großfläche

Obwohl der großflächige Elektro- und Elektronikhandel in Österreich bereits seit mehreren Jahrzehnten besteht, hat sich doch sein Anteil am Gesamtgeschehen im Lauf der Zeit erhöht. Dieses Segment ist insofern heterogen, als die Großfläche neben dem Diskonthandel auch die Möglichkeit bietet, durch Spezialisierung des Personals eine hochwertige Beratung anzubieten. Dementsprechend bestehen unter den großen Elektro- und Elektronikhändlern Unternehmen mit unterschiedlichem und im Lauf der Zeit wechselndem Profil, was oft im Zusammenhang mit Eigentümerwechseln stand.

So positionierte sich Elektro Haas, gegründet 1968 von Herbert Haas, zunächst als Diskonter, wurde aber nach dem Übergang auf den gleichnamigen Sohn des Gründers 1980 zu einem stärker auf Beratung und Service orientierten Unternehmen weiterentwickelt. Dies führte unter anderem dazu, dass Haas ab 1999 Niederlassungen schloss. 2005 verkaufte Haas das Unternehmen an MakroMarkt, den 2003 vom Geschäftsführer Branko Mihajlov gekauften früheren Österreich-Zweig der

deutschen ProMarkt-Gruppe (die ihrerseits einige Zeit zum britischen Kingfisher-Konzern gehört hatte). MakroMarkt verstand sich selbst dezidiert als Diskonter, mit der Übernahme von Haas und der eigenständigen Weiterführung dieses Unternehmens sollte auch das Qualitätssegment bedient werden. Bereits nach einem halben Jahr kam es jedoch zu einem Management-Buy Out auch bei Haas und kurz darauf zum Konkurs von MakroMarkt. Haas blieb als Großflächenhändler im Qualitätssegment bestehen und eröffnete in der Folge weitere Standorte.

Eine noch ältere Gründung war die Handelskette Köck, gegründet von Walter Köck in Wien 1958 als Kleinunternehmen. Köck wuchs nach und nach in Richtung Großfläche und beschäftigte 1989 in vier Niederlassungen zusammen 550 Mitarbeiter. In diesem Jahr verkaufte Walter Köck das Unternehmen, zu diesem Zeitpunkt mit 58 Millionen Euro Umsatz das größte Unternehmen der Branche in Österreich, an die Zumtobel AG. Sieben Jahre danach verkaufte die Zumtobel Holding, die sich davor bereits von ihren anderen Einzelhandelsaktivitäten (in der Nahrungsmittelbranche) getrennt hatte, die Elektrohandelskette an die Kapital & Wert Vermögensverwaltung; gleich danach übernahm Köck die Fach-

Cosmos Elektrohandels Gesellschaft m.b.H. & CO KG, Werbung 1982.

Nach der Insolvenz der Elektrohandelsgruppe Cosmos im Jahr 2010 wurden die Namensrechte von einer steirischen Investorengruppe übernommen. Unter dem alten Logo, jedoch mit neuem Namenszusatz, werden derzeit 3 Märkte geführt, geplant ist österreichweit ein Ausbau auf 15 Märkte.

marktkette Cosmos. Cosmos war eine österreichische Gründung, bestand seit 1975, hatte Haushaltsgeräte ebenso wie Computer und Unterhaltungselektronik im Programm und betrieb großflächige Filialen in Kaufhäusern und Einkaufszentren. 1997 übernahm die BAWAG einen Anteil von 15 Prozent an der Kapital & Wert Vermögensverwaltung, hielt direkt 5 Prozent an Cosmos / Köck und war größter Kreditgeber des Unternehmens. Im Herbst 2006, etwa ein Jahr nach Bekanntwerden der BAWAG-Affäre, wurde Cosmos an Value Management Service (VMS) verkauft. VMS hatte zwei Jahre davor bereits Niedermeyer erworben und ließ nun beide Unternehmen zwar als solche getrennt bestehen, betrieb aber ein gemeinsames Zentrallager. Cosmos schrieb in all diesen Jahren und auch in der Folge ständig Verluste. Ende 2009 wurde Cosmos, mit 28 Filialen und 1250 das zweitgrößte Unternehmen der Branche, an Harald und Markus Stauder verkauft, wenige Wochen später ging das Unternehmen in Konkurs.

Die derzeit größte Elektro-Fachmarkt-Kette in Österreich ist Mediamarkt-Saturn, der ös-

terreichische Zweig der deutschen Media-Saturn-Holding, eine zur Metro-Gruppe gehörende Fusion von Media Markt (gegründet 1979) und Saturn-Hansa (seit 1961) und die größte Fachmarkt-Kette im Bereich Elektro- und Elektronik-Handel in Europa. Mediamarkt und Saturn bestehen als Marken weiter. In Österreich gibt es Mediamarkt seit 1990. Die gehandelten Produkte umfassen Weißware ebenso wie Unterhaltungselektronik. Die 29 Mediamärkte und die 13 Saturn-Märkte in Österreich erwirtschafteten 2010 zusammen einen Umsatz von mehr als einer Milliarde Euro, das lag in der Größenordnung von einem Drittel des Umsatzes der Branche. Die Beschäftigtenzahl betrug etwa 2 300. In der Verkaufsfläche (60 000 Quadratmeter) und der Beschäftigtenzahl ist Mediamarkt-Saturn ungefähr so groß wie beispielsweise alle Red Zac-Unternehmen (die freilich vielfach keine reinen Handelsunternehmen sind) zusammengenommen, der Umsatz liegt aber deutlich höher. Die Niederlassungen, insbesondere die Saturn-Märkte, befinden sich hauptsächlich in den Ballungsräumen.

7. Drogerien, Apotheken und Parfumerien

Bis ins letzte Drittel des 19. Jahrhunderts durften überhaupt nur Apotheken Heil- und Giftpflanzen verkaufen. Erst die Verordnung vom 17. Juni 1886 gestattete, Arzneidrogen in Drogerien zu handeln. Diese Drogerien erzeugten auch selbst Haushalts- und Pflegemittel, Bleichwässer, Hautcremes oder Backpulver. Später wurde die Fotografie samt Chemikalienbedarf in das Sortiment aufgenommen, mit der Erfindung des Autos handelte die Drogerie sogar Treibstoff in kleinen Mengen – als Vorläufer der Tankstelle.

Der Drogist war also zunächst ein Universalhändler, der von Kräutern zu Putzmitteln, von Chemikalien, über Pflanzenschutz bis zu Kosmetik alles im Sortiment hielt und teilweise auch selbst produzierte. Ende des 19. Jahrhunderts wurde der Drogistenverband als Verband aller unselbstständig beschäftigten Drogisten gegründet.

Manche Drogerie entwickelte industrielle Ambitionen. Die noch heute als »Groß-Drogerie« geführte Wiener Traditionsfirma Neuber dokumentiert die Verbindung der Drogerien zur aufsteigenden chemischen Industrie im 19. Jahrhundert. Franz Neuber übernahm das Unternehmen 1865 als Farbwarengeschäft an der Wienzeile und konzentrierte sich auf die Entwicklung chemischer Farbstoffe und Wiederverwertung von industriellen Rückständen. Seine Produktionspalette umfasste schließlich Laugen, Säuren und Kunstharze, und das Geschäft verwandelte sich in eine chemische Fabrik. Heute ist die Firma als »W. Neubers Enkel« die größte Drogerie Österreichs.

Vom Universalsortimenter zum Spezialisten

Ab 1960 entwickelten sich aus dem Universalsortiment der Drogerien mehrere Spezialsortimente. Dazu gehören Chemikalien (insbesonders Gifte), Farben und Lacke (die später von Baumärkten übernommen wurden), Babynahrung, Reinigungsmittel (Chlorlauge, Salzsäure, Salmiakgeist), Foto- und Fotoausarbeitung (später abgelöst von Fotohandelsketten) und Depotkosmetik.

Arbeitsberichte der Wirtschaftskammer Oberösterreich lassen diese Entwicklung in den Jahren 1950–1970 nachvollziehen, vom Mangel der Nachkriegszeit bis zur Konkurrenz der Diskonter. 1951/52 wird erwähnt, dass die Produkte »ausländischer Herkunft« zum

Die klassischen Sortimente von Drogerien umfassten Chemikalien, Fotografiezubehör, Farben und Lacke, Wasch- und Putzmittel. Drogerie Pekarek um 1930, vormals Drogerie zum Weißen Engel.

Teil noch nicht greifbar seien, dass bei Parfümeriewaren aufgrund hoher Zölle keine nennenswerten Umsätze erreicht wurden, dass »geringe Kauflust« herrsche. 1953 verfügte man im Weihnachtsgeschäft erstmals über ausreichend »französische Parfüms«.

1955 freute man sich über höhere Umsätze bei Farben und Lacken »im Hinblick auf den Bedarf der Bauwirtschaft«, zwei Jahre später klagte die Branche über die Konkurrenz der Apotheken bei Parfümerieartikeln. Die Ausgaben der Österreicher für »Toiletteartikel« lagen noch wesentlich unter jenen der westlichen Nachbarstaaten. 1960 wurden erstmals Versandhäuser als Konkurrenz registriert. 1964 war bereits vom »scharfen Wettbewerb mit den neuen Diskontläden« die Rede, und schon 1965 wurde seitens der Standesvertretung »Spezialisierung, besonders bei Kleinbetrieben« angeraten.

Marketing und lokale Spezialisierung gelten heute im Einzelhandel von Drogerien nach wie vor als individuelle Bestandssicherung. Als »Einzelstrategien« werden etwa »Schwimmbadpflege« genannt, oder auch Tierpflege. Als Kernsortiment gilt aber der Bereich »Gesundheit«. Signifikant ist die Verbindung von Handel, Beratung und Dienstleistung.

In Österreich bestehen heute Drogeriemärkte und einzelne Drogerie-Fachgeschäfte nebeneinander, die einzelne Drogerie befindet sich aber in einer »Sandwichposition« zwischen Drogeriemärkten und Apotheken.

Standen 1983 noch 1928 Drogerien und Parfümerien in Österreich (lt. Nielsen Einzelhandelsgeschäfte, die entsprechende Konzessionen haben) 210 Diskontern (ab 1989 bei Nielsen als »Drogeriemärkte« geführt) gegenüber, so hat sich die Zahl der Drogeriemärkte bis 1993 auf 866 hauptsächlich durch den deutschen Schlecker-Konzern mehr als vervierfacht und die Zahl der Einzelhandelsgeschäfte wurde nahezu halbiert. (Der Zusammenbruch von Schlecker bzw. die anstehende teilweise

Neuübernahme der Filialen im Sommer 2012 führt wohl zu weiteren dramatischen Veränderungen der Zahlen.)

Einzel-Drogerien und Parfümerien machen 1993 nur mehr 28,4 Prozent des Branchenumsatzes. Ihre Konsequenz daraus ist der Zusammenschluß im Einzelhandel.

1972 wurde in Kufstein die Genossenschaft »Gewußt wie« gegründet, damals unter dem Namen fun&life-Genossenschaftmbh. Sie war zunächst ein gemeinsames Marketinginstrument, 1978 wurde das Geschäftsfeld auf gemeinsame Sortimente und gemeinsamen Wareneinkauf der Mitglieder erweitert. 1998, nachdem die Mitglieder durch die zunehmende Filialisierung der großen Handelsketten unter Druck geraten waren, wurde ein eigenes Logistikzentrum errichtet.

Im Jahr 2000 konstatierte die Genossenschaft: »Die typische Drogerie des vorigen Jahrhunderts hat ausgedient. Unsere Geschäfte repräsentieren in erster Linie Gesundheit und Schönheit (Reformhaus und Parfümerie).« 2006 wurde die neue Gesellschaft beautyalliance Österreich gegründet, die ausschließlich den Parfümeriebereich betreut, während sich »Gewußt wie« auf Gesundheit und Naturkosmetik konzentriert.

Drogeriemärkte übernehmen die Führung

Seit Beginn der 70er-Jahre übernahmen die Drogeriemärkte die Führung. Einer wählte die Betriebsform auch als Firmennamen: dm. dm steht mehrheitlich in deutschem Besitz, 32 Prozent hält SPAR Österreich, 17 Prozent die Bauer-Vermögensverwaltungs GmbH.

Die Gründung von dm Österreich ist mit den Namen Günter Bauer und Götz Werner verbunden. Die beiden, die sich aus dem Ruder-Spitzensport kannten, fanden sich später als Geschäftspartner wieder. Günter Bauer erinnert sich: »Es war ein mittleres Beben, als

1973 der erste Drogeriemarkt in Deutschland startete.« Götz Werner hatte damals in Karlsruhe den ersten dm-Drogeriemarkt Deutschlands eröffnet, kurz bevor Anfang 1974 die Bedarfsprüfung für Drogerien und die »Preisbindung dritter Hand« entfallen ist. Bis dahin konnte das Drogistengremium entscheiden, wo ein Geschäft eröffnet wird.

Bauer, in Österreich bei Hofer in leitender Position als Diskonter, wird von Werner eingeladen: »Da war ich zwei Tage bei ihm und als Hoferianer war ich perplex und fasziniert. Wir sind an einem Samstag vormittag in Böblingen in einen dm-Supermarkt, der hatte damals schon 400 m², und da sind vier Kassen gelaufen und da hab ich gesagt, das darf doch nicht wahr sein, so was hab ich noch nie gesehen.«

Ende 1975 gründeten sie gemeinsam die »dm-

Schon seit 1904 ist die Drogerie Pekarek in der Wiener Liechtensteinstraße – vormals »Drogerie zum weißen Engel« – im Besitz der Familie Pekarek. Die Kunden schätzen insbesondere die persönliche Beratung durch den Inhaber.

Kundenandrang am Eröffnungstag der ersten dm-Filiale Österreichs. Diese wurde am 25. November 1976 am Linzer Taubenmarkt eröffnet.

drogerie markt«-Österreich GmbH, an der Bauer zu einem Viertel beteiligt war. Ursprünglich wurde – wie bei Hofer – die Ware im Karton angeboten. Im November 1976 eröffnete die erste Filiale in Linz. Begünstigt wurde dieser Start durch die Reform der Gewerbeordnung in Österreich 1973.

Unmittelbar danach begann auch die Metro-Gruppe mit »vita«-Drogeriemärkten, allerdings stieß sie die Märkte bereits 1981 an SPAR- Österreich ab. Die SPAR AG brachte die 60 vita- Märkte dann bei dm ein und erwarb gleichzeitig eine Beteiligung von 32 Prozent an dm Österreich. Mit mehr als 100 Standorten erreichte dm-Österreich 1981 die Schilling-Umsatzmilliarde.

Die Übernahme der vita Märkte durch dm löste, nach Aussage Günter Bauers, bei Karl Wlaschek den Entschluß aus, kurzfristig noch vor Weihnachten 1981 seine erste bipa Filiale zu eröffnen.

dm arbeitet nach eigenen Angaben an einem Gesamtauftritt, der sich an den anthroposophischen Prinzipien von Rudolf Steiner orientiert, den Günter Bauer wie auch Götz Werner sehr schätzen. Dazu gehören auch angemessene Regalhöhen, Abstimmung auf Frauen (90 Prozent Kundinnen), Unterstützung von

Breitensport und Förderung von Gesundheitsprojekten. 1987 wurde bei dm in Innsbruck mit dem Angebot von Dienstleistungen begonnen, 2010 sind 200 Friseurstudios und 115 Kosmetikstudios in Betrieb.

Vor allem der Lebensmittelhandel dominierte lange den Handel mit Drogeriewaren, bestätigt dm-Geschäftsführer Martin Engelmann: »Erst 2009 war der Zeitpunkt erreicht, wo die Drogeriefachmärkte mehr Drogerieartikel verkauft haben als die Summe des Lebensmittelhandels.« 2010 erwirtschaftete der Lebensmitteleinzelhandel noch 7 Prozent seines Umsatzes mit Drogeriewaren. Der Drogeriefachhandel erwirtschaftete in diesem Stammsegment bereits 76 Prozent seines Umsatzes, aber immerhin auch 12 Prozent in der Lebensmittelkategorie.

1987 kam die deutsche Schlecker-Gruppe nach Österreich. Schlecker setzte zunächst auf die Anzahl seiner Standorte und übernahm in Linz die »Perl«-Drogerien. Seit 2009 mußte die Gruppe, deren umstrittene Lohnpolitik für Schlagzeilen sorgte, allerdings ihre Standorte in Österreich von 1 200 auf 970 reduzieren, die Zahl der Mitarbeiter wurde in Österreich auf 3 000 halbiert. Zu Jahresbeginn 2012 musste Schlecker Deutschland Insolvenz anmelden, ein halbes Jahr später kam das endgültige Aus für den Diskonter in Deutschland. Das Schicksal von Schlecker Österreich war zu Redaktionsschluss noch nicht absehbar.

Bipa, eine österreichische Gründung, ist seit 1996 Teil der Kölner REWE Group, zu der auch Billa, Merkur, Penny und Adeg gehören. 1954 eröffnete der 36jährige Karl Wlaschek im 7. Wiener Gemeindebezirk eine einzelne Parfümerie, die er BiPa (»Billige Parfümerie«) nennt. Derselben Benennung folgt 1961 seine Billa Supermarktkette im Lebensmittelhandel, die Markenartikel zu Diskontpreisen anbietet. Beide Unternehmen gehörten zum »Warenhandel Karl Wlaschek« und zählen bis 1960 45 Filialen.

Dem Beispiel Billa ließ Wlaschek 1980/81 die Bipa Parfümerie GmbH mit der ersten Filiale in Wien folgen. 1988 begann Bipa mit Fotoservice in den Filialen, in »hochfrequentierten« Lagen setzt man nach eigenen Angaben auch »stylinglounge-Module« ein, in denen, neben dem Verkaufsraum ein Haar-, Nagel- und Makeup-Studio geboten wird. dm und bipa kämpfen in jüngster Zeit besonders um jugendliche Käuferschichten.

Mit der wachsenden Zahl der Geschäfte im gesamten Drogeriefachhandel wächst zunächst bis 2003 auch der Umsatz der Branche. Seit 2003 – und besonders deutlich seit 2008 – sinkt die Zahl der Geschäfte, der Umsatz steigt weiter: Waren es 1995 in 1 068 Geschäften (dm, Bipa, Schlecker) noch 778 Mio. Euro Umsatz, so waren es 2003 in 2 058 Filialen 1 347 Mio. Euro, im Jahr 2008 in 2 034 Geschäften 1 567 Mio. Euro Umsatz und 2010 in nur mehr 1 910 Geschäften 1 652 Mio Euro Umsatz.

Diese drei filialisierten Drogeriemärkte (Bipa, dm, Schlecker), deren Filialenzahl nach dem Gipfelpunkt von 2003 wieder kontinuierlich abnahm, hielten 2010 80 Prozent Marktanteil. Die Situation um Schlecker mit der Aufgabe hunderter Standorte bedeutet ein freies Potenzial, das nicht nur den anderen Drogeriemärkten, sondern auch dem Lebensmittelhandel zugute kommt.

Apotheken und Parfümerien

Die ersten Apotheken entstanden auf dem Gebiet des heutigen Österreich im frühen 14. Jahrhundert (in Innsbruck und Wien) und wurden auf Initiative der Landesfürsten oder der Städte gegründet, um die Höfe, die Stände und letztlich seit dem 17. Jahrhundert durch die Gründung von »Landschaftsapotheken« die Bevölkerung mit Arzneien zu versorgen.
Bereits 1827 versuchten sich die Apotheken zu

Drogerien entwickelten sich aus Arzneimittelhandlungen, sie erhielten durch eine kaiserliche Verordnung aus dem Jahr 1886 die Erlaubnis, Kräuter als Arzneidrogen zu verkaufen. Viele Produkte fertigten Drogisten auf Wunsch der Käufer selbst an. Drogerie Pekarek, Wien.

organisieren, aufgrund der restriktiven Politik Metternichs und ihrer Nachwirkungen konnte aber erst 1861 bei geänderten gesetzlichen Voraussetzungen der Apotheker-Verband gegründet werden, der 1920 von der Kammer abgelöst wurde. Die Zielsetzung: die Abgrenzung gegenüber anderen Marktteilnehmern, die Sicherung des Kundenpotenzials (5 500 Einwohner gelten heute als Mindest-Einzugsgebiet einer Apotheke) und eines weitgehend geschützten Marktes und Lobbying gegenüber dem Gesetzgeber ist durch Jahrzehnte gleichgeblieben.

Ein entscheidender Wandel vollzog sich im 20. Jahrhundert, als sich nach 1945 die industrielle Fertigung von Arzneimitteln durchsetzte. Allerdings gehört Österreich zu jenen EU- Ländern, in denen die individuelle Zubereitung durch Apotheken (»magistrale Rezeptur«) noch verbreitet praktiziert wird.

Eine Apotheke benötigt keine eigene Drogeriekonzession. Sie kann ohnedies alles ins Sortiment nehmen, was Drogerien anbieten. 70 Prozent des durchschnittlichen Apotheken-Umsatzes entfallen auf gebührenpflichtige Arzneimittel-Rezepte, 30 Prozent auf Privatumsatz, d. h. großteils ebenfalls auf gebührenfreie Arzneimittel, weiters auf Nahrungsergänzungsmittel und Kosmetik. Die engere Schnittmenge mit Drogerien betrifft nur 10 Prozent des Umsatzes.

Apotheken wie auch Parfümeriewarenerzeuger und Drogerien durften sich in der Zeit der Monarchie nach Ansuchen und gegen Bezahlung einer Taxe mit dem Titel »K. u. K. Hoflieferant« schmücken. Diese per Dekret verliehenen Titel fanden sich aufgrund der Kaufkraft vor allem in Wien. Selbst Apotheken hatten ursprünglich ein universelles Sortiment. Manche waren Apotheker im Nebenerwerb wie Ignaz Moll, der in Wien die Apotheke »Zum weißen Storch« betrieb, aber vor allem fotografische Artikel lieferte. Apotheken handelten auch mit Streichhölzern oder Zuckerware.

Die Parfümerie Nägele&Strubell wurde als »Hoflieferant« noch in der Kategorie »Gemischtwarenhandlung« geführt, der spätere Arzneimittelproduzent Johann Kwizda als »Drogerie« in Korneuburg und die Parfümerie J.B. Filz Sohn, die seit 1809 als Einzelgeschäft am Graben besteht, war von einem gelernten Seifensieder gegründet worden; sie importierte bereits 1843 Parfums aus Frankreich und wurde von Heimito v. Doderer literarisch verewigt.

Heute dominieren am österreichischen Markt sowohl im Drogeriesektor als auch in der Parfümerie deutsche Handelskonzerne.

Marktführer im Parfümeriehandel ist der deutsche Douglas-Konzern. Die erste Douglas-Filiale eröffnete 1972 in Österreich. Douglas übernahm damals die Parfümerie Ruttner in Wien und verfügt heute über 45 Parfümerien an Top-Standorten.

Das im 19. Jahrhundert in Hamburg als »Parfümerie- und Seifenfabrik Douglas« gegründe-

te Unternehmen war 1969 von der damaligen Hussel AG übernommen worden. Der Süßwarenhandel Hussel diversifizierte und führte unter dem Dach der Douglas Holding Parfümerie, Schmuck (Christ), Mode (Appelrath Cüpper) und Buchhandel (Thalia) zusammen.

Seit 2001 ist als Parfümerie-Kette auch Marionnaud in Österreich am Markt und hält seither als Marktführer mehr als 30 Prozent des Marktanteils. Die Handelskette konnte beim Eintritt die von der drittgrößten Schweizer Retail-Handelsgruppe neu aufgebauten 52 »Import«-Parfümerien und die 35 Holzer-Parfü-

merien übernehmen. Marionnaud praktiziert ein flächenmäßig flexibles Shop-Konzept, das an alle Standorte, ob in der Innenstadt oder im Einkaufszentrum angepasst werden kann. Marionnaud existiert unter diesem Namen seit 1996, wurde in Frankreich gegründet und 2005 durch die A.S. Watson-Gruppe übernommen. A.S. Watson ist weltweit Marktführer im »Health& Beauty«-Einzelhandel und selbst ein Tochterunternehmen des internationalen Konzerns Hutchinson Whampoa, der seinen Sitz in Hongkong hat. Marionnaud verfügt in Europa über 1 200, in Österreich über 100 Filialen.

Seit der Eröffnung der ersten Douglas-Parfümerie in Österreich im Jahr 1972 konnte das Filialnetz auf 44 Standorte ausgebaut werden.

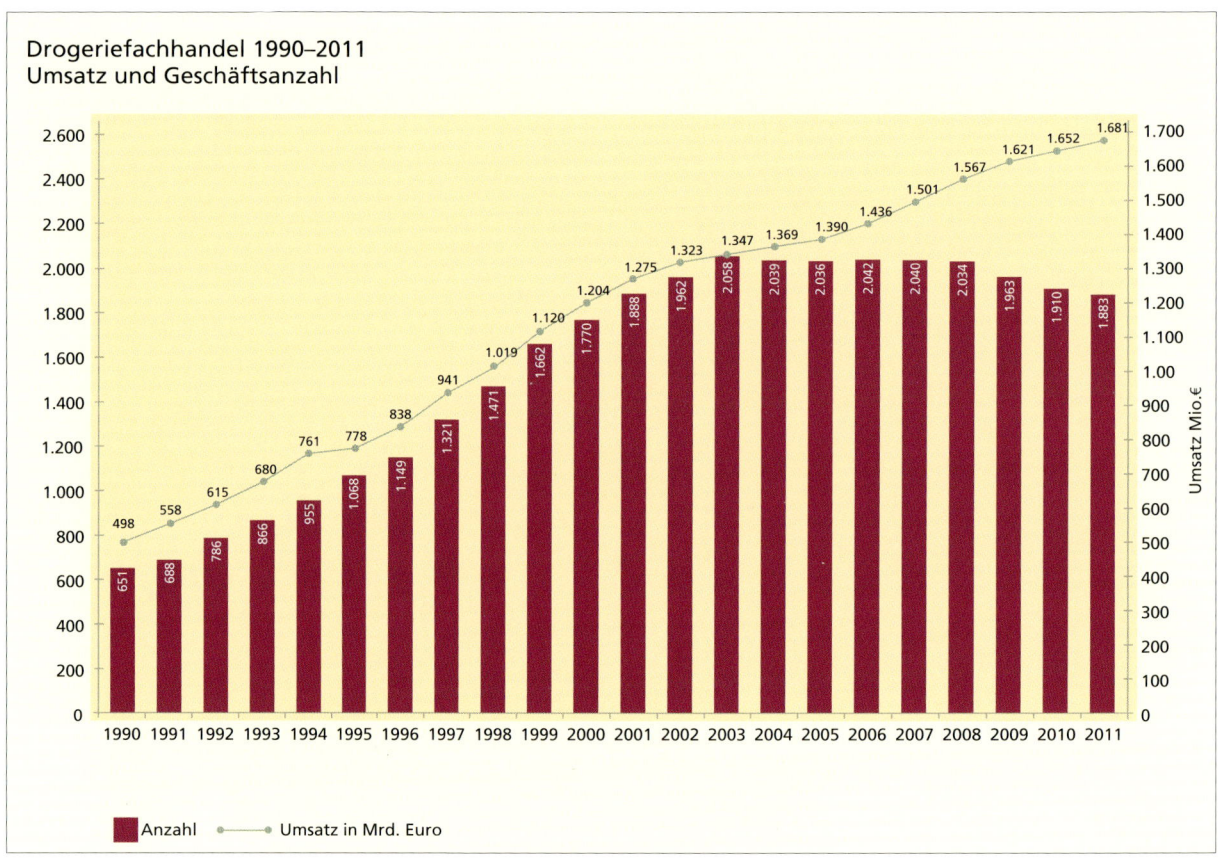

Drogeriefachhandel 1990–2011
Umsatz und Geschäftsanzahl

Anzahl — Umsatz in Mrd. Euro

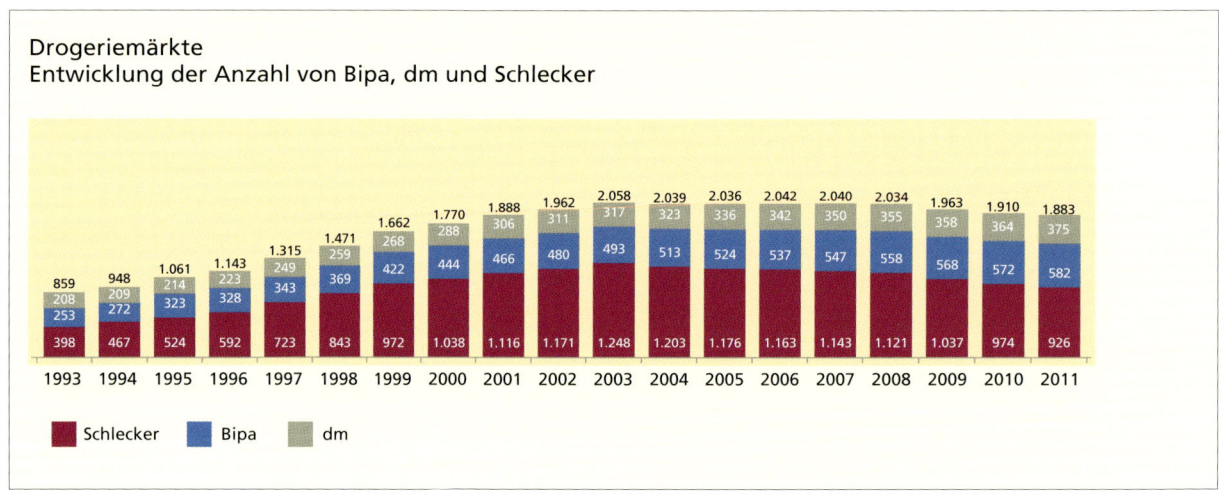

Drogeriemärkte
Entwicklung der Anzahl von Bipa, dm und Schlecker

Schlecker   Bipa   dm

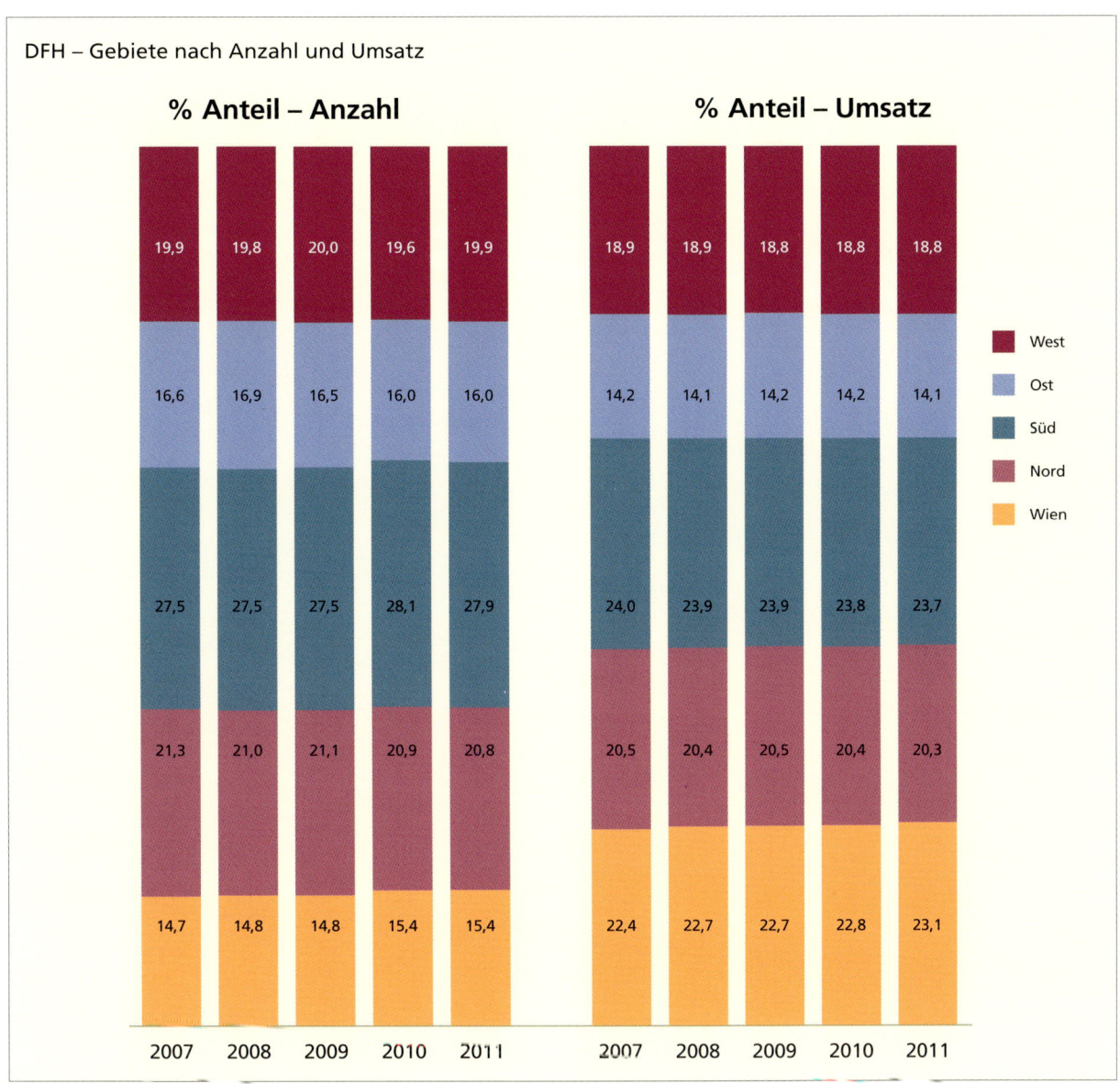

DFH – Gebiete nach Anzahl und Umsatz

% Anteil – Anzahl

% Anteil – Umsatz

Legend:
- West
- Ost
- Süd
- Nord
- Wien

% Anteil – Anzahl:

	2007	2008	2009	2010	2011
West	19,9	19,8	20,0	19,6	19,9
Ost	16,6	16,9	16,5	16,0	16,0
Süd	27,5	27,5	27,5	28,1	27,9
Nord	21,3	21,0	21,1	20,9	20,8
Wien	14,7	14,8	14,8	15,4	15,4

% Anteil – Umsatz:

	2007	2008	2009	2010	2011
West	18,9	18,9	18,8	18,8	18,8
Ost	14,2	14,1	14,2	14,2	14,1
Süd	24,0	23,9	23,9	23,8	23,7
Nord	20,5	20,4	20,5	20,4	20,3
Wien	22,4	22,7	22,7	22,8	23,1

»NS-Romane«. Franz Zadrazil, 1989, Öl auf Holz, 130 x 130 cm.

Der Buchhandel stellt im Vergleich zu den meisten anderen hier behandelten Branchen einen kleinen Geschäftsbereich dar. 2010 setzten 974 Unternehmen mit 8 139 Beschäftigten im Einzelhandel mit Büchern, Zeitschriften und Bürobedarf 1,06 Milliarden Euro um. Dieser Branche kommt jedoch angesichts ihrer weit zurückreichenden Geschichte und ihres hohen Stellenwertes für die kulturelle Entwicklung eine weit über ihr ökonomisches Gewicht hinausreichende Bedeutung zu.

Grundlage für die Entstehung des Buchhandels war die Erfindung des Buchdrucks mit beweglichen Lettern. Frühes Zentrum dieses Gewerbes war Mainz, wo ab 1448 Johannes Gutenberg an der Realisierung des Buchdrucks mit Einzeltypen aus Metall arbeitete und bis 1454 als erstes großes Werk den Druck einer 42-zeiligen lateinischen Bibel (Gutenberg-Bibel) vollendete. Die neue Drucktechnik führte zu einer Umwälzung der Bucherzeugung – mit Buchdruck, -binderei und -handel entstanden neue Gewerbe, von denen auch starke Impulse auf die Weiterentwicklung der Papiererzeugung ausgingen. Im 19. Jahrhundert wurde die Wertschöpfungskette durch Schnellpresse, Rotationspresse und mechanische Setzmaschine weiter rationalisiert, wodurch nunmehr für weite Bevölkerungsschichten erschwingliche Massenauflagen von Büchern und Zeitschriften erzeugt werden konnten, was entsprechende Entwicklungen des Verlagswesens und Buchhandels mit sich brachte.

Von Beginn an wurde die Buchproduktion immer wieder durch obrigkeitliche Repressionen eingeschränkt, was sich auch auf die Entwicklungsmöglichkeiten einzelner Buch-

Die Gutenberg-Bibel entstand zwischen 1452 und 1454 in Mainz und gilt als eines der wichtigsten Bücher der Inkunabelzeit. Sie wurde in der Werkstatt des Druck-Pioniers Johannes Gutenberg in einer Auflage von etwa 180 Stück hergestellt. Die Abbildung zeigt das Buch Genesis; Darstellung der Schöpfungsgeschichte in der Initiale I.

Das Artaria-Haus am Kohlmarkt wurde nach den Plänen von Max Fabiani 1901 bis 1902 erbaut. Die Firma ging 1922 im Verlag Freytag & Berndt auf, der dort noch immer eine Filiale betreibt.

lag-Handel eine betriebliche Einheit. Seit dem 18. Jahrhundert separierten sich die Druckereien, während Handel und Verlag in Österreich bis ins 20. Jahrhundert verbandsmäßig als Einheit organisiert blieben. Dabei hat sich historisch eine funktionale Gliederung in Verlagsbuchhandel, Sortimentsbuchhandel und andere Vertriebsformen herausgebildet.

Österreich spielte auf den Buchmärkten im deutschsprachigen Raum nur eine zweitrangige Rolle. Im Vormärz behinderte die Zensur eine freie Entwicklung, und die Habsburgermonarchie nahm bis gegen Ende des 19. Jahrhunderts an den Abkommen gegen Nachdruck nicht teil, weswegen erfolgreiche, auch österreichische Autoren Verlagen an deutschen Standorten den Vorzug gaben. Trotz dieser ungünstigen Rahmenbedingungen entstanden einige ausnahmehafte Pionierunternehmen. Zum Beispiel gründete im Jahr 1770 Giovanni Artaria in Wien einen Kunstverlag, der auch erfolgreich eine kartografische Abteilung und eine Musikalienabteilung betrieb. Die Landkartenabteilung wurde in den 1920er-Jahren an Freytag & Berndt verkauft. Im Jahr 1901 entstand in Wien die Universal Edition, ein bis heute insbesondere mit Werken von Gegenwartskomponisten erfolgreiches Unternehmen.

Die Interessen des Buch- und Kunsthandels werden seit 1859 vom Hauptverband des Österreichischen Buchhandels (ursprünglich: Verein der österreichischen Buchhändler) vertreten. Der Entwicklungsdynamik im Buchhandel stand bis weit ins 20. Jahrhundert hinein eine enge gewerberechtliche Regulierung entgegen. Für die Errichtung eines neuen Geschäfts musste regionaler Bedarf nachgewiesen und eine Konzession von der Innung, in der die bereits etablierten Händler organisiert waren, erteilt werden. Die Gründung war nur am Amtssitz einer Polizeibehörde erlaubt; Gewerbe- und Pressrecht dienten immer wieder als Hebel, um gegen inhaltlich unliebsame Marktteilnehmer vorzugehen. Im Jahr 1938 führte eine Welle von »Arisierungen« zu einer weiteren Dezimie-

handelszentren auswirkte. Ab dem späten 15. Jahrhundert fungierte Frankfurt am Main als wichtigster europäischer Buchhandelsplatz, ab dem 18. Jahrhundert profitierte Leipzig von einer relativ liberalen Politik der dortigen Obrigkeit und entwickelte sich bis ins 19. Jahrhundert zum führenden Zentrum im deutschsprachigen Raum.

Ursprünglich bildeten die Bereiche Druck-Ver-

rung der schon in der Zwischenkriegszeit wirtschaftlich notleidenden Branche.

Nach 1945 keimte angesichts der kommunistischen Herrschaft über Leipzig und der Zerstörungen in anderen deutschen Buchstädten kurz die Hoffnung auf, dass Wien an Bedeutung gewinnen würde, was sich jedoch als unrealistisch erwies. Belebend auf das Geschäft wirkte jedoch die starke Nachfrage nach Autoren, die während der vorangegangenen Diktatur verboten gewesen waren. Außerdem erwies sich das Buch gerade in Zeiten niedrigen Lebensstandards als kleiner Luxus, den man sich trotz der herrschenden Not gönnte. Der großen Nachfrage stand anfänglich aber eine Angebotsschwäche wegen Papierknappheit und veralteter Produktionsbetriebe gegenüber. So kam es gleich nach 1945 zur einer Gründungswelle von Verlagen und Buchhandlungen, wobei sich aber bereits ab ca. 1948 eine Normalisierung einstellte, in der eine »Scheidung von Spreu und Weizen« einsetzte. Die Anzahl produzierender Verlage erhöhte sich in Österreich von 128 im Jahr 1946 auf 212 (1948) und ging bis 1955 wieder

auf 141 zurück. Als Spezifikum des österreichischen Buchmarktes ist auch der hohe Stellenwert der Buchgemeinschaften bis ins späte 20. Jahrhundert zu erwähnen.

Filialisierung

Bereits in der Zwischenkriegszeit setzten Verlage auf Bundesländerebene (z. B. Tyrolia) erste Schritte in Richtung Filialisierung. Ab den 70er-Jahren gewannen Konzentration und Filialisierung weiter an Dynamik, der Marktanteil der zehn größten Ketten liegt heute bei ungefähr 55 Prozent. Die Verlagslandschaft blieb weiterhin kleinteilig und von einem hohen Insolvenzrisiko gekennzeichnet, wobei in den vergangenen Jahren einige bekannte österreichische Namen in deutsche Gruppen integriert wurden. Als wesentliche Überlebensfaktoren wirken die Verlagsförderung und seit 1972 die Schulbuchaktion, die über den Buchhandel abgewickelt wird. Entgegen genereller Liberalisierungstendenz von Seiten der EU besteht im Bereich des Buchhandels in Österreich bis heute eine gesetzliche Preisbin-

Der Verlag Leykam blickt auf eine bereits mehr als 400-jährige Geschichte zurück und ist somit einer der ältesten österreichischen Verlage. Buchpräsentation des Verlages Leykam in Graz, 1925.

Marketingaktion der Wiener Buchhandlungen im Jahr 1952: Bücher zum Muttertag. Entwurf von Otto Stefferl, Atelier Koszler.

Buchgemeinschaften sind Vertriebssysteme für Bücher, die exklusiv oder zu Vorzugspreisen an ihre Mitglieder verkauft werden. Filiale der 1950 gegründeten Buchgemeinschaft Donauland, Landstraße 84 in Linz.

Oberösterreichischer Landesverlag an der Linzer Landstraße, Aufnahme 1951.

dung. Diese soll das Kulturgut Buch schützen und so weiterhin eine flächendeckende Versorgung mit wertvoller Literatur ermöglichen. Aktuell ist in der Branche erneut ein Strukturwandel durch die Informations- und Kommunikationsrevolution im Gange. Einerseits entsteht dem Vertrieb des traditionellen Gutes »Buch« durch Internetversender eine neue Konkurrenz, andererseits beginnt das Produkt selber durch neue Formen (z. B. E-Book) substituiert zu werden, die ebenfalls neue Vertriebsformen mit sich bringen. Als neue Nische ist seit den 90er-Jahren auch das Hörbuch aufgekommen, handelbar als Tonträger oder als Datei im Netz. Der Anteil des Internetbuchhandels (vor allem Amazon) wird derzeit (2012) auf etwa 18 Prozent geschätzt, mit starker Wachstumsdynamik, das E-Book steht noch in den Startlöchern.

Als treibende Kraft in Richtung Filialisierung des Buchhandels wirkte die im Jahr 1978 von der Billa-Gruppe gegründete Libro-Kette. Ursprünglich als Buchdiscounter intendiert, weitete sie bald das Sortiment auf Papier und Schreibwaren sowie Musik und Entertainment aus. Im Jahr 1984 stellte man den jungen Sanierungsmanager André Rettberg an die Spitze des damals schwach performenden Unternehmens. Ab 1996 verkaufte Wlaschek

sein Handelsimperium, Libro ging 1997 in einem Management-Buy-out an eine Investorengruppe um Rettberg. Libro gehörte damals mit 220 Filialen, 1 400 Mitarbeitern und einem Umsatz von umgerechnet 254 Millionen Euro bereits zu den sechs größten Buchhändlern im deutschsprachigen Raum. 1998 übernahm man die vom Oberösterreichischen Landesverlag aufgebaute Amadeus-Buchhandelskette und begann mit dem Erwerb mehrerer Bertelsmann-Buchclub-Standorte die Expansion nach Deutschland. Libro stieg 1999 mit der Gründung von Lion.cc auch in den boomenden Internetmarkt ein. Im selben Jahr ging Libro an die Börse, nachdem zuvor die Deutschland-Tochter bilanzmäßig aufgewertet wurde, obwohl sie schwere Verluste einbrachte. Auf dieser Basis schüttete die Gesellschaft eine Sonderdividende aus. Beim Börsegang zählten Zukunftsfantasien trotz aktueller Verluste. Einsetzende Sanierungsanstrengungen brachten keinen raschen Erfolg, 2001 schlitterte Libro in die Insolvenz

und 2002 in ein Konkursverfahren – die Passiva beliefen sich auf 380 Millionen Euro. Beim Börsengang hatte sich die Telekom Austria AG in großem Maßstab engagiert. Sie verlor bei der Pleite 85 Millionen Euro, zahlreiche Kleinanleger büßten 77,6 Millionen Euro ein. Der Libro-Zusammenbruch wurde zur bis dahin drittgrößten Insolvenz (nach Konsum und Maculan). Rettberg und drei weitere Verantwortungsträger wurden 2012 rechtskräftig wegen Untreue und Bilanzfälschung verurteilt, nachdem Rettberg bereits 2008 letztinstanzlich der betrügerischen Krida (Verschleierung von Privatvermögen) für schuldig befunden worden war.

Im Dezember 2002 erwarb die von Josef Taus geführte Management Trust Holding (MTH) aus der Konkursmasse die Libro-Kette, die sich seither als Cash Cow der Unternehmensgruppe entwickelt hat. Dabei bewährt sich nach wie vor die strategische Ausrichtung aus der Ära Rettberg auf große Filialen mit eher schmalem Sortiment und günstigen Preisen.

Der Stellenwert des eigentlichen Buchhandels ist dabei im Gegensatz zum anfänglichen Buchdiscounter-Konzept deutlich relativiert worden. Libro (neu) setzte im Jahr 2010 in mehr als 230 Standorten mit 1 600 Mitarbeitern zirka 270 Millionen Euro um, das waren mehr als 40 Prozent des Gesamtumsatzes der MTH-Gruppe.

Die 22 Amadeus-Filialen gingen im Jahr 2002 um 9,3 Millionen Euro an die Buchhandelskette Thalia, die zur deutschen Douglas-Gruppe gehört. Die Thalia-Gruppe, mit Hauptsitz in Hamburg, hat sich zur Nummer eins im deutschsprachigen Buchhandel entwickelt. Sie betrieb 2010 in Deutschland, Österreich und der Schweiz rund 290 Standorte, davon etwa 35 in Österreich. Thalia ist damit zum stärksten Machtfaktor in den Beziehungen des Handels zu den Verlagen, aber auch im Konkurrenz- und Übernahmekampf mit kleinen Buchhändlern geworden. Im Gegensatz zu Libro steht bei Thalia weiterhin das Buch im Mittelpunkt, wobei man jedoch im Sor-

Der Buchdiskonter Libro wurde 1978 als Tochter-Unternehmen der Billa-Gruppe von Karl Wlaschek gegründet und später von André Rettberg geleitet. Nach einem Konkursverfahren wird Libro seit 2002 erfolgreich im Rahmen der Management Trust Holding geführt. Libro-Filiale an der Wiener Mariahilfer-straße. Foto: Harald Kicker, 2012.

timent vermehrt auf E-Books setzt und sich die Geschäfte als facettenreiche Erlebniswelten mit erweitertem Sortiment, vor allem im Bereich des sogenannten Non-Books, präsentieren. Dazu ist man u. a. Kooperationen mit den Firmen Coffee Shop und Di-Tech eingegangen. Der österreichische Gesamtumsatz belief sich 2010 auf rund 133 Millionen Euro. Der Trend zu Umsatzrückgängen in der Buchbranche bedeutet auch für die Thalia-Gruppe die Notwendigkeit zur Neuorientierung.

Im Frühjahr 2012 trat angesichts des verschärften Marktumfeldes für Thalia in Deutschland ein erheblicher Wertberichtigungs- und Sanierungsbedarf zu Tage, wobei die österreichischen Geschäfte weiterhin über eine »ausgezeichnete Ergebnissituation« verfügten. Im Onlinehandel will man mit rascherer Zustellung als der Branchenriese Amazon punkten. Während dieser aus Deutschland anliefert, was mindestens zwei Tage dauert, kann die Ware österreichischer Händler innerhalb eines Tages bei den Kunden einlangen. Angesichts all dieser Entwicklungen werden zurzeit grundlegende Veränderungen bis hin zu einer Übernahme der gesamten Douglas-Gruppe durch einen US-Investor erwogen.

Die 1907 gegründete Verlagsanstalt Tyrolia errichtete bereits in der Zwischenkriegszeit Buchhandlungen in allen Bezirken Tirols und betreibt heute 22 Standorte in Tirol, Salzburg, Vorarlberg und Wien. Das Unternehmen versteht sich als bedeutendster österreichischer Verlag für Religion und Theologie sowie als größtes Buchhaus Westösterreichs.

Zur zentralen Drehscheibe des österreichischen Buchgeschäfts hat sich seit dem 19. Jahrhundert die Morawa-Gruppe entwickelt. Das 1877 gegründete Vorgängerunternehmen Zeitungsbüro Hermann Goldschmiedt betätigte sich bereits erfolgreich als Importeur und Expediteur von Zeitschriften, 1913 wurde ein Buchsortiment angegliedert. In den frühen 20er-Jahren trat Emmerich Morawa in das Unternehmen ein, das er 1924 zusammen mit deutschen Investoren übernahm. 1934 gingen die Aktivitäten der inzwischen größten Print-Vertriebsorganisation in Österreich auf die Firma Buchhandlung und Zeitungsbüro Morawa über. In den 30er-Jahren kam man wegen des Imports von Schrifttum aus NS-Deutschland mehrmals in Konflikt mit öffentlichen Stellen. Nach dem Zweiten Weltkrieg kaufte Morawa weitere österreichische Gebietsgrossisten auf, baute Import, Vertrieb und den Lesezirkel aus. Daneben betrieb man auch eigene Buchhandlungen. In den vergangenen 20 Jahren wuchs das Geschäft durch weitere Eingliederungen (z. B. Mohr ZG, Leykam Buchhandel GmbH) und Vertriebspartnerschaften (Mediaprint). Die Logistikzentren sind in Wien und Salzburg angesiedelt. Im Jahr 2010 erwirtschaftete die Gruppe mit mehr als 1100 Mitarbeitern einen Umsatz von rund 338 Millionen Euro. Das Kerngeschäft stellen nach wie vor der

Presse- und Buchvertrieb dar (einschließlich eigener Spedition), das Filialnetz umfasst heute österreichweit etwa 25 Standorte in besten Frequenzlagen.

Der führende österreichische Publikumsverlag Styria gehörte lange Zeit auch im Bucheinzelhandel zu den größten Marktteilnehmern. Zum Beispiel hielt die Styria Medien AG einen 50 Prozent-Anteil an der Buchhandelsgruppe Morawa & Styria mit 20 Buchhandlungen in Österreich. Im Sinne einer konsequenten Entwicklung zur Content Company gab man den Anteil jedoch im Jahr 2005 an Morawa ab.

Neben den mächtigen Branchenriesen behaupten sich aber nach wie vor auch zahlreiche Klein- und Kleinstbetriebe, in denen Persönlichkeit und Engagement der Inhaber zur spezifischen Qualität beitragen. Diese Betriebe setzen auf Buchhändler und Buchhändlerinnen, »die lesen« und den Buchladen als sozialen Ort ausgestalten. In diesem Sinne werden z. B. Lesungen, Workshops oder Kunstpräsentationen geboten, manche Läden spezialisieren sich auf inhaltliche Schwerpunkte (Krimi, Kinderbücher, Kunst und Design, fremdsprachige Literatur, Reiseliteratur, Religion, Esoterik, sexuelle Orientierung etc.). Neue Wege werden auch durch abgestimmte Angebotskombinationen, etwa mit einem Kaffeehausbetrieb, beschritten oder (wie bei den großen Ketten) durch eine Ausweitung des Sortiments.

Insgesamt stellen jedoch der Versandhandel über das Internet (vor allem Amazon), steigende Mietpreise und elektronische Substitute für das klassische Buch (E-Book, I-Pad etc.) den Buchhandel gegenwärtig vor eine schwere Zerreißprobe.

Jeff Bezos, CEO von Amazon.com, präsentiert im Rahmen einer Pressekonferenz in New York den neuen Kindle-E-Book-Reader.

Alternative zum Mainstreamangebot und Erlebnisshopping großer Ketten: Buchhandlung, Café und Veranstaltungsort in einem, wie hier Lhotkzys Literaturbuffet im zweiten Wiener Gemeindebezirk.

»Bediene dich selbst«. Franz Zadrazil, 1985, Öl auf Holz, 130 x 140 cm

9. Die Trafik – ein ganz besonderes Stück österreichische Kulturgeschichte

Tabakgeschäfte gibt es überall, Trafiken nur in Österreich. Die Tabaktrafiken sind ein Stück österreichischer Kulturgeschichte. Sie waren eng verknüpft mit dem Obrigkeitsstaat, nicht nur als Verschleißstellen der staatlichen Tabakregie, sondern auch als Vertriebsstellen für Lose der staatlichen Lotterie, der Briefmarken der staatlichen Post, der Fahrscheine der kommunalen Verkehrsbetriebe, der Spielkarten aus dem Spielkartenmonopol, der Stempelmarken der Steuerstellen, aber auch als Verkaufsstellen für Zeitungen, Groschenromane und »Schundhefte«, für Schreibwaren, Schulbedarf und für allerlei Kleinwaren und Souvenirs. Man erkannte sie im 18. und 19. Jahrhundert am aufgemalten Türken, seltener auch Mohren, später am Schild mit dem kaiserlichen Doppeladler. In der Ersten Republik war der Adler nur mehr einköpfig, nach dem Zweiten Weltkrieg wurde er durch einen Rauchring ersetzt.

»Beim Tabakkramer kummen d'Leut z'sammer«, heißt es im ziemlich anzüglichen Altwiener Tabakdosen-Lied: »Alte Kesselreiber, alte Kuchelweiber …«. Literarische Verewigungen der Trafik gibt es sonder Zahl: Der tratschsüchtige Sebastian »Tratschmiedel« in Nestroys *Früheren Verhältnissen,* die Kanzleiobersekretärswitwe Valerie aus Ödön von Horváths *Geschichten aus dem Wienerwald* oder die »wohlbestallte Trafikantin Josefine Oplatek« aus Heimito von Doderers *Strudlhofstiege.* Die Trafik kam auch zu Musik- und Filmehren, z. B. in dem UFA-Tonfilm *Die kleine Trafik* mit Willy Fritsch, Adele Sandrock und Fritz Imhoff.

Joseph II. verordnete, die Trafik solle »vornehmlich den Militärinvaliden und Soldatenwitwen« zu Nutzen kommen und ihnen

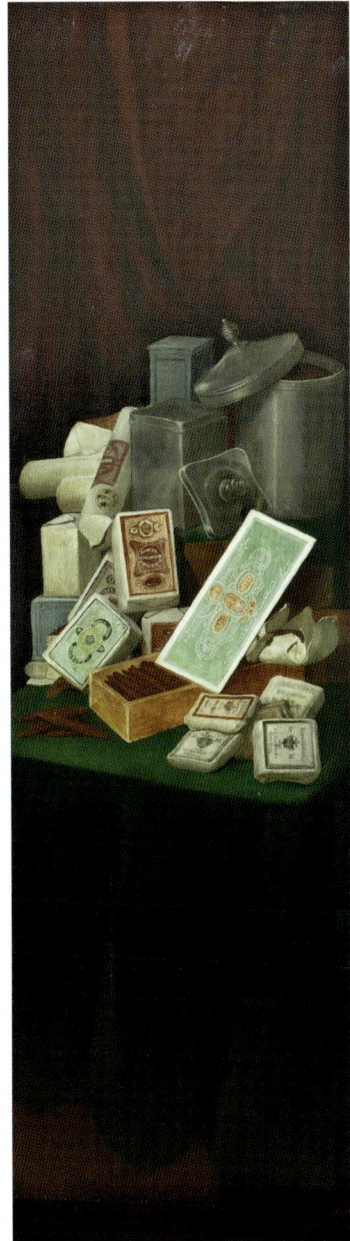

Holzläden einer Wiener Tabaktrafik mit Tabakprodukten und einem rauchenden Orientalen. Peter Johann Nepomuk Geiger, Öl auf Holz, 182 x 52,6 cm.

einen friedlichen Lebensabend sichern. Die typische Trafikantin war eine Offiziers- oder Beamtenwitwe bzw. -Kind. Johann Hofer, der Sohn von Andreas Hofer, wurde für das Hel-

ganter waren die Trafiken und umso schöner angeblich die Trafikantinnen. Nach den Vorschriften für die Trafikanten in der Stadt und den Vorstädten Wiens von 1797 hatten diese ihr Geschäft von 6 Uhr morgens bis 10 Uhr abends offen zu halten und für die Bedienung der Konsumenten stets gegenwärtig zu sein. Die Vergabe der Tabaktrafiken korrespondierte insofern mit dem Gnadensystem, indem kein Rechtsanspruch auf die Beteilung bestand und die Vergabe auch einen Belohnungscharakter gegenüber den Verdiensten des verstorbenen Ehegatten aufwies.

Grundsätzlich unterschieden sich Tabaktrafiken nach der Art ihrer Vergabe; Konzessionstrafiken wurden begünstigten Personen zugeteilt, während Konkurrenztrafiken in einer öffentlichen Offertverhandlung vergeben wurden. Um eine Konzessiontrafik konnten Hof- und Staatsbedienstete, ihre Witwen und Waisen, sofern sie Vollwaisen waren, ansuchen. In erster Linie wurden jene bedacht, deren Ehegatten und Väter an den Folgen ihrer Berufstätigkeit verstorben waren. Die Vergabe der Konzessionstrafik richtete sich nach der Bedürftigkeit.

Die Republik führte das Tabakmonopol und die Trafiken weiter. Auch während der NS-Zeit blieben sie bestehen, obwohl das Deutsche Reich kein Tabakmonopol hatte. Die Trafiken hatten zusammen mit der »Austria-Tabak-AG« die Erinnerung an Österreich auch während des Anschlusses an das Deutsche Reich wach gehalten. In den Maitagen des Jahres 1945 blieben die Trafiken fast überall leer, aber im Juni konnte man bereits wieder die wenigen Tabakwaren kaufen, die einem mit der Raucherkarte zugesprochen worden waren. Aber ein neues Problem tat sich auf, denn das Monopol der Tabakregie war in der Realität einer harten Konkurrenz durch die Besatzer ausgesetzt. Amerikanische Zigaretten kamen durch die GIs nach Österreich, und die Sowjets konkurrenzierten mit Ostblock-Waren, die in den so genannten USIA-Läden vertrieben wurden.

Trafikschild der an die ehemalige Krämerei Gerstl in Schenkenfelden angeschlossenen K. K. Tabaktrafik.

dentum seines Vaters mit einer Trafik belohnt. Das Geld für Karl Luegers Jusstudium war in der Trafik seiner Mutter, der Witwe eines invaliden Berufssoldaten, zusammengekratzt worden. Je nobler das Stadtviertel, umso ele-

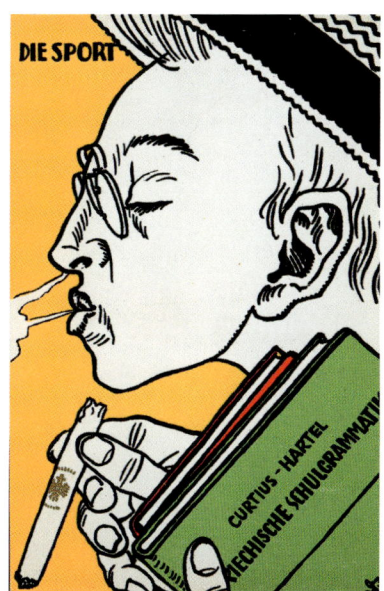

Raucher-Serie. Sechs Wiener Werkstätte-Postkarten. Farblithografien von Moriz Jung, um 1913.

»Die Sport«. Wiener Werkstätte-Postkarte No. 727.

»Import«. Wiener Werkstätte-Postkarte No. 728.

»Die Drama«. Wiener Werkstätte-Postkarte No. 729.

»Die Kurze«. Wiener Werkstätte-Postkarte No. 730.

»Die Virginier«. Wiener Werkstätte-Postkarte No. 731.

»King«. Wiener Werkstätte-Postkarte No. 732.

Nach dem Zweiten Weltkrieg wurden Kriegsopfer und Opfer der nationalsozialistischen Herrschaft für den Posten als Trafikant begünstigt. Seit 1979 gehört auch der Personenkreis der Zivilbehinderten dazu, wobei ein Behinderungsgrad von mindestens 50 Prozent, ausgestellt durch das Bundessozialamt, Voraussetzung für dieses Vorzugsrecht ist. Mit dem Tabakmonopolgesetz von 1996 hat sich die Monopolverwaltung GmbH zwei Ziele gesetzt, ein wirtschaftliches und ein sozialpolitisches. Wirtschaftlich gesehen soll durch die Bestellung von Tabaktrafikanten die Nahversorgung der österreichischen Bevölkerung mit Tabakerzeugnissen sichergestellt werden. Sozialpolitisch soll dadurch möglichst vielen vorzugsberechtigten Personen eine »nachhaltige wirtschaftliche Existenzgrundlage« zugesichert werden.

Formal waren im Jahr 1946 in Österreich nicht weniger als 15 657 Trafiken und 269 Tabakverlage existent. Per 31. Dezember 2009 gab es noch 7 140 Trafiken und 11 Tabakwarengroßhändler. In diesen sechseinhalb Jahrzehnten

Tabaktrafik am Wiener Stephansplatz, Photo anonym, um 1925.

Wiener Trafikant. Aufnahme Petra Rainer, 2002.

hat sich die Struktur des Tabakwarenvertriebs somit wesentlich gewandelt: Tabakanbau-, Produktions- und Großhandelsmonopol sind durch den EU-Beitritt gefallen, die Verlage wurden aufgelöst, an ihre Stelle ist in einem liberalisierten Markt das Angebot von knapp einem Dutzend Tabakwarengroßhändlern getreten.

Betrachtet man die zahlenmäßige Entwicklung der Tabakverkaufsstellen einerseits und der Tabakfachgeschäfte andererseits, ergibt sich folgendes Bild. Während die Zahl der Tabakfachgeschäfte zwischen 1973 und 2009 von 4749 auf 2790 zurückgegangen ist, gab

es bei den Tabakverkaufsstellen einen Rückgang von 9112 auf 4350. Während aber 1973 nur 16,6 Prozent der Tabakfachgeschäftsinhaber vorzugsberechtigte Behinderte waren, waren es 1995 bereits 29,1 Prozent und 2009 gar 48,9 Prozent. Das sozialpolitische Element der Behindertenintegration durch eine selbstständige Beschäftigung hat durch die Reduktion der Trafikstandorte also nicht gelitten, sondern ist im Gegenteil, wenn auch bei verringerter Anzahl der Standorte, stark gestiegen. Die insgesamt doch sehr starke Reduktion der Standorte von Tabaktrafiken um fast 50 Prozent wurde durch ein ergänzendes Nahversorgungssystem, das in Kombination mit der Trafikstruktur steht, ausgeglichen.

Der Trafikbereich ist jener Bereich, wo Verkaufsautomaten früh und in besonderem Maße zur Konkurrenz wurden: bei Zigaretten, Briefmarken, Fahrscheinen, Zeitungen etc. 1899 wurde in Wien der erste Zigarettenautomat aufgestellt, offiziell als k. k. Tabakverschleißautomat bezeichnet. Derzeit gibt es in Österreich rund 6000 Tabakwarenautomaten, die von Trafikanten (TFG/TVS) sowohl am Ge-

schäft als auch »disloziert«, das heißt an einem eigenen Standort, betrieben werden.

Neben dem Verkauf der Tabakwaren in der Trafik zu den geregelten Öffnungszeiten und am Tabakwarenautomaten ist ein dritter Vertriebsweg aus dem österreichischen Nahversorgungssystem nicht wegzudenken: der Verkauf gemäß § 40 TabMG 1996 in der allgemeinen Gastronomie und an den Gastrotankstellen. Hat der Verkauf in der allgemeinen Gastronomie eine lange Tradition, die bis zu den Rechtsnormen des Jahres 1911 zurückreicht, ist die Verkaufsmöglichkeit an den Gastro-

tankstellen erst Ende des 20. Jahrhunderts rechtlich legalisiert worden.

Immer mehr Trafikanten sehen ihre Existenz bedroht, besonders an der österreichischen Grenze zu den Oststaaten. Die Lockerung der Verbindung mit dem Staat hat der Trafik viel von ihrem amtlichen Charakter genommen. Auch ihre sozialpolitische Bedeutung ist im Schwinden. Es ist eine eigene kleine Welt auf wenigen Quadratmetern, die nicht nur mit Rauchwaren, sondern mit vielerlei Dingen des Alltags ein wichtiges Glied der Nahversorgung bildet.

Öffentliche Ausgrenzung von Juden nach der nationalsozialistischen Machtergreifung am 12. März 1938: Kennzeichnung des Tabak-Hauptverlages in Purkersdorf als jüdisch. Aufnahme unbekannt, 1938.

Die Firma Weyland, die bereits im Jahr 1833 als Einzelhandelsgeschäft in Schärding gegründet worden war, nahm 1936 die Großhandelstätigkeit auf und spezialisierte sich zunehmend als Eisenhändler. Heute verfügt die Weylandgruppe über 6 Standorte in Österreich und Tschechien. Über 1 200 Mitarbeiter halten auf 122 250 m² verbauter Lagerfläche etwa 100 000 lagergeführte Artikel bereit. Luftaufnahme des Standorts Schärding, 2008.

10. Metallhandel und Sekundärrohstoffe

Unter Rohstoff versteht man (teilweise aufbereitete) natürliche Ressourcen, die für weitere Wertschöpfungsprozesse eingesetzt werden. Aufgrund dieser Positionierung findet Rohstoffhandel überwiegend als Business to Business-Geschäft statt. Als dominierende Akteure für den internationalen Rohstoffhandel haben sich einige Weltbörsen (etwa in London, New York, Chicago) sowie auch Unternehmen in kleinen, traditionell offenen Volkswirtschaften wie der Schweiz und den Niederlanden etabliert. Die Erzeugung erfolgt im Allgemeinen sehr kapitalintensiv und die Mengen können nur langsam an Marktschwankungen angepasst werden. Die Nachfrage ist hingegen teilweise sehr konjunktursensibel. Aufgrund dieser strukturellen Gegebenheiten verläuft die Marktentwicklung überaus volatil und es haben sich teilweise oligopolistische Strukturen sowie komplexe Strukturen der Handelstätigkeit herausgebildet, wobei Hedging und andere Formen von Terminkontrakten eine wichtige Rolle spielen. Nicht zu unterschätzen sind die globalen Konfliktpotenziale aus nationalen Interessen sowie Spannungen zwischen Industrie-, Schwellen- und Entwicklungsländern, aufgrund geographisch ungleicher Verteilung essentieller Rohstoffe und internationaler strategischer Bemühungen um Versorgungssicherheit und Zugänge zu Märkten. Als grundlegender Indikator für die Preisentwicklungstrends in der Welt-Rohstoffwirtschaft wird seit 1957 der – seither mehrfach adaptierte – Commodity Research Bureau Index berechnet.

»Perlen und Juwelen«.
Franz Zadrazil, Öl auf
Holz, 134 x 164 cm

Vom (Alt-)Metallhandel zum »urban mining«

In Österreich spielten ab der zweiten Hälfte des 19. Jahrhunderts die Handelsabteilungen der großen Universalbanken eine wichtige Rolle für den nationalen Rohstoffhandel. Sie finanzierten Bereiche wie Zucker-, Spiritus- oder Brennstoffhandel. Die Beziehungen zwischen Erzeugern und Handel waren stets von Zwang zur Kooperation, aber auch von Konflikten geprägt, die dazu führten, dass es immer wieder zur Vorwärts- bzw. Rückwärtsintegration von der einen zur anderen Stufe kam. Zum Beispiel begannen die 1870 aus Frankfurt nach Österreich zugewanderten

Brüder Albert und Emil Böhler anfänglich ein reines Eisen-Handelsunternehmen, das sie sukzessive zur Verbesserung der Beschaffungssicherheit um Produktionsbetriebe ergänzten, die sie schließlich zu einem führenden Edelstahlerzeuger machten. Durchaus vergleichbar damit ist die Entwicklung des heute größten österreichischen Metallhändlers, der Gruppe Steinacher/Alumet in Bludenz, welche im Aluminiumgeschäft tätig ist. Nicht wenige der heute bestehenden Rohstoff- (insbesondere Metall-)Händler haben sich mit Ost-West-Handel und Barterhandel während des Kalten Krieges entwickelt. In diesen Jahrzehnten diente Wien als Drehscheibe für derartige Geschäfte, wobei als Hauptakteure die Verstaatlichte Industrie, Handelsunternehmen im Umfeld der Kommunistischen Partei Österreichs, aber auch private Unternehmen und diverse Banken auftraten.

Im Einklang mit der österreichischen Industriestruktur haben sich einheimische, international tätige Rohstoffhändler vor allem auf den Bereich des Metallhandels konzentriert, wenngleich sich die Aktivitäten teilweise auch mit dem Agrar-, Chemikalien-, Bau-stoff- und Brennstoffhandel überschneiden. Mit aufkommendem Ökologiebewusstsein seit den 70er-Jahren und steigenden Rohstoffpreisen hat auch das Geschäft mit Sekundärrohstoffen – also das Recycling von Rohstoffen bzw. »urban mining« – stark an Bedeutung gewonnen. Von legistischer Seite wurden diese Entwicklungen durch das Abfallwirtschaftsgesetz (AWG) 1993 und zahlreiche weitere Verordnungen und Gesetze forciert – aus Entsorgung wurde Abfallwirtschaft mit dem Fokus der Verwertung bzw. Wiederverwertung.

Auf der Grundlage des AWG verpflichtet die Verpackungsverordnung Hersteller, Abpacker und Handel zu Rücknahme und Integration in eine Kreislaufwirtschaft. Diese Verpflichtung übernimmt für ihre Lizenznehmer seit dem Jahr 1993 die Altstoff Recycling Austria AG (ARA), ein von der Wirtschaft gegründetes Non-Profit-Unternehmen. Im Jahr 2010 bediente die ARA mehr als 15 000 Lizenznehmer und sammelte 835 146 t Verpackungsmaterialien ein. Daneben besteht ein halbes Dutzend weiterer Sammel- und Verwertungssysteme, vor allem für den gewerblichen Bereich.

Buntglas – Pet-Flaschen– Weissglas: Die ARA AG beschäftigt sich seit 1993 mit dem Thema Verpackungsrecycling und ist Österreichs führendes Sammel- und Verwertungssystem. Foto: ARA AG, Peter Ehringer.

Gegenüber: Die Firma Frankstahl ist als österreichisches Familienunternehmen in 9 Ländern präsent und bewegt ca. 500 000 Tonnen Güter pro Jahr. In Österreich gibt das Unternehmen für ein Sortiment von über 50 000 Artikeln eine Zustellgarantie binnen 24 Stunden ab Bestellung. Lagerlogistik der Firma Frankstahl.

Detailansicht der Schredderanlage der Firma Loacker Recycling GmbH in Götzis.

1986 wurde die erste Schredderanlage der Firma Loacker in Betrieb genommen.

Beispielhafte Unternehmensentwicklungen

Auf der Ebene der Entsorgung und des Recycling konnten sich in den vergangenen Jahren einige Dienstleister überaus dynamisch entwickeln, wobei insbesondere die Rückgewinnung von Rohstoffen an Stellenwert gewann. Zahlreiche Auszeichnungen hat zum Beispiel die 1886 gegründete Loacker Recycling GmbH in Vorarlberg erlangt. Die Firma, welche die gesamte Dienstleistungspalette vom Metall-, Schrott- und Altstoffhandel über Containerservice bis hin zu Abbruchleistungen anbietet, setzte 2011 mit 627 Mitarbeitern und mehr als 40 Betriebsstätten in 7 Ländern 552 Millionen Euro um. Als weitere umsatzstarke Marktteilnehmer können z. B. die zu einer spanischen Gruppe gehörige A.S.A. Abfall Service AG (Umsatz 2011: 377 Millionen Euro), die Müller-Guttenbrunn-Gruppe (321 Millionen Euro) und die Brantner Abfallwirtschaft GmbH (226 Millionen Euro) angeführt werden. Die Scholz Rohstoffhandels GmbH geht auf die voestalpine Rohstoffhandel GmbH zurück und gehört seit 2006 zur deutschen Scholz-Gruppe. Sie erwirtschaftete in Österreich 2010 an 16 Standorten mit 270 Mitarbeitern einen Umsatz von 380 Millionen Euro.

Das stärkste Wachstum im Metallhandel hat in den vergangenen Jahren die bereits erwähnte Gruppe Steinacher/Alumet (Bludenz) erzielt. 1980 machte sich Günter Steinacher als Aluminiumhändler selbstständig. Angesichts rasch wachsender Umsätze erwarb das Unternehmen 1996 eine Alugießerei in Kempten und 1999 einen Betrieb in Nachrodt bei Dortmund, der vormals zum Reynolds-Konzern gehört hatte. So wurde Alumet bis 2003 zum größten privaten Hersteller von Aluminium-Halbfabrikaten in Europa. In engem Kontakt mit der London Metal Exchange bietet man

den Kunden alle Arten von Termingeschäften an. Dank gestiegener Preise und intensivierten Börsenhandels stieg der Umsatz auf 9 Milliarden Euro im Jahr 2011.

Von der verstaatlichten Industrie wurde die VA Intertrading 1978 als Dienstleister im damaligen Osthandel gegründet. Das Unternehmen erlitt nach anfänglichen Erfolgen um die Mitte der 80er-Jahre schwere Verluste mit Öl-Termingeschäften. Vom damaligen Zusammenbruch ging eine geradezu katalytische Wirkung in Richtung Reform der gesamten Verstaatlichten Industrie aus. Intertrading hat sich seither als ein führendes österreichisches Handelshaus etabliert. Neben der Vermarktung von Roheisen ist man auch in den Bereichen Nahrungs und Futtermittel, Industriechemikalien und Raffinerieprodukte, pharmazeutische Rohstoffe, Landmaschinen sowie Kupfer und andere Metalle tätig. Der Umsatz des Unternehmens belief sich 2008 noch auf beinahe 1,6 Milliarden Euro, ging danach infolge der Wirtschaftskrise auf gut eine Milliarde Euro zurück.

Die Geschichte der Weylandgruppe, die auf den Stahlgroßhandel spezialisiert ist, reicht bis in das Jahr 1833 zurück. Das in Haid (Ober-

österreich) situierte Unternehmen hat seit den 60er-Jahren durch organisches Wachstum und Übernahmen stark expandiert und ist seit 2001 auch in Tschechien vertreten. Die Gruppe erzielte 2011 mit 1 150 Mitarbeitern ein Verkaufsvolumen von 563 Millionen Euro.

Die Frankstahl-Gruppe geht auf die Gründung durch Bela Frank in Wien im Jahr 1880 zurück. 1969 ging das Unternehmen an Erwin Javor über, der einen nachhaltigen Expansionskurs zu realisieren wusste. 1986 bezog man einen neuen zentralen Standort in Guntramsdorf. Seit 1989/90 folgten weitere Standorte im In- und Ausland sowie seit 1999 mehrere ausländische Joint Ventures mit der Gruppe AluKönig. Der Umsatz der Frankstahl-Gruppe belief sich im Jahr 2011 auf 305 Millionen Euro.

Die Alu König Stahl-Gruppe entstand aus einem 1864 gegründeten Handwerksbetrieb und ist seit den 60er-Jahren auf den Handel mit Aluminium- und Stahlsystemen spezialisiert. Die von Wien und Wiener Neudorf aus geleitete Gruppe wickelte 2011 mit 21 Niederlassungen in 12 Ländern ein Umsatzvolumen von 358 Millionen Euro ab.

Die heutige DCM DECOmetal-Gruppe ging aus

Die Unternehmensgeschichte der Firma Loacker reicht bis ins Jahr 1886 zurück, als die Gründerin Katharina Loacker Schrott im Vorarlberger Rheintal mit einem einfachen Karren sammelte. Heute ist Loacker ein international agierendes Recycling-Unternehmen.

einem 1846 in Wien gegründeten Handelshaus hervor. Seit den 1990er-Jahren folgten weltweit Investments in die Eisenerz- und Chromerzeugung sowie Niederlassungen in über 50 Ländern, wodurch 2010 Umsätze im Ausmaß von 348 Millionen Euro generiert wurden. Die finanzielle Anspannung im Zuge der Expansion führte jedoch gegen Jahresende 2011 zu einer schweren Finanzkrise – engagiert waren u. a. RLB Steiermark, Erste Bank, ÖVAG und Bank Austria.

Die 1864 als Handelshaus für Rohstoffe und Nahrungsmittel gegründete Elsner-Gruppe, heute eine Konzerntochter der Raiffeisen Bank International AG, erzielte in der Ära des Ost-Westhandels unter der Leitung von Herbert Stepic eine starke Expansion. Somit verfügt das Unternehmen über rege Kontakte mit Märkten wie China, dem mittleren Osten und den ehemaligen COMECON-Staaten. Zum Kerngeschäft gehören der Handel mit Stahl und Stahlprodukten, aber auch Chemikalien und Agrarwaren. Die Finanzkrise 2008 hat in den Kennzahlen deutliche Spuren hinterlassen, der Umsatz ging von 734 Millionen Euro im Geschäftsjahr 2008/09 auf 238 Millionen 2009/10 zurück und erholte sich 2010/11 auf 266 Millionen Euro.

Goldhandel

Besonders glanzvoll in mehrerlei Hinsicht hat sich seit 2008 der Goldhandel entwickelt. Dem Mineral Gold kommt seit alters her ein spezifischer Stellenwert im Wirtschaftsleben zu, als Handels- und Spekulationsobjekt, als Wertanlage, aber auch als Material für gewerbliche Zwecke (Schmuckherstellung, Zahnheilkunde, Industrie). Bis in die 1930er-Jahre fungierte Gold als Deckungsmedium für das damalige internationale Währungssystem, nach 1945 kam noch einmal die Golddeckung des US-Dollar, der als Leitwährung im Bretton-Woods-System diente. Zu Beginn der 70er-Jahre musste dieses unflexible Währungssystem aufgegeben werden, seither erfolgt eine freie, marktmäßige Preisbildung, wobei die Zentralbanken weiterhin auch erhebliche Goldbestände halten. Die fortschreitende Liberalisierung öffnete den Goldhandel auch für private Anleger. Als zentrale Institution für die Preisbildung fungieren u. a. der London Bullion Market (nicht jedoch die London Metal Exchange), die New York Mercantile Exchange (NEMEX) oder die Tokyo Commodity Exchange (TOCOM).

Die Goldförderung wurde im Laufe des 20. Jahrhunderts stark erhöht, kann jedoch nicht

kurzfristig relevant gesteigert werden. Daher erfreut sich Gold insbesondere in Zeiten, in denen der Werthaltigkeit des Geldes misstraut wird, großer Nachfrage. Der Goldkurs hat im Jahr 2011 mit vorübergehend mehr als 1 900 US-Dollar je Feinunze nominell einen historischen Höchstwert erreicht, der real aber noch etwas unter den Goldnotierungen vom Jänner 1980 blieb (ca. 850 Dollar, was etwa 2 300 Dollar Kaufkraft im Jahr 2011 entspricht).

Zur umsatzstärksten österreichischen Firma im Goldgeschäft ist die ÖGUSSA geworden, eine Tochter der deutschen Evonik-Degussa (bis 2006 Degussa AG). Die Degussa beteiligte sich 1923 an der 1877 gegründeten Firma Louis Rössler, die mit Edelmetallen handelte, und 1962 erfolgte die Fusion mit der 1888 gegründeten Firma Scheid, die sich mit Altgold- und Altsilbereinlöse sowie Dentallegierungen befasste, in die Ögussa Österreichische Gold- und Silberscheideanstalt Scheid & Rössler GmbH & Co KG. Bis 1990 erwarb die Degussa sämtliche Eigentumsanteile. Seit einer weiteren Umgliederung der Gruppe um die Jahrtau-

sendwende besteht die ÖGUSSA Österreichische Gold- und Silberscheideanstalt GmbH. Die Hälfte des Geschäftsvolumens entfällt auf die Aufarbeitung von Altschmuck und Recycling aus Dental- und Schmuckerzeugungsabfällen sowie Filterrückständen, Galvanikschlämmen etc., die andere Hälfte wird mit der Erzeugung von Barren, Halbfertig- und Fertigprodukten aus Gold, Silber, Platin, Palladium und Rhodium erzielt. Durch die starken Preissteigerungen im Edelmetallbereich stieg der Umsatz der ÖGUSSA von rund 134 Millionen Euro (2008) auf 306 Millionen Euro im Geschäftsjahr 2010 und 408 Millionen Euro in 2011.

Durch die jüngst stark gestiegene Nachfrage nach Veranlagungsmöglichkeiten in Gold hat auch die Münze Österreich, eine Tochter der Oesterreichischen Nationalbank, ihr Geschäftsvolumen seit 2008 ausgeweitet. Der Gruppen-Umsatz erhöhte sich von 1,44 Milliarden Euro (2008) auf 1,99 Milliarden (2010) und 2,56 Milliarden Euro (2011).

Als umsatzstärkste Firma für den Sekundärhandel mit Goldschmuck fungiert das seit 1707 bestehende Dorotheum, welches nach

Gold als krisensichere Anlageform. Werbesujet der Münze Österreich aus dem Jahr 2011.

Die Österreichische Gold- und Silberscheideanstalt Ges.m.b.H., kurz Ögussa, deren Anfänge in das Jahr 1862 zurückreichen, ist in Österreich zur umsatzstärksten Firma im Goldgeschäft geworden.

Schlusssteinlegung des neuen Verwahrungs- und Versteigerungs-amtes »Dorotheum« im Jahr 1901. Das Bild zeigt Kaiser Franz Joseph im Gespräch mit Direktor Alexan-der von Sauer-Csáky und Statthalter Erich Graf Kielmansegg. Heliogravure nach einer Zeichnung von Wilhelm Gause, 1908.

1945 verstaatlicht und 2001 privatisiert wur-de. Erst nach der Jahrtausendwende ließ das Haus seine zentrale Stellung beim Raub und der Verwertung von Vermögen jüdischer Ei-gentümer während der NS-Herrschaft wis-senschaftlich aufarbeiten. Zuletzt steigerte das auf Auktionen, Schmuck- und Antiquitä-tenhandel sowie Pfandkredite spezialisierte Unternehmen den Umsatz von 172 Millionen Euro (2008) auf 208 Millionen (2010) und 219 Millionen Euro (2011).

Der Primärmarkt für Goldschmuck wird weit-gehend von den Gold- und Silberschmieden, Juwelieren und Uhrmachern bedient. Im Jahr 2009 waren insgesamt etwa 1400 Arbeitge-berbetriebe mit 2500 Arbeitnehmern bei der Bundesinnung im Rahmen der Wirtschafts-kammer Österreich organisiert. Laut Leis-tungs- und Strukturdaten der Statistik Austria haben in diesem Jahr in 1409 Unternehmen der Wirtschaftsklasse Einzelhandel – Uhren und Schmuck 6270 Beschäftigte gearbeitet und Waren im Gesamtwert von 664 Millionen Euro umgesetzt.

11. Agrarhandel

Der Handel mit Produkten und Betriebsmitteln der Landwirtschaft hat sich vom 18. bis zum Ende des 20. Jahrhunderts in vielerlei Hinsicht verändert. Landwirtschaftliche Erzeugnisse, die früher zu einem beträchtlichen Teil im Eigenverbrauch konsumiert worden waren, gelangten nun zum großen Teil auf den Markt. Die Direktvermarktung der Erzeuger verlor gegenüber der Vermarktung über den Handel weitgehend an Bedeutung. Im Lauf der Zeit kamen Güter auf den Markt, die überhaupt neu waren, und auch zwischen den von jeher bekannten Agrarprodukten verschoben sich die Gewichte.

Das Ungleichgewicht zwischen Erzeugung und Bedarf, die prekäre Versorgungslage früherer Jahrhunderte und die Absatzprobleme der letzten Jahrzehnte führten zu spezifischen und wechselnden politischen Regulierungsmaßnahmen. Durch die Zunahme der Produktivität, die territorialen Veränderungen und politische Krisenperioden veränderten sich die Anteile der Bedarfsdeckung aus österreichischer Produktion und das Gewicht des Außenhandels immer wieder. Neue Arten von Verwertungs- und Handelsunternehmen entstanden speziell für den landwirtschaftlichen Sektor.

Landwirtschaft und Agrarhandel als Politicum

Landwirtschaft und Agrarhandel waren von jeher ein wichtiger Gegenstand politischer Regulierung. Bis ins 19. Jahrhundert hinein war das Verhältnis zwischen landwirtschaftlicher Produktion und dem Bedarf der wachsenden Bevölkerung zumeist ausgewogen, doch kei-

»Milch- und Molkereiprodukte«. Franz Zadrazil, Öl auf Holz. 145 x 160 cm.

neswegs krisensicher. Da schon in Normalzeiten kaum Überschüsse anfielen, konnten Ernteausfälle Hungersnöte zur Folge haben. Die allgemeinen Bedingungen und die kurzfristigen Entwicklungen in den Ländern des Reichs unterschieden sich meist voneinander, was wegen der herkömmlich bestehenden vielfältigen Handelsschranken zwischen den Ländern schädliche Folgen hatte. Der Agrarhandel des 18. und frühen 19. Jahrhunderts war daher von politischen Maßnahmen geprägt, die auf einen regionalen Ausgleich innerhalb des Reichs und auf eine Verhinderung von Ausfuhren abzielten. So wurde der Getreidehandel zwischen den österreichischen Provinzen und Ungarn, zwischen denen bis 1850 eine Zwischenzollinie bestand, schon

Das Gebäude der Wiener Frucht- und Mehlbörse oder der »Börse für landwirtschaftliche Producte« in Wien wurde 1887–1890 nach Plänen des Architekten Carl König erbaut. Aufnahme von August Stauda, um 1900.

im späten 18. Jahrhundert freigegeben, hingegen beschränkte oder verbot eine Reihe wechselnder Bestimmungen den Getreideexport ins Ausland. Für den inneren Handel wurden noch 1796 eine Anmeldepflicht und eine Reihe von Beschränkungen dekretiert, die regionale Ungleichgewichte ausgleichen sollten. So wurde es etwa Getreidehändlern verboten, im Umkreis von dreißig Kilometern um Wien Getreide einzukaufen, sie wurden vielmehr auf entlegenere Überschußgebiete verwiesen. Eine gravierende Änderung ergab sich 1812. Bestehende Verbote der Getreideausfuhr wurden zwar erneuert, für den Handel im Inland

wurden hingegen alle Verbote aufgehoben, mit der Ausnahme, dass Juden der Getreidehandel, wie schon bis dahin üblich, weiterhin unter Strafe verboten blieb. Im weiteren Verlauf des 19. Jahrhunderts blieb die Handelsfreiheit bestehen, die bürgerliche Gleichstellung der jüdischen Bevölkerung wurde 1849 erreicht.

In den Jahrzehnten vor dem Ersten Weltkrieg war zwar die Zahl der Beschäftigten in der Landwirtschaft gesunken, doch war die Produktivität so hoch geworden, daß die Ernährung gesichert war, weshalb der Staat keine Notwendigkeit sah, in größerem Maß regulierend einzugreifen. Zum Unterschied von anderen großen Ländern war der Getreideaußenhandel Österreich-Ungarns um 1900 unbedeutend. Netto bestand ein geringfügiger Ausfuhrüberschuß von 1 bis 3 Prozent der Inlandsproduktion, etwas größere Mengen gingen nur beim Export von Gerste und beim Import von Mais über die Grenzen.

Für das Gebiet der späteren Republik Österreich viel relevanter war der Binnenhandel innerhalb der Monarchie. In den letzten Jahrzehnten des 19. Jahrhunderts stieg der Anteil ungarischen Getreides in den Alpenländern auf etwa die Hälfte des Verbrauchs. Gemüse, Obst und Fleisch für den großen Wiener Markt kamen zum größeren Teil aus Ungarn. Auch Galizien war in der zweiten Hälfte des 19. Jahrhunderts ein wichtiger Fleischlieferant für Wien, wurde dann allerdings von Ungarn verdrängt. Die Alpenländer spielten auf dem Wiener Markt eine untergeordnete Rolle. Die Folge war eine Getreideproduktion in den Alpenländern vor allem für den lokalen Bedarf und eine Schwerpunktverlagerung in Richtung Viehzucht. Eine gewisse Ausnahme war die Milchwirtschaft. Zwar stammte um 1900 auch die in Wien konsumierte Milch zu mehr als der Hälfte aus den böhmischen Ländern oder Ungarn, doch konnten in den letzten Jahren vor dem Ersten Weltkrieg Milchgenossenschaften im Umkreis von Wien zu effektiven Lieferanten werden und sich zwei

Mit Ende des 19. Jahrhunderts entstanden Molkereien vorwiegend im Zusammenhang mit Gutsbetrieben, und später auch auf genossenschaftlicher Basis. Außenansicht einer Molkerei, Fotografie um 1890.

Drittel des weiter gewachsenen Wiener Marktes sichern.

In der neugegründeten Republik bestand zunächst weiterhin eine unzureichende Inlandsproduktion in praktisch allen Bereichen der Landwirtschaft. Agrarimporte aus den Nachbarländern blieben noch jahrelang notwendig, wofür auch die Agrarzölle zeitweilig aufgehoben und dann 1924 neu in geringer Höhe fixiert wurden. Ähnlich wie vor dem Ersten Weltkrieg stammte ein großer Teil der in Wien konsumierten Agrarprodukte aus den nunmehr auslandischen Nachbargebieten. In den folgenden Jahren führten jedoch die Steigerung der inländischen Produktion und die trotz mehrfach erhöhter Zölle anwachsenden Importe zum Preisverfall zuerst bei Getreide und dann auch bei den tierischen Produk-

ten einschließlich Milch, weshalb der Staat ab 1930 in größerem Umfang Anbauprämien und Transportförderungen leistete und Handelsvermittlungsstellen zur Absatzförderung einrichtete. Mit Hilfe von Exportsubventionen konnten etwa 10 Prozent der heimischen Milchproduktion, vorwiegend als Butter und Käse, ins Ausland verkauft werden. Zusätzlich wurden Fleisch und Käse für die Versorgung von Arbeitslosen verwendet, an Kinder wurde Wohlfahrtsmilch ausgegeben.

In dieser Zeit wurden die Marktordnungsinstrumente entwickelt, die nach dem Zweiten Weltkrieg wieder das Geschehen prägen sollten. Das Milchausgleichsfondsgesetz 1931 verfolgte das Ziel, Preisunterschiede im Milchmarkt in der Weise auszugleichen, dass beim Milchverkauf Fondsbeiträge zu leisten waren,

Ausstellung in der Zentral-Viehmarkthalle in Wien. Bleistiftzeichnung und Pinselzeichnung von Anton Schrödl.

die wiederum für Preisausgleichszuschüsse verwendet wurden; in der Folge kamen gesetzliche Preisfestlegungen dazu. Ebenfalls 1931 wurde das Viehverkehrsgesetz beschlossen, das für die Vermarktung von Vieh eine Bewilligung erforderte, wozu ein Anmeldeverfahren und eine Koordination der Importe gehörten.

Im Zweiten Weltkrieg wurde der gesamte Agrarhandel der staatlichen Regulierung unterworfen, es bestand, den Eigenbedarf ausgenommen, eine allgemeine Ablieferungspflicht der Betriebe und eine feste Zuteilung an die Verbraucher, jeweils zu gebundenen Preisen. Neben diesem regulierten Markt bildete sich allerdings ein Schwarzmarkt, der auch in den ersten Nachkriegsjahren weiterbestand.

Obwohl die Nahrungsmittelversorgung erst Mitte der 50er-Jahre das Niveau von 1937 erreichte – das heißt auf die Überproduktion zusteuerte –, wurde bereits 1950 der Agrarmarkt durch eine umfangreiche Gesetzgebung staatlich geordnet. Ziel waren jeweils Mengenregulierung und Preisausgleich, um sowohl die inländische Produktion als auch die Importe auf den Inlandsbedarf abzustimmen und um gleichmäßige Preise im Inland herzustellen

und die Importpreise auf dasselbe Niveau zu bringen. Zu diesem Zweck wurden der Getreideausgleichsfonds, der Milchausgleichsfonds und der Viehverkehrsfonds gesetzlich installiert und unter die Verwaltung der Sozialpartner gestellt (das Marktordnungsgesetz 1958 regelte neuerlich die gesamte Materie gemeinsam). Der Milchfonds agierte ähnlich wie sein Vorgänger aus den 30er-Jahren und verfolgte das Ziel möglichst einheitlicher Erzeugerpreise. Ein wichtiges Element wurde der Gebietsschutz, in dessen Rahmen Fondszuschüsse nur Betrieben gewährt wurden, die Milch aus festgelegten Einzugsgebieten bezogen und in festgelegte Versorgungsgebiete lieferten. Umgekehrt waren auch die Bauern an die Molkerei ihres Einzugsgebietes gebunden. Einzelrichtmengen legten den Produktionsumfang fest. Der Getreidefonds verfolgte in ähnlicher Weise das Ziel einer Homogenisierung des Inlandsmarkts und der Regulierung des Außenhandels. Die Importpreise von Milch und Getreide waren durch eigene Abgaben jeweils auf das Niveau der Inlandspreise anzuheben. Das Viehverkehrsgesetz betraf nur den Außenhandel.

Aufgrund der rasch steigenden Produktivität der Landwirtschaft und der durch Preisbindung niedrig gehaltenen Verbraucherpreise wurden ab 1952 die Erzeugerpreise von Milch, Weizen und Roggen durch staatliche Subventionierung aufgebessert. Die Viehpreise wurden nicht direkt subventioniert, sondern es sollten größere Preisschwankungen durch Mengenregulierung mittels Import- und Exportsteuerung aufgefangen werden. Im Landwirtschaftsgesetz 1960 wurden Richtpreise für landwirtschaftliche Produkte und Maßnahmen zur Erreichung dieser Preise (Importquoten, Ankaufs- und Einlagerungsvereinbarungen der Regierung mit Unternehmen) festgelegt.

In den folgenden Jahrzehnten dominierten Marktordnung und Subventionierung Produktion und Handel der österreichischen Landwirtschaft. Beim Eintritt in die Europäische

Union lag der Nettoanteil der Subventionen an den Einnahmen der Bauern bei über 60 Prozent; die Spannbreite reichte von etwa 50 Prozent bei Geflügel bis über 70 Prozent bei Milch und Ölsaaten. Seit dem Beitritt gelten für Österreich die Grundsätze der Gemeinsamen Agrarpolitik mit Übergangsbestimmungen, das Marktordnungsgesetz wurde außer Kraft gesetzt. Für den Agrarhandel relevant ist vor allem die Mengen- und Preisregulierung durch Produktionsquoten, Flächenstillegungen, Flächensubventionierungen, Lagersteuerung, Importzölle und Ausfuhrerstattungen, was für die verschiedenen produktbezogenen Gemeinsamen Marktorganisationen jeweils spezifisch geregelt ist.

Eigenverbrauch und Markt

Diese staatliche Regulierung des Agrarmarkts in den letzten beiden Jahrhunderten spielte sich in einem Umfeld ab, in dem durch den sektoralen Wandel und die Herausbildung großer städtischer Zentren der subsistenzwirtschaftliche Anteil der Landwirtschaft zurückging: in mäßigem Tempo bis zum Ersten Weltkrieg, so gut wie gar nicht in der Zwischenkriegszeit, rasant nach 1945. Die Auswirkungen betrafen Nahrungsmittel ebenso wie Futtermittel, Handelspflanzen wie Betriebsmittel. Seit den 70er-Jahren hatte der größte Teil der Bevölkerung im Alltag keine unmittelbare Verbindung zur Landwirtschaft mehr. Man konnte daher im Allgemeinen nun weder auf Produkte aus eigener Erzeugung zugreifen noch Nahrungsmittel direkt vom Bauern beziehen, sondern war für die Versorgung auf den Handel angewiesen. Der einzige Bereich, in dem die Direktvermarktung eine größere Bedeutung behalten hat, ist die Weinwirtschaft, in der immer noch annähernd ein Drittel der Produktion ab Hof verkauft wird. Auch die Vermarktung von Nahrungsmitteln direkt über das produzierende Gewerbe hat an Bedeutung verloren. So bestanden zu Be-

ginn des 20. Jahrhunderts auf dem Gebiet der späteren Republik Österreich noch gut 8 000 kleinbetriebliche Getreidemühlen, die nicht nur für den Eigenverbrauch der Landwirtschaft und für das Bäckereigewerbe, sondern auch für den eigenen Direktverkauf produzierten. Das Mühlengesetz 1960 förderte die dauerhafte Stillegung von Mühlen, indem Mühlen, die ihren Betrieb einmal eingestellt hatten, ihn für dreißig Jahre nicht wieder aufnehmen durften (die Vermahlungskontingente solcher Mühlen wurden abgelöst und verfielen); bis zum Ende des 20. Jahrhunderts hatten die kleinen Mühlen bis auf wenige hundert ihre Tätigkeit eingestellt.

Das Mengenverhältnis zwischen jenen landwirtschaftlichen Gütern, die vor dem 20. Jahrhundert in der Subsistenzwirtschaft und in der Direktvermarktung erzeugt, verbraucht und investiert wurden, und jenen, die über den Handel vermarktet wurden, hing von der lokalen Verfügbarkeit, der Lagerfähigkeit, der Notwendigkeit einer Weiterverarbeitung und der Eignung für den Massenkonsum ab. Generell war die Spezialisierung der landwirtschaftlichen Betriebe weit weniger ausgeprägt als heute, gerade auch deshalb, weil man den

Ferkelmarkt in Großgerungs, Niederösterreich. Aufnahme von Franz Lobinger, 1931.

Zuckerfabrik der AGRANA in Tulln. Die Agrana Beteiligungs AG erzeugt Zucker, Stärke, Fruchtzubereitungen und Bioethanol. Die Produkte werden hauptsächlich an die weiterverarbeitende Lebensmittelindustrie verkauft; bei den Endkonsumenten ist vor allem die Marke »Wiener Zucker« bekannt.

eigenen Bedarf soweit wie möglich aus eigener Erzeugung decken wollte. Für Güter wie Erdäpfel oder Getreide, die überall angebaut und eingelagert werden konnten, kann man annehmen, dass sich die in der Landwirtschaft tätige Bevölkerung im wesentlichen selbst versorgte. Von solchen Gütern kam daher vor dem Ersten Weltkrieg ein beträchtlicher Teil der Produktion nicht in den Handel. Andere Produkte wie Zuckerrüben, die eine Verarbeitung im industriellen Maßstab erforderten, waren hingegen von Anfang an reine Marktprodukte, die über den Produktenhandel vermarktet wurden.

Unternehmen und Marktorganisationen

Veränderungen bei den Agrarhandelsunternehmen im 19. und 20. Jahrhundert erfolgten durch genossenschaftliche Zusammenschlüsse und die neu entstehenden Verarbeitungsbetriebe. Die Zahl der Handelsunternehmen ging innerhalb von hundert Jahren dramatisch zurück. 1902 gab es im Gebiet der späteren Republik Österreich ungefähr 3 500 Viehhändler, die fast ausschließlich als Betriebe mit ein bis zwei Personen wirtschafteten. Dazu kamen über 3 000 Betriebe, die mit anderen Rohprodukten, überwiegend Getreide und Futtermittel, handelten. Auch diese Unternehmen waren zum größten Teil Kleinbetriebe und hatten insgesamt an die 6 000 Beschäftigte. Hundert

Jahre später war die Zahl der Viehhandelsunternehmen ebenso wie jene der Getreide-, Saaten- und Futtermittelhändler auf jeweils etwa 500 reduziert. Die Beschäftigtenzahl im Viehhandel betrug etwa 2000, jene im Produktenhandel ungefähr 14000.

Neben reinen Handelsbetrieben befinden sich darunter auch Erzeugungsbetriebe, besonders Mühlen und Futterwerke, die Futtermittel teils selbst erzeugen, teils damit handeln. Etliche dieser Unternehmen haben eine Geschichte, die in die Zeit vor dem Ersten Weltkrieg zurückreicht, beispielsweise die Glatz GmbH & Co KG in Wien (seit 1892), die Schmöger GmbH in Gföhl (seit 1898), Solan in Bachmanning (seit 1910) und andere. Die Uitz-Mühle in Knittelfeld betreibt seit dem ausgehenden 19. Jahrhundert einen Futtermittelhandel. Getreide Gutscher in Sieghartskirchen wurde 1811 als Bäckerei mit Landwirtschaft gegründet und betreibt den Agrarhandel seit 1918. Viele weitere, heute nicht mehr existierende Unternehmen kombinierten in ähnlicher Weise Gewerbe (insbesondere die Müllerei) und Landwirtschaft und betrieben dazu einen Mehl-, Getreide- oder Futtermittelhandel. Mit der Agrarevolution nach dem Zweiten Weltkrieg stellten viele von ihnen den Betrieb ein.

Die Entwicklung des Binnenhandels nach 1812 ging so sehr voran, dass 1853 in Wien eine Frucht- und Mehlbörse für den Handel mit pflanzlichen Produkten gegründet wurde. Diese Börse unterstand der Verwaltung durch den Wiener Magistrat. 1869 wurde sie von der

Die Börse für landwirtschaftliche Producte (Frucht- und Mehlbörse) in Wien wurde von 1887–1890 nach den Plänen des Architekten Carl König erbaut. Der Saal ist weitgehend erhalten und wird heute als Theater genutzt.

Börse für landwirtschaftliche Produkte abgelöst, die eine autonome Vereinigung war. Das Wachstum des Börsengeschäfts läßt sich dadurch illustrieren, daß die Börse ihren Betrieb zunächst im Café Produktenbörse hatte, bis 1887–1890 ein stattliches Börsegebäude errichtet wurde. Das Café wie auch der Neubau lagen in der Taborstraße in der Leopoldstadt, dem stark jüdisch geprägten Viertel: Das Verbot des Getreidehandels durch Juden war durch die Gleichstellung aller Bekenntnisse im Grundrechtspatent 1849 obsolet geworden, und mittlerweile hatten sich jüdische Händler im Getreidehandel etabliert. Dennoch ist die Vorstellung, der Getreidehandel befinde »sich ausschließlich in den Händen der Juden«, wie es Karl Lueger im Reichsrat 1890 formulierte, als Klischeebild anzusehen, in dem sich alte Ängste vor Kornwucher und Hunger mit dem Antisemitismus jener Zeit mischten. Die Wiener Produktenbörse war bis zum Ersten Weltkrieg aktiv, einen gewissen Aufschwung gab es dann wieder in den 20er-Jahren. Der Erste Weltkrieg und die Periode der Marktordnung von 1949 bis 1995 lähmten die Börse weitgehend, 1938 bis 1945 war sie überhaupt geschlossen. Heute dient die Börse der Richtpreisfindung durch Evaluierung abgeschlossener Kontrakte, nicht aber der Abwicklung des Handels selbst.

So wie in anderen Wirtschaftssektoren entstand seit dem späten 19. Jahrhundert auch in der Landwirtschaft eine Vielzahl von Genossenschaften unterschiedlicher Art. Für den Agrarhandel wichtig wurden die im Anschluß an die Kreditgenossenschaften entstehenden Verwertungs-, die Lagerhaus- und die Verkaufsgenossenschaften. Die ab 1898 entstehenden Lagerhausgenossenschaften, die erste in Niederösterreich, dann rasch weitere in den anderen Ländern, hatten den Zweck, die Getreideernte aufzukaufen, zu lagern und zu verwerten und damit die Marktposition der beteiligten Bauern zu verbessern. Dieses Ziel konnte man in den ersten Jahrzehnten kaum

erreichen, da die Lagerhäuser bis zum Ersten Weltkrieg nur einen verschwindenden Anteil der Ernten erfassen konnten. Die weitere Entwicklung der Lagerhäuser war zum einen von einer Vergrößerung dieses Anteils, zum anderen von einer vielfältigen Erweiterung der Geschäftstätigkeit geprägt, die im Lauf der Zeit Produktion von Saatgut und Futtermitteln, Handel mit Betriebsmitteln aller Art und Reparaturbetrieb einschloss.

Im Milchbereich entstanden zunächst in Zusammenhang mit Gutsbetrieben, dann aber ebenfalls auf genossenschaftlicher Basis Molkereien, so 1898 die Niederösterreichische Molkerei, die bei ihrer Gründung 13 und vor Ausbruch des Ersten Weltkriegs 131 Milchliefergenossenschaften als Mitglieder hatte. 1910 verarbeitete sie ungefähr 1,5 Prozent der alpenländischen Milchproduktion. Vor dem Ersten Weltkrieg entstand daneben eine Reihe weiterer Molkereien. Die 1900 gegründete Erste Österreichische zentrale Theebutter Verkaufsgenossenschaft wurde als Schärdinger Landmolkerei und nach Fusionierung mit fünf weiteren Molkereiverbänden schließlich zur Berglandmilch, dem größten österreichischen Milchkonzern. Nach 1918 erfolgten viele weitere Gründungen, die Zahl der Molkereien verdoppelte sich zwischen 1925 und 1928 auf rund 500, die der Milchgenossenschaften wuchs im selben Zeitraum von rund 550 auf über 800 an. Nach dem Zweiten Weltkrieg erfolgte eine Zusammenlegung auf wenige Unternehmen. Gab es 1955 in Österreich noch 526 Milchverarbeitungsbetriebe, so sank diese Zahl bis 2011 auf 92 Molkereien und Käsereien mit 107 Betriebsstätten und etwa 4 500 Beschäftigten.

Die ersten Winzergenossenschaften Österreichs entstanden ab 1898 in Traismauer, Matzen und weiteren Orten. Zweck war auch in diesem Fall die gemeinsame Verarbeitung, Einlagerung und Vermarktung der Produktion aus den vielen Kleinbetrieben. Die Erste niederösterreichische Hauerinnung verarbeitete und vermarktete schon in den ersten Jahren

nach ihrer Gründung den Wein von ungefähr fünfzig Hektar Anbaufläche, in einem Gebiet, in dem die einzelnen Weinbauern fast durchwegs weniger als einen Hektar bewirtschafteten. Die Winzergenossenschaft Krems, in der die Erste Hauerinnung 1975 aufging, ist heute etwa zwanzigmal so groß. Wie schon in den Anfangsjahren beschränkt sich die Tätigkeit der Genossenschaften nicht auf Lagerung und Handel, sondern erstreckt sich auch auf die Produktion, im besonderen auf die Verarbeitung der Trauben und heute auch auf Beratung und Koordination bei Bearbeitung und Lese.

Der Weinskandal von 1985 fiel in eine Zeit, in der sich Weinkonsum und Weinproduktion stark veränderten. Steigende Einkommen und höhere Ansprüche hatten schon vorher zu einem steigenden Qualitätsbewußtsein geführt. Der Skandal um mit Frostschutzmitteln gesüßten Wein führte zu einer strengen Weingesetzgebung, die ebenfalls der Qualitätsverbesserung diente. Ob der Skandal diese Entwicklung insgesamt gebremst oder gefördert hat, ist umstritten. Für den Weinhandel bedeutete er jedenfalls einen dramatischen Rückgang der Weinexporte: In absoluten Begriffen wurden die Exportzahlen der frühen 80er-Jahre erst nach der Jahrtausendwende erreicht und schließlich deutlich übertroffen.

Sieht man von den Lagerveränderungen ab, ging vor dem Skandal etwa ein Sechstel der österreichischen Weinproduktion ins Ausland, ab 1985 jahrelang fast gar nichts, nach 2000 dann aber 20 bis 30 Prozent. Der inländische Verbrauch blieb hingegen vom Weinskandal nahezu unberührt, hier wirken sich vielmehr steigende Importe im Gefolge des Beitritts zur Europäischen Union aus.

Weinbau früher: Kellergasse in Prellenkirchen, um 1920.

Weinbau heute: Moderne Edelstahltanks im Weingut Tement, Südsteiermark.

»Brennt Niederlausitzer«. Franz Zadrazil, 1970, Öl auf Holz, 120 x 150 cm.

12. Handel mit Energie

In keiner anderen Branche des Handels hat sich das Produkt so grundlegend gewandelt wie im Handel mit Energie bzw. Energieträgern. Über alle Arten von Energieträgern hinweg, vom Holz bis zur elektrischen Energie – der Handel mit Energie benötigt eine beträchtliche Infrastruktur und tendiert zur Ausbildung oligopolistischer und monopolistischer Strukturen.

Der Holzhandel

»Hast du je einen armen Holzhändler gesehen?«, fragt Josephine in Johann N. Nestroys spätem Lustspiel *Frühere Verhältnisse*. Der Holzhändler »von Scheitermann« ist ein Vertreter eines Berufszweiges, dem bis ins späte 19. Jahrhundert in Wien und in anderen größeren Städten zentrale Bedeutung zukam. Holz war die Zentralressource der vorindustriellen Wirtschaft. Die Holzversorgung der großen Städte war ein großes logistisches Problem. Notwendig war ein weitverzweigtes Netzwerk, um das Brenn- und Nutzholz von den naturgemäß dezentralen und meist recht abgelegenen Wäldern zu den zentralisierten großen Verbraucherstandorten zu bringen, den städtischen Haushalten, insbesondere in Wien, und zu den energieintensiven industriellen Großverbrauchern (den Salinen, Eisenwerken, Glashütten, Ziegelöfen, Papier- und Zellulosefabriken etc.). Das geschah mit enormem technischem Aufwand und hohem Kapitaleinsatz. Einerseits war der Zeitraum von der Schlägerung bis zur Zustellung an die Endverbraucher sehr lang, andererseits war der Aufwand für die Errichtung und Erhaltung der Transportwege, der Riesen, Triften,

Klausen, Schwemmkanäle und Flößereianlagen extrem hoch.

Auf der Angebotsseite standen einerseits die großen weltlichen und geistlichen Grundherren mit ihren enormen Forsten, andererseits der Bauernwald, der zwar vorwiegend für den Eigenbedarf dimensioniert war, für den Holzhandel aber eine wichtige Rolle als Anbieter spielte. Auf der Nachfrageseite konnten sich manche der großen vorindustriellen Holzverbraucher, die Hüttenwerke und Salinen, auf Eigenwälder stützen, waren aber auch auf den Zukauf und dabei auf die Vermittlung von Händlern angewiesen. Zentrale Bedeutung hatte der Holzhandel in den größeren Siedlungszentren, insbesondere in Wien. Holz durfte bis ins späte 18. Jahrhundert nur unter genauer obrigkeitlicher Beobachtung

Die Holzversorgung der Bevölkerung bedurfte eines hohen logistischen Aufwandes. Mittels Lastkähnen erfolgte zur Zeit des Biedermeier der Transport am Wiener Neustädter Kanal. Danach setzte sich die Eisenbahn als leistungsfähigeres Transportmittel durch. Der Wiener Neustädter Kanal. Künstler unbekannt, 1816.

Zwischen der Schläge-
rung des Holzes und
der Zustellung an den
Endverbraucher lagen
ein großer Zeitraum,
eine lange Wegstrecke
und ein hoher Arbeits-
aufwand. Holzknechte
bei der Holztrift. Foto-
grafie, unbekannt,
um 1910.

verkauft werden, auf abgegrenzten Märkten
und nur zu ganz bestimmten Zeiten. Seit 1783
war der Holzhandel frei. Holz stieg sehr rasch
im Preis. Holzsparen und Substitution durch
Mineralkohle wurden zu den großen Themen.
Eine der berühmtesten Holzhandelsfirmen
der Habsburgermonarchie und der Ersten Republik war die aus Bisenz in Mähren stammende Familie Eissler. Heimito v. Doderer hat
das Handelshaus in seinem Roman *Die Dä-
monen* als »Holzbank« verewigt. Eines ihrer
Unternehmen war die Bosnische Forstindust-
rie Eissler & Ortlieb. Von den mehreren hun-
derttausend Hektaren wurden jährlich an die
tausend geschlagen und auf einhundertfünf-
zig Kilometern Schienennetz einer Privatbahn
gefördert. In Ungarn herrschte die Firma als
»Eissler es testvere«, als »Eissler i fratti« in
Rumänien, als »J. Eissler bratri« in der Tsche-

choslowakei, in Österreich als »J. Eißler und
Brüder« ... Die Tragödie der Eissler, die mit
Robert Eissler begann, der 1923 von seinem
Cousin Otto Eissler mit acht Revolverschüs-
sen ermordet wurde, endete 1938 in der Vertreibung und im Holocaust.
Mit der Umstellung auf Mineralkohle in Industrie und Haushalt musste der Holzhandel seine Struktur grundsätzlich umorientieren. Die
bisherigen Brennholzverbraucher fielen weg.
An ihre Stelle trat die Nachfrage der Papier-
und Zellulosefabriken. Viel Holz benötigten
die Bauwirtschaft und der Eisenbahnbau. Die
Nachfrage der Möbelfabriken und Tischle-
reien nach Holz unterschiedlichster Qualität
wurde immer wichtiger. Vor allem Nutzholz
wurde zu einem wichtigen Exportprodukt,
aber auch der Import von Edelhölzern, die
im Inland nicht in entsprechender Qualität

verfügbar waren, zu einem wachsenden Geschäft. Der Holzhandel ist im waldreichen Österreich bis in die Gegenwart eine wichtige Branche geblieben. Selbst im Brennstoffhandel hat der Handel mit Holz bei Hackschnitzeln und Pellets neue Bedeutung gewonnen.

Der Kohlenhandel

1831 waren in Wien nur 3000 t Mineralkohle verbraucht worden, 1850 schon etwa 50 000 t. 1890 betrug der Verbrauch 727 000 t. Der Verbrauch hatte sich in jedem Jahrzehnt ungefähr verdoppelt. Entscheidend für die Kohlenversorgung waren neben den Bergwerken die Bahnverbindungen. Die Bahnen konnten ihr Monopol vorerst weidlich ausnutzen, insbesondere die wichtigste Wiener Kohlenbahn, die Nordbahn. Erst nach der Eröffnung der Kaiser-Franz-Josephs-Bahn im Jahre 1870 konnte dem Monopol der Nordbahn erfolgreich entgegen gewirkt werden. Doch bis zu ihrer Verstaatlichung im Jahr 1908 blieb die Monopoldiskussion ein Thema der Politik. Kohlenhändler konnten sehr rasch zu den reichsten Familien Österreichs aufrücken: Es entstand ein enger Konnex zwischen Bergbau, Eisenbahnen und Kohlenverschleiß. Den

Transportarbeiten in alpinen Gegenden erfolgten mit kleinen, universellen Schlitten, die bis ins 20. Jahrhundert in vielen Haushalten vorhanden waren. Holzzieher, Schnitzarbeit von Johann Georg Kieninger, Hallstatt, um 1890.

Die Umstellung im Brennstoffhandel von Holz auf Kohle fand im Laufe des 19. Jahrhunderts statt. Ein Kohlenbauer. Kolorierte Aquatinta von Eduard Gurk nach einer Zeichnung von Johann Nepomuk Hoechle aus der Serie »Österreichische Fuhrwerke«, erschienen bei Tranquillo Mollo, Wien 1825.

Vor Wintereinbruch liefern vollbeladene Züge Kohle aus den Kohlewerken des Landes an die Einzelhändler aus. Fotografie, 1937.

Die Familie Gutmann war durch Kohlenhandel zu einer der wohhabensten Familien Österreichs geworden. Firmengründer Wilhelm Ritter von Gutmann (1826–1895), Portrait, um 1880.

Wiener Kohlenhandel vor dem Ersten Weltkrieg teilten sich Wiener und Berliner Handelsgesellschaften. An der Spitze stand die Familie Gutmann, die im Einkommensranking 1910 gleich hinter Rothschild rangierte und zusammen mit diesem ein weit verzweigtes Netzwerk im Kohlen- und Eisenbahnbereich kontrollierte. Wilhelm von Gutmann (1826–1895) hatte sich zu Beginn der 50er-Jahre des 19. Jahrhunderts im damals aufstrebenden Kohlengeschäft zu etablieren begonnen und in weiterer Folge zusammen mit seinem jüngeren Bruder David die Firma »Gebrüder Gutmann« gegründet, die in den folgenden Jahren durch Förderung und Vertrieb dieses Rohstoffes sehr rasch zu einem der bedeutendsten Unternehmen in dieser Branche heranwuchs. Mit Anselm von Rothschild, der die wichtigste Kohlenbahn, die Nordbahn, dominierte, übten sie monopolistischen Einfluss auf die Wiener Kohlenversorgung aus.

David Ritter von Gutmann verstarb 1912 und hinterließ 19 368 192 Kronen Nettovermögen.

Holz, Kohlen und Coaks-Verkauf in der Wiener Krafftgasse, Geschäftsansicht. Photo anonym, um 1910.

Zu den ganz großen Wiener Kohlenhandels-unternehmern zählten auch die Familien Berl, Königer, Kaufmann, Schramek und Muhr. Der Berliner Kohlenhandel war in Wien vor dem Ersten Weltkrieg unter anderem durch Wollheim, Arnhold, Friedländer und Hegenscheidt vertreten. Der Berliner Unternehmer, Kunstmazen und Philanthrop Eduard Arnhold hatte fast den gesamten Handel mit schlesischer Steinkohle am Berliner Markt in seine Hand gebracht und nahm auch in Wien eine zentrale Position ein. Bald schon zählte er zu den fünf Reichsten in Berlin und rangierte auch in Wien unter den zehn größten Einkommensteuerzahlern.

Es gab die Kohlengroßhändler und die Einzelhändler, die vor allem die Haushalte versorgten. Vor allem im Zweiten Weltkrieg setzte ein starker Konzentrationsprozess im streng bewirtschafteten Kohlenhandel ein. Nach dem Zweiten Weltkrieg lagen die wichtigsten Koh-

Bürgermeister Karl Lueger kommunalisierte unter anderem die Energieversorgung, die zuvor in der Hand privater Unternehmen lag. Portrait Karl Lueger, unbekannter Künstler, um 1900.

Die erste Tankstelle Österreichs wurde 1924 in Graz eröffnet. Benzinzapfsäule der Kommandit Gesellschaft Rosenthal & Co – Wien–Prag–Budapest, um 1930.

lenversorger Österreichs jenseits des Eisernen Vorhangs. Das bedingt nicht nur eine starke Zentralisierung des Großhandels, sondern auch eine Ausrichtung auf Osthandelsfirmen. Der Anteil des Kohlenhandels am gesamten Energiehandel ist deutlich zurückgegangen. Neben der ImportkohleGmbH, die die Voest beliefert, teilen sich einige weitere Großhändler und zahlreiche kleine Einzelhändler den stark geschrumpften Markt.

Der Ölhandel

Die Nachfrage nach Petroleum war im Verlauf des 19. Jahrhunderts durch die Verbreitung der Petroleumlampen rasch gestiegen, auch wenn durch die Gasbeleuchtung und dann das elektrische Licht eine Konkurrenz auftrat, der das Petroleumlicht auf Dauer nicht standhalten konnte. Doch im ausgehenden 19. Jahrhundert hatte für den Mineralöl- und Petroleumhandel eine ganz neue Perspektive begonnen. Mit dem Automobil entstand ein neuer Energieverbraucher, der eine völlig neue Nachfrage schuf, aber auch eine neue Vertriebsstruktur für Energie benötigte. Die Habsburgermonarchie war um 1900 der drittgrößte Erdölproduzent Europas. Die galizischen Erdölbarone waren zu einem Begriff geworden. Vorerst waren es Apotheken und Drogerien, die die ersten »Tankstellen« betrieben. Für das Benzin wurden im wortwörtlichen Sinn »Apothekerpreise« bezahlt. In Oberösterreich richtete z. B. der Apotheker Gustav Hickmann im Jahr 1904 die erste Treibstoff-Verkaufsstelle des Landes im aufstrebenden Tourismusort Mondsee ein. Oder man kaufte das Petroleum in den Gemischtwarenhandlungen und ließ es in mitgebrachte Kannen und Kanister abfüllen.

Die naheliegende Idee, das Benzin mittels einer Pumpe aus einem Vorratsbehälter direkt in die Tanks der Fahrzeuge zu fördern, hatte bereits 1898 der Amerikaner Sylvanus F. Bowser. Die »Standard Oil of Indiana«, die Vor-

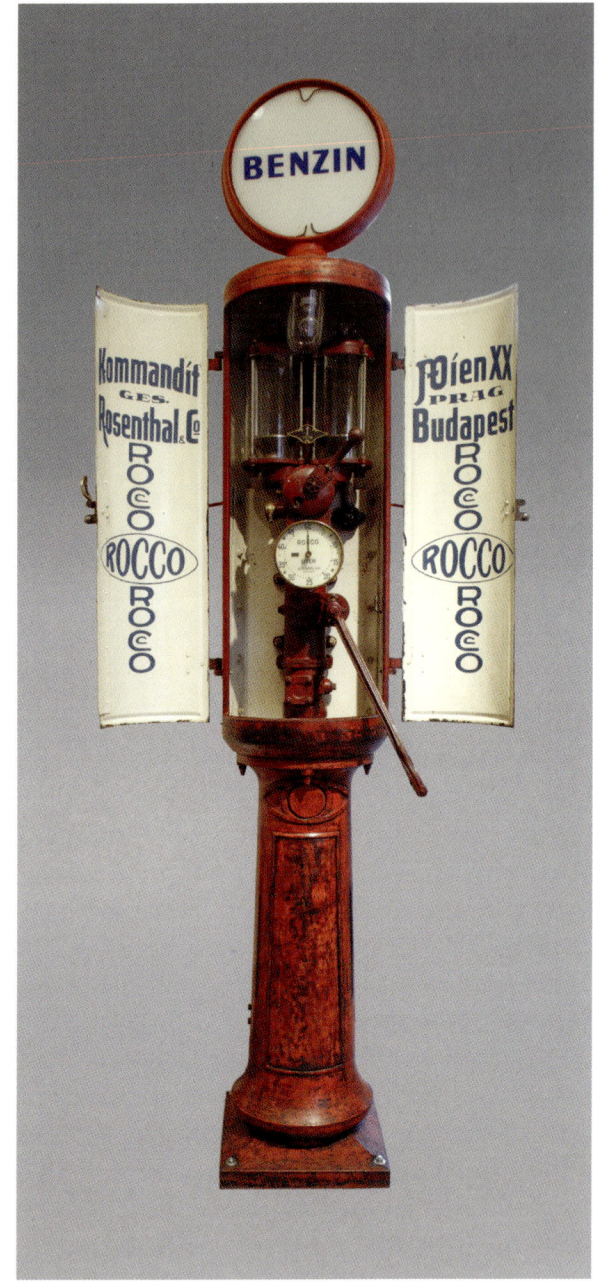

läuferfirma der BP, stellte 1917 den bis heute gültigen Einheitstyp einer Tankstelle vor. Die Zapfsäulen und die tankenden Kunden wurden von einem frei stehenden Dach gegen Regen geschützt. Das zu den Zapfsäulen hin voll verglaste Kassenhäuschen befand sich einige Meter abseits. OLEX, der Vorläufer der deutschen BP, plante und errichtete 1922 die ersten Tankhäuschen und prägte dafür den neuen Namen »Tankstelle«.

1924 wurde in Graz die erste Tankstelle Österreichs eröffnet. Am 12. Oktober 1925 konnte sich auch Wien diesbezüglich als Weltstadt fühlen: Am Gürtel, unmittelbar vor der Volksoper, war die erste Benzinzapfsäule Wiens in Betrieb genommen worden: »Wie in den meisten mittel- und westeuropäischen Staaten ist es also auch bei uns jetzt möglich, die für den heutigen Verkehr unentbehrlichen Betriebsstoffe für Autos und Motorräder direkt auf der Straße zu beziehen«, jubelte die *Autofahrerzeitung*. Die Liste der nächst folgenden Tankstelleneröffnungen in Österreich ist ein aussagekräftiger Indikator der Zielpunkte der damaligen Society: Salzburg, Mariazell, der Semmering, Reichenau, Bad Ischl, Klagenfurt

und Villach. Linz oder auch Innsbruck fehlen bezeichnenderweise in der Liste der ganz frühen österreichischen Tankstellenstandorte. In den 30er-Jahren waren die Tanksäulen, zumeist bei Kaufhäusern oder Gasthäusern, auch in Österreich schon zu einem vertrauten Bild geworden. Durch eine Handpumpe wurde der Treibstoff in ein Schauglas gepumpt, von dem er in den Fahrzeugtank floss.

Sofort mit Ausbruch des Zweiten Weltkriegs wurde Benzin bewirtschaftet. Bereits ab 1. September 1939 war die Abgabe von Vergaser- und Dieselkraftstoffen für Personenkraftfahrzeuge und ab 3. September auch für Nutzkraftfahrzeuge nur noch gegen Mineralölbezugsscheine und Tankausweiskarten der

Die Firma Julius Kiennast in Gars am Kamp verfügte über ein eigenes Tanklager. 1947/1948 wurde das Bahnhoflager erweitert und ein Großtanklager errichtet. Aufnahme um 1947.

Auslagengestaltung
für Vacuum-Oil,
Aufnahme von Lothar
Rübelt, 1935.

Reichsstelle für Mineralöle zugelassen. Ab 16. Jänner 1942 durften Personenkraftwagen nur mehr zur Erfüllung kriegswichtiger oder kriegsentscheidender Aufgaben benutzt werden. Viele Automobile wurden auf Holzvergaser umgestellt.

Nach 1945 teilten sich die Alliierten die Erdölförderung und den Mineralölmarkt in Österreich. Die von 1945 bis 1955 bestehende SMV (Sowjetische Mineralölverwaltung) als Vorgänger der ÖMV (später OMV) hatte als Vertriebsorganisation die »OROP-Handels-Aktiengesellschaft für Erdölprodukte österreichischer und russischer Provenienz« mit Sitz in Wien (später ÖROP). Im Zug der Übernahme und Verstaatlichung der SMV im Jahre 1955 wurde diese nicht an die ÖMV angegliedert, sondern vom Bund übernommen. Neben der ÖROP existierte ein zweites staatseigenes Vertriebssystem: die MARTHA Erdöl Ges.m.b.H., die 1955 mit ARAL einen Linzenzvertrag für den Vertrieb der Treibstoffe unter der Mar-

ke ARAL abgeschlossen hatte. 1965 wurden 100 Prozent der Anteilsrechte an MARTHA und 74 Prozent an ÖROP vom Bund an die ÖMV übertragen.

Die ÖROP führte 1965 ein Netz von 498 Tankstellen, hauptsächlich im Osten Österreichs. Aus der OROP hervorgegangen, haftete ihnen ein Ostimage an. Daher wurde 1968 mit den Eigentümern des Markennamens ELAN, der französischen Gruppe ELF-ERAP-UNION ein Lizenzvertrag abgeschlossen und die Marke ÖROP auf ELAN umgestellt, mit den rot-weiß-roten Farben. Die MARTHA betrieb etwa 700 Tankstellen. Damit verfügte die ÖMV über zwei Marken: ARAL und ELAN. Drei Viertel der Produktion der ÖMV gingen an die internationalen Gesellschaften Shell, Mobil, Esso, Agip, Total und BP, nur ein Viertel an ÖROP, MARTHA und MINU (Mineralölunion).

Das österreichische Tankstellennetz wurde zügig ausgebaut. 1971/72 erreichte der österreichische Markt mit über 5 600 Tankstellen den Spitzenwert (davon ELAN 927 Tankstellen, MARTHA/Aral 709). Die stärksten und repräsentativsten Marken in Österreich waren MOBIL und BP. Erst in den 90er-Jahren begann die OMV den Vertrieb unter ihrem eigenen Namen. Der Ölschock brachte eine erste dramatische Kürzung des Tankstellenprogramms, nach der Jahrtausendwende wurde weiter reduziert. Anfang der 70er-Jahre kamen die ersten Selbstbedienungs-Tankstellen auf. War früher der Tankwart zur Stelle, der den Kunden nicht nur den Tank auffüllte, sondern auch die Windschutzscheibe putzte, den Ölstand kontrollierte, so sind die Tankstellen inzwischen weit mehr als bloße Treibstoffversorger. Sie werden immer mehr zu Treffpunkten, wo gegessen wird, Einkäufe getätigt werden oder man Feste feiert. So schließt sich der Kreis: vom örtlichen Greißler, der einst auch Petroleum verkaufte, zu den Tankstellenketten, die vielfältige Funktionen der Nahversorgung übernehmen, nicht zuletzt deswegen, weil sie vom allgemeinen Ladenschlussgesetz ausgenommen sind.

Verkaufsraum einer
Shell-Tankstelle in
Bruck an der Mur.
Aufnahme von Lothar
Rübelt, 1955.

Derzeit sind im österreichischen Öl- und Treibstoffhandel ca. 80 Großhändler, und im Einzelhandel ca. 2 700 Tankstellen und ca. 20 Unternehmen des Brennstoff- und Schmiermittelhandels tätig. Zum Jahresende 2010 gab es in Österreich 2 659 öffentliche Tankstellen. Der Fachverband unterscheidet zwischen den 1 638 Tankstellen, die unter den Marken der Mitgliedsfirmen des Fachverbandes der Mineralölindustrie geführt werden (BP, Eni, JET/ ConocoPhillips, MOL, OMV, SHELL), und den anderen 1 021 Tankstellen, wie z. B. von Genol, Avia, Turmöl oder IQ. Die 1 638 major-branded Tankstellen teilten sich auf folgende Marken auf: 434 OMV inkl. Avanti und Stroh, 422 BP, 270 Shell, 338 Eni inklusive der ehemaligen ESSO-Stationen, 145 JET und 29 MOL.

Von diesen 1 638 Tankstellen verfügen über 1 500 Stationen über einen Shop, über 700 bieten ihren Kunden ein Bistro an und etwa 1 100 haben Portalwaschanlagen oder Waschstraßen. 1 479 Stationen werden davon als Selbstbedienungstankstellen geführt. Insgesamt 175 Tankstellen (ohne Betriebstankstellen) vertrieben zum Somer 2012 auch Erdgas (CNG).

Der Gashandel

Die Struktur des österreichischen Gashandels ist sehr komplex. Die Erdöl- und Erdgasvorkommen waren ein wesentlicher Verhandlungspunkt im Rahmen des österreichischen Staatsvertrages. Mit der schrittweisen Um-

Shell-Tankstelle in Graz, Aufnahme von Lothar Rübelt, 1952.

stellung von Stadtgas auf Erdgas wurde der Gashandel zu einem wichtigen Garanten der Versorgungssicherheit. Österreich hatte als erstes europäisches Land im Jahre 1968 einen Liefervertrag über russisches Erdgas abgeschlossen, Vertragspartner war die ÖMV AG. Seitdem wurden insgesamt fünf Verträge über den Bezug russischen Gases abgeschlossen, mit Gesamtjahresmengen von ca. 7 Mrd. m³. Daneben wurden Ende der 70er-Jahre Verträge mit dem norwegischen Gasexportkomitee (GFU) über die Lieferungen aus dem Troll-Feld abgeschlossen. Ca. 1 Mrd. m³ wurden aus langfristigen Verträgen mit norwegischen Gasproduzenten bezogen. 2002 wurde das GFU auf Druck der EU-Kommission aufgelöst, sodass die norwegischen Gasproduzenten Statoil, Norsk Hydro, Shell und TFE eigenständige Verträge mit OMV Gas abschlossen. Die Verträge mit Statoil, Norsk Hydro und Shell liefen bis 2026, der Vertrag mit TFE bis 2008. Die Laufzeiten der derzeit gültigen Verträge bewegen sich zwischen 10 und knapp

30 Jahren. Durch die in zahlreichen Verträgen eingegangene langfristige Bindung an den Ölpreis sollte einerseits Versorgungssicherheit gewährleistet werden, andererseits konnten allerdings auch Verzerrungen der Angebots- und Nachfragestruktur entstehen.

Strom

Der Handel mit Strom entwickelte sich Hand in Hand mit der Zunahme der Nutzung elektrischer Energie. Da Strom kaum speicherbar ist, konnten die Versorgungssicherheit und die gleichmäßige Auslastung der Netze nur durch größere Einheiten und den Zusammenschluss der Netze gewährleistet werden. Die Elektrifizierung schritt in Österreich um einiges langsamer voran als in Deutschland. Überregionale Elektrizitätsversorgungsunternehmen entstanden viel zögerlicher, später und nirgendwo in den Größenordnungen wie im Deutschen Reich. Misst man die Bedeutung

Die OMV (früher Österreichische Mineralölverwaltung, ÖMV), mit ihrer Zentrale in Wien, ist ein integriertes, internationales Öl- und Gasunternehmen. OMV-Zentrale in Wien, Aufnahme von Daniel Zanetti, 2010.

der österreichischen Elektrizitätswirtschaft im Jahr 1913, nach immerhin rund 30 Jahren Entwicklung, an ihrem Beitrag zur Deckung der Nachfrage nach Energie, so verhält sich dieser ähnlich wie heute der der sogenannten alternativen Energieformen: er lag unter einem Prozent.

Die ersten Stromversorger waren städtische Zentralstationen und ländliche Kleinkraftwerke. Zunächst dominierten Eigenanlagen, von denen jedes Objekt gesondert von einer Kraftzentrale im Keller oder Hinterhof aus versorgt wurde: Theater, Warenhäuser, Ausstellungshallen, Amtsgebäude und Industriebetriebe. Die erste öffentliche Stromversorgung im heutigen Österreich gab es 1886 in Scheibbs. 1890 bestanden in Wien drei private Elektrizitätsversorger, die etwa 20 000 Glühbirnen speisten, 1897 bereits 328 000. Neben diesen großen Gesellschaften existierten in Wien auch noch mehr als 20 kleine Anlagen, die für die lokale Versorgung einzelner Straßenzüge oder Unternehmen von Bedeutung wa-

ren. Die privaten Versorger wurden zwischen 1907 und 1914 durch die Gemeinde eingelöst. Im Jahre 1914 war mit der Kommunalisierung des letzten privaten Wiener Versorgungsunternehmens, der Allgemeinen Österreichischen Elektrizitätsgesellschaft, das Ziel, die Stromerzeugung ganz in der Hand der Stadt Wien zu vereinigen, erreicht, aber noch lange nicht die Vereinheitlichung des sehr unterschiedlich konzipierten Netzes. Die durch Übernahmen und Verschmelzungen gewachsenen EVU's hatten in ihren Netzen oft nebeneinander Gleichstrom, Wechselstrom und Drehstrom mit verschiedenen Spannungen und konnten nur langsam auf eine einheitliche Stromart und Spannung übergehen.

In Oberösterreich und Steiermark, in kleinerem Ausmaß auch in Niederösterreich und in Vorarlberg, entwickelte sich schon in den ersten Jahren des 20. Jahrhunderts aus den Inselbetrieben eine beschränkte Gruppenversorgung. Pioniere einer Überlandversorgung in Österreich waren Josef Stern und Franz

Hafferl, die Gründer der Elektrizitätswerke Stern & Hafferl, des ältesten Rechtsvorgängers der heutigen Energie AG. Die Ära der teilweise im Eigentum der Länder stehenden Landesgesellschaften begann nach dem Ersten Weltkrieg. Diese meist gemischtwirtschaftlichen Unternehmungen konnten die einzelnen Stromversorgungsanlagen zu einem einheitlichen Versorgungsnetz zusammenfassen und auch abgelegene Orte anschließen. 1928 existierten in Österreich 627 Elektrizitätsgesellschaften, wobei mehr als die Hälfte der gesamten Leistung von neun Werken erbracht wurde. Mit der 1929 erfolgten Gründung der ÖKA (der Österreichischen Kraftwerke Aktiengesellschaft) entstand das damals größte Stromversorgungsunternehmen Österreichs. Die Gesellschaft betrieb ein Überlandnetz, das sich über den größten Teil des Landes Salzburg, über beinahe ganz Oberösterreich und auch einen Teil der Steiermark und Niederösterreichs erstreckte. Verbunden war die Gesellschaft mit den Netzen der SAFE, der NEWAG und der städtischen Elektrizitätswerke in Wien. Die Gesellschaft strebte den Aufbau einer West-Ost-Sammelschiene und die Nutzung der Wasserkräfte der Alpen an.

Von den Nationalsozialisten war ein großräumiger Verbund der alpinen Wasserkraftwerke mit den rheinischen, mitteldeutschen und oberschlesischen Dampfkraftwerken geplant. 1947 wurden im zweiten Verstaatlichungsgesetz die Elektrizitätsgesellschaften mit wenigen Ausnahmen verstaatlicht. Organisatorisch wurde je eine Landesgesellschaft für jedes Bundesland vorgesehen, dazu Sondergesellschaften für überregionale Großkraftwerke und die Verbundgesellschaft als Dachorganisation. Fünf landeshauptstädtische EVU's und sonstige kommunale, genossenschaftliche und private EVU's blieben bestehen.

Der österreichische Strommarkt ist sehr stark durch die mehrheitlich im öffentlichen Besitz befindlichen Stromversorger geprägt. Die Bundesländer verfügen über eigene Elektrizitätsversorgungsunternehmen, die seit mehreren Jahren durch gegenseitige Beteiligungen mittels Allianzen (z. B. EnergieAllianz) auch untereinander immer stärker verflochten wurden. Dazu kommen noch die österreichweit tätige Verbund AG, sowie zahlreiche Kleinkraftwerke und mehrere Privatunternehmen, die jedoch noch wenig Marktanteil haben.

Vom Stromvertrieb, der Strom an die Endkunden, vor allem die Industrie und sonstige betriebliche Verbraucher wie auch die privaten Haushalte absetzt, ist der Stromhandel zu unterscheiden. Mit der Liberalisierung der europäischen Elektrizitäts- und Gasmärkte hat der Handel für die Energieversorger stark an Bedeutung gewonnen. Stromhändler übernehmen es, Strom am Großhandelsmarkt zu kaufen bzw. zu verkaufen und Risiken über den Strommarkt abzusichern (Hedging). Mit dem Handel am Termin- und Spotmarkt sollten die Risiken der Verbraucher wie auch Erzeuger im liberalisierten Strommarkt minimiert und der kosteneffiziente Einsatz des Kraftwerksparks unterstützt werden. Freilich boten sich dabei auch Nischen für gezielte Spekulation.

Die Elektrizitätsmarktliberalisierung (EU-Richtlinie 1996) wurde in Österreich ab 19. Februar 1999 im täglichen Geschäftsleben wirksam. Mit Oktober 2001 wurde die hundertprozentige Öffnung des Marktes umgesetzt, seit diesem Zeitpunkt haben alle Kunden in Österreich die freie Wahl ihres Stromlieferanten. Die analoge Öffnung des Gasmarktes erfolgte ein Jahr später im Oktober 2002. Im Juni 2000 wurde die deutsche Strombörse in Leipzig gegründet. Mit einer zeitlichen Verzögerung wurde an der Börse Frankfurt der Handel aufgenommen, zuerst Spotgeschäfte und in der Folge auch Termingeschäfte. 2002 wurden diese beiden Börsen zur EEX (European Energy Exchange) fusioniert und bildeten das Rückgrat eines organisierten Handelsplatzes für Stromgeschäfte im zentraleuropäischen Raum Deutschland, Österreich und Schweiz. Heute ist die EEX mit 222 Handelsteilneh-

mern aus 19 Ländern die teilnehmer- und umsatzstärkste Energiebörse Kontinentaleuropas. Zehn Teilnehmer kommen aus Österreich, wobei die österreichischen Handelsteilnehmer im kurzfristigen Stromgeschäft (Day ahead und Intraday) eine überproportionale Bedeutung haben und für mehr als 10 Prozent der Umsätze verantwortlich sind. Die österreichische Strombörse EXAA (Energy Exchange Austria – Abwicklungsstelle für Energieprodukte AG) wurde als Handelsplatz für Stromgeschäfte in Österreich am 1. Oktober 2001 gegründet. Heute sind rund 71 Stromhändler aus 14 Ländern an der EXAA aktiv. Im Jahr 2011 betrug der Stromverbrauch in Österreich 69 000 GW/h.

Die Liquidität des europäischen Stromhandelsmarktes wird auch dadurch unterstrichen, dass heute die gehandelten Strommengen rund neunmal so hoch sind als die letztendlich physisch an Kunden gelieferten Strommengen. Strom, Gas und CO_2-Emissionsberechtigungen werden sowohl kurzfristig am Spotmarkt als auch langfristig am Terminmarkt bis zu sechs Jahre in die Zukunft gehandelt. Die Optimierung des Kraftwerkseinsatzes, sprich die Auswahl der kostengünstigsten Erzeugungsmöglichkeiten, wird jeweils in Abhängigkeit von den kurzfristigen betrieblichen Möglichkeiten praktisch zur Gänze über die Börsen wahrgenommen.

Montagearbeiten beim Umspannwerk Timelkam, Aufnahme Energie AG, 2005.

Der Markteintritt in Bulgarien erfolgte mit der Eröffnung einer Filiale in Plovdiv im Jahr 2008.
Mittlerweile ist bauMax außerhalb Österreichs in 8 weiteren europäischen Ländern mit 92 Filialen vertreten.
bauMax-Filiale in Plovdiv.

V. INTERNATIONALER VERGLEICH

Neben den strukturellen Veränderungen in der Handelslandschaft haben an der Jahrtausendwende zwei Ereignisse die Internationalisierung des heimischen Handels beeinflusst: der Beitritt zur Europäischen Union im Jahr 1995 und der Betritt zur gemeinsamen Währung Euro ab 1. 1. 2002. Der EU-Beitritt brachte für viele Bereiche des Handels eine Frischluftkur für abgeschottete Märkte. Über den Tellerrand hinaus zu blicken, wird zur Selbstverständlichkeit. Befürchtungen, dass ausländische Produkte den heimischen Markt überfluten würden, sind nicht eingetreten. Im Gegensatz dazu ist etwa die österreichische Milchwirtschaft bei Exporten in die Europäische Union inzwischen sehr erfolgreich geworden. Der Euro brachte im Jahr 2002 mehr Preistransparenz für die Kunden. Händler wie Hersteller stehen seither unter dem Druck, die Preisbildung in Europa zu standardisieren. Trotzdem flammt praktisch jedes Jahr die Diskussion über einen Österreichzuschlag auf. Gemeint ist damit, dass Artikel in Österreich im Vergleich zu Deutschland um ca. 10–20 Prozent teurer seien. Eine endgültige Antwort konnte bis dato nicht gegeben werden, Faktum ist allerdings, dass durch die kleinräumige Struktur, die größere Ladendichte, topografische Erschwernisse, wie die Alpen, und einen insgesamt hohen Qualitätsanspruch Österreich nach dem EU-Beitritt und nach der Euroumstellung von einem »Hochpreisland« in Europa zu einem Land mit mittlerer Preispositionierung geworden ist.

Die Internationalisierung hat sich in den letzten Jahrzehnten zum Impulsgeber für den österreichischen Handel entwickelt. Dies trifft vor allem auch auf den Zerfall des Einflussgebietes der ehemaligen Sowjetunion im Jahr 1989, umgangssprachlich als »Fall des Eisernen Vorhangs« bezeichnet, zu. Vorläufer für den Internationalisierungsprozess sind mehrere Veränderungen von Rahmenbedingungen. Globale Ketten kombinieren heute Standorte in mehreren Staaten und machen sich die Unterschiede im Lohn- und Preisniveau zu nutze. Begonnen hat dieser Prozess auch in Österreich mit der Zunahme der Konzentration im stationären Handel, die sich konkret in der Zunahme des Filialisierungsgrades niedergeschlagen hat. Der Filialisierungsgrad gibt den Anteil der Filialen am stationären Handel insgesamt an. Lag dieser nach dem Zweiten Weltkrieg noch unter 10 Prozent, so ist er bis zum Jahr 2008 hinsichtlich des Flächenanteils im Durchschnitt auf rund 56 Prozent angestiegen. Den höchsten Filialisierungsgrad weist heute der Einzelhandel mit kosmetischen Erzeugnissen auf. 93 Prozent aller Geschäfte in dieser Branche gehören zu filialisierten Unternehmen. Den niedrigsten Filialisierungsgrad gibt es im Jahr 2011 in den Branchen Uhren und Schmuck, Bau- und Heimwerkerbedarf und Haushaltsgeräte.

Komplementär zur Erhöhung des Filialisierungsgrades erfolgte in Österreich und auch weltweit eine Konzentration der Lieferanten. Insgesamt wird allerdings eine Dominanz der Triade der Weltregionen Nordamerika, Europa und Asien offensichtlich, die im Referenzjahr 1997 85 Prozent des gesamten Konsumgütermarktes umfassen. Die Gründe dafür sind unterschiedlich, beispielsweise leben in Asien zu diesem Zeitpunkt rund 61 Prozent der Weltbevölkerung, aber der Konsumgüterumsatz in Asien konzentrierte sich weitgehend auf Japan. Erst in den Jahren danach kommt es zu einem Aufholprozess in den Ländern China

Wal-Mart ist ein weltweit tätiger US-amerikanischer Einzelhandelskonzern, der derzeit als umsatzstärkstes Unternehmen gelistet wird. Wal-Mart-Geschäft in Laredo Texas, 2004.

und Indien. In Nordamerika lebten im Jahr 1997 rund 5 Prozent der Weltbevölkerung, der Anteil am Konsumgüterumsatz betrug jedoch rund 25 Prozent. Auf Österreich entfielen damals weniger als 1 Prozent des Weltumsatzes. Dieser Anteil hat sich bis zum Jahr 2012 nicht signifikant geändert. Die Dominanz der Wirtschaftstriade USA, Europa und Asien ist bis heute erhalten geblieben. So ist etwa die Situation im Konsumgüterumsatz in Afrika im Referenzjahr 1997 äußerst dramatisch. Auf Afrika entfallen nur 2,5 Prozent des Weltumsatzes. Mit rund je Euro 2,5 Billionen entfällt im Jahr 2009 noch immer der größte Anteil des Konsumgüterkuchens auf die Regionen Westeuropa und USA.

Vergleicht man die Struktur des Lebensmittelhandels (»Grocery Markets«), so zeigt sich bis zum Jahr 2010 ein rasanter Aufholprozess von China. Die Relationen lassen sich folgendermaßen zusammenfassen: Umsatz Österreich Euro 15,4 Mrd.; Umsatz Deutschland Euro 201 Mrd.; Umsatz China Euro 666 Mrd.; Umsatz USA Euro 804 Mrd. Alle Prognosen laufen darauf hinaus, dass im Jahr 2014 erstmals China den höchsten Umsatz im Lebensmittelhandel in der Welt haben wird.

Auf der Ebene der Letztverbraucher wurden 1997 Konsumgüter im Wert von 7,3 Bio. US Dollar umgesetzt. »Retail is local«, das war noch vor wenigen Jahren allenthalben zu lesen. Dies stimmt im Jahr 2012 jedoch nur mehr bedingt, denn Handelsketten, an vorderster Front Wal-Mart, haben Schritte zur Internationalisierung und Globalisierung gesetzt. Das derartige Vorhaben nicht immer gelingen müssen, belegt das gescheiterte Engagement von Wal-Mart in Deutschland und Südkorea.

Insgesamt ist der Westeuropäische Markt im Vergleich zu den USA bis heute stark zersplittert und aufgrund von sprachlichen und kulturellen Unterschieden weiterhin heterogen.

Gerade am Beispiel Wal-Mart, dem mit Abstand größten Handelskonzern der Welt, lässt sich der Internationalisierungsprozess sehr gut illustrieren. In den 70er-Jahren hätte sich niemand vorstellen können, dass eine Handelskette einmal einen Umsatz von mehr als 400 Mrd. US Dollar erreichen könnte, wie dies erstmals im Jahr 2010 bei Wal-Mart der Fall gewesen ist. Im Jahr 1992 entfallen auf den Auslandsumsatz noch weniger als 1 Prozent. Wal-Mart ist lediglich in 2 Ländern, vor allem natürlich in den USA, vertreten. Im Jahr 2010 engagiert sich Wal-Mart bereits in 29 Ländern mit einem Umsatzanteil im Ausland von 27 Prozent. Die im Jahr 2012 am stärksten international aufgestellten Handelsketten sind die französische Carrefour-Kette und die deutsche Metro-Gruppe mit einem Umsatzanteil im Ausland von rund 60 Prozent. Auch die deutschen Diskontketten Lidl-Schwarz

Top-Handelsketten im Vergleich

Nr. in Welt	Unternehmen	1992			2010		
		GU Mrd. Euro	AU in %	Anz. Länder	GU Mrd. Euro	AU in %	Anz. Länder
1	Wal-Mart (USA)	36	< 1	2	316	27	29
2	Carrefour (F)	34	25	5	90	59	41
3	Tesco (GB)	11	5	1	71	33	14
4	Metro Group (D)	40	19	10	67	61	33
6	Lidl-Schwarz(D)	6	4	2	60	56	28
9	Aldi (D)	16	22	7	51	56	19

GU = Gesamtumsatz (netto); AU = Auslandsumsatz; Anz. Länder = Anzahl der Länder

und Aldi haben einen ähnlichen Internationalisierungsschub erfahren.

Der historische Vorläufer der Internationalisierung im österreichischen Handel ist zweifellos die Julius Meinl AG. Auch nach dem Ersten Weltkrieg war Meinl in den – teils ehemaligen k. u. k. – Staaten Tschechoslowakei, Polen, Jugoslawien, Rumänien und Ungarn vertreten. Eine Zäsur in der Unternehmensentwicklung stellt der Zweite Weltkrieg dar. Obwohl die Meinl-Tochtergesellschaften in diesen Ländern während der nationalsozialistischen Herrschaft konfisziert worden sind, gab es Ende 1945 in Österreich noch immer 200 Meinl-Filialen. Nach dem Zweiten Weltkrieg wagte Meinl erneut den Schritt in die Internationalisierung: Ab 1954 war Julius Meinl mit einer Firmengründung in München wieder in Deutschland vertreten. Auch in Italien baute die Julius Meinl AG nach 1956 ihre Aktivitäten aus. Nach der Ostöffnung im Jahr 1989 ist es naheliegend, dass sich Julius Meinl in den zu Zeiten der Monarchie umsatzstarken Ländern Ungarn, Tschechien und Polen wieder als Supermarkt-Betreiber engagiert. Mit der Rückkehr in den Donauraum übernimmt Julius Meinl zunächst eine Pionierrolle. Erst viel später folgen Mitbewerber wie REWE, SPAR und Tengelmann (Zielpunkt). Vor allem in Ungarn war die Marke Meinl sehr bekannt und geschätzt.

Ein dynamisches internationales Wachstum österreichischer Handelsunternehmen kann somit seit den 90er-Jahren beobachtet werden. Heute sind die meisten österreichischen Händler auch international aktiv. Die wichtigsten Gründe dafür liegen neben der Öffnung von attraktiven Märkten, z. B. in Central Eastern Europe in europäischen Integrationstendenzen, z. B. Europäische Union, und auch im weiteren Umfeld, wie etwa in der Liberalisierung des Welthandels (WTO). Im Regelfall tasten sich die Handelsunternehmen in diesen neuen Ländern schrittweise vor, wie dies bei der Industrie in der frühen Phase festgestellt werden konnte.

Tesco ist gemessen am Umsatz nach Wal-Mart und Carrefour der drittgrößte Einzelhändler der Welt und gemessen am Gewinn der zweitgrößte Einzelhändler nach Wal-Mart. Tesco-Supermarkt in Most, Tschechien, 2012.

Das Kopf-an-Kopf-Rennen zwischen Rewe und Spar hat in den 50er-Jahren begonnen. Karl Wlaschek eröffnete 1953 den ersten Billa (BILliger LAden) und aus Westösterreich (Tirol, Pinzgau) stammende Großhändler gründeten als Lizenznehmer den Spar-Großhandel. Später, im Jahr 1970, erfolgt die Umgründung in die Spar Österreichische Warenhandels AG unter Federführung der Familien Reisch, Drexel und Poppmeier. Die wirkliche Expansion beider Konzerne beginnt in den 60er-Jahren. Der Zweikampf setzt sich auch in den 90er-Jahren mit dem Engagement im Ausland fort. Heute ist die REWE Group von Österreich aus in 8 Ländern tätig: Italien, Bulgarien, Kroatien, Rumänien, Russland, Slowakei, Tschechien und Ukraine. Die SPAR beginnt ihr Auslandsengagement im Jahr 1990 mit der Gründung der ASPIAG in der Schweiz. Österreichische SPAR-Geschäfte gibt es in der Zwischenzeit in Norditalien, Slowenien, Ungarn, Tschechien und Kroatien. Die beiden österreichischen Marktführer erwirtschaften im Jahr 2011 rund Euro 12 Mrd. Umsatz, rund 40 Prozent davon werden im Ausland lukriert. Die modernen Formate der beiden Wettbewerber erzielen inzwischen anerkennende Aufmerksamkeit in der ganzen Welt.

BauMax, der führende österreichische Do-

Die ersten internationalen Aktivitäten der bauMax AG erfolgten im Jahr 1992 mit den Markteintritten in Ungarn und Tschechien. bauMax-Filiale in Budapest.

it-yourself-Markt ist 1976 aus dem Baustoffhandel der Familie Schömer hervorgegangen. Das erste Auslandsengagement erfolgt 1991 in Ungarn und Tschechien. Heute ist bauMax auch in weiteren 8 Ländern aktiv, darunter Slowakei, Ungarn, Tschechien, Slowenien, Kroatien, Rumänien, Bulgarien und sogar in der Türkei. Trotz der wirtschaftlichen Krise in den Ländern des Raumes CEE erwirtschaftete bauMax im Jahr 2011 bereits mehr als die Hälfte des Umsatzes im Ausland.

Darüber hinaus markant sind auch die Auslandsaktivitäten von XXXLutz, ein Möbelhandelsunternehmen im Familienbesitz, das nach Kriegsende 1945 gegründet worden ist. Heute ist die Lutz-Gruppe in 8 Ländern vertreten, darunter bemerkenswerter Weise auch Deutschland, und erwirtschaftet damit im Referenzjahr 2011 einen Umsatz von knapp Euro 3 Mrd. Es mag überraschen, dass XXXLutz mit diesem Umsatz im Möbelhandel der Welt bereits auf

Platz 2 liegt – der Branchenprimus IKEA bildet mit einem Umsatz von rd. Euro 25 Mrd. und einer Präsenz in 41 Ländern eine eigene Liga. IKEA wurde im Jahr 1943 in Schweden gegründet und startete später erfolgreich mit dem Möbelversand mit dem ersten Möbelkatalog für Selbstbaumöbel.

Aus Schweden kommt noch ein weiterer Benchmark in der Welt des Handels, nämlich Hennes & Mauritz, kurz auch als H&M bezeichnet. H&M ist in 43 Ländern vertreten und erwirtschaftet einen Umsatz von knapp Euro 15 Mrd. Zu H&M ist darüber hinaus eine Ertragskennzahl bemerkenswert: während die Lebensmitteleinzelhändler Umsatzrentabilitäten zwischen 1 und 3 Prozent erzielen, kommt H&M in erfolgreichen Jahren, ähnlich wie der wichtigste Mitbewerber Zara, auf Gewinnmargen zwischen 15 und 20 Prozent.

Die Internationalisierung im Handel ist keine Einbahnstraße. Dies lässt sich am Beispiel

Internationalisierung der österreichischen Händler

Unternehmen	Gründungs-Jahr/Land/Stadt	Expansion Heimatland	Erstes Engagement im Ausland	GU Mrd. €	AU Mrd. €	Anzahl Länder
REWE International AG (vormals BML)	1953/Ö/Wien	1960 bereits 45 Filialen 1961 BILLA 1969 Merkur 1980 BIPA 1983 Mondo (heute PENNY Markt)	1990 erste BILLA-Filiale im Ausland	12,38	4,91	8
SPAR Österreichische Warenhandels-AG	1954/Ö/Tirol/ Pinzgau	1959 flächendeckend in Österreich als Großhändler	1990 ASPIAG/ Schweiz	12,15	4,7	5
bauMax AG	1976/Ö/ Klosterneuburg	1976 erster Hobby-markt in Kindberg	1991 Ungarn und Tschechien	1,52	0,87	8

Status 2011

des Bekleidungseinzelhandels darstellen. Bis in die 80er-Jahre befinden sich unter den Marktführern fast nur Anbieter aus inländischem Besitz. In den letzten 25 Jahren ist es jedoch zu einem vollkommenen Paradigmenwechsel gekommen. Die Branche weist im Jahr 2011 zwar noch immer 3 452 Unternehmen mit 5 300 Verkaufsstellen auf, 70 Prozent der Handelsflächen werden jedoch von internationalen Konzernen betrieben. Alle fünf Marktführer im österreichischen Bekleidungshandel im Jahr 2011 zählen zu dieser Kategorie. Das umsatzstärkste Unternehmen im österreichischen Bekleidungshandel ist H&M mit 66 Standorten, gefolgt von C&A mit 141 Standorten, Peek & Cloppenburg mit 11 Standorten, dem Textildiskonter kik mit 245 Standorten und Charles Vögele mit 141 Standorten.

Steigt man noch tiefer in diese Branchenanalyse ein, z. B. in die Wäschebranche, so wird diese Entwicklung noch offensichtlicher. Im Jahr 2000 rangierten unter den 10 Marktführern nur 2 Anbieter mit ausländischer Provenienz. 10 Jahre später befinden sich unter den Top Ten Anbietern nur mehr zwei heimische Anbieter. H&M, C&A, Peek & Cloppenburg

und kik sind zur wichtigsten Einkaufsquelle für Unterwäsche geworden.

Während der Lebensmittelhandel in vielen Sortimentsbereichen nach wie vor ein lokales Geschäft ist (»Think global, act local!«), ist in der Bekleidungsbranche die Globalisierung der Wertschöpfungsketten besonders weit fortgeschritten. So beziehen die in Österreich tätigen Lebensmittelhändler einen großen Teil ihrer Ware aus dem Inland. Selbst Diskonter wie Hofer oder Lidl führen nur österreichische Lebensmittel, soweit diese verfügbar sind. Die Kunden honorieren diese sortimentspolitische Entscheidung mit ihrem Einkaufsverhalten (Hofer führt zu 80 Prozent Produkte aus Österreich).

Die über viele Jahrzehnte führenden Produktionsstätten für Dessous in Vorarlberg, Niederösterreich und im Burgenland sind nicht mehr rentabel. So kauft die inzwischen ans Ausland verkaufte Kette Palmers, bis in die 90er-Jahre ein Vorzeigebetrieb für österreichische Wertschöpfung, heute auch primär in China ein. Diskonter ordern im Regelfall in China 100 000 Stück in einer kleinen Anzahl an Varianten, während z. B. Fachgeschäfte viele Varianten in kleiner Stückzahl beziehen

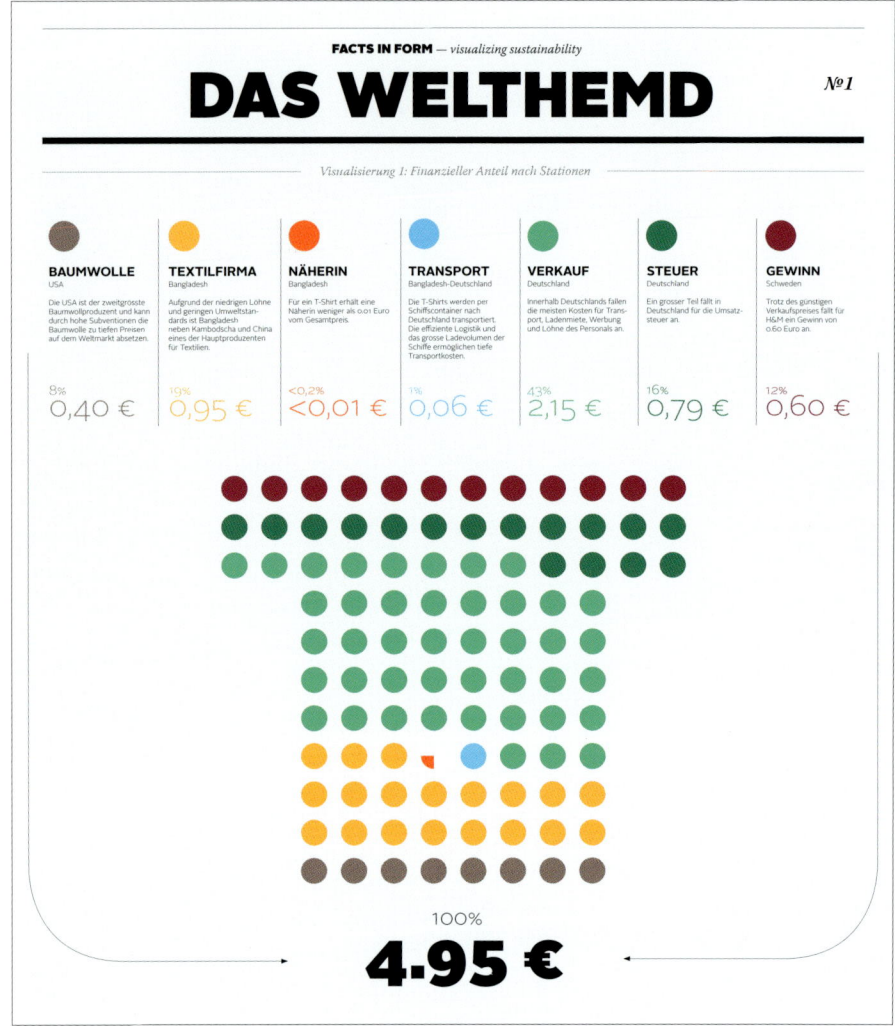

FACTS IN FORM — *visualizing sustainability*

DAS WELTHEMD

№ 1

Visualisierung 1: Finanzieller Anteil nach Stationen

BAUMWOLLE
USA

Die USA ist der zweitgrosste Baumwollproduzent und kann durch hohe Subventionen die Baumwolle zu tiefen Preisen auf dem Weltmarkt absetzen.

8%
0,40 €

TEXTILFIRMA
Bangladesh

Aufgrund der niedrigen Löhne und geringen Umweltstandards ist Bangladesh neben Kambodscha und China eines der Hauptproduzenten für Textilien.

19%
0,95 €

NÄHERIN
Bangladesh

Für ein T-Shirt erhält eine Näherin weniger als 0.01 Euro vom Gesamtpreis.

<0,2%
<0,01 €

TRANSPORT
Bangladesh-Deutschland

Die T-Shirts werden per Schiffscontainer nach Deutschland transportiert. Die effiziente Logistik und das grosse Ladevolumen der Schiffe ermöglichen tiefe Transportkosten.

1%
0,06 €

VERKAUF
Deutschland

Innerhalb Deutschlands fallen die meisten Kosten für Transport, Ladenmiete, Werbung und Löhne des Personals an.

43%
2,15 €

STEUER
Deutschland

Ein grosser Teil fällt in Deutschland für die Umsatzsteuer an.

16%
0,79 €

GEWINN
Schweden

Trotz des günstigen Verkaufspreises fällt für H&M ein Gewinn von 0.60 Euro an.

12%
0,60 €

100%

4.95 €

Die Visualisierung »Das Welthemd« zeigt aus dem Bereich der Textilienproduktion den finanziellen Anteil der einzelnen »Stationen« am letztendlichen Kaufpreis.

müssen. Dies schlägt sich in unterschiedlichen Einstandspreisen und Deckungsbeiträgen für die Händler nieder. Ein Diskonter verkauft nach dem Prinzip »Viele Teile mit relativ geringen Spannen«, für den Fachhändler gilt die Rahmenbedingung »höherer Einstandspreis, weniger Stück, höhere Aufschlagspanne«.

Inzwischen haben sich die Produktionsbedingungen in China in eine Richtung entwickelt, dass selbst bei kleineren Losgrößen eine Produktion betriebswirtschaftlich interessant ist. Kritiker der Globalisierung haben diesen Prozess – nicht unumstritten – unter dem Arbeitstitel »Das Welthemd« öffentlich gemacht. Konkret geht es in dieser Diskus-

sion darum, wie H&M für ein T-Shirt einen Verkaufspreis von Euro 4,95 betriebswirtschaftlich sinnvoll kalkulieren könne. Eine Erklärung dafür liefert das im Kasten zusammengefasste reale Kalkulationsbeispiel für ein Stück importierte Unterwäsche (BH). Selbst bei einer kleinen Losgröße und bei einer gleichen Anzahl Varianten pro Stück sind die Herstellungskosten in Fernost unschlagbar. Sie betragen Euro 4,00 im Vergleich zu Euro 9,50. Überraschen mag weiters, wie wenig bedeutend in einer globalisierten Kostenstruktur die Transportkosten sind. Für den Transport und den Zoll aus China fallen pro Wäscheteil nur 69 Cent an. Obwohl die Hersteller einer europäischen Produktionsstätte nur geringere Deckungsbeiträge erzielen, ist letztlich der Einstandspreis für den Fachhandel um 70 Prozent höher als für einen Chinaimport. Bei einer verantwortungsvollen Kalkulation durch den Händler entsteht damit ein Verkaufspreis für den Konsumenten von Euro 29,30 für den Chinaimport und von Euro 47,90 für die EU-Produktion, ein Unterschied, der die Entscheidung der Konsumenten zugunsten der Fernost-Produkte sehr wahrscheinlich erwarten lässt.

Die Ursachen für die Auslandsaktivitäten der österreichischen Handelskonzerne haben eine Reihe von Gründen. Einige Händler erwarten sich Vorteile durch die schnell wachsenden Märkte in Central Eastern Europe, besonders deshalb, weil der Heimmarkt klein, die weitere Expansionsmöglichkeit beschränkt, der Markt gesättigt, das Wachstum gering und der Wettbewerb hoch ist. Weniger saturierte Märkte eröffnen die Möglichkeit für ein substantielles langfristiges Wachstum. Eine weitere Motivation liegt in der Multiplikation des Beschaffungs-Know-Hows und einer bekannten Marke, wie dies bei Billa und SPAR der Fall ist. So ergibt eine aktuelle Studie zur »globalen Macht des Handels«, dass die wichtigsten 250 Handelskonzerne im Jahr 2008 in durchschnittlich 7 Ländern vertreten sind. Für die in Europa beheimateten Ketten

Wertschöpfungskette unterschiedlicher Marktteilnehmer am Beispiel Wäsche (BH)

	Herstellermarke Produktion Fernost		Herstellermarke Produktion Europa	
Mengen				
Produktionsmenge pro Artikel	2000		2000	
Anzahl Größen	30		30	
Anzahl Stück pro Variante	67		67	
Kosten	**Euro/Stk. Spanne**		**Euro/Stk. Spanne**	
Kosten Material pro Stück	2,50 €		5,00 €	
Kosten CMT (Cut-Make-Trim)	1,50 €		4,50 €	
Herstellkosten	**4,00 €**		**9,50 €**	
Transport	0,40 €		0,48 €	
Zoll	0,29 €			
Transport + Zoll	0,69 €		0,48 €	
Einstandspreis	**4,69 €**		**9,98 €**	
Deckungsbeitrag Hersteller	7,03 €	150 %	9,98 €	100 %
Einkauf Facheinzelhandel (FEH)	**11,72 €**		**19,95 €**	
Deckungsbeitrag Händler	12,70 €	150 %	19,97 €	140 %
MwSt	4,88 €		7,98 €	
Verkaufspreis für Konsumenten	**29,30 €**		**47,90 €**	

liegt dieser Wert sogar bei durchschnittlich 11 Ländern. Insgesamt zeichnen sich vier unterschiedliche internationale Expansionsstrategien für österreichische Handelsunternehmen ab:

1. *organische Expansion:* Dies ist im Regelfall das ertragsstärkste, aber auch riskanteste Konzept. Die Expansion verläuft langsam und die Gefahr, lokale Märkte nicht zu verstehen, ist groß. Einige wenige österreichische Handelsgruppen mussten bei ihren Aktivitäten bitteres »Lehrgeld« zahlen und sich sogar wieder aus den Ländern zurückziehen.

2. *Akquisition eines lokalen Händlers:* Dieser Weg bringt einen schnelleren Marktzutritt und besseres Marktwissen. Kulturelle Differenzen und Unsicherheiten haben so manches österreichische Projekt zum Scheitern gebracht.

3. *Joint Venture mit einem lokalen Händler:* Dieser Internationalisierungsansatz ist vor allem dann notwendig, wenn es um abgeriegelte Märkte wie China oder Indien geht. Österreichische Händler sind bis dato in diesen Ländern nicht vertreten. Sehr wohl aber finden sich in China und Indien Produktionsstätten österreichischer Industriebetriebe.

4. *Franchising:* Vor allem nach dem Zerfall der Sowjetunion war Österreich Brückenkopf für Franchise-Projekte in Central Eastern Europe (z. B. McDonald's, Tupperware, Mway). Diese Brückenkopffunktion ist in der Periode nach 2000 eher rückläufig geworden.

Die Wirtschaftskrise in Europa, und vor allem in CEE, bedeutet für das Engagement österreichischer Handelskonzerne große Herausforderungen und stellt so manche Erfolgsstory in Frage. So schlitterte sogar bauMax in ein massives Verlustszenario.

Das Gebäude am Währinger Park in Wien beheimatete die frühere Exportakademie (1916–1919), danach die Hochschule für Welthandel (1919–1975) sowie die spätere Wirtschaftsuniversität Wien (1975–1982).

VI. DIE BEDEUTUNG DES HANDELS IN DER ÖSTERREICHISCHEN NATIONALÖKONOMIE UND BETRIEBSWIRTSCHAFTSLEHRE

Die »österreichischen« Merkantilisten beschäftigten sich theoretisch und wirtschaftspolitisch eingehend mit der Bedeutung des Handels für die wirtschaftliche Entwicklung eines Landes.

Johann Joachim Becher (1635–1682) betrachtet den Staat als Wirtschaftsgemeinschaft der drei Stände Bauern, Handwerker und Kaufleute, deren wohlorganisiertes Zusammenwirken die Grundlage von Volksvermehrung und Steigerung des allgemeinen Wohlstandes ist. Becher schreibt dabei der Konsumtion und damit dem Handel sogar die entscheidende Rolle zu. Der Kaufmann ist die »Grundsäule« der drei Stände, denn von ihm »lebt der Handwercksmann, von diesen der Bauer, von diesen der Edelmann, von diesen der Landes-Fürst, und von diesen allen wieder der Kauffmann: das seynd diejenigen Hände, welche einander vereinigen müssen«.

In Philip Wilhelm von Hörnigks (1640–1714) *Österreich über alles, wann es nur will* (erschienen 1684) kommt den Kaufleuten eine maßgebliche Rolle bei der Entwicklung der Landesökonomie zu: die Kaufmannschaft sei – zumindest »in ihrem mehresten … als das vornehmste Instrument ihrer Aufnahm anzusehen«. Dies ließ er allerdings nur für jenen Teil der Kaufmannschaft gelten, »wo die inländische überflüssige Güter nicht rohe (außer derjenigen, die anderst nicht als rohe zu nutzen sind) sondern Manufacturen hinauswärts verhandlet und dafür frembdes Geld in das Land gezogen wird; … Nicht weniger, wann innerhalb eigenen Landes rohe Waren genommen, zu Manufacturen verarbeitet und

wieder innerhalb des Landes angebracht werden.« Von diesen Kaufleuten unterschied Hörnigk einen andern, für die Landesökonomie schädlichen Typ, der »Manufacturen außer Lands kauft, um selbige, wie sie seind, inner Land wieder zu verkaufen, und dafür das gute Geld hinaus trägt oder bloßhin ausländische Factoreien treibt, das ist eine nichtswürdige, verderbliche und unerträgliche Krämerei«. Die Mehrzahl der inländischen Handelsleute seien allerdings nur am Importhandel interessiert. Denn »schriee etwa einer für die inländischen Commerzien, so schrieen zehen andere dagegen, sowohl Kaufleut als Herren … Kaufleut schrieen dagegen, weilen sie entweder Ausländer, die sich um das Wohl und Wehe unseres lieben Vaterlands wenig bekümmern« – hier meint Hörnigk in erster Linie die Niederleger –, oder »weilen sie zwar Inländer, doch auf fremde Kapitalien und Kredit handeln« und »nur gelernt haben, gemachte Waren anderswo um wenig einzukramen und um viel wiederum hinzugeben.« Angesichts dieser widrigen Verhältnisse ist die Gründung von Handelskompanien für die merkantilistischen Ökonomen eines der wichtigsten Instrumente der wirtschaftlichen Entwicklungspolitik, um die Exportfähigkeit der inländischen Industrie systematisch zu steigern. Becher ging in seinen Empfehlungen noch darüber hinaus, indem er den Handelskompanien auch die Entscheidung über die Zulässigkeit von Importen übertragen wollte. Solche Vorstellungen stießen auf den schärfsten Widerstand der Niederleger, die auf ihren alten Privilegien insistierten.

Joseph Freiherr von Sonnenfels (1732–1817). Kupferstich nach dem Portrait von Johann Baptist Lampi aus der Zeit um 1800.

Das Misstrauen gegenüber dem Handel, dass dieser die ihm idealiter zugedachte Rolle als Impulsgeber tatsächlich wahrnehme, blieb über mehr als ein Jahrhundert lang kennzeichnend für die Einstellung der Ökonomen. Noch Joseph von Sonnenfels (1732–1817) sieht in seinem Lehrbuch *Grundsätze der Polizey, Handlung und Finanz* in der Kaufmannschaft »das größte Hindernis der Nationalfabrikation«: »Die Nationalhandelsleute und hauptsächlich die Kleinverkäufer werden sich immer sträuben, inländische Fabrikation abzunehmen, weil sie dabei überhaupt keinen so großen Gewinn machen können.«

In einem Traktat des Wiener Niederlegers Josef von Weinbrenner wird die »fast durchgängige grobe Unwissenheit unserer eignen Kaufleute« als bedeutendes Hemmnis genannt, die »nicht gewohnt waren, darüber nachzudenken wie wichtig der Unterschied zwischen ihrer mechanisch getriebenen Krämerey und dem eigentlichen Handel wäre«. Verfehlt nennt Weinbrenner auch die Versuche der Regierung, die Aufgabe der Ausbildung der Kaufmannschaft den Importgroßhändlern an-

zuvertrauen, welche die Kaufmannschaft in ihrer Abneigung gegen die inländischen Fabrikwaren bestärkten.

Joseph von Sonnenfels wendet sich gegen die physiokratische Doktrin, die den Handel gemeinsam mit der gewerblichen Güterproduktion der *classe sterile* zuordnet, d. h. als unproduktive Tätigkeitsform betrachtet. Die Nützlichkeit aller wirtschaftlichen Aktivitäten ist nach Sonnenfels danach zu beurteilen, »ob sie die Beschäftigung vergrößern, das ist, die Mittel zum Unterhalte des Volkes vermehren«. Explizit trifft dies auf den Exporthandel zu: »Bey auswärts abgesetzten Waaren … ist der Gewinn des Handelsmanns … wahre Vermehrung, entweder an Numerären oder an dafür eingehenden Waaren.«

Die Geringschätzung des Handels durch die englischen Klassiker der Nationalökonomie (Smith, Ricardo) wurde zwar nicht von allen ihren Nachfolgern geteilt. Theoretisch endgültig überwunden wurde die physiokratische Auffassung vom Handel erst durch die subjektive Wertlehre der Österreichischen Schule der Nationalökonomie (Carl Menger, 1840–1920). Alle Formen ökonomischer Aktivität, die zur Genussreife der Konsumgüter (»Güter erster Ordnung«) beitragen, tragen auch zum »Wert« des betreffenden Gutes bei.

Bereits Josef (Ritter von) Kudler, 1786–1853), der in der Nachfolge von Sonnenfels ab 1821 an der Wiener Universität als »Professor der politischen Wissenschaften und der österreichischen politischen Gesetzeskunde« Staatswissenschaft und Nationalökonomie lehrte, hatte in seinem Lehrbuch *Die Grundlehren der Volkswirthschaft* (1845) die Funktion des Handels als »Thätigkeit« definiert, »eine Sache zur Befriedigung der Bedürfnisse tauglich zu machen, oder diese Eigenschaft zu erhöhen«. Die Produktivität des Handels begründete er damit, dass er die für ihren Gebrauch notwendige »Zugänglichkeit« der Waren erst hervorbringe. Kudlers Lehrbuch enthielt nach dem Vorbild von Karl Heinrich Raus Lehrbuch *Grundsätze der Volkswirthschaftslehre* (1826)

Betriebswirtschaftslehre des Handels

Die systematische Zusammenfassung des Wissens über den Handel, die die Bezeichnung Wissenschaft verdient, ist wesentlich älter als die klassische Nationalökonomie. Dies trifft auch auf die Tradition der Geringschätzung des Handels zu. Sowohl bei Aristoteles als auch daran anschließend in der scholastischen Theologie wird bis in das 17. Jahrhundert herauf die Beschäftigung im Handel als »unproduktive« Form der wirtschaftlichen Aktivität betrachtet. Diese Sichtweise reicht über die englischen Klassiker und Karl Marx bis in die Handelslehre der »sozialistischen Staaten« des 20. Jahrhunderts, die allein die Produktion von Investitions- und Konsumgütern als eigentlichen Zweck der Wirtschaftstätigkeit betrachtete.

Im europäischen Wirtschaftsdenken seit dem Mittelalter lassen sich mehrere Entwicklungsstufen der Handelsbetriebslehre nachzeichnen (siehe Kasten). In dieser Abfolge ist der Handel als eigene Tätigkeitsform zuerst Gegenstand von Traktaten zur praktischen Handlungsanleitung des Kaufmannes, später von Spezialkapiteln in Lehrbüchern der Nationalökonomie. Erst im 20. Jahrhundert spaltete sich die spezielle Ökonomik der Unternehmung und der einzelnen Wirtschaftszweige endgültig als Betriebswirtschaftslehre von der Volkswirtschaftslehre ab.

Josef Ritter von Kudler (1786–1853) lehrte an der Wiener Universität Staatswissenschaft und Nationalökonomie.

in seinem »Practischen Theil« auch einen eigenen Abschnitt über den Handel. Als »Aufgaben des Handels« sieht Kudler den Einkauf, die Verfrachtung, die Aufbewahrung und den Verkauf, als hauptsächliche Mittel Kapital und Kredit sowie »eine zweckmäßige Bildung der Handelsleute«. Hingegen liege das Wesen des Handels … nicht in dem bloßen Einkaufe von Gütern in der Absicht eines vortheilhaften Wiederverkaufs«, der als bloße »Speculation« scharf vom Handel unterschieden wird.

1. Stufe	Die verkehrs- und rechentechnischen Anleitungen	(13. bis Mitte 17. Jhdt.)
2. Stufe	Die systematische »Handlungswissenschaft«	(1675–1804)
3. Stufe	Die Niedergangzeit der Handelswissenschaft unter dem Einfluss von englischer Klassik und deutscher Historischer Schule	(19. Jhdt.)
4. Stufe	Die Aufbauzeit der beschreibenden Handelstechnik/Trennung in Außen- und Binnenhandelslehre	(1898–1911)
5. Stufe	Der Ausbau der Handelsbetriebslehre zur Allgemeinen theoretischen Betriebswirtschaftslehre	(1912–1930)
6. Stufe	Der Ausbau der Betriebswirtschaftspolitik/Aufbau der Absatzlehre (Absatzwirtschaft)	(1931–1945)
7. Stufe	Der Ausbau der Absatzpolitik	(1946–1964)
8. Stufe	Die Verdrängung von Handelsbetriebs- und Absatzpolitik durch die Marketing-Lehre	(1965–1974)
9. Stufe	Die Reaktion: Aufbau eines eigenständigen Handelsmarketings	(seit 1974)

Karl Oberparleiter (1886–1968) war nach dem Zweiten Weltkrieg mehrere Jahre lang Rektor der Hochschule für Welthandel in Wien.

Paul F. Lazarsfeld (1901–1976). Aufnahme von Max Fenichel.

Ein frühes Standardwerk für die Betriebswirtschaftslehre des Handels verfasste Karl Oberparleiter (1886–1968, Professor an der Hochschule für Welthandel) mit seiner *Funktionen- und Risikolehre des Warenhandels* (1930, erweiterte Version seines bereits 1917 erschienenen Aufsatzes *Funktionen des Handels*). Oberparleiter unterscheidet zwischen den Dienstleistungen des Handels und seiner Funktion als Risikoträger. Die Dienstleistungsfunktionen umfassen die auch von Kudler genannten »Aufgaben«, Oberparleiter zählt dazu auch noch die Kreditfunktion und die Werbefunktion. Neu und bahnbrechend ist seine »Risikenlehre des Handels«, in der die den einzelnen Dienstleistungsfunktionen innewohnenden Momente der Unsicherheit, unter denen Entscheidungen getroffen werden müssen, systematisch abgehandelt werden.

Älter als Oberparleiters Funktionslehre des Handels ist das dem Umkreis der Handelswissenschaften zugehörige Pionierwerk Victor Matajas *Die Reklame* (1909). Mataja (1857–

1934) verfasste seine systematische Abhandlung über Wesen, Methoden und Wirkungsweise der Reklame auf der theoretischen Grundlage der Lehren der Österreichischen Schule der Nationalökonomie. Ein Pionier der Marktforschung war der berühmte Soziologe Paul F. Lazarsfeld (1901–1976), der vor seiner Emigration in die USA als Leiter der »Wirtschaftspsychologischen Forschungsstelle« am Psychologischen Institut der Universität Wien tätig war.

Die Handelswissenschaften im akademischen Bildungssystem

Die 1898 in Wien gegründete »Exportakademie« hatte in ihren Anfangsjahren vor allem die Aufgabe einer umfassenden Ausbildung hochqualifizierter Fachkräfte für im Außenhandel tätige Unternehmungen. Eine theoretische Fundierung für diese Erfordernisse bot die sich langsam entwickelnde wissenschaftliche Beschäftigung mit dem Handel

und ihm verwandten Bereichen sowie mit dem Rechnungswesen. Die zunehmende Bedeutung der Wissenschaften vom Handel und von der Betriebsführung fand ihren Ausdruck in der 1919 erfolgten Umwandlung der Exportakademie in die »Hochschule für Welthandel«, der allerdings wegen der Widerstandes der etablierten Universitäten erst 1930 das Promotionsrecht zuerkannt wurde. In der Zeit zwischen den Weltkriegen wurden Lehrangebot und Spektrum der wissenschaftlichen Beschäftigung mit Gegenständen kaufmännisch-unternehmerischer Tätigkeiten weiter diversifiziert. Z. B. wurden Institute für Bankwissenschaften, Verkehrs- und Versicherungswesen, Reklamewissenschaften und Steuerlehre eingerichtet. Nach dem Zweiten Weltkrieg erfolgten weitere Institutsgründungen für industrielle Betriebswirtschaftslehre, Fremdenverkehr u. a.

Die Nationalökonomie wurde bis 1966 nur als Ergänzungsfach der handelswissenschaftlichen Studien angeboten. Bis in die 70er-Jahre wurde die Nationalökonomie an der Hochschule für Welthandel von Vertretern der von Othmar Spann begründeten sog. »Ganzheitslehre« dominiert, die sich allerdings kaum als theoretische Grundlage für eine wissenschaftliche Behandlung der handels- und betriebswirtschaftlichen Fächer der Universität eignete.

Im Zuge der Neuorganisation des Hochschulwesens in Österreich wurde die Hochschule für Welthandel 1975 in die »Wirtschaftsuniversität Wien« (»WU«) umgewandelt. Die Absolventen graduierten künftig (bis 2010) als Magister, die Verleihung des akademischen Grades »Diplomkaufmann« lief aus. Parallel zur rasanten Zunahme der Zahl der Studierenden (ca. 9 000 Anfang der 80er-Jahre auf

Im Institutsgebäude I der Johannes-Kepler-Universität Linz waren zwischen den 60er- und 80er-Jahren die Betriebs- und die Volkswirtschaftslehre untergebracht.

Das Gebäude am Währinger Park ist bis heute als »Altbau« im Gebrauch.

Seit 1982 ist die Wirtschaftsuniversität Wien am Standort Althanstraße angesiedelt.

fast 27 000 im Jahr 2012) wurde das Lehrangebot stark ausgeweitet und um neue Bereiche (z. B. Unternehmensführung, Operations Research, Personalwirtschaft, Wirtschaftsinformatik und Marketing) ergänzt. Auch die heutige Wirtschaftsuniversität hält an der Praxisnähe ihres diversifizierten Ausbildungsangebots fest.

Handelswissenschaft wird als Studienfach im Rahmen des Betriebswirtschaftsstudiums von den Universitäten in Wien, Graz, Innsbruck, an der 1966 gegründeten Universität Linz und zuletzt auch in Klagenfurt angeboten. Seit den 90er-Jahren können die Handelswissenschaften (heute vielfach als Internationale Betriebswirtschaftslehre bezeichnet) mit weiteren Spezialisierungen auch an mehreren Fachhochschulen studiert werden.

Die Sozial- und Wirtschaftswissenschaftliche Fakultät der Karl-Franzens-Universität Graz wurde 1975 gegründet. Die wirtschaftswissenschaftliche Ausbildung hat in Graz aber eine viel längere Tradition. So lehrte dort von 1911–1921 Joseph Schumpeter.

Das futuristisch anmutende Library and Learning Centre der neuen Wirtschaftsuniversität Wien wird nach den Entwürfen von Zaha Hadid gebaut. Im Jahr 2013 erfolgt der Umzug in den neuen Campus bei der Wiener Messe.

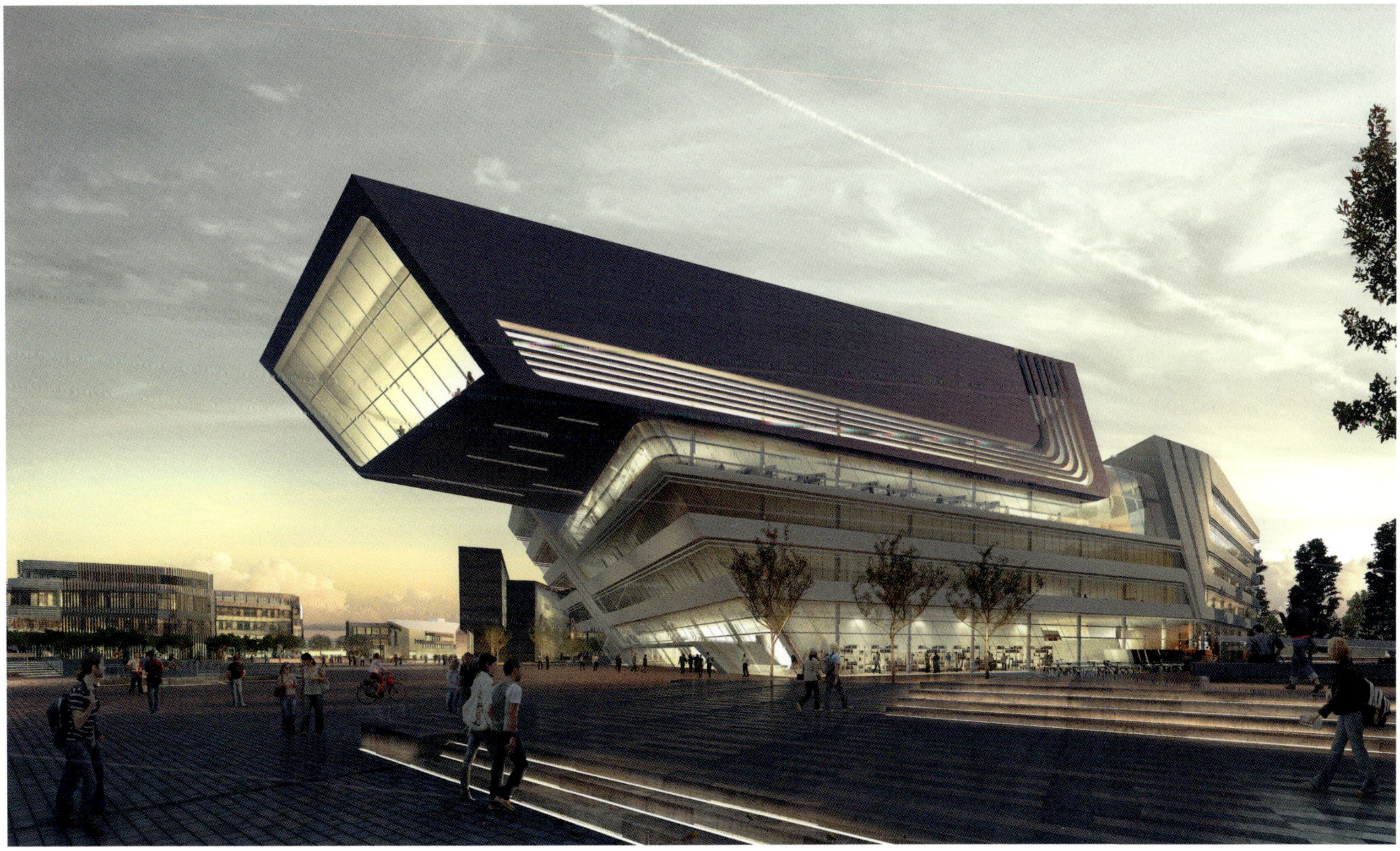

Literatur und Quellen

50 Jahre Selbstbedienung, Dynamik im Handel, Sonderausgabe, Oktober 1988.

Albrich, Thomas (Hg.): Von Salomon Sulzer bis »Bauer & Schwarz«: jüdische Vorreiter der Moderne in Tirol und Vorarlberg. Innsbruck 2009.

ACNielsen: Statistische Jahrbücher, mehrere Jgg.

Andersen, A.: Der Traum vom guten Leben. Alltags- und Konsumgeschichte vom Wirtschaftswunder bis heute. Frankfurt/M. 1997.

Auto & Wirtschaft, div. Ausgaben.

Bachleitner, Norbert / Franz M. Eybl / Ernst Fischer: Geschichte des Buchhandels in Österreich (Geschichte des Buchhandels, 6). Wiesbaden 2000.

Bandhauer-Schöffmann, Irene/Regine Bendl (Hg.): Unternehmerinnen. Geschichte und Gegenwart selbständiger Erwerbstätigkeit von Frauen. Frankfurt/M. 2000.

Bandhauer-Schöffmann, Irene: Wiener Geschäftsfrauen um die Jahrhundertwende, in: Irene Bandhauer-Schöffmann (Hg.): Auf dem Weg zur Beletage. Frauen in der Wirtschaft. Wien 1997, 145–178.

Barth-Scalmani, Gunda: Frauen in der Welt des Handels an der Wende vom 18. zum 19. Jahrhundert: Eine regionalgeschichtliche Typologie, in: Irene Bandhauer-Schöffmann und Adolf Beer: Die österreichische Handelspolitik im neunzehnten Jahrhundert. Wien 1891.

Bauer, Hans-Jörg / Bernd Hallier: Kultur und Geschichte des Handels. Köln 1999.

Beisheim, Otto: Distribution im Umbruch. München 1999.

Beiträge zur neuesten Handelspolitik Österreichs, hg. Vom Verein für Socialpolitik (= Schriften des Vereins für Socialpolitik XCIII), Leipzig 1901.

Benischko, Siegfried: Die historische Entwicklung der österreichischen Konsumgenossenschaften, unter besonderer Berücksichtigung der oberösterreichischen Konsumgenossenschaften und deren organisatorischen Entwicklung als Instrument der Unternehmensführung. Diplomarbeit. Linz 1987.

Berghoff, Hartmut (Hg.): Marketinggeschichte. Frankfurt – New York 2007.

Bito, Julia: Einkaufen in einem kleinen Ort. Am Fallbeispiel der Greißlerei Kitzmüller in Axberg, Oberösterreich. Diplomarbeit. Wien 2007.

Blaich, Robert: Der rote Riese wankt ...: 1988 – Vision, 1995 – Realität; die Entwicklung der Konsumgenossenschaften in Österreich. Wien 1995.

Bogendorfer, René u. a.: Werbebeschränkungen. Was erlaubt und was verboten ist. Wien 2009.

Brazda, Johann: Zur Geschichte der bürgerlichen Konsumgenossenschaften und des Allgemeinen Verbandes in Österreich. (Schulze-Delitzsch-Schriftenreihe 16). Wien 1996.

Breuss, Susanne/Franz X. Eder (Hg.): Konsumieren in Österreich im 19. und 20. Jahrhundert. Wien 2006.

Brewer, John / Roy Porter (Hg.): Consumption and the World of Goods. London 1993.

Brown, Stephen (ed.): Consuming Books. The Marketing and Consumption of Literature. London 2006.

Bruckmüller, Ernst / Ernst Hanisch / Roman Sandgruber / Norbert Weigl: Geschichte der österreichischen Land- und Forstwirtschaft im 20. Jahrhundert. Politik. Gesellschaft. Wirtschaft. Wien 2002.

Bundesministerium für Land- und Forstrwirtschaft, Umwelt und Wasserwirtschaft: Bundes-Abfallwirtschaftsplan 2011. Wien 2011.

Chaloupek, Günther / Peter Eigner / Michael Wagner: Wien Wirtschaftsgeschichte 1740–1938, 2 Bde. Wien 1991.

Crossick, Geoffrey / Serge Jaumin (ed.): Cathedrals of Consumption: The European Department Store, 1850–1939. Aldershot 1999.

Csokor, Franz Theodor: Schuß in's Geschäft – Der Fall Otto Eissler. Berlin 1924.

Denscher, Bernhard: Kunst & Kommerz. Zur Geschichte der Wirtschaftswerbung in Österreich. Wien 1985.

Der Standard, diverse Ausgaben.

Dichtl, Erwin / Michael Lingenfelder (Hg.): Meilensteine im deutschen Handel. Frankfurt/M. 1998.

Die Presse, div. Ausgaben.

Dirninger, Christian: Handel im Wandel. Vom Greißler zum Supermarkt. In: Hans Haas / Robert Kriechbaumer (Hg.): Salzburg. Städtische Lebenswelt(en) seit 1945. Wien 2000.

Ditt, K.: Rationalisierung im Einzelhandel: Die Einführung und Entwicklung der Selbstbedienung in der Bundesrepublik Deutschland 1949–2000. In: M. Prinz (Hg.): Der lange Weg in den Überfluß. Paderborn 2003, 315-356.

Duso, Tomaso / Klaus Gugler / Burcin B. Yurtoglu: How effective is European merger control?, in: European Economic Review 55 (2011), 980–1006.

Ellegast, Franz: Erinnerungen eines alten Kaufmannes. Wien 1967.

Energiehandel und Energiemärkte, mit Beitr. von Ludwig Aumüller. (Tagungsberichte des Energiewirtschaftlichen Instituts 30). München 1998.

Engel, Alexander von: Österreichs Holz-Industrie und Holzhandel: technische, wirtschaftliche und statistische Mitteilungen für Holzindustrielle, Holzhändler, Forstwirte u.s.w.; eine Monographie, 2 Bde. Wien 1907.

Erfolgsstrategien im Möbelhandel. Wettbewerbschancen für Klein- und Mittelbetriebe (Projektleitung: Rolf Eschenbach, Hermann Kunesch). Wien 1992.

Ergebnisse der gewerblichen Betriebszählung vom 3. Juni 1902 in den im Reichsrathe vertretenen Königreichen und Ländern (= Österreichische Statistik LXXV), bearb. von dem Bureau der k. k. Statistischen Zentralkommission. Wien 1905–1908.

Ergebnisse der landwirtschaftlichen Betriebszählung vom 3. Juni 1902 in den im Reichsrate vertretenen Königreichen und Ländern. 1. Heft: Analytische Bearbeitung, Summarische Daten für das Reich, die Verwaltungsgebiete und Länder, nebst Anhang, enthaltend Übersichten nach natürlichen Gebieten (= Österreichische Statistik LXXXIII.1), bearb. von dem Bureau der k. k. Statistischen Zentralkommission. Wien 1909.

Esch, Franz-Rudolf / Werner Kroeber-Riel: Strategie und Technik der Werbung. Verhaltenswissenschaftliche Ansätze für Offline- und Online-Werbung. Stuttgart 2009 (7. vollst. überarb. A.)

Eulert, Marc: Die Ermittlung branchenspezifischer Erfolgsfaktoren am Beispiel des österreichischen Baustoffhandels. Dissertation. Wien 1997.

Feichter, Robert: Branchenanalyse und Analyse der strategischen Erfolgsfaktoren des österreichischen Automobilhandels. Diplomarbeit. Wien 2000.

Felser, Georg: Werbe- und Konsumentenpsychologie. Berlin – Heidelberg 2007 (3. A.)

Fessel, Klaus / Josef Leitner: Entwicklung der Werbung in Österreich: eine quantitative Analyse, in: transfer – Werbeforschung & Praxis 1 + 2/2005, 38–40.

Fleischmann, Otto: Strukturveränderungen im europäischen Kohlenhandel. Dissertation. Wien 1935.

Foltinek, Herbert: Landmaschinen in Österreich: Stand und Entwicklungstendenzen bis 1970. Wien 1971.

Frei, Helmut: Tempel der Kauflust: Eine Geschichte der Warenhauskultur. Leipzig 1997.

Friedmann, Marion: Zur Struktur der österreichischen Designbranche. Eine GABEK-Analyse im Möbeldesignhandel. Wien 2002.

Fronik, Maja Martina: Die Entwicklung des österreichischen Möbelhandels von 1945 bis 2003 am Beispiel der Unternehmensgruppe Möbel Lutz. Diplomarbeit. Wien 2003.

Garhofer, Emil: Hundert Jahre österreichische Gewerbepolitik, in: Hans Mayer (Hg.): Hundert Jahre österreichischer Wirtschaftsentwicklung 1848–1948. Wien 1949.

Gasteiger, Nepomuk: Der Konsument. Verbraucherbilder in Werbung, Konsumkritik und Verbraucherschutz 1945–1989. Frankfurt/M. 2010.

Girschik, Katja: Als die Kassen lesen lernten. Eine Technik- und Unternehmensgeschichte des Schweizer Einzelhandels 1950–1975 (= Schriftenreihe zur Zeitschrift für Unternehmensgeschichte 22). München 2010.

Gli imperi del commercio – Die Welt des Handels: Geschichte und Kultur, Texte: Flavio Conti u. Gherardo Bozzetti. Stuttgart – Wien 1983.

Goldener Trend, div. Ausgaben.

Grazia, Victoria de / Ellen Furlough (ed.): The Sex of Things: Gender and Consumption in Historical Perspective. Berkeley 1996.

Groß, Friedrich Raimund: Vom Greißler zum Landkaufmann. Dargestellt am Beispiel der Gemischtwarenhandlung Friedrich Groß in Sebersdorf. Diplomarbeit. Graz 2002.

Gschiel, Christina / Ulrike Niemth / Leonhard Weidinger: Schneidern und Sammeln. Die Wiener Familie Rothberger. Wien 2010.

Hall, Murray G.: Österreichische Verlagsgeschichte 1918–1938 in 2 Bdn. Wien – Köln 1985.

Handelsverband (Hg.): 1923 bis 2003. 80 Jahre Handelsverband. Wien 2003.

Haslinger, Ingrid: Kunde: Kaiser. Die Geschichte der ehemaligen k.u.k. Hoflieferanten. Wien 1996.

Haverkamp, Christof: Von Haren über Brüssel nach Wien – Die Geschichte des Textilkaufmanns Stefan Esders. In: Jahrbuch des Emsländischen Heimatbundes, Band 53, 2007, 9–44.

Haverkamp, Michael / Hans-Jürgen Teuteberg (Hg.): Unterm Strich. Von der Winkelkrämerei zum E-Commerce. Bramsche 2000.

Heigl, Hubert: Die Angleichung des ostmärkischen Kohlenhandels an die Marktordnung des Altreiches: Eine betriebswirtschaftliche Untersuchung. Dissertation. Wien 1941.

Heinold, Ehrhardt / Gernot Keuchen: Bücher und Buchhändler. Buchhandlungen in der Informationsgesellschaft. Heidelberg 2001 (4., vollst. überarb. A.).

Hiller, Helmut / Stephan Füssel: Wörterbuch des Buches. Frankfurt/M. 2006 (7. grundlegend überarb. A., mit online-Aktualisierung).

Hofmann, Ines u. a.: Die wirtschaftliche Lage des Handels, Ausgabe 2009. Hrsg. von der Kammer für Arbeiter und Angestellte für Wien, Abteilung Betriebswirtschaft. Wien 2009.

Huber, Peter / Ulrike Huemer: Beschäftigte im Handel, Beiträge zur Wirtschaftspolitik 18. Wien 2004.

Hutchens, Anna: Changing big business. The globalisation of the fair trade movement. Cheltenham 2009.

Institut für Verpackungswesen, WU Wien (Hg.): Selbstbedienung in Österreich. Wien 1978.

Jahrbuch der Werbung in Deutschland, Österreich und der Schweiz. Düsseldorf – Wien – New York, div. Jgg.

Jauker, Josef: Lebensmittelmarken und Bezugsscheine. Eurojournal Mühlviertel-Böhmerwald Jg. 2 (Linz 1996), Sonderh. 1, S. 34–37 (Betrifft die Aufzeichnungen von Franz Pfleger, Besitzer des Kaufhauses Pfleger (jetzt Jauker) in Aigen-Schlägl Nr. 17, von 1939–1945).

John, Michael: Über ein Linzer Warenhaus. Kraus & Schober, eine erfolgreiche Unternehmerfamilie und eine Spurensuche in Israel. Linz aktiv 130, 1994, 47–54.

Kalmár, János / Mela Waldstein: K. u. K. Hoflieferanten Wiens. Graz 2001.

Kastner & Öhler 1873–2008. Die ersten 135 Jahre. Graz 2008.

Katzinger, Willibald / Erwin Kerschbaummayr / Franz Pisecky / Roman Sandgruber: Der Handel in Oberösterreich. Tradition und Zukunft. Linz 2002.

Kauer, Josef Andreas: Marktfahren einst und jetzt – ein bedeutender Leondinger Wirtschaftsfaktor, Leondinger Gemeindebrief 22, 1992, F. 98, 16–20.

Kloepfer, Rolf: Ästhetik der Werbung. Der Fernsehspot in Europa als Symptom neuer Macht. Frankfurt/M. 1991.

KMU Forschung Austria: Der Großhandel in Wien und Österreich. Primärerhebung. Endbericht. Wien 2007.

KMU Forschung Austria: Der österreichische Handel, div. Jgg.

Koiner, Franz: Hundert Jahre ADEG: Partnerschaft zum Erfolg. Wien 1995.

König, Wolfgang: Geschichte der Konsumgesellschaft. (Vierteljahrschrift für Sozial- und Wirtschaftsgeschichte, Beihefte 154). Stuttgart 2000.

Kosbow, Norbert: Analyse des österreichischen Möbelhandels nach ÖNACE (2003). Diplomarbeit. Wien 2004.

Köse, Yavuz: »Stein billig und fein – Mayer schlecht und teier«. Österreichische Warenhäuser in Istanbul (1855–1942), in: Österreich in Istanbul: K. (u.) K. Präsenz im Osmanischen Reich, hg. v. Rudolf Agstner und Elmar Samsinger. Wien 2010.

Kotler, Philip: Marketing management. Upper Saddle River, New Jersey (13. A.).

Kroeber-Riel, Werner / Franz-Rudolf Esche: Strategie und Technik der Werbung. Verhaltens- und neurowissenschaftliche Erkenntnisse. Stuttgart 2011 (7. akt. u. überarb. A.).

Landau, Helene: Die Entwicklung des Warenhandels in Österreich. Leipzig 1906.

Lehne, Andreas (Hg.): Wiener Warenhäuser 1865–1914. (= Forschungen und Beiträge zur Wiener Stadtgeschichte, Band 20). Wien 1990.

Lehrbaumer, Margareta: Womit kann ich dienen? Julius Meinl. Auf den Spuren einer großen Marke. Wien 2000.

Lummel, Peter / Andrea Deak (Hg.): Einkaufen! Eine Geschichte des täglichen Bedarfs. Berlin 2004.

Mayer, Sigmund: Ein jüdischer Kaufmann 1831–1911. Lebenserinnerungen. Leipzig 1911.

McNair, M. P.: Trends in Large-scale Retailing, in : Harvard Business Review 1/10, 1931, 30–39.

Meißl, Gerhard: Altväterisches oder modernes Wien. Zur Diskussion um die Warenhäuser und die Warenhaussteuer in Wien zwischen 1890 und 1914. In: Andreas Lehne (Hg.): Wiener Warenhäuser 1865–1914, 61ff.

Metro Group: Metro-Handelslexikon, div. Jgg. Düsseldorf.

Mitterer, Karl: Erinnerungen an Ennser Greißler von anno dazumal. Mitteilungen des Museumvereines Lauriacum-Enns N. F. H. 35, 1997, 69–93.

Mölk, Anton: Entwicklung der Selbstbedienung im österreichischen Lebensmittel-Einzelhandel Wien. Diplomarbeit. Wien 1974.

Mosser, Alois / Gerhard Brunner: Autoland Österreich. 100 Jahre Interessenvertretung der Österreichischen Fahrzeugindustrie. Wien 2007.

Mugler, Josef: Die Wiener Schule der Betriebswirtschaftslehre, in: Journal für Betriebswirtschaftslehre 2/1998, 45–87.

Nast, Matthias: Die stummen Verkäufer. Lebensmittelverpackungen im Zeitalter der Konsumgesellschaft. Umwelthistorische Untersuchung über die Entwicklung der Warenpackung und den Wandel der Einkaufsgewohnheiten (1950er- bis 1990er-Jahre). Bern 1997.

Nautz, Jürgen: Die österreichische Handelspolitik der Nachkriegszeit 1918 bis 1923. Die Handelsvertragsbeziehungen zu den Nachfolgestaaten. Wien – Köln – Graz 1994.

Neuber's Enkel Großdrogerie (Hg.): 140 Jahre Wilhelm Neuber. Festschrift. Wien 2008.

Nielsen Company: Handel in Österreich – Basisdaten und historische Daten. Wien lfd. ab 1983.

Ochs, Michael / Bernd A. Steinauer: Die Discounter: Erfolge auf dem Weg zum Verbraucher. Hamburg 2004, S. 30–34; Handelsblatt online vom 1. 12. 2005 (http://www.handelsblatt.com/ vom 18. 5. 2007).

Ossinger, Raimund: 50 Jahre Baustoffhandelsverbände in Österreich 1908–1958. Wien 1958.

Österreichisches Statistisches Handbuch für die im Reichsrathe vertretenen Königreiche und Länder, Jg. 1–33 (1882–1914). Wien 1883–1916.

Österreichs Presse Werbung Grafik Handbuch, div. Jgg.

Panzer, Fritz / Elfriede Scheipl: Buchverlage in Österreich. Wien 2001.

Pfister, Ulrich: Vom Kiepenkerl zu Karstadt. Einzelhandel und Warenkultur im 19. und frühen 20. Jahrhundert, in: VSWG 87 (2000), 39–66.

Pincas, Stéphane/Marc Loiseau/Howard Davis: Eine Geschichte der Werbung. Hong Kong 2008.

Pribram, Karl: Geschichte der österreichischen Gewerbepolitik von 1740–1780. Leipzig 1907 (ND Wien 2010).

Reinhardt, Dirk: Beten oder Bummeln? Der Kampf um die Schaufensterfreiheit, in: Peter Borscheid / Clemens Wischermann (Hg.): Bild-

erwelt des Alltags. Werbung in der Konsumgesellschaft des 19. und 20. Jahrhunderts. Stuttgart 1995, 116–125.

Republik Österreich – Bundeswettbewerbsbehörde: Allgemeine Untersuchung des österreichischen Lebensmittelhandels unter besonderer Berücksichtigung ds Aspekts der Nachfragemacht. Wien 2007.

Resch, Andreas (Hg.): Kartelle in Österreich. Wien 2003.

Resch, Andreas: Das Geschäft mit Wort und Bild. Wirtschaftsgeschichte der Massenmedien und der Werbebranche in Wien. Wien – Berlin 2008.

Riegler-Swoboda, Bernhard Christian: Die strategischen Erfolgsfaktoren im österreichischen Automobilhandel auf Importeursebene. Diplomarbeit. Wien 1996.

Rogers, Jim: Rohstoffe – der attraktivste Markt der Welt. Wie jeder von Öl, Kaffee und Co. profitieren kann. München 2005.

Sandgruber, Roman: Bittersüße Genüsse. Kulturgeschichte der Genußmittel. Wien 1986.

Sandgruber, Roman: Die Anfänge der Konsumgesellschaft. Wien 1982.

Sandgruber, Roman: Die Energieversorgung Wiens im 18. und 19. Jahrhundert, In: Bergbau in Niederösterreich, hg. v. Andreas Kusternig. Wien 1987, 459–490.

Sandgruber, Roman: Österreichische Agrarstatistik 1750–1918. Wien 1978.

Sandgruber, Roman: Strom der Zeit: das Jahrhundert der Elektrizität. Linz 1992.

Schenk, Hans-Otto / Hiltrud Tenbrink / Horst Zündorf: Die Konzentration im Handel. Ursachen. Messung, Stand, Entwicklung und Auswirkungen der Konzentration im Handel und konzentrationspolitische Konsequenzen. Berlin 1984.

Scheuch, Fritz: Marketing. München 2007 (6. A.).

Schmidt, Hans / Alexander Lonvay: 50 Jahre Werbung – ein Rückblick aus der Sicht eines Wegbereiters, in: transfer – Werbeforschung & Praxis 2 + 3/2006, 36.

Schmidt-Bachem, Heinz: Tüten, Beutel, Tragetaschen: Zur Geschichte der Papier, Pappe und Folien verarbeitenden Industrie in Deutschland. Münster 2001.

Schnedlitz, Peter: 50 Jahre EHI – 100 Jahre Handelsforschung in Wien. Köln 2001.

Schnedlitz, Peter: Kaufleute im 20. Jahrhundert als Impulsgeber für die Wirtschaft. In: Stekl, Hans (Hg.): Historische Sozialkunde 2/2003. Wien 2003.

Schnedlitz, Peter / Herbert Kotzab: Stand und Entwicklungstendenzen der Distributionslogistik im österreichischen Baustoffhandel. Wien 1997.

Schnedlitz, Peter / Thomas Haller: Bestandsaufnahme der Struktur und Dynamik in der europäischen Handelslandschaft. Studie im Auftrag der GBI – Gesellschaft des Bundes für Industriepolitische Maßnahmen. Wien 1999.

Schöpfer, Gerald (Hg.): Menschen & Münzen & Märkte, Steirische Landesausstellung 1989, Judenburg. Katalog. Fohnsdorf 1989.

Schratzenthaller, Georg: Strategisches Management in der Möbelindustrie. Eine Analyse des Strukturwandels, Prognosen der Auswirkungen und Perspektiven der Absatzmärkte unter Berücksichtigung der strategischen Neuausrichtung zweier Möbelhandelsgesellschaften. Hamburg 2005.

Schreiber, Horst (Hg.): Von Bauer & Schwarz zum Kaufhaus Tyrol. (Veröffentlichungen des Innsbrucker Stadtarchivs, N. F. 42). Innsbruck 2010.

Schuler, Felix: Der Einfluss des Internets auf die Unternehmensgrenzen. Die Dekonstruktionsthese aus industrie-, institutionen- und informationsökonomischer Sicht. Wiesbaden 2002.

Schwarz, Andrea: Buchmarkt und Verlagswesen in Wien während der Besatzungszeit 1945–1955. Dissertation. Wien 1992.

Schweiger, Günter / Gerhard Schrattenecker: Werbung. Eine Einführung. Stuttgart 2009 (7., neu bearb. A.).

Seper, Hans / Martin Pfundner / Hans Peter Lenz: Österreichische Automobilgeschichte. Klosterneuburg 1999 (2. erw. A.).

Siegert, Gabriele u. a. (Hg.): Werbung im internationalen Vergleich. Zustand und Entwicklung. München 2009.

Siegrist, Hannes (Hg.): Europaische Konsumgeschichte: Zur Gesellschafts- und Kulturgeschichte des Konsums (18. bis 20. Jahrhundert). Frankfurt/M. 1997.

Sommer, Luise: Die österreichischen Kameralisten, 2 Bde. Aalen 1970 (Nachdruck).

Sperl, Hans: Karl Schachinger. Ein Kaufmann aus Eferding, Oberösterreichische Heimatblätter 45, 1991, 165–175.

Spiekermann, Uwe: Basis der Konsumgesellschaft. Entstehung und Entwicklung des modernen Kleinhandels in Deutschland 1850–1914. München 1999.

Spiekermann, Uwe: Freier Konsum und soziale Verantwortung. Zur Geschichte des Ladenschlusses in Deutschland im 19. und 20. Jahrhundert, in: Zeitschrift für Unternehmensgeschichte 2004, 22–44.

Spiekermann, Uwe: Rationalisierung als Daueraufgabe. Der deutsche Lebensmitteleinzelhandel im 20. Jahrhundert, in: Scripta Mercaturae 31, 1997, 69–128.

Statistisches Handbuch für die Republik Österreich (ab 1993:) Statistisches Jahrbuch für die Republik Österreich, 1–17, N.F. 1 ff, Wien 1920–1937, 1938, 1950 ff.

Statistisches Jahrbuch der Oesterreichischen Monarchie, Jg. 1863–1881, Wien 1864–1882.

Stöger, Georg:, Sekundäre Märkte? Zum Wiener und Salzburger Gebrauchtwarenhandel im 17. und 18. Jahrhundert. Wien 2011.

Trend, div. Jgg.

Trost, Ernst: Zur allgemeinen Erleichterung. Eine Kultur- und Wirtschaftsgeschichte des Tabaks in Österreich. Wien 1984.

Uebelacker, Susanne Barbara: Kooperationen im österreichischen Baustoffhandel. Diplomarbeit. Wien 2000.

Uibeleisen, Norman J.: Der österreichische Kohlenhandel seit 1945 und seine Probleme. Dissertation. Innsbruck 1953.

VOG – 75 Jahre im Dienste des Handels, 1916–1991. VOG Einfuhr und Großhandel mit Lebensmitteln und Bedarfsgütern AG, Linz. Linz 1991.

Walzer, Tina: Von Großhändlern und Gehilfen. Aspekte der Sozialgeschichte Wiener jüdischer Familien im 19. Jahrhundert, in: Sabine Hödl / Martha Keil (Hg.): Die jüdische Familie in Geschichte und Gegenwart. Berlin – Bodenheim 1999, 107–122.

Wettbewerbsbericht der AK, div. Jgg.

Wirtschaftskammer Oberösterreich: Arbeitsberichte 1951 bis 1966. Linz.

Wittmann, Reinhard: Geschichte des deutschen Buchhandels. München 1999 (2. erw. A.).

Wunderer, Gerald: Marktliberalisierung durch EU-Kartellrecht am Beispiel Kfz-Vertrieb und Kundendienst. Auswirkungen der EU-GVO 1400/2002 auf Deutschland und Österreich. Wien 2007.

Bildnachweis

S. 6: Salzburg Museum
S. 9: Kastner & Öhler
S. 10: Urban Pictures
S. 12: Wikipedia
S. 17: Atelier Madame d'Ora / ÖNB – Bildarchiv und Graphiksammlung
S. 18: Andreas Tischler
S. 24: W. Neuber's Enkel / Die 8 Werbegroup
S. 25: IMAGNOS / Austrian Archives
S. 26: Die österreichisch-ungarische Monarchie in Wort und Bild, Band »Niederösterreich«, 1888
S. 27: Wien Museum
S. 28 und 29: Bildarchiv Preussischer Kulturbesitz
S. 30: Wien Museum
S. 31: JTI Tobaco Collection Vienna / Pedro Salvadore
S. 32 li.: Graphische Sammlung Stift Göttweig
S. 32 re.: ÖNB – Bildarchiv und Graphiksammlung
S. 33: Privatbesitz / Andrea Kasamas
S. 34 4 x li. o. und S. 35 4 x: Isa Jechl / Wien Museum
S. 36: Wien Museum
S. 38: Wienbibliothek im Rathaus, Druckschriftensammlung
S. 39: ÖNB – Bildarchiv und Graphiksammlung
S. 40: Oberösterreichisches Landesarchiv Plakatsammlung
S. 41: Wien Museum
S. 42: ÖNB – Bildarchiv und Graphiksammlung / Franz Blaha
S. 43: Land Tirol, Tiroler Kunstkataster, 2008
S. 45 li.: Karlsruher Künstlerbund A. G. / Wienbibliothek im Rathaus
S. 45 re.: Joseph Binder / MAK Österreichisches Museum für Angewandte Kunst / Gegenwartskunst
S. 46 li. und re.: IMAGNO / Österreichisches Volkshochschularchiv
S. 47: IMAGNO / Austrian Archives
S. 48/49: Foto Johann Kerner / Archiv Julius Meinl AG
S. 50: Schachermayer Großhandelsgesellschaft m.b.H.
S. 51: Lentia Verlag
S. 52 und 53: Archiv der Stadt Linz
S. 55: Oberösterreichisches Landesarchiv
S. 56: Palmers-Textil AG / Siegfried Krupitz – Wienbibliothek im Rathaus
S. 59: Archiv Julius Meinl AG Wien
S. 60: FGK – Forschungsverein Entwicklung und Geschichte der Konsumgenossenschaften
S. 61: Foto Peter Anderle / Handels- und Kaufmannsmuseum
S. 62: Stadtmuseum Traiskirchen
S. 63: MPreis
S. 64: FGK – Forschungsverein Entwicklung und Geschichte der Konsumgenossenschaften
S. 65: And. Dworschak / Archiv Julius Meinl AG
S. 66 o. und u., S. 67: Julius Kinnast GmbH & Co KG
S. 68 re.: Atelier Ekes und Krämer / ÖNB – Bildarchiv und Graphiksammlung
S. 68 li.: Franz Pfeffer / MAK Österreichisches Museum für Angewandte Kunst / Gegenwartskunst
S. 69: Wanzl Metallwarenfabrik GmbH
S. 70: USIS / ÖNB – Bildarchiv und Graphiksammlung
S. 71: FGK – Forschungsverein Entwicklung und Geschichte der Konsumgenossenschaften

S. 72: MPREIS / Günter R. Wett
S. 73 o.: EUROPARK Salzburg
S. 73 u.: Shoppingcity Seiersberg
S. 74: Wanzl Metallwarenfabrik GmbH
S. 75: Archiv der Stadt Linz
S. 76 o.: Kastner & Öhler
S. 76 u.: Archiv der Stadt Linz
S. 77: Ankerbrot AG
S. 78: Archiv Julius Meinl AG
S. 79: Technisches Museum Wien, Archiv
S. 80: ÖNB – Bildarchiv und Graphiksammlung
S. 81: Technisches Museum Wien, Archiv
S. 83: REWE International AG
S. 84: Julius Kiennast GmbH & Co KG
S. 85 oben li. u. re.: Österreichisches Museum für Volkskunde, Wien
S. 85 u.: Michael Pammer
S. 86: Walter Klomfar
S. 87 li. u. re.: Technisches Museum Wien, Archiv
S. 88: Österreich Werbung / Peter Burgstaller
S. 89: Dirnberger de Felice Grüber GmbH & Co KG
S. 90: Sammlung Prof. Schweiger: Schweiger, G. und Spicko, G.: Die Reklamemarke. Bibliophile Edition, Wien 2009
S. 91: Bettmann / CORBIS
S. 92: Kaufmannsmuseum Zwettl
S. 93 li.: Joseph Binder / MAK Österreichisches Museum für Angewandte Kunst / Gegenwartskunst
S. 93 re.: ÖNB – Bildarchiv und Graphiksammlung / Atelier Otto
S. 94: Joseph Binder / Archiv Julius Meinl AG
S. 95 o.: Fritz Krainz / HUMANIC
S. 95 u.: Klaus Hoffer / Unger / HUMANIC
S. 99: Jung von Matt / Donau Werbeagentur GmbH
S. 100: Wirtschaftsblatt / picturedesk.com
S. 101: Bildarchiv Preußischer Kulturbesitz / Kupferstichkabinett, SMB / Jörg Anders
S. 102: Hartlauer Handelsgesellschaft m.b.H. / adsandbrands.com
S. 103: REWE Group / MERKUR
S. 105: Getty Images / Luciano Lozano
S. 106: Macduff Everton / CORBIS
S. 118 und S. 119: Hofer KG Zweigniederlassung Stockerau
S. 124: Kaufmannsmuseum Zwettl
S. 126: Archiv Julius Meinl AG
S. 127: ÖNB – Bildarchiv und Grafiksammlung / Verein für Geschichte der Arbeiterbewegung
S. 128: Archiv der Stadt Linz
S. 129: Hofer KG / OTS
S. 131: Atelier Hofmann / Albertina, Wien
S. 132 und 133: Lidl Austria / OTS
S. 135: Hofer KG
S. 136: IMAGNO / ÖNB
S. 137: Die österreichisch-ungarische Monarchie in Wort und Bild, Bd. »Kärnten und Krain«, 1891
S. 138: IMAGNO / Wien Museum
S. 139 und S. 140: IMAGNO / Austrian Archives
S. 142 o. li.: Archiv Julius Meinl AG Wien
S. 142 o. re.: ÖNB – Bildarchiv und Graphiksammlung
S. 142 u.: Gerngross
S. 143 li.: Wolfgang Denzel Auto AG
S. 143 re.: ÖNB – Bildarchiv und Graphiksammlung / Photo Simonis

S. 144 und S. 145: Willibald Egger / Repro: Kurt Groh, Archiv der Stadt Linz

S. 146: Mohr Morawa Buchvertrieb GmbH

S. 147: WienMuseum / August Stauda

S. 148 und S. 149: C + C Pfeiffer GmbH

S. 150 und S. 151: Herba Chemosan Apotheker AG

S. 152: HVB-Archiv

S. 153: Privatbesitz / Andrea Kasamas

S. 154 o.: Lessing Photo Archive / Wien Museum

S. 154 u.: IMAGNO / Archiv Setzer-Tschiedel

S. 155: IMAGNO / Gerhard Trumler

S. 156 o. und u.: Lentia Verlag

S. 157 o. und u.: Ankerbrot AG

S. 158 li.: Archiv der Stadt Linz

S. 158 re. und S. 159: ÖNB – Bildarchiv und Graphiksammlung / United States Information Service

S. 160: Privatbesitz

S. 161: IMAGNO / Barbara Pflaum

S. 162 und S. 163: Archiv Julius Meinl AG

S. 164 o. und u.: FGK – Forschungsverein Entwicklung und Geschichte der Konsumgenossenschaften

S. 165 o.: SPAR Österreichische Warenhandels AG

S. 165 u.: Sutterlüty Handels GmbH

S. 166: SPAR Österreichische Warenhandels AG / Andreas Kolarik

S. 167 o.: Hofer KG

S. 167 u.: ÖNB – Bildarchiv und Graphiksammlung / ORF

S. 168: Sutterlüty Handels GmbH

S. 169 o.: Privatbesitz / Andrea Kasamas

S. 169 u.: IMAGNO / Austrian Archives

S. 170 li. u. re., S. 171 li.: Willibald Egger / Repro: Kurt Groh, Archiv der Stadt Linz

S. 171 re.: Wien Museum

S. 172: Wienbibliothek im Rathaus

S. 173 li.: IMAGNO / Austrian Archives

S. 173 re.: Madame d'Ora / IMAGNO / Austrian Archives

S. 174: Gerngross

S. 175 o.: Kastner & Öhler

S. 175 u.: Archiv der Stadt Linz

S. 176: Adolf Loos / Wien Museum

S. 177, S. 178 o. und u.: Wilhelm Jungmann & Neffe

S. 179 o.: Elisabeth Kreuzwieser

S. 179 u.: H & M

S. 180 o.: Gerngross

S. 180 u.: Harald Kicker

S. 182: Privatbesitz / Andrea Kasamas

S. 183: Jung von Matt / Donau Werbeagentur GmbH / Mercedes-Benz Österreich

S. 184 o.: Demner, Merlicek & Bergmann / BMW Group Austria / Andreas Franke

S. 186: IMAGNO / Austrian Archives

S. 187 li.: Mercedes-Benz Classic

S. 187 re.: Lentia Verlag

S. 188: Autohaus Robinson

S. 189: Technisches Museum Wien, Archiv

S. 190: Raphael Kirchner / Albertina, Wien

S. 191: ÖNB – Bildarchiv und Graphiksammlung / United States Information Service

S. 192: Wolfgang Denzel Auto AG

S. 193: Michael Alschner / car2go GmbH

S. 194: Privatbesitz / Andrea Kasamas

S. 196: BAUHAUS Depot GmbH

S. 197 und S. 198: bauMax AG

S. 199: MAK – Österreichisches Museum für Angewandte Kunst / Gegenwartskunst

S. 200 li.: Privatbesitz / Andrea Kasamas

S. 200 re.: adsandbrands.com / Fa. Ing. Otto Duchek GmbH

S. 201: Euroluftbild / picturedesk.com

S. 202 li.: kika Möbelhandels Ges.m.b.H.

S. 202 re. und S. 203: Rudolf Leiner Ges.m.b.H.

S. 204 und S. 205: XXXLutz KG

S. 206: Privatbesitz / Andrea Kasamas

S. 207: Pressebildagentur Votava

S. 208: Technisches Museum Wien, Archiv

S. 209: Schweiger, G. und Spicko G.: Die Reklamemarke. Wien 2009

S. 210: Alfred Kreiser / Wienbibliothek im Rathaus

S. 211: Archiv der Stadt Linz

S. 212: Album Verlag

S. 213 li. u. re. und S. 214: Hartlauer Handelsgesellschaft m.b.H.

S. 215: adsandbrands.com

S. 216: RW Elektrohandel GmbH

S. 217: Privatbesitz / Andrea Kasamas

S. 218: Drogerie Pekarek

S. 219: Elisabeth Kreuzwieser

S. 220: dm Drogeriemarkt GmbH

S. 221: REWE International AG

S. 222: Elisabeth Kreuzwieser

S. 223: Harald Kicker

S. 226: Privatbesitz / Andrea Kasamas

S. 227: Bildarchiv Preussischer Kulturbesitz / Ruth Schacht

S. 228: János Kálmár

S. 229 li.: ÖNB – Bildarchiv und Graphiksammlung

S. 229 re.: Wienbibliothek im Rathaus / Otto Stefferl / VBK

S. 230 li.: Archiv der Stadt Linz / Michael Lederer

S. 230 re.: Archiv der Stadt Linz

S. 231: Harald Kicker

S. 232: Elisabeth Kreuzwieser

S. 233 li.: Justin Lane / epa / picturedesk.com

S. 233 re.: Lhotzkys Literaturbuffet

S. 234 : Privatbesitz / Andrea Kasamas

S. 235: JTI Tobacco Collection Vienna / Pedro Salvadore

S. 236: Krämereimuseum Gerstlhaus

S. 237: alle IMAGNO / Austrian Archives

S. 238 li.: Wiener Läden, Album Verlag 1996

S. 238 re.: Petra Rainer

S. 239: ÖNB – Bildarchiv und Graphiksammlung

S. 240: Weyland GmbH

S. 241: Privatbesitz / Andrea Kasamas

S. 242: FRANKSTAHL Rohr- und Stahlhandelsgesellschaft m.b.H.

S. 243: ARA AG, Peter Ehringer

S. 244 li. und re. und S. 245: Loacker Recycling GmbH

S. 246 und S. 247 li.: Münze Österreich AG

S. 247 re.: Ögussa Österreichische Gold- und Silberscheideanstalt Ges.m.b.H.

S. 248: ÖNB – Bildarchiv und Graphiksammlung

S. 249: Privatbesitz / Andrea Kasamas

S. 250: August Stauda / Wien Museum

S. 251: IMAGNO / Austrian Archives

S. 252: Die österreichisch-ungarische Monarchie in Wort und Bild, Bd. »Wien«, 1886

Personenregister

*Kursiv gestellte Seitenzahlen verweisen auf eine
Abbildung.*
*Doppelnennungen ergeben sich, wenn z. B. der
Gründer genannt wird und an anderem Ort das
gleichnamige Unternehmen*

Firmenregister

Herausgeber:
Österreichische Industriegeschichte
GmbH, Linz
mit den Gesellschaftern
Dr. Günther Chaloupek
Dr. Johannes Jetschgo
Dkfm. Ferdinand Lacina
Dr. Dionys Lehner (Vorsitz)
o. Univ.-Prof. Dr. Roman Sandgruber
KR Dr. Werner Schrotta

Autoren:
Dr. Günther Chaloupek
Dr. Johannes Jetschgo
Dr. Dionys Lehner
a. Univ-Prof. DDr. Michael Pammer
a. o. Univ.-Prof. Dr. Andreas Resch
o. Univ.-Prof. Dr. Roman Sandgruber
o. Univ.-Prof. Dr. Peter Schnedlitz

Bildrecherche:
Mag. Elisabeth Kreuzwieser

Die Herausgeber sprechen dem Institut für Handel & Marketing unter der Leitung von Univ.-Prof. Dr. Peter Schnedlitz für den Beitrag bei der Konzeption des Werkes und der wissenschaftlichen Aktualität Dank aus.

Das Kaufhaus Tyrol in Innsbruck nach dem Entwurf des britischen Architekten David Chipperfield wurde 2012 für den Mies van der Rohe Award als herausragendes Gebäude nominiert.

ISBN 978-3-222-13363-3

© 2012 by Styria premium
in der Verlagsgruppe Styria
GmbH & Co KG
Wien · Graz · Klagenfurt
Alle Rechte vorbehalten

Bücher aus der Verlagsgruppe Styria
gibt es in jeder Buchhandlung und im
Online-Shop
styriabooks.at

LEKTORAT: Reinhard Deutsch

UMSCHLAG- UND BUCHGESTALTUNG:
  Maria Schuster
INFOGRAFIKEN: Doris Grussmann
COVERBILDER: APA OTS / Kaufhaus Tyrol;
  Wikipedia / Carl Massmann
REPRODUKTION: Pixelstorm, Wien

DRUCK UND BINDUNG:
Druckerei Theiss GmbH
St. Stefan im Lavanttal
7 6 5 4 3 2 1

Printed in Austria